데일 카네기

자기
관리론

와일드북

와일드북은 한국평생교육원의 출판 브랜드입니다.

데일 카네기
자기 관리론

초판 1쇄 인쇄 · 2022년 12월 20일
초판 6쇄 발행 · 2023년 02월 27일

지은이 · 데일 카네기
옮긴이 · 유광선 · 김광수 · 장비안
발행인 · 유광선
발행처 · 한국평생교육원
편 집 · 장운갑
디자인 · 박형빈

주 소 · (대전) 대전광역시 유성구 도안대로589번길 13 2층
          (서울) 서울시 서초구 반포대로 14길 30(센츄리 1차오피스텔 1107호)
전 화 · (대전) 042-533-9333 / (서울) 02-597-2228
팩 스 · (대전) 0505-403-3331 / (서울) 02-597-2229

등록번호 · 제2018-000010호
이메일 · klec2228@gmail.com

ISBN 979-11-92412-35-1 (13190)
책값은 책표지 뒤에 있습니다.

잘못되거나 파본된 책은 구입하신 서점에서 교환해 드립니다.

이 책은 한국평생교육원이 저작권자와의 계약에 따라 발행한 것이므로 저작권법에 따라 무단 전재와 복제를 금합니다. 이 책 내용의 전부 또는 일부를 이용하려면 반드시 저작권자와 한국평생교육원의 서면동의를 얻어야 합니다.

데일 카네기
자기 관리론

데일 카네기 지음 | 유광선 · 김광수 · 장비안 역

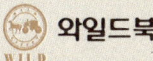
와일드북

어떻게,
그리고 왜 이 책을 쓰게 되었나

지금으로부터 35년 전, 나는 뉴욕에서 가장 불행한 청년 중 한 명이었다. 나는 생계를 위해 트럭 판매 일을 했지만, 트럭이 어떤 원리로 굴러가는지 알지도 못했고, 알려고 들지도 않았다. 나는 내 직업을 경멸했다. 싸구려 가구로 채워진, 바퀴벌레가 득실거리는 웨스트 56번가의 집도 경멸했다. 매일 아침 벽에 걸어둔 넥타이를 집기 위해 손을 뻗을 때마다 사방으로 도망치던 바퀴벌레의 모습은 또 얼마나 생생한 기억으로 남았던가. 나는 똑같은 놈들이 우글거릴 법한, 지저분한 싸구려 식당에서 먹는 음식 역시 경멸했다.

밤이면 실망, 걱정, 비통 그리고 반항심이 만들어 낸 두통을 느끼며 쓸쓸한 집으로 돌아왔다. 반항심은 대학에서 품었던 꿈들이 악몽으로 변한 데서 생긴 것이었다.

'이게 진정 내가 꿈꿔온 인생일까? 내가 그토록 찾

아 헤맸던 가슴 뛰는 모험이 이런 것이었을까? 경멸하는 일을 하고, 바퀴벌레와 함께 살고, 싸구려 음식을 먹고, 미래에 대한 희망 없이 사는 인생이 무슨 의미가 있을까?'

나는 책을 읽고 쓸 수 있는 여유를 간절히 원했다. 그것이야말로 대학 시절 꿈꿨던 삶이 아니었던가.

나는 하던 일을 그만둔다면 무언가 잃게 되기는커녕 얻을 것만 있으리라는 걸 깨달았다. 나는 부유한 삶이 아닌 충만한 삶을 원했다. 간단히 말해 주사위는 던져졌고, 나 역시 인생을 막 시작하는 젊은이라면 누구든 마주하게 되는 '결단의 순간'을 맞이하게 된 것이다. 그렇게 나는 미래를 완전히 뒤바꿀 만한 결단을 내리게 되었다. 그 사건은 지난 35년간의 삶을 그 어떤 지상낙원에서보다 행복하고 또 보람차게 만들어주었다.

내가 내린 결단은 이러했다.

'지긋지긋한 트럭 판매 일을 때려치우자. 미주리주 워렌스버그의 주립 사범대를 4년이나 다녔으니, 야간학교에서 성인들을 가르친다면 그런대로 먹고 살 수 있을 테지. 낮 동안은 책을 읽고, 수업을 준비하고, 장편 소설과 단편 소설을 쓰는 거야.'

그렇게 나는 '쓰기 위해 살고, 살기 위해 쓰는' 삶을 꿈꾸게 되었다.

'그렇다면 야간학교에서는 뭘 가르쳐야 할까?'

대학 시절 받았던 교육을 돌아봤을 때, 대중연설은 다른 모든 과목을 합친 것보다도 더 쓸모가 있었다. 그 기술은 사업뿐만 아니라 일상생활에서도 도움이 되었다. 소심한 성격과 부족한 자신감을 극복하고, 사람들을 대할 때 필요한 용기와 확신을 가지게 해준 것이었다. 그리고 무엇보다, 자기 생각을 용기 있게 표현하는 사람이 리더가 된다는 사실을 깨우치게 했다.

나는 컬럼비아 대학과 뉴욕 대학의 야간강좌에서 대중연설을 가르치고 싶어 지원했으나 받아들여지지 않았다. 당시에는 실망을 금치 못했으나, 돌이켜

보면 차라리 잘된 일이었다. 나는 곧 YMCA의 야간학교에서 수업하게 되었는데, 그곳은 단기간에 확실한 성과를 내야만 하는 곳이었다. 그건 굉장한 도전이었다! 야간학교에 등록한 성인들은 학점이나 사회적 위신을 위해 수업을 듣는 게 아니었다. 그들의 수강 신청 사유는 명확했다. 그들은 모두 자신의 문제를 해결하고 싶어 했다. 몇몇은 회의에서 긴장하지 않고 자기 의견을 똑바로 전달할 수 있게 되기를 원했다. 영업사원들은 까다로운 고객을 방문하기 전 사무실 주변을 빙빙 돌며 마음을 가라앉힐 필요가 없어지기를 원했다.

그들은 마음의 균형과 자신감을 기르고 싶어 했다. 그들은 성공을 갈망했고, 가족을 위해 더 많은 돈을 벌기를 바랐다. 나는 월급이 아닌 수익금 일부를 배분받게 되어있었다. 수강생들이 원하는 결과를 얻지 못할 경우, 그들이 할부로 내고 있던 수업료를 지급하지 않을 거란 사실은 불 보듯 뻔한 일이었다. 배를 곯고 싶은 게 아니라면, 실리를 따져야만 했던 것이다.

당시의 나는 불리한 환경 속에서 근무한다고 생각했지만, 사실은 더없이 값진 경험을 한 셈이었다. 나는 수강생들에게 동기를 부여해야 했고, 그들이 스스로 문제를 해결할 수 있도록 도와야 했다. 그리고 무엇보다, 그들이 계속해서 수업에 참석하도록 격려를 아끼지 않아야 했다.

그건 즐거운 일이었다. 나는 내 일을 사랑했다. 나는 수강생들이 얼마나 빠르게 자신감을 되찾았는지, 또 그중 다수가 얼마나 빠르게 승진과 연봉 인상을 이루어냈는지에 깜짝 놀랐다. 그러잖아도 이미 충분히 낙관적이었던 내 기대를 훨씬 뛰어넘은 셈이었다. 5달러의 임금도 지급하기 싫어했던 YMCA는, 불과 세 학기 만에 매일 30달러를 지급하기 시작했다. 대중연설만 가르치려 했던 나는, 그로부터 수년 후, 수강생들에게 친구를 사귀는 능력과 사람들에게 영향을 미칠 수 있는 능력이 절실하다는 것을 깨닫게 되었다. 인간관계를 다루는 적절한 교재를 찾을 수 없었기에, 나는 〈인간관계론〉이라는 책을 직접 펴냈다. 그 책은 여느 책과는 다른 방식으로 만들어졌다. 그 책은 수업에 참여한 학생들의 경험과 함께 성장하고 또 진화했다.

순전히 교재가 필요했기에 쓴 책인데다, 그전에 썼던 네 권의 책이 전혀 성과를 내지 못하고 있었기 때문에, 〈인간관계론〉이 베스트셀러에 오를 거라고는 생각지 못했다. 아마 현존하는 작가 가운데 본인의 성공을 두고 나만큼 놀란 작가도 없을 것이다.

여러 해 동안 강연을 이어가던 나는 성인들에게 또 다른 큰 문제가 있다는 걸 알아챘다. 강연을 듣는 사람 중 대다수는 평범한 업종과 직종을 가진 경영인, 영업사원, 기술자, 회계사와 같은 비즈니스맨들이었는데, 그들은 모두 걱정거리를 짊어지고 살고 있었다. 수업에는 직장을 다니는 여성과 주부도 있었는데, 그들 또한 걱정으로 골머리를 앓고 있었다. 그렇게 걱정을 극복하는 방법에 관한 교재가 필요해진 나는 또다시 책을 찾아 나섰다.

나는 5번가와 42번가가 교차하는 곳에 있는 뉴욕 최대의 공립도서관으로 향했다. 그리고 그 도서관에 '걱정'에 관한 책이 단 22권밖에 없다는 것에 매우 놀랐다. 재미있는 사실은, '벌레'에 관한 책은 무려 189권이나 있다는 것이었다. 걱정에 관한 책보다 벌레에 관한 책이 거의 9배나 많을 수 있다니, 황당할 뿐이었다.

걱정은 인간이 마주한 문제 중 가장 큰 문제인데, 고등학교와 대학교 과정에서 '걱정을 없애는 법'을 가르치는 게 당연하게 생각되지 않는가?

그러나 나는 이 나라의 어떤 대학에서도 그런 과목을 가르친다는 것을 들어본 적이 없었다. 데이비스 시베리가 자신의 저서 '성공적으로 걱정하는 법'에서 이런 말을 한 것도 놀랍지 않다.

'평생 책만 읽던 사람에게 갑자기 발레를 시켰을 때 준비가 되어있지 않은 만큼, 우리는 압박감에 대한 그 어떤 준비도 없이 성인이 된다.'

그 결과는 어땠을까? 병원 침대의 절반이 넘는 수를 정신적, 정서적 문제를 지닌 사람들이 차지하게 되었다. 나는 뉴욕 공립도서관에 꽂혀 있던 걱정에 관한 22권의 책을 모두 읽어보았다. 그 외에도, 걱정에 관한 책이라면 모두 구매해서 읽어보았지만, 성인들을 대상으로 한 강연에서 교재로 사용할만한 책은 단 한 권도 발견하지 못했다. 그렇게 나는 이 책을 쓰게 된 것이다.

이 책의 집필을 위한 준비는 7년 전에 시작되었다. 나는 모든 시대에 걸쳐 철학자들이 걱정에 관해 언급한 구절들을 살펴보고, 공자부터 처칠에 이르기까지 수백 편의 전기를 읽었다. 잭 뎀프시, 오마르 브래들리, 마크 클라크, 헨리 포드, 엘리너 루스벨트, 도로시 딕스와 같은 여러 분야의 저명한 인사들을 인터뷰하기도 했다. 그리고 그건 시작에 불과했다.

물론 인터뷰와 독서보다 훨씬 중요한 일들을 하기도 했다. 나는 '걱정 극복 연구실'에서 5년 동안이나 일했다. 그 연구실은 곧 성인들을 대상으로 한 수업 시간을 의미했다. 내가 아는 한, 그런 종류의 연구실을 운영하는 건 우리가 세상에 유일했다. 우리는 학생들에게 일상에서 적용할 수 있는 걱정을 멈추기 위한 몇 가지 규칙을 제시하고, 그 결과를 수업 시간에 발표하게 했다. 일부 학생들은 과거에 개인적으로 사용했던 몇 가지 기술을 공유하기도 했다.

그 결과, 나는 이 지구에 사는 그 누구보다 '걱정을 극복한 방법'에 관해 많은 이야기를 들은 사람이 되었다. 그뿐만 아니라, 우편으로 수백 개의 경험담이 적힌 편지를 받기도 했다. 그것들은 미국과 캐나다의 170여 개 도시에서 진행된 수업에서 선정된 이야기들이었다. 이 책은 어떤 상아탑이나, 학술회에서 튀어나온 것이 아니다. 나는 수천 명의 성인이 어떻게 걱정을 극복했는지에 관한 명쾌하고 간결한 보고서를 작성하고자 노력했다. 한 가지 확실한 것은, 이 책의 실용성이 증명되었다는 것이다.

무엇보다, 이 책에서는 '익명의 누군가' 또는 '미스터 킴과 미세스 리'와 같은 상상 속 인물에 관한 이야기를 찾을 수 없다. 일부 드문 경우를 제외하고, 실존 인물의 실명과 사는 곳을 명시하였다. 모든 것은 실제로 일어난 이야기로, 등장 인물들이 그 신빙성을 부여한다.

프랑스의 철학자 발레리는 과학을 '성공적 처방의 집합'이라고 정의했다.

이 책도 그러하다. 이 책은 오랜 시간을 거쳐 검증된, '걱정을 물리치기 위한' 성공적 처방의 집합이다.

이 책에 새로운 것은 하나도 없지만, 일상에서 사용해본 적 없는 기술들을 배우게 될 것이다. 우리에게 필요한 건 새로운 것이 아니다. 우리는 이미 완벽한 삶을 사는 방법에 관해서라면 충분히 알고 있다. 황금률과 산상수훈(신약성서 5~7장에 기록되어 있는 예수의 가르침)이라면 익히 들어오지 않았던가? 우리의 문제는 무지가 아닌 행동의 부재에 있다. 이 책의 목적은 오래된 기본적인 진리를 거듭해서 다루고, 실증하고, 합리화하며, 재해석함으로써 다시 예찬하는 것이다. 그리고 궁극적으로는 당신의 정강이를 걷어차서, 지금 당장 그 방법들을 인생에 적용하도록 만드는 데 있다.

당신이 이 책을 골랐다면, 단순히 이 책이 어떻게 쓰였는지 알고 싶어서가 아닐 것이다. 당신은 행동하는 방법을 찾고 있다. 자, 이제 때가 되었다. 최소한 이 책의 2부 1장까지라도 읽어보기를 권한다. 그런데도 걱정을 멈추는 방법에 관한 새로운 힘을 얻지 못했다고 생각이 든다면, 그때는 이 책을 쓰레기통에 던져버리면 된다. 그런 사람에게 이 책이 해줄 수 있는 일은 없을 테니까.

데일 카네기

차례

어떻게, 그리고 왜 이 책을 쓰게 되었나 … 4

제1부 걱정에 관해 알아야 할 기본 지식

제1장 충실하게 오늘을 살 것 … 16
제2장 걱정스러운 상황을 해결하는 마법의 주문 … 30
제3장 걱정이 미치는 영향 … 40
제1부 요약 … 53

제2부 걱정을 분석하는 기본적인 기술

제1장 걱정과 관련한 문제를 분석하고 해결하는 법 … 56
제2장 직업상의 걱정을 반으로 줄이는 법 … 66
제2부 요약 … 72

제3부 걱정이 나를 망가뜨리기 전에 걱정하는 습관을 몰아내는 법

제1장 마음속에서 걱정을 몰아내는 법 … 74
제2장 '걱정벌레' 때문에 쓰러지지 마라 … 86
제3장 수많은 걱정을 무력화하는 법칙 … 95
제4장 피할 수 없다면 받아들여라 … 104
제5장 걱정을 손절매하라 … 117
제6장 톱밥을 톱질하지 마라 … 126
제3부 요약 … 133

제4부 평화와 행복을 가져오는 마음가짐을 쌓는 7가지 방법

제1장 인생을 바꾸는 한 문장	136
제2장 복수에는 큰 비용이 따른다	153
제3장 감사할 줄 모르는 사람들을 대하는 법	163
제4장 당신의 가진 것을 백만 달러에 팔겠는가	171
제5장 나 자신을 찾고 자기 자신이 되어야 한다	180
제6장 위기를 기회로 바꾸는 법	190
제7장 14일 만에 우울증을 극복하는 방법	200
제4부 요약	217

제5부 걱정을 극복하기 위한 황금률

제1장 부모님이 걱정을 극복한 비결	220

제6부 비판에 대한 걱정에서 벗어나는 법

제1장 그 누구도 죽은 개는 걷어차지 않는다는 것을 기억하라	244
제2장 비판으로부터 상처받지 않는 법	249
제3장 내가 저지른 바보 같은 일들	255
제6부 요약	262

제7부 피로와 걱정을 예방하고 활력과 의욕을 일으키는 여섯 가지 방법

제1장 하루에 1시간 더 일하는 비결	264
제2장 피로의 원인과 대처법	269

제3장 가정주부가 피로를 피하고 젊음을 유지하는 법 　　　　　　　275

제4장 피로와 걱정을 예방하는 4가지 좋은 업무 습관 　　　　　　281

제5장 피로, 걱정, 분노를 일으키는 주범을 몰아내는 방법 　　　　287

제6장 불면증을 걱정하지 않는 방법 　　　　　　　　　　　　　　296

제7부 요약 　　　　　　　　　　　　　　　　　　　　　　　　　304

제8부 행복하고 성공적인 삶을 위한 직업을 찾는 법

제1장 인생의 가장 중대한 결정 　　　　　　　　　　　　　　　　306

제9부 돈 걱정을 줄이는 법

제1장 걱정의 70%는 돈 문제이다 　　　　　　　　　　　　　　　316

제10부 나는 이렇게 걱정을 물리쳤다 32편의 실제 이야기

1. 한 번에 들이닥친 여섯 가지 불행 　　　　　　　　　　　　　　332
2. 1시간 만에 확실한 낙천주의자가 되는 법 　　　　　　　　　　　335
3. 열등감에서 벗어난 방법 　　　　　　　　　　　　　　　　　　336
4. 알라의 정원에서 살았다 　　　　　　　　　　　　　　　　　　340
5. 걱정을 물리치기 위한 다섯 가지 방법 　　　　　　　　　　　　344
6. 어제를 버텼다면 오늘도 버틸 수 있다 　　　　　　　　　　　　347
7. 아무것도 걱정하지 말아라 　　　　　　　　　　　　　　　　　349
8. 체육관에 가서 복싱하거나 하이킹한다 　　　　　　　　　　　　351
9. 원인을 파악하고 현실적으로 대처해야 한다 　　　　　　　　　　352
10. 나를 살게 한 문장 　　　　　　　　　　　　　　　　　　　　354

11. 바닥을 치고 살아남다 355
12. 나는 세상에서 제일가는 멍청이였다 357
13. 나는 항상 병참로를 열어두었다 359
14. 인도에서 들은 목소리 362
15. 보안관이 찾아왔던 날 365
16. 가장 어려웠던 상대는 걱정이라는 선수 368
17. 보육원에 가지 않게 해달라고 기도했다 370
18. 진정한 치유의 힘 372
19. 내일 더러워질 그릇을 걱정하지 않는다 375
20. 해답은 바쁘게 지내는 것이다 377
21. 시간이 해결해준 많은 것들 379
22. 일어날 수 있는 최악의 상황을 마주하라 381
23. 걱정을 멈출 줄 알아야 한다 383
24. 걱정을 멈추지 않았다면 진작 무덤에 들어갔을 것이다 384
25. 한 번에 하나씩 386
26. 파란불을 찾아서 388
27. 록펠러가 덤으로 45년을 더 산 비결 391
28. 책 한 권으로 지켜낸 결혼 생활 398
29. 천천히 나를 죽이고 있었다 400
30. 나에게 기적이 일어났다 402
31. 노동은 최고의 약이다 404
32. 인생의 전환점이 된 책 한 권 405

> 누가 되었든 우리 모두 해가 떨어질 때까지는
> 우리의 짐을 짊어질 수 있다.
> 그 아무리 무거운 짐이라도 할지라도,
> 하루 동안은 그 짐을 짊어질 수 있는 것이다.
> 해가 질 때까지라면, 누구든 다정하고, 침착하고,
> 사랑스럽고, 순수하게 살 수 있을 것이다.
> 그리고 사실 인생이 의미하는 바 역시 크게 다르지 않다.

제1부
걱정에 관해 알아야 할 기본 지식

제1장

충실하게 오늘을 살 것

▶──────── **1871년 봄,** 어떤 젊은 남자는 책 한 권을 펼쳤다가 자신의 미래에 지대한 영향을 미치게 될 구절 하나를 발견하게 된다. 몬트리올 종합병원의 의대생이었던 그는 과연 의사 자격시험에 통과할 수 있을지부터 앞으로 무엇을 해야 할지, 어떻게 경력을 쌓고 또 먹고살 것인지를 두고 상념에 빠져 있었다.

그를 당대 최고의 물리학자로 거듭나도록 한 것은 다름 아닌 짧은 글귀 한 줄이었다. 그는 세계적 명성의 존스 홉킨스 의대를 설립했다. 그는 대영제국의 의사가 누릴 수 있는 가장 큰 영예인 옥스퍼드 대학의 의학 흠정교수가 되었으며, 영국 왕으로부터 기사 작위를 받기까지 했다. 생을 마감하면서는 1,466쪽에 달하는 두 권의 두꺼운 전기를 남겼다.

이것은 윌리엄 오슬러 경의 이야기다. 여기 그가 그해 봄에 읽은, 토머스 칼라일이라는 작가가 쓴 구절이 있다. 이 문장으로 인해 그는 걱정으로부터 자유로운 삶을 살 수 있었.

'먼 곳에서 막연히 떠오르는 것에 정신을 둘 것이 아니라, 확실하게 눈 앞에 있는 것을 실천하는 것이 중요하다.'

그로부터 42년 후, 봄을 맞아 피어난 튤립들이 교정을 가득 채운 따뜻한 어느 저녁, 윌리엄 오슬러 경은 예일 대학의 학생들 앞에서 이렇게 고백했다.

"일반적으로 나와 같이 네 개의 대학에서 교수직을 맡고 있으며 베스트셀러 작가인 사람을 두고 뛰어난 두뇌를 지녔을 것으로 생각하는 경향이 있습니다만, 그건 사실이 아닙니다. 내 가까운 지인들은 내 머리가 아주 평범하다는 걸 잘 알고 있습니다."

그렇다면 그의 눈부신 커리어의 비밀은 무엇이었을까? 그는 모든 것이 '오늘의 경계를 명확히 하는 습관' 덕분이라고 했다. 여기서 그는 무엇을 말하려는 것일까? 예일 강연이 있기 몇 달 전, 이 유명한 의사는 대형 여객선을 타고 대서양을 횡단했다. 여객선의 선장이 조타실에서 버튼 하나를 누르자 덜커덩 소리가 나더니 배의 여러 부분이 순식간에 움직이며 방수 구역을 만드는 것이었다. 오슬러 경은 말을 이어갔다.

자, 여러분 모두는 이 거대한 여객선보다도 훨씬 완벽한 구조를 갖추고 있습니다. 그리고 유럽과 아메리카를 오가는 것보다 더 긴 여행을 계획하고 있을 겁니다. 그렇기에 정신을 통제하는 법을 배워, 오늘의 경계를 명확히 나눌 수 있어야 합니다. 이것은 긴 여정 동안 여러분의 안전을 보장해줄 가장 확실한 방법입니다. 조타실에 올라 모든 부품이 제대로 작동하는지 확인하십시오. 명령어를 입력하고, 삶의 각 단계에서 과거로 통하는 철문이 굳게 닫히는지 살펴보십시오. 그런 뒤에는 강철 커튼으로 미래를, 아직 태어나지 않은 내일로 가는 문을 덮어버리십시오. 자, 이제 오늘의 당신은 안전합니다! 과거는 차단되었습니다! 이미 죽은 과거가 자신의 시체를 묻도록 내버려 두어야 합니다. 바보 같은 사람들이 죽음을 향해 걸어가도록 길을 밝히고 있는 과거를 차단하십시오. 우리가 어제와 내일의 짐을 모두 짊어지고 걷는다면 매 순간 휘청거릴 수밖에 없습니다. 미래는 다름 아닌 오늘입니다. 구원의 그날은 바로 지금, 당신이 살고 있는 이 순간입니다. 체력의 낭비와 신경을 갉아 먹는 스트레스는 내일을 걱정하는 것만큼이나 인간의 발목을 잡는 장애물입니다. 미래와 과거를 완전히 차단하여 '온전한 오늘'을 사는 습관을 들여야 합니다.

과연 오슬러 경은 우리에게 미래를 준비하기 위한 그 어떤 노력도 필요 없다고 말하는 것일까? 절대 그렇지 않다. 그는 미래에 대비하는 최선의 방법은 오늘의 할 일에 심혈을 기울이는 것, 우리가 가진 모든 지식과 열정을 쏟아부어 최선의 결과를 도출해내는 것이라고 설명한다. 그것만이 미래를 준비하는 유일한 방법이라고 말이다.

윌리엄 오슬러 경은 예일의 학생들에게 '오늘 우리에게 일용할 양식을 주시옵고'라는 주기도문 구절로 하루를 시작할 것을 권했다.

이 기도문은 오직 그날의 양식만을 구한다. 전날 먹은 빵 조각의 상태를 불평하거나 "오 주여, 안 그래도 비가 오지 않아 밀밭이 가물었는데, 또다시 가뭄이 온다고 합니다. 다음 가을에 먹을 빵이 있기는 할까요? 만일 직장을 잃게 된다면, 빵을 살 수 있기나 할까요?"라고 기도하지 않는다.

이 기도문은 오늘 먹을 양식만을 구할 것을 가르쳐준다. 오늘 '일용할 양식'만이, 우리가 실제로 먹을 수 있는 유일한 음식이기 때문이다.

오래전, 무일푼의 철학자 한 명이 가난한 사람들이 살고 있는 황무지를 지나게 되었다. 하루는 언덕에 사람들이 그를 둘러싸고 모여들었다. 그곳에서 그가 전한 말은 그 어디서도 들어본 적이 없는 것이었지만, 훗날 가장 유명한 연설이 되었다. 그의 말은 그렇게 수 세기를 거쳐 전해지게 되었다.

"내일을 생각하지 마라. 내일의 생각은 내일이 알아서 할 것이다. 한 날의 괴로움은 그날의 것으로도 충분하다."

많은 사람은 "내일을 생각하지 마라."라는 예수의 말을 받아들이지 않았다. 그들은 그의 말을 어떤 완전한 덕행의 권고나, 어떤 동양의 신비주의를 의미하는 말로 받아들인 것이다. 사람들은 이렇게 말하고는 했다.

"나는 내일을 생각하지 않을 수 없어. 가족을 보호하기 위해서는 보험이 필요하고 노후를 위해서는 돈을 모아야 해. 성공하고 싶다면 계획을 세우고 준비해야만 해."

맞는 말이다! 물론 우리 모두 그렇게 해야만 한다. 지금으로부터 300년 전, 예수의 말씀이 번역되었던 시기는 제임스 1세가 통치하던 시대였고, 지금은 그 의미가 달라졌다. 300년 전, '생각'이라는 단어는 곧 '걱정'을 의미했다. 최근의 성서는 예수의 말을 '내일을 걱정하지 마라.'라는 뜻으로 해석하고 있다.

주의 깊은 통찰과 계획, 준비를 통해 내일을 생각해야 한다. 단, 걱정할 필요는 없다.

전쟁이 일어나면, 군대의 수장들은 앞으로 벌어질 일을 예견한다. 그들은 불안에 떠는 사치를 누릴 수 없다. 미군 함대를 지휘하는 사령관이었던 어니스트 J. 킹 제독은 이렇게 말했다.

"나는 가장 훌륭한 병사들에게 수중에 지닌 최상의 물자를 지원했다. 그리고 가장 적합하다고 생각되는 임무를 주었다. 그 외에 내가 할 수 있는 건 없었다. 만일 배가 가라앉는다면, 내게는 그걸 다시 떠오르게 할 능력이 없다. 설령 그게 막 가라앉기 시작한 참이라고 해도, 나는 그걸 막을 수 없다. 어제의 일을 걱정하기보다는 내일의 문제를 대비하는 것에 시간을 쓰는 것이 더욱 더 효율적이다. 혹여나 내가 그런 것에 마음을 빼앗긴다면, 나는 그리 오래 버티지 못할 것이다."

이 대목에서 우리는 전시 상황을 떠나 좋은 사고와 나쁜 사고의 차이를 확인할 수 있다. 좋은 사고가 원인과 결과를 파악해 논리적이고 건설적인 계획을 끌어낸다면, 나쁜 사고는 긴장과 신경 쇠약으로 이어진다.

최근에 나는 세계에서 가장 유명한 신문 중 하나인 뉴욕타임스의 발행인 아서 헤이스 설즈버거를 인터뷰할 기회가 있었다. 설즈버거는 세계 2차 대전이 유럽을 휩쓸었을 당시, 너무 망연자실한 나머지 미래에 대한 걱정으로 밤마다 잠을 설쳤다고 했다. 그럴 때마다 그는 한밤중에 침대에서 나와 캔버스와 물감을 챙겨 거울을 들여다보며 자신의 자화상을 그리려고 했다. 그는 그림에 관해서는 문외한이었지만 개의치 않고 그림을 그리며 걱정을 떨치려 애썼다. 설즈버거는 '한 걸음씩 늘 인도하소서'라는 찬송가 가사를 삶의 모토로 선택하지 않았다면, 결코 걱정에서 벗어나 평화를 얻을 수 없었을 것이라고 말했다.

> 내 갈 길 멀고 밤은 깊은데…
> 내 가는 길 다 알지 못하지만
> 한 걸음씩 나를 인도하소서.

그와 비슷한 시기에, 유럽 어딘가에서 군 복무 중이던 한 청년은 똑같은 교훈을 얻게 되었다. 그의 이름은 테드 벤저미노로, 메릴랜드주 볼티모어시 늪럼가 5716번지에 거주한다. 그는 걱정에 시달리며 전쟁 후유증을 겪고 있었다. 테드 벤저미노는 이렇게 회상했다.

1945년 4월, 나는 의사들이 '급성 횡행결장'이라고 부르는 극심한 고통을 초래하는 병에 걸릴 정도로 걱정에 빠져 있었습니다. 그때 전쟁이 끝나지 않았다면, 나는 육체적으로 완전히 망가지고 말았을 것이라고 확신합니다.

나는 완전히 지쳐있었습니다. 나는 94보병사단의 유해 발굴단 소속 하사관이었습니다. 당시 94보병사단의 유해 발굴단 소속 하사관이었던 내가 맡은 일은 임무를 수행하는 중에 전사했거나, 실종되었거나, 부상을 입은 모든 사람을 기록하고 관리하는 것이었습니다. 전쟁이 한참 고조되었을 때 가매장되었던 아군과 적군의 유해를 발굴하는 일도 도와야 했습니다. 그들의 개인 소지품을 모아 소중하게 간직할 만한 부모나 가까운 사람들에게 보내는 일을 하기도 했습니다. 나는 곤란하거나 중대한 실수를 저지를지도 모른다는 공포로 걱정을 놓지 못했습니다. 임무를 제대로 마칠 수 있을지, 태어난 지 겨우 16개월 된, 아직 한 번도 만난 적 없는 아들의 손을 잡아볼 수나 있을지 모르겠다는 사실도 걱정으로 다가왔습니다. 걱정과 육체적 피로로 체중이 15kg이나 빠졌습니다. 거의 미쳐버릴 정도로 제정신이 아닌 상태였습니다. 손을 보면 뼈와 가죽밖에 남아있지 않았습니다. 나는 육체적 파멸의 상태로 집에 돌아가게 될까 봐 잔뜩 겁을 먹었습니다. 나는 결국 무너졌고 아이처럼 흐느껴 울고는 했습니다. 너무도 위축돼 있던 나머지 혼자 있을 때마다 눈물이 쏟아졌습니다. 벌지 전투가 시작된 후, 나는 다시는 정상적인 사람의 삶을 살 수 없을 거라는 단념과 함께 매일 울며 보냈습니다.

나는 결국 육군 진료소로 보내졌습니다. 그때 육군 의사가 내게 해준 충고는 내 인생을 완전히 뒤바꾸어 놓았습니다. 그는 내 몸을 꼼꼼하게 진료한 후, 문제는 다름 아닌 마음에 있다고 알려주었습니다. 그는 이렇게 말했습니다.

"테드, 나는 당신이 삶을 모래시계라고 여겼으면 좋겠어요. 모래시계 꼭대기에는 수천 개의 모래알이 있어요. 그리고 모래알은 천천히, 일정하게 중간의 좁은 구멍을 통과하지요. 당신이나 나 모래시계를 부수지 않는 이상, 한 번에 한 알 이상의 모래가 통과하도록 할 수 없어요. 당신도 나도, 우리 모두 이 모래시계와 같아요. 우리는 아침에 눈을 뜨면서 그날 해야 할 일 수백 가지를 떠올리지만, 결국 모든 일은 모래알이 한 알씩 모래시계 구멍을 통과하듯 한 번에 한 가지 일씩, 천천히, 일정하게 해내야 하는 거예요. 그렇지 않으면 결국 몸도 마음도 모두 망가뜨리고 말 거예요."

나는 깊은 인상을 남겼던 그날 이후, '한 번에 모래 한 알, 한 번에 한 가지 일'이라는 그의 철학을 매일같이 연습했습니다. 그 충고는 전쟁 동안 나의 신체적, 정신적 건강을 지켜주었습니다. 그리고 지금 내가 하는 일에서도 큰 도움을 주었습니다. 나는 볼티모어에 있는 커머셜 크레딧 컴퍼니의 재고 관리 직원으로 일하고 있습니다. 나는 회사생활을 하며, 군에 있을 때와 똑같은 문제를 마주했습니다. 그곳에서도 부족한 시간 속에서 한 번에 여러 일을 해치워야 했던 것이었습니다. 떨어진 재고와 새로 들어오는 물건을 관리해야 하고, 새로운 정리 방식을 익히고, 변경된 주소를 등록하고, 지점의 개업과 폐업을 결정해야 했습니다. 긴장과 불안 대신, 나는 의사가 했던 '한 번에 모래 한 알, 한 번에 한 가지 일'이라는 말을 떠올렸습니다. 그 철학을 속으로 끝없이 되뇌며 더욱 효율적으로 업무를 수행할 수 있었고, 전쟁터에서 자신을 거의 망가트릴 뻔한 혼란스럽게 뒤섞인 감정은 더는 나를 괴롭히지 않았습니다.

우리가 지금 삶을 살아가는 방식을 두고 한 말들 가운데 가장 끔찍한 이야기는 병원 침대를 차지한 환자의 절반이 정신적, 정서적 문제를 앓는 사람들이라는 것이다. 그들은 누적된 어제와 미래에 대한 두려움으로 인해 무너진 사람들이다. 그들이 예수의 "내일을 걱정하지 마라." 또는 윌리엄 오슬러 경의 "오늘에 충실하라."라는 충고에 주의를 기울였다면, 그중 대다수는 지금쯤 행복하고 가치 있는 삶을 살며 거리를 활보하고 있을 것이다.

당신과 나는 무한한 시간 동안 쌓여온 과거와, 기록된 시간의 마지막 음절을 향해 뛰어드는 미래라는 두 영원한 시간이 만나는 장소에 서 있다. 우리는 단 1초도 과거와 미래에 공존할 수 없다. 그러니 우리가 살 수 있는 유일한 시간인, 지금부터 잠이 들 때까지의 시간을 살도록 하자. 로버트 루이스 스티븐슨은 이렇게 말했다.

"누가 되었든 우리 모두 해가 떨어질 때까지는 우리의 짐을 짊어질 수 있다. 그 아무리 무거운 짐이라도 할지라도, 하루 동안은 그 짐을 짊어질 수 있는 것이다. 해가 질 때까지라면, 누구든 다정하고, 침착하고, 사랑스럽고, 순수하게 살 수 있을 것이다. 그리고 사실 인생이 의미하는 바 역시 크게 다르지 않다."

그렇다. 인생이 우리에게 요구하는 것은 그뿐이다.

미시간주 새기노 코드가 815번지에 사는 E. K. 실즈 부인은 자살을 생각할 정도로 절망에 빠져 있었다. 그녀가 오직 하루만 살아낸다는 교훈을 얻기 전의 일이었다. 그녀는 내게 이런 이야기를 들려주었다.

1937년에 남편을 잃었습니다. 나는 더없이 우울했고 통장 잔고는 바닥나 있었습니다. 나는 한때 고용주였던 캔자스에 있는 로치 파울러 컴퍼니의 레온 로치 씨에게 편지를 썼고, 다시 일을 할 수 있게 되었습니다. 나는 시골과 도시의 교육위원회에 책을 팔아서 생계를 유지했었습니다. 2년 전, 남편이 병을 얻으며 차를 처분해야 했지만, 어떻게든 돈을 모아 중고차를 한 대 구입했고 다시 책을 파는 일에 뛰어들 수 있었습니다.

운전을 하는 일이 우울증에 도움이 될 것으로 생각했지만, 혼자 차를 타고 이동하고 혼자 식사하는 일을 감당할 수 없었습니다. 일부 지역에서는 실적이 좋지 못했기에, 몇 푼 되지도 않는 차 할부금조차 낼 수 없을 지경이었습니다.

1938년 봄, 미주리주 베르사유에서 일을 마치고 돌아오는 길이었습니다. 그곳의 학교들은 재정난을 겪었고, 도로는 열악했습니다. 나는 너무도 외롭고 좌절한 나머지 죽음을 생각하고 있었습니다. 성공은 너무도 먼일같이 느껴졌습니다. 살아야 하는 이유는 하나도 보이지 않았습니다. 매일 아침 일어나 삶을 마주하는 일이 무서웠습니다. 나는 모든 것에 두려움을 느꼈습니다. 자동차 할부금을 내지 못하면 어쩌나, 월세가 밀리면 어쩌나, 식비로 쓸 돈이 남아있지 않으면 어쩌나, 병에 들었는데 병원에 갈 돈이 없으면 어쩌나 하는 걱정에 시달렸습니다. 내가 목숨을 끊지 못한 이유는 여동생이 받을 깊은 상처와, 장례비용을 댈만한 여윳돈이 없다는 것이었습니다.

그러던 어느 날 나는 절망으로부터 나를 구원하고 계속 살아갈 수 있는 용기를 준 글을 읽게 되었습니다. 그 글에서 찾은 문장에 느낀 고마움은 아마 평생 잊지 못할 겁니다. 그 글에는 이렇게 적혀 있었습니다.

'현명한 사람에게 매일이란 곧 새로운 삶을 의미한다.'

나는 그 글귀를 인쇄해 차의 유리창에 붙여서 운전할 때마다 보고는 했습니다. 하루에 그날만 산다는 건 그렇게 어렵지 않은 일처럼 느껴졌습니다. 나는 어제의 일은 잊어버리고 내일에 대해서는 생각하지 않는 법을 배웠습니다. 매일 아침 나는 스스로 이렇게 말하고는 했습니다.

"오늘은 새로운 삶이야."

그렇게 나는 외로움과 가난에 대한 공포에서 벗어날 수 있게 되었습니다. 나는 행복해졌고 제법 성공을 이룬데다 삶에 대한 열정과 사랑도 충분히 가지게 되었습니다. 이제는 삶이 어떻게 흘러간대도 겁먹지 않을 거란 걸 알게 되었습니다. 내가 더는 미래를 두려워하지 않는다는 것도 알게 되었습니다. 이제는 사람이 하루에 살 수 있는 날은 오직 그날 하루 뿐이고 '현명한 사람에게 매일이란 곧 새로운 삶을 의미한다.'라는 걸 깨닫게 되었습니다.

이 시를 누가 썼다고 생각하는가?

행복한 사람. 홀로 행복한 사람.
오늘을 자신의 것이라고 부를 수 있는 사람.
확신을 가지고 이렇게 말할 수 있는 사람.
'내일이여, 최악의 날이 되려거든 그렇게 하여라. 나는 오늘을 살리라.'

현대에 쓰였다고 해도 믿을 이야기다. 그렇지 않은가? 놀랍게도 이 시는 기원전 30년에 로마의 시인 호라티우스가 쓴 시다.

내가 아는 인간 본능의 가장 비극적인 요소 중 하나는 우리에게 삶을 미루는 습성이 있다는 것이다. 우리는 모두 지평선 너머에 있는 마법 같은 장미 정원을 꿈꾸지만 오늘 당장 창밖에 피어있는 장미를 즐기는 법은 알지 못했다.

왜 그렇게 바보같이 살아야만 하는 것일까?

스티븐 리콕은 이렇게 말했다.

"하찮은 인생이 흘러가는 이상한 모습을 보라. 어린아이는 '내가 더 자라면'이라고 말한다. 이게 무슨 소리인가 하면, 이 아이가 자라서 '내가 어른이 되면'이라고 말하게 된다는 것이다. 막상 어른이 된 아이는 '내가 결혼하면'이라고 말할 것이다. 결혼을 한 뒤에는? 결국 '내가 은퇴하면'으로 생각이 흐를 것이고, 은퇴할 무렵이 되어 지나온 길을 되돌아볼 때, 차디찬 바람 한 점만이 남아있다는 걸 깨닫게 될 것이다. 아마 그때쯤이면 기차는 이미 떠났고 돌이킬 수 있는 건 없을 것이다. 삶은 매일, 매시간을 살아가는 것이라는 사실을 우리는 너무 늦게 깨닫곤 한다."

디트로이트시에 살았던 에드워드 S. 에반스는 '삶이란 매일, 매시간을 살아가는 것이다.'라는 사실을 깨닫기 전까지 걱정으로 인해 삶을 포기할 뻔했었다.

가난하게 자란 에드워드 에반스는 첫 직업으로 신문을 팔았다. 그 뒤로는 마트의 점원으로 근무했다. 시간이 흐른 뒤, 7명이나 되는 식솔을 책임지게 된 그는 도서관에서 보조 사서로 일하게 되었다. 급여는 아주 적었지만, 그는 일을 그만두는 것에 두려움을 느꼈다. 그가 자립할 결심을 하는 데는 8년의 세월이 필요했다. 하지만 일을 시작하기 무섭게, 그나마도 빌려야 했던 55달러의 투자금을 1년 만에 2만 달러의 수익을 내는 사업으로 발전시켰다. 그러나 그 뒤 몹시 심각한 재앙이 닥쳤다. 보증을 섰던 친구가 파산한 것이었다.

재앙은 그것으로 끝나지 않았다. 그의 모든 재산을 맡겨둔 은행 역시 파산해버렸다. 그는 전 재산을 잃어버렸을 뿐 아니라 1만 6천 달러의 빚까지 떠맡게 되었다. 그의 신경은 더는 버틸 수 없었다. 그는 이렇게 회상했다.

나는 잠도 잘 수 없었고, 음식을 삼킬 수도 없었습니다. 오직 걱정으로 인해 생긴 희한한 병이었습니다. 어느 날 나는 길을 걷다가 정신을 잃고 쓰러졌습니다. 그리고 몸을 가눌 수가 없게 되었습니다. 침대에 눕자 온몸이 불덩이처럼 뜨거워졌습니다. 열병은 곧 마음의 병으로 변했고, 누워있는 내내 극도의 정신적 고통을 겪게 되었습니다. 그렇게 하루가 멀다고 쇠약해져 갔고, 결국 의사는 내가 2주밖에 살 수 없을 것이라고 선고했습니다. 충격을 받은 나는 유언장을 쓴 뒤 침대로 돌아가 끝을 기다렸습니다. 더는 애쓰거나 걱정할 필요가 없어 보였습니다. 나는 모든 것을 포기하고 긴장을 놓아버린 뒤 깊은 잠이 들었습니다. 지난 몇 주간 하루에 2시간 이상 자본 적이 없었습니다. 속세의 문제들이 나와 함께 끝을 향해 빨려 들어가게 되었다고 생각하니, 아이처럼 고요히 단잠을 자게 되었던 것입니다. 그러자 나를 기진맥진하게 했던 피로가 사라지기 시작했습니다. 식욕이 돌아오게 되면서 체중이 증가했습니다.

그로부터 몇 주 후, 나는 목발을 짚고 걸을 수 있게 되었습니다. 6주가 지나자, 다시 일하러 나갈 수 있었습니다. 나는 연간 2만 달러를 벌 때도 있었지만, 이제는 주급이 30달러밖에 되지 않는 일에도 기쁨을 느끼게 되었습니니다. 나는 자동차를 선적할 때 사용하는 고정용 블록을 판매하는 일을 시작했습니다. 그리고 교훈을 얻었습니다. 더는 자신에 대한 걱정도, 지난 과거에 대한 후회도, 미래에 대한 두려움도 존재하지 않았습니다. 내가 가진 모든 시간과 에너지와 열정을 그 블록들을 판매하는 데 쏟아부었기 때문이었습니다.

그 뒤로 에드워드 S. 에반스는 빠르게 성장했다. 불과 몇 년 만에, 그는 에반스 프로덕트 컴퍼니의 사장이 되었고, 그의 회사는 뉴욕 증권거래소에 수년간 상장되었다. 에드워드 S. 에반스가 1945년에 삶을 마감할 당시 그는 미국 전역에서 가장 혁신적인 사업가로 인정받았다. 언젠가 당신이 그린란드를 방문할 일이 있다면, 그의 이름을 딴 에반스 필드 공항에 착륙할지도 모를 일이다.

이 이야기가 알려주는 것은 에드워드 S. 에반스가 걱정의 어리석은 면을 깨닫지 못하고 충실한 오늘을 사는 방법을 배우지 못했다면, 그는 결코 성공의 맛을 보지 못했을 것이라는 사실이다.

화이트 퀸이 이렇게 말한 걸 기억할 것이다.

"내일을 위한 잼도 있고 어제를 위한 잼도 있지만 오늘을 위한 잼은 없어."

우리 대부분이 그렇다. 어제의 잼을 끓이고 내일 먹을 잼을 걱정하느라 정작 오늘 빵에 바를 잼은 없다. 하다못해 프랑스의 위대한 철학자 몽테뉴도 똑같은 실수를 저질렀다. 그는 이렇게 말했다.

"내 인생은 결국 절대 일어나지 않은 불행으로 가득했다."

나의 삶도, 당신의 삶도 마찬가지였다. 또 단테는 이렇게 말했다.

"이날은 다시는 밝아오지 않을 날이다."

삶은 놀라운 속도로 빠르게 사라져간다. 우리는 시속 30km의 속도로 우주를 가로지르고 있다. 오늘은 우리가 가진 가장 소중한 재산이자, 가장 확실한 재산이다.

기원전 500년, 그리스의 철학자 헤라클레이토스는 제자들에게 이런 말을 한 적 있다.

"변화의 법칙을 제외한 모든 것이 변한다. 우리는 같은 강물에 두 번 발을 들일 수 없다."

강물은 매초 변화하고, 그 속에 발을 들인 인간 역시 마찬가지이다. 인생은 끊임없는 변화의 장이다. 가장 확실한 것은 오늘이다. 왜 끊임없는 변화와 불확실성에 뒤덮인 내일의 문제를 해결하려 애쓰며 오늘을 사는 미덕을 망치려 하는가?

옛 로마 시대 사람들은 이미 완벽한 표현을 하고 있었다.

"현재를 즐겨라."

"오늘을 붙잡아라."라는 의미의 카르페 디엠이 그것이다. 그러니 오늘을 붙잡아서 최대한 활용하라.

이건 로웰 토마스의 인생철학이기도 하다. 나는 최근에 그의 농장에서 주말을 보낸 적이 있다. 그리고 나는 그가 성경의 시편 118편에 나오는 구절을 액자에 담아 그의 방송 스튜디오 벽에 잘 보이도록 걸어놓은 것을 알아차렸다.

"이날은 여호와께서 정하신 것이라 이날에 우리가 즐거워하고 기뻐하리로다."

존 러스킨은 그의 책상에 단어 하나가 새겨진 투박한 돌멩이를 올려두었다. 돌멩이에는 'TODAY(오늘)'라고 새겨져 있었다. 나는 책상 위에 돌을 올려놓지는 않았지만, 거울에 시 한 편을 붙여 매일 아침 면도할 때마다 볼 수 있도록 하였다. 인도의 유명한 극작가인 칼리다사가 쓴 그 시는, 윌리엄 오슬러 경이 항상 그의 책상에 두었던 시이기도 하다.

새벽에 바치는 인사

오늘에 보아라!
오늘이 삶이요, 삶 중의 삶이다.
그 짧은 길에
당신 존재의 진실과 현실이,
성장의 더없는 행복이,
행동의 영예가,
업적의 광채가 모두 놓여 있다.
어제는 꿈이고
내일은 그저 환상일 뿐이다.
하지만 잘 산 오늘은 어제를 행복한 꿈으로
그리고 모든 내일을 희망찬 환상으로 만든다.
그러니 오늘을 똑바로 보아라.
그것이 새벽에 바치는 인사이니라.

걱정에 관해 알아야 할 기본 규칙 1

과거와 내일로 가는 철문을 굳게 닫고, 오늘을 충실하게 살아가라.

다음 물음에 스스로 질문하고, 답해보자.

1. 미래에 대해 걱정하느라, 또는 '먼 지평선의 장미 정원'을 갈망하느라 현재의 삶을 미루는 경향이 있는가?

   _____
   _____

2. 가끔 과거에 일어난 일을 후회하느라 현재를 낭비하는가?

   _____
   _____

3. 최고의 24시간을 보내기 위해 '오늘을 붙잡겠다.'라는 확신과 함께 하루를 시작하는가?

   _____
   _____

4. 충실하게 오늘을 산다면 삶으로부터 더 많은 것을 얻게 될까?

   _____
   _____

5. 언제 시작할 것인가? 다음 주? 내일? 아니면 오늘?

   _____
   _____

제2장

걱정스러운 상황을 해결하는 마법의 주문

▶──────── 이 책을 마저 읽기 전에, 지금 당장 걱정스러운 상황을 빠르게 해결하는 기술을 알고 싶은가?

그렇다면 윌리스 H. 캐리어가 사용했던 방법을 알려주겠다. 그는 냉방 산업을 개척했으며 뉴욕 시러큐스에 위치한 세계적인 기업인 캐리어 커퍼레이션의 대표이다. 그가 걱정에 관한 문제를 해결하는 방식은 내가 아는 한 최고의 방식 중 하나였다. 나는 어느 날 뉴욕의 엔지니어스 클럽에서 점심을 먹던 중 그로부터 직접 그 비법을 전수받았다. 그는 이렇게 말했다.

젊었을 적, 나는 뉴욕 버펄로에 있는 버펄로 포지 컴퍼니에서 일하고 있었습니다. 미주리주 크리스털 시티의 미츠버그 플레이트 글래스 컴퍼니라는 회사의 공장에 가스 정화 장치를 설치하는 업무가 주어졌습니다. 그 공장은 몇백만 달러의 가치가 있었습니다. 그 장치의 목적은 가스 속 불순물을 제거해서 엔진에 피해를 주지 않고 연료를 태우도록 하는 것에 있었습니다. 이 정화 기술은 완전히 새로운 방법으로, 딱 한 번, 그것도 다른 환경에서 시도해본 적 있을 뿐이었습니다. 그곳에서 맡은 업무에는 예측 불가능한 어려움이 따랐습니다. 어떻게든 기능을 하도록 할 순 있었지만, 우리가 약속한 품질을 보장하기에는 충분하지 않았습니다.

그 실패로 인해 나는 무언가에 머리를 세게 맞은 것처럼 완전히 얼이 빠져 버렸습니다. 위장마저 뒤틀리는 듯했습니다. 한동안은 걱정으로 잠을 이룰 수 없었습니다.

하지만 상식적으로 생각해보니 걱정은 전혀 도움이 되지 않았습니다. 나는 걱정 없이 내 문제를 해결할 방법을 고민했습니다. 그건 탁월한 시도였습니다. 나는 그때 고안해낸 방법을 벌써 30년째 사용하고 있습니다.

그 기술은 간단합니다. 누구든 따라 할 수 있는 3단계로 이루어져 있습니다.

1단계. 상황을 두려움 없이, 아주 정직하게 분석한 뒤 실패할 경우 벌어질 수 있는 최악의 일을 떠올려보았습니다. 그 누구도 감옥에 가거나 내게 총을 겨누지는 않을 것이었습니다. 그것만은 확신할 수 있었습니다. 단, 직장을 잃게 될 가능성이 존재했습니다. 게다가 고용주는 투자한 2만 달러를 모두 잃는 상황에 부닥칠지도 모를 일이었습니다.

2단계. 최악의 상황을 떠올려본 나는, 이를 받아들였습니다. 나는 이렇게 생각했습니다.

'이 실패는 내 경력에 흠집을 내게 될 거야. 그리고 나는 아마 직장을 잃게 되겠지. 하지만 그런 일이 일어난대도, 여전히 다른 일을 찾아볼 수 있어. 더 안 좋은 조건에서 일하게 될 수는 있겠지. 그리고 고용주는 새로운 가스 정화 기술을 실험하는 과정에서 2만 달러를 연구비로 썼다고 생각하고 넘어갈 수도 있어.'

최악의 상황을 분석해보고 그 사실을 받아들이자, 놀라운 일이 벌어졌습니다. 즉시 마음이 진정되며 며칠 동안 맛보지 못했던 평화를 얻게 된 것이었습니다.

3단계. 그 순간부터, 나는 모든 시간과 에너지를 최악의 상황에 맞게 될 결과를 개선하는 데 사용했습니다.

이제 할 일은 2만 달러라는 손실을 최소화할 방법을 찾는 것이었습니다. 나는 여러 테스트를 거듭한 결과 장비에 5천 달러만 더 투자한다면 우리의 문제가 해결될 것이라는 사실을 발견했습니다. 우리는 그 계획을 이행했고, 2만 달러의 손실 대신 1만 5천 달러를 벌어들였습니다.

계속 걱정만 하고 앉아있었다면 결코 이루어내지 못했을 성과였습니다. 걱정의 가장 큰 단점은 우리의 집중력을 앗아간다는 것이기 때문입니다. 우리가 걱정을 시작하면 마음은 이리저리 날뛰고 결국에는 결정할 힘을 잃게 됩니다. 그러나 우리가 최악의 상황을 직면하고 그 사실을 받아들인다면, 우리는 나쁜 상상의 밀물에서 벗어나 문제에 제대로 집중할 수 있는 위치를 선점하게 되는 것입니다.

이 사건은 오래전에 일어난 일입니다. 그 방식이 너무도 완벽히 제 기능을 했기에 지금의 나는 계속해서 걱정으로부터 완벽히 자유로운 삶을 살고 있습니다.

정신적인 측면에서 보았을 때 윌리스 H. 캐리어가 고안해낸 마법 공식의 가치와 실용성을 어떻게 이해하면 좋을까? 그의 방식은 걱정에 집어삼켜졌을 때 앞을 가리는 뿌연 안개를 걷어내 준다. 그리고 우리가 두 발로 당당하게 땅을 밟고 서 있도록 해준다. 그렇게 우리는 정확히 어디쯤 서 있는지 알게 되는 것이다. 그런 확신조차 없다면, 대체 어떻게 다른 생각을 할 수 있겠는가?

응용 심리학의 아버지인 윌리엄 제임스 교수는 38년 전 세상을 떠났지만, 그라면 아마 걱정을 마주하기 위한 이 마법 공식을 진심으로 인정했을 것이다. 그걸 어떻게 아느냐고? 바로 그가 학생들에게 전했던 말 때문이다.

"흔쾌히 받아들여라. 흔쾌히 받아들여라. 일어난 일을 받아들이는 것이야말로 그 어떤 불행의 여파도 극복하도록 하는 첫걸음이 될 것이니라."

중국 철학자 린위탕 역시 널리 읽혔던 자신의 저서 '생활의 발견'에서 이렇게 말한 바 있다.

"진정한 마음의 평화는 최악을 받아들이는 데서 온다. 나는 그것이 정신적으로 에너지를 해방하는 행위라고 생각한다."

맞는 말이다! 정신적으로 보았을 때 그것은 새로운 방식으로 에너지를 해방하는 것을 의미한다! 우리가 최악의 상황을 받아들인다면, 더는 잃을 게 없어진다. 그리고 그 즉시 모든 것은 덤으로 얻게 되는 것이 된다. 윌리스 H. 캐리어도 이렇게 말하지 않았는가.

"최악의 상황을 마주한 뒤로, 나는 즉시 마음이 진정되며 며칠 동안 맛보지 못했던 평화를 얻게 되었습니다. 그때부터 이성적인 생각이라는 걸 할 수 있게 된 것입니다."

충분히 말이 되지 않는가? 그러나 수백만의 사람들은 분노의 소용돌이 속에 삶을 던져버릴 뿐, 최악의 상황을 받아들이려고 하지 않는다. 그렇기 때문에 상황을 개선하거나 망가진 삶에서 최대한 구해낼 수 있는 것들을 구하지 못하는 것이다. 인생을 재건하는 대신, 억울함을 잔뜩 품은 채 '역경과의 지독한 싸움'에 들어가는 것이다. 그리고 그 결과, 우울증이라고도 불리는 음울한 집착의 피해자가 되고 만다.

다른 사람이 어떻게 윌리스 H. 캐리어의 마법 공식을 채택해서 자신의 문제에 적용했는지 알고 싶은가? 여기 내 수업의 수강생이기도 했던 뉴욕시의 어느 한 오일 딜러의 이야기가 있다.

나는 협박을 받고 있었습니다. 나는 그게 영화가 아닌 현실에서 일어날 수 있는 일인지도 몰랐습니다. 그런데도 나는 정말 협박을 받고 있었습니다! 사건의 발단은 이러했습니다. 내가 소유하고 있던 정유회사는 여러 대의 트럭과 기사를 고용하고 있었습니다. 물가관리국의 규제가 엄격히 시행되던 시절이었기에, 어떤 고객이든 정해진 양만 배달할 수 있었습니다. 당시 나는 진상을 모르고 있었지만, 일부 기사들이 단골들에게 가야 할 기름을 조금씩 뒤로 빼돌려 자신들의 고객에게 되팔고 있었습니다.

내가 불법 거래의 동향을 눈치챈 것은 어느 날 찾아온 정부 요원이라는 사람 때문이었습니다. 그는 우리 회사의 기사들이 저지른 일의 확실한 증거를 가지고 있다며 뒷돈을 요구했습니다. 그리고 요구한 돈을 주지 않는다면 모든 증거 자료를 검찰청에 넘기겠다고 했습니다.

나는, 적어도 개인적으로는 걱정할 일이 하나도 없다는 것을 알고 있었습니다. 그러나 직원의 행동에 회사가 책임을 져야 한다는 규정도 알고 있었습니다. 게다가 재판에 가게 된다면 신문의 한 면을 장식하게 될 것은 뻔했고, 평판이 떨어져 사업이 망할지도 모르는 일이었습니다. 그 회사는 아버지가 24년 전에 설립했던 곳이었고, 나는 자부심을 가지고 있었습니다.

나는 병이 날 정도로 근심에 빠졌습니다! 3일 내내 음식을 먹지도, 잠을 자지도 못했습니다. 머릿속에서는 똑같은 생각만 반복해서 떠올라 미칠 지경이었습니다. 정말 5천 달러를 주어야 하나? 아니면 그자에게 멋대로 하라고 해 버려야 하나? 어떤 결정이든 그 결과는 악몽처럼 보였습니다.

그러던 어느 일요일 밤, 우연히 카네기의 대중연설 수업에서 받은 '걱정을 멈추는 법'에 관한 소책자를 펼쳐보게 되었습니다. 책자에는 윌리스 H. 캐리어의 이야기가 담겨 있었는데, '최악을 마주하라.'라는 문장이 있었습니다. 나는 이런 질문을 던져보게 되었습니다. '내가 돈을 주지 않겠다고 하고 협박범이 모든 자료를 검찰청에 넘기게 되었을 때 일어날 수 있는 최악의 상황은 무엇일까?'라고 말입니다.

정답은, 사업을 접게 되는 것이 일어날 수 있는 일들 가운데 최악의 일이라는 것이었습니다. 수감되거나 하는 일은 일어나지 않을 것이었습니다. 유일하게 일어날 수 있는 것은 매스컴으로 인해 회사 문을 닫게 되는 것이 전부였습니다.

나는 이렇게 생각했습니다.

'좋아. 사업은 망했고, 나는 그걸 마음으로 받아들였어. 그다음은 뭐지? 자, 회사를 닫게 된다면 일을 구해야겠지. 그렇게 나쁜 일도 아니야. 나는 오일에 관해서는 많은 걸 알고 있고, 몇몇 기업은 나를 기꺼이 고용할지도 모르는 일이지.'

그러자 기분이 나아지며, 지난 3일간 밤낮으로 나를 새파랗게 질리게 했던 고통으로부터 조금씩 벗어날 수 있었습니다. 나는 곧 안정을 되찾았고, 놀랍게도 드디어 제대로 된 생각이라는 걸 하게 된 것이었습니다.

그러자 충분히 맑아진 머리로 캐리어 주문의 3번째 단계인 최악을 개선하는 과정에 진입할 수 있게 되었습니다. 해결책을 강구하다 보니 완전히 새로운 시각이 보이기 시작했습니다. 변호사에게 그간 있었던 일을 모두 설명하면 내가 생각지 못한 방법이 생길지도 모른다는 생각이 들었습니다. 애초에 변호사를 찾아갈 생각을 하지 못했다는 게 너무도 바보같이 느껴졌습니다. 그도 그럴 것이 그동안엔 걱정을 하느라 생각이라는 걸 할 시간이 없었던 것이었습니다!

나는 그 즉시 아침이 밝는 대로 변호사를 만나겠다고 마음을 먹고 자리에 누워 시체처럼 잠이 들었습니다.

어떻게 마무리가 되었냐고요? 다음 날 변호사는 내게 검찰을 찾아가 사실을 모두 털어놓으라고 충고해주었습니다. 나는 그의 말을 따랐습니다. 검찰을 찾아간 나는 놀라지 않을 수 없었습니다. 알고 보니 정부 요원이라며 나를 협박했던 자는 경찰이 쫓고 있는 수배범이었고, 지난 몇 달간 유사한 협박 사례가 이어져 오고 있던 것이었습니다. 그 사기꾼에게 5천 달러를 줘야 할지 말아야 할지 고민하느라 지난 3일간 밤낮을 가리지 않고 괴로워하던 나는 크게 안도했습니다.

이 경험은 내게 잊지 못할 교훈을 안겨주었습니다. 지금은 나를 걱정으로 몰고 갈 그 어떤 위급한 문제를 마주하더라도 '윌리스 H. 캐리어의 마법 공식'을 적용하고 있습니다.

윌리스 H. 캐리어가 미주리주 크리스탈 시티에서 가스 정화 장치로 애를 먹고 있는 동안, 네브래스카주의 브로큰 보우에 사는 한 남자는 유언장을 작성하고 있었다. 그는 얼 P. 해니라는 사람으로, 십이지장 궤양을 앓았다. 유명한 십이지장 전문의를 포함한 총 3명의 의사가 해니의 상태를 두고 '치료가 불가능하다.'라고 선고한 참이었다. 그들은 그에게 먹어서는 안 될 음식을 알려주며, 걱정하거나 조바심을 내지 말고 절대 안정을 유지할 것을, 그리고 유언장을 써둘 것을 충고했다!

궤양은 이미 얼 P. 해니의 높은 연봉과 고위직을 포기하게 만든 바 있었다. 그에게는 더는 해야 할 일도, 질질 끄는 죽음 외에 기대할 것도 남아있지 않았다.

그 상황에서, 해니는 귀하고 훌륭한 결정을 내리게 된다.

"삶이 얼마 남지 않았으니, 최고의 날들로 만들어야 했습니다. 나는 그전부터 죽기 전에 세계 일주를 하고 싶은 꿈이 있었습니다. 언젠가 할 일이라면, 지금 당장 실천해야겠다는 생각이었습니다."

그는 그렇게 여객선표를 예매했다.

의사들은 아연실색해서 그에게 이렇게 말했다.

"해니 씨, 경고하건대 지금 이 여행길에 오른다면, 바다에 수장될 것이에요."

해니는 이렇게 답했다.

"아니오. 그러지 않을 겁니다. 나는 브로큰 보우의 가족묘에 묻히겠다고 친척들과 약속했습니다. 나는 관을 하나 짜서 함께 여행할 겁니다."

그는 정말 관을 구입한 뒤, 그가 죽으면 시체를 냉동고에 보관한 뒤 브로큰 보우로 운반해줄 것을 선박회사와 사전에 협의했다. 그는 시인 오마르의 정신을 새기며 여행길에 올랐다.

아, 우리에게 남은 시간을 최대한 누려야 하리라.
우리 역시 먼지로 돌아가기 전에,
와인도, 노래도, 가수도, 하다못해 끝도 없는 곳에서
먼지에서 먼지로 돌아가기 전에, 그리고 먼지 속에 몸을 뉘기 전에.

그러나 해니는 '와인도 없는' 여행을 하지는 않았다. 그는 내게 보낸 편지에 이렇게 썼다.

나는 하이볼을 마시고 기다란 시가도 피웠습니다. 나는 나를 죽음으로 몰고 갈 게 분명했던 이상한 현지의 음식을 포함한 모든 종류의 음식을 먹었습니다. 그 어느 때보다 나는 삶을 즐겼습니다! 계절풍과 태풍을 마주쳤을 때도 즐거운 마음으로 그 모험을 마주했습니다. 예전 같았으면 겁에 질려 제 발로 관에 들어가 누웠을지도 모르는 일이었습니다.

여객선에서 나는 게임을 하고, 노래를 부르고, 새 친구를 사귀고, 늦은 새벽까지 깨어있기도 했습니다. 중국과 인도에 닿았을 때, 나는 중요한 사실을 깨달았습니다. 바로 내가 고향에서 겪었던 사업과 관련한 문제와 걱정거리는, 그곳의 빈곤과 기아 문제에 비하면 아무것도 아니라는 사실이었습니다. 무의미한 모든 걱정을 때려치운 나는 기분이 나아지기 시작했습니다. 미국에 돌아왔을 때, 체중은 40kg이나 불어있었습니다. 궤양이 있었다는 사실도 거의 잊어버리고 지낸 것이었습니다. 나는 살아오는 동안 그보다 더 가벼운 마음이었던 적이 없었습니다. 나는 즉시 장의사에게 관을 처분해버리고, 회사로 돌아갔습니다. 그 뒤로 한 번도 아프지 않았습니다.

그 일이 일어났을 때, 얼 P. 해니는 윌리스 H. 캐리어의 이야기나 걱정을 다루는 그의 기술 같은 것에 관해서 한 번도 들어본 적이 없었다. 얼마 전 그는 내게 이렇게 말했다.

이제는 그와 내가 거의 비슷한 방법을 썼다는 걸 알 것 같습니다. 나는 내게 일어날 수 있는 일 중 최악의 일인 죽음을 받아들였습니다. 그렇게 내게 남은 시간 동안 최고로 즐거운 삶을 보냄으로써 최악의 상황을 개선하는 것을 시도했습니다. 만일 그 배를 탄 동안 계속해서 걱정을 이어갔다면, 나는 결국 관에 담긴 채 고향으로 돌아오게 되었을 것입니다. 그 대신 나는 긴장을 풀고 모두 잊어버렸습니다. 그때 생긴 마음의 평온은 새로운 에너지를 태어나게 해주었고 궁극적으로는 생명을 구한 것입니다. (얼 P. 해니는 지금 매사추세츠주 윈체스터 웨지미어가 52번지에 산다.)

자, 만일 이 마법 공식을 통해 윌리스 H. 캐리어가 2만 달러의 계약을 날려버리지 않고, 뉴욕시의 사업가가 협박범에게서 벗어나고, 얼 P. 해니가 생명을 구했다면 당신의 문제 중 일부도 해결해줄 수 있을 것 같지 않은가? 절대 해결되지 않을 것 같은 문제까지 모두 포함해서 말이다.

걱정에 관해 알아야 할 기본 규칙 2

과거와 내일로 가는 철문을 굳게 닫고, 오늘을 충실하게 살아가라.

다음 물음에 스스로 질문하고, 답해보자.

1. 일어날 수 있는 최악의 상황이 무엇인지 생각해보라.

2. 최악의 상황을 받아들여야 한다면 그렇게 하라.

3. 침착하게 최악의 상황을 개선하려 노력하라.

제3장

걱정이 미치는 영향

걱정과의 싸움에서 이기는 법을 터득하지 못한 비즈니스맨은 일찍 죽는다.
-알렉시 카렐 박사

▶────── 얼마 전 어느 저녁, 한 이웃이 우리 집 문을 두드리며 나와 내 가족에게 천연두 백신 접종을 권하는 일이 있었다. 그는 뉴욕시에서 그렇게 현관문을 두드리고 다니는 수천 명의 자원봉사자 중 한 명이었다.

겁먹은 시민들은 몇 시간씩 줄을 서서 백신을 접종했다. 병원뿐만 아니라 소방서, 경찰서 그리고 면적이 넓은 산업 공장에서도 접종센터가 마련되었다. 2천 명이 넘는 의사와 간호사가 밤낮도 없이 시민들을 접종하기 위해 진을 뺐다. 이런 사태가 발생한 이유는 하나였다. 뉴욕시에서 8명의 사람이 천연두에 걸렸고 그중 2명이 사망했기 때문이었다. 8백만 명 인구 중 2명이 죽었기 때문에.

내가 뉴욕에 산 지 37년이 넘었지만, 이제까지 아무도 걱정으로 인해 생기는 정신병을 경고하기 위해 현관문을 두드린 사람은 없었다. 그 병은 지난 37년 동안 천연두보다 만 배도 넘은 피해를 줬음에도 불구하고 말이다.

그 어떤 사람도 미국에 거주하는 10명 중 1명이 신경 쇠약을 앓고 있으며 그 원인이 대부분 걱정과 정서적 갈등으로부터 빚어졌다는 사실을 알리기 위해 초인종을 누른 적이 없다는 말이다. 내가 이 장을 쓰는 것은 당신에게 그러한 경고를 날리기 위함이다.

노벨의학상을 받은 알렉시 카렐 박사는 이렇게 말했다.

"걱정과의 싸움에서 이기는 법을 터득하지 못한 비즈니스맨은 일찍 죽는다."

가정주부나 수의사, 벽돌공이라고 해서 이 법칙에서 벗어날 수 있을 것 같은가?

지금으로부터 몇 년 전, 나는 O. F. 고버 박사와 함께 텍사스주와 뉴멕시코주를 차로 건너며 휴가를 보내고 있었다. 그는 산타페 철도 회사의 의료 책임자이자 걸프 콜로라도와 산타페 병원 협회의 내과장이었다. 우리가 걱정이 미치는 영향에 관해 이야기하던 중, 그는 이렇게 말했다.

"내과를 찾는 환자 중 70%는 불안과 걱정에서 벗어남으로써 스스로 문제를 해결할 수 있는 사람들입니다. 그들의 병이 환상에 불과하다는 의미는 결코 아닙니다. 그들의 병은 실재하며 치통이나 그보다 백 배는 더 심할 수도 있습니다. 신경성 소화불량, 일부 위궤양, 심장병, 불면증, 일부 두통과 마비 현상이 그것입니다. 이 병들은 실제로 존재합니다. 내가 12년 동안 위궤양을 앓아 왔기 때문에, 그 고충을 누구보다 잘 알고 있지요. 불안은 걱정의 원인이 됩니다. 걱정은 긴장과 초조함을 불러일으키고 위 신경을 자극해 비정상적인 위산이 나오도록 만듭니다. 그게 곧 위궤양으로 이어지는 것입니다."

'신경성 위장 질환'의 저자이기도 한 조셉 F. 몬태큐 역시 같은 말을 했다.

"우리는 우리가 먹는 음식으로 인해 위궤양을 앓는 것이 아니다. 위궤양은 우리를 갉아먹는 것에게서 온다."

메이오 클리닉의 W.C. 앨버레즈 박사는 이렇게 말했다.

"궤양은 주로 정서적 스트레스의 골짜기를 타고 심해졌다 다시 나아지고는 합니다."

메이오 클리닉에서 위장 장애로 내원한 환자 15,000명을 대상으로 진행한 연구에 따르면, 5명 중 4명은 위장 질환을 초래할 만한 그 어떤 신체적 원인도 지니고 있지 않았다. 두려움, 걱정, 증오, 지나친 이기심과 현실 부적응이야말로 위장 질환과 위궤양의 주된 원인이다. 위궤양은 당신의 삶을 앗아갈 수도 있다. 라이프지에 따르면 위궤양은 목숨을 위협하는 질환 가운데 10위를 차지했다.

나는 최근 마이오 클리닉의 해럴드 C. 하베인 박사와 서신을 주고받는 일이 있었다. 그는 미국 내·외과 협회의 연례 회의에서 평균 나이가 44.3세인 176명의 기업 임원들을 대상으로 한 연구 내용을 발표했다. 임원 가운데 3분의 1 이상이 초긴장 상태의 생활로부터 비롯한 3대 질환인 심장병, 소화기 궤양 그리고 고혈압을 앓고 있다는 것이었다. 3명의 임원 중 1명이 심장병, 궤양 그리고 고혈압으로 45세가 되기도 전에 건강을 망치고 있다는 걸 생각해보시라. 성공의 대가가 그토록 큰 것이었던가! 그건 성공이라고 부를 수도 없다! 위궤양과 심장병을 앓으면서까지 승진하고 싶어 하는 사람을 두고 성공했다고 할 수 있겠느냐는 말이다.

세상을 다 가진들 건강을 잃으면 무슨 소용이 있을까? 세상을 다 가진 사람도 결국 단 하나의 침대에서 잠을 자고, 하루에 단 세 끼의 음식을 먹을 수 있을 뿐이다. 그런 건 막일을 하는 사람도 누릴 수 있는 것이다. 하다못해 대기업 임원보다 더 깊은 잠을 자고 더 음식의 풍미를 즐길지도 모를 일이다. 솔직히 말하건대, 나 같으면 철도 회사나 담배 회사를 경영한답시고 45세에 건강을 망치느니, 앨라배마의 소작농이 되어 우쿨렐레나 튕기며 사는 걸 택하겠다.

담배 이야기가 나와서 말인데, 얼마 전 세계에서 가장 유명한 담배 생산업체 사장이 캐나다의 한 숲에서 조용한 휴가를 즐기려다 별세한 일이 있었다. 그는 수백만 달러라는 부를 축적했지만 61세에 죽었다. 그는 아마 '성공한 사업'이라고 불리는 것을 위해 남은 삶을 바쳤을 것이다.

내가 보기에는, 수백만 달러를 남긴 그 담배 회사 사장이 미주리주에서 농사를 짓다가 89세에 아무 재산도 남기지 않고 돌아가신 내 아버지보다도 덜 성공한 사람이다.

저명한 메이오 형제는 병원의 입원실 절반을 신경 문제를 안고 있는 사람들이 차지하고 있다고 말했다. 그러나 정작 부검 과정에서 이 사람들의 신경을 고배율 현미경으로 검사해보니, 대부분 잭 뎀프시만큼이나 건강한 신경을 가지고 있었다고 한다. 그들의 '신경 문제'는 물리적인 손상이 아닌 허무함, 불만, 불안, 걱정, 두려움, 패배와 절망의 감정으로 인한 것이었다. 플라톤은 이렇게 말했다.

"의사들이 저지르는 가장 중대한 실수는, 마음을 치료해보려는 시도 없이 몸을 치료하려고 하는 데서 온다. 마음과 몸은 하나이기 때문에 따로 분리해 치료될 수 없다."

의학계가 이 절대적인 진리를 인정하는 데는 2300년이라는 시간이 걸렸다. 우리는 몸과 마음을 고루 치료하는 심신의학이라는 새로운 의학을 막 개척하는 시기에 들어섰다. 신체적 문제로 인해 발병되어 수백만 명의 목숨을 앗아간 천연두, 콜레라, 황열병과 다른 끔찍한 질병들은 대체로 극복되었다. 하지만 신체적 문제가 아닌 걱정, 두려움, 증오, 좌절, 절망으로 인한 정신적·신체적 붕괴에 맞서서는 힘을 내지 못했다. 정서적 질병으로 인해 생긴 피해자들은 계속해서 증가하며 재앙에 가까운 속도로 퍼져나가는 중이다.

의사들은 오늘날 미국인 20명 중 1명이 생의 일부를 정신병원에서 보내게 될 것이라고 생각한다. 2차 세계대전 당시 징집되었던 청년들의 경우, 6명 중 1명이 정신적 질병 또는 결함으로 인해 입대할 수 없었다.

무엇이 정신 이상을 만드는가? 그 누구도 답을 알지 못한다. 하지만 대다수의 경우 두려움과 걱정이 기여 인자로 작용할 가능성이 높다고 할 수 있다.

불안에 짓눌려 지친 사람은 험한 세상에 대항할 수 없어 주변과의 연결고리를 끊어버린 채 자신이 만들어낸 가상의 세계로 들어가 걱정으로 인한 문제에서 자유로워지는 것이다.

지금 이 글을 쓰는 동안 내 책상 위에는 에드워드 포돌스키 박사가 쓴 '걱정을 그만두고 병을 회복하기'라는 책이 놓여있다. 그 책의 목차는 이러하다.

걱정이 심장에 미치는 영향
걱정을 먹고 자라는 고혈압
걱정 때문에 생기는 류머티즘
위장을 생각해서라도 걱정을 줄여라
걱정 때문에 감기에 걸리는 과정
걱정과 갑상샘
걱정스러운 당뇨

걱정을 이해하는 또 다른 책으로는 '정신의학의 메이오 형제'라 불리는 칼 메닝거 박사가 쓴 '자신을 배반하는 인간'이 있다. 메닝거 박사의 책은 파괴적인 감정이 당신의 삶을 지배하도록 내버려 두었을 때 벌어지는 일들을 놀랍도록 생생하게 나열한다. 자신을 배반하는 짓을 그만두고자 한다면, 그 책을 사서 읽어라. 그리고 친구들에게 선물하라. 그 책은 4달러밖에 하지 않지만 당신의 인생에서 최고의 투자가 될 것이다.

걱정은 아주 무신경한 사람도 병들게 할 수 있다. 그랜트 장군이 그 사실을 깨달은 것은 남북전쟁이 끝으로 치닫고 있을 때였다. 이야기는 이렇게 흘렀다.

그랜트 장군은 리치먼드를 9개월째 포위하고 있었다. 그에 맞서야 했던 리 장군의 병력은 의복과 식량 보급이 원활하지 않아 패배를 마주해야 했다. 연대 규모의 병력이 탈영한 일도 있었다. 막사에 남은 병사들은 모여 기도할 수밖에 없었다. 그들은 소리를 지르거나, 울면서 때로는 환영을 보았다. 종말이 다가오는 듯했다. 결국 리 장군의 병사들은 리치먼드의 목화솜과 담배 창고에 불을 질렀다. 무기고마저 태워버린 뒤 한밤중에 도시에서 도주해버렸다. 이글이글 타오르는 불길을 뒤로 한 채 어둠 속으로 사라졌다. 그랜트의 군대는 그들을 뒤쫓으며 좌우 측면은 물론 후방에서 발포를 이어갔고, 셰리든이 이끄는 기병대는 철로를 망가뜨린 뒤 보급 열차를 포획하고 퇴로를 차단했다.

당시 극심한 두통으로 인해 거의 눈이 멀 지경이 된 그랜트는, 행렬에서 뒤

처져 어느 한 농가에 멈추어 섰다. 그의 회고록에는 이렇게 적혀 있다.

"그곳에서 겨자를 푼 뜨거운 물에 발을 담그고, 손목과 목덜미에 겨자 반죽을 바른 채 아침이 되면 낫기를 바라며 하룻밤을 보냈다."

다음 날 아침, 그는 말끔하게 회복되었다. 그를 낫게 한 것은 겨자 반죽이 아닌 어떤 장교가 들고 온 서신 한 통이었다. 서신에는 리 장군이 항복을 원한다는 내용이 적혀 있었다.

"그 장교가 나를 찾아왔을 때만 해도 나는 여전히 두통에 시달리고 있었다. 하지만 서신의 내용을 본 즉시 나는 씻은 듯이 나았다."

그랜트의 걱정, 긴장, 감정이 그를 아프게 한 것이 분명하다. 그의 감정이 확신, 업적, 승리의 빛으로 물들기 무섭게 치료된 것이었다.

그로부터 70년 후, 프랭클린 루스벨트 내각의 재무장관을 지냈던 헨리 모건소 주니어는 걱정으로 인해 어지럼증이 생길 수 있다는 사실을 발견했다. 그의 일기장에는 대통령이 밀의 가격을 올리기 위해 하루에 자그마치 4,400,000부셸(1부셸=27.2kg)이나 되는 양을 매입했을 때 얼마나 극심한 걱정에 시달렸는지 기록되어 있다.

"그 일이 진행되는 동안 나는 말 그대로 어지러움을 느꼈다. 나는 집으로 가 점심을 먹은 뒤 두 시간이나 누워있어야 했다."

걱정이 사람들에게 미치는 영향을 보고자 한다면, 도서관이나 의사를 찾아갈 필요가 없다. 이 책을 쓰고 있는 내 집의 창문 밖을 내다보기만 하는 것으로 충분하다. 한 이웃은 걱정으로 인해 신경 쇠약에 걸렸고 다른 이웃은 당뇨를 얻었다. 주식 시장이 폭락할 때마다 그의 혈당이 치솟았던 것이다.

프랑스의 저명한 철학자 몽테뉴는 그의 고향 보르도시의 시장으로 임명되었을 때 시민들에게 이렇게 말한 적 있다.

"여러분들의 일이라면 두 팔을 걷어붙이겠지만, 그것들을 내 간이나 폐 속으로까지 끌어들이지는 않을 것입니다."

반면 내 이웃은 주식 시장의 일을 핏속까지 끌고 들어와 거의 자신을 죽이려 했다.

걱정은 류머티즘과 관절염을 일으켜 당신을 휠체어에 앉힐 수도 있다. 관절염의 세계적인 명의로 잘 알려진 코넬 의과대학의 러셀 L. 세실 박사는 관절염을 일으키는 가장 흔한 네 개의 조건을 다음과 같이 정리한 바 있다.

1. 결혼 생활의 파탄
2. 경제적 파산과 비탄
3. 외로움과 걱정
4. 오래된 원망

물론, 이 네 가지 상황이 관절염을 일으키는 유일한 원인이지는 않다. 관절염에는 많은 종류와 그에 따른 많은 원인이 존재한다. 다시 말하지만, 가장 흔한 네 가지 원인은 러셀 L. 세실 박사가 정리한 리스트에 들어있다. 한 가지 예를 들자면, 내 친구 중 한 명은 대공황 당시 가스가 끊어지고 은행에 집마저 압류당하는 일을 겪었다. 그의 아내는 갑자기 고통스러운 관절염을 앓게 되었는데 약물 치료와 식이요법에도 낫지 않던 병이 경제적 상황이 나아지자 개선되었다.

걱정은 충치를 불러오기도 한다. 윌리엄 I.L. 맥고니글 박사는 미국치과협회의 강연에서 "걱정, 두려움, 잔소리 등과 같은 부정적인 감정은 체내 칼슘 균형을 깨뜨려 충치를 유발할 수 있다."라고 말했다. 맥고니글 박사는 완벽한 치아를 가졌던 그의 환자 중 한 명이 부인의 지병 문제를 겪으며 충치를 얻게 된 이야기를 들려주었다. 그녀가 병원 신세를 지는 3주 동안, 그는 무려 9개의 충치가 생기게 된 것이었다. 오직 걱정으로 인한 충치였다.

혹시 급성 갑상샘항진증을 앓는 사람을 본 적 있는가? 내가 본 사람은 죽음의 공포를 마주한 사람처럼 온몸을 부들부들 떠는데, 실제로도 그 병은 사람을 죽음으로 몰아갈 수 있다. 몸을 조절하는 역할을 하는 갑상샘이 갑자기 제 기능을 잃게 되며, 심장은 빠르게 뛰고 온몸은 모든 통풍구를 열어젖힌 용광로처럼 펄펄 끓는다. 적절한 수술이나 치료를 받지 않는다면 모든 기력을 소모하고 죽을지도 모르는 것이다.

얼마 전 나는 같은 병을 앓고 있는 한 친구와 필라델피아에 갔다. 우리는 38년간 그와 같은 병을 치료해온 명의를 만나고자 했다. 대기실 벽에는 모든 환자가 볼 수 있도록 만든 커다란 나무판이 한 장 걸려있었다. 나는 대기하는 동안 가지고 있던 봉투 뒷면에 적혀 있던 충고를 받아 적었다.

휴식과 오락

최고의 휴식을 선사하는 오락은 건강한 종교, 잠, 음악 그리고 웃음이다.
신을 믿고, 잘 자는 법을 배우고, 좋은 음악을 사랑하고, 인생의 유쾌한 면들을 보라.
그러면 건강과 행복을 얻게 될 것이다.

그 의사가 내 친구에게 물어본 첫 번째 질문은 이러했다.
"몸이 이렇게 되도록 어떤 감정적 문제를 겪으셨나요?"
그는 내 친구에게 걱정을 멈추지 않는다면 심장병, 위궤양 또는 당뇨와 같이 다른 합병증을 얻게 될지도 모른다고 경고했다. 명의의 진단은 이러했다.
"이런 종류의 병은 모두 사촌지간입니다."
당연히 그 병들은 걱정과 떼려야 뗄 수 없는 관계인 것이다!
내가 영화배우 메를 오베론을 인터뷰했을 때, 그녀는 자신의 가장 중요한 자산인 외모를 망가뜨릴 수 있기 때문에 걱정을 피한다고 말해주었다.
그녀는 이렇게 말했다.

처음으로 영화계 진출을 시도했을 때, 나는 근심과 두려움에 빠져 있었습니다. 인도를 떠난 지 얼마 되지 않았었고, 일을 구하던 런던에는 아는 사람이 하나도 없었으니까요. 나는 몇몇 제작자를 만나보았지만, 그 누구도 나를 고용하려 하지 않았습니다. 수중에 있던 몇 푼 되지 않던 돈도 떨어지게 되어, 2

주 동안 크래커와 물만 먹으며 지내기도 했습니다. 걱정뿐만 아니라 배고픔 역시 문제였습니다. 나는 이렇게 생각했습니다. '내가 바보 같았던 게 아닐까? 절대 영화에 캐스팅되지 않을지도 몰라. 이렇다 할 경력도 없고, 연기를 해본 적도 없고, 가진 거라고는 예쁘장한 얼굴이 전부잖아?'

나는 거울을 쳐다보았습니다. 그리고 걱정이 내 얼굴에 한 짓을 보게 되었습니다! 주름살이 생겼고 얼굴은 근심으로 가득했습니다. 나는 이렇게 생각했습니다.

'당장 걱정을 그만둬! 걱정이나 하고 있을 때가 아니야. 그들에게 내세울 거라고는 외모뿐인데, 그마저도 걱정이 망가뜨리고 있잖아!'

걱정만큼 사람의 외모를 망치고 늙게 하고 상하게 하는 건 없다. 걱정은 표정을 경직시킨다. 이빨을 꽉 깨물게 하고 얼굴에는 주름을 만들어 언제나 찌푸린 얼굴이 된다. 머리가 하얗게 세기도, 탈모로 이어지기도 한다. 안색을 망가뜨릴 수도 있으며, 피부 발진, 뾰루지, 여드름을 유발할 수도 있다.

심장병은 오늘날 미국인의 사망 원인 1위를 차지하고 있다. 2차 세계대전 중, 33만 명에 가까운 군인들이 목숨을 잃었다. 하지만 그와 같은 시기, 200만 명의 민간인이 심장병으로 사망했는데 그중 절반은 걱정과 긴장된 삶으로 인해 생긴 것이었다. 알렉시 카렐 박사가 "걱정과의 싸움에서 이기는 법을 터득하지 못한 비즈니스맨은 일찍 죽는다."라고 말한 이유를 여기서 찾아볼 수 있는 것이다.

남부의 흑인들과 중국인들은 걱정으로 인한 심장병을 겪는 일이 드물다. 그들은 침착하게 일어난 일을 받아들인다. 의사는 농장에서 일하는 사람보다 심장병으로 사망할 확률이 20배나 높다. 의사들은 긴장 속에서 일하며 그 값을 치르는 것이다.

윌리엄 제임스는 말했다.

"신은 우리의 죄를 사하여줄 수 있지만, 우리 몸속 신경계는 그렇지 않다."

여기 깜짝 놀랄 만한, 믿을 수 없는 사실이 하나 있다. 미국에서는 5대 전염병으로 죽는 사람보다 더 많은 사람이 자살로 생을 마감한다.

왜일까? 그 답은 걱정에 있다.

한때 중국의 잔인한 귀족들은 전쟁 중 죄수들을 고문할 때 그들의 손과 발을 묶은 뒤 큰 물주머니 아래에 세워두고 밤낮으로 물이 한 방울씩 떨어지도록 했다. 머리 위로 떨어지던 물방울의 소리는 점점 커지다 못해 망치가 땅을 치는 소리로 변했고, 죄수는 결국 미치게 되었다는 이야기다. 이 같은 고문 방식은 스페인의 종교재판과 히틀러 치하 독일군의 강제수용소에서도 사용되었다.

걱정은 머리 위로 한 방울씩 덜어지는 물방울과도 같다. 걱정이 물방울처럼 계속해서 떨어지다 보면 사람을 결국 미치고 자살로 치닫게 되는 것이다.

내가 미주리주의 촌뜨기 아이였던 시절에, 빌리 선데이가 저승의 지옥 불을 묘사하는 것을 듣고 두려움에 떨었던 적이 있다. 하지만 선데이는 한 번도 걱정으로 인해 경험할 수 있는 이승에서의 물리적 고통으로 인한 지옥을 언급한 적이 없다. 당신이 만일 만성 걱정 장애를 앓고 있다면, 협심증에 걸려 인간이 겪을 수 있는 고통 중 가장 극심한 고통을 시달리게 될지도 모른다.

만일 그런 일이 일어난다면, 당신은 고통으로 비명을 지를 것이다. 그 비명은 단테의 지옥에서 들려오는 소리 정도는 '장난감 나라의 아기들' 속 비명처럼 들리게 할 것이다. 당신은 아마 신께 이렇게 고할 것이다.

"오 신이시여, 신이시여, 이 병을 낫게 해준다면 다시는 그 무엇도 걱정하지 않을 것입니다!" (내가 과장하는 것 같다면, 아는 의사에게 물어보시라.)

당신의 삶을 사랑하는가? 그 삶을 오래, 행복하게, 건강하게 살고 싶은가? 여기 그 방법이 있다. 나는 다시 알렉시 카렐 박사의 말을 인용하고자 한다.

"현대 도시의 소란 한가운데서 내적 자아의 평온을 유지하는 사람들은 신경 질환에 대한 면역을 지닌다."

당신은 현대 도시의 소란 한가운데서 내적 자아의 평온을 유지할 수 있는가? 당신이 정상적인 사람이라면 그 답은 '그렇다.', 아니 '당연히 그렇다.'가 될 것이다. 우리 대다수는 우리가 인지하는 것보다 훨씬 강하다. 우리에게는 아직 발견되지 못한 내적 자원이 있을지도 모른다. 소로는 그의 불후의 저서

'월든'에서 이렇게 말한다.

"내가 아는 한, 인간이 자기 삶을 낫게 하기 위해 의식적으로 노력하는 의심의 여지가 없는 능력만큼 고무적인 것은 없다. 만일 누군가가 꿈을 향해 확신을 가지고 나아가고, 자신의 그려온 삶을 살기 위해 노력한다면 그는 언젠가 예상 밖의 성공을 이루게 될 것이다."

당연히, 이 책을 읽은 많은 독자는 올가 K. 자비만큼 큰 의지력과 많은 내적 자원을 가지고 있을 것이다. 그녀는 아이다호주 코들레인 박스 892에 살았다. 그녀는 가장 비극적인 상황에서도 걱정을 떨쳐낼 수 있다는 사실을 배웠다. 당신이나 나 역시 이 책에서 말하는 오래된 진리를 적용하면 그녀처럼 될 수 있을 것이다. 여기 올가 K. 자비가 내게 보내준 이야기가 있다.

지금으로부터 8년 반 전, 나는 암으로 인해 시한부 판정을 받았습니다. 아주 느리고 고통스러운 죽음이었지요. 미국 최고 명의인 메이오 형제도 같은 선고를 내렸습니다. 나는 막다른 길에 서 있었고, 그 길의 끝에는 죽음이 있었습니다. 나는 젊었고, 죽고 싶지 않았습니다! 나는 켈로그의 주치의에게 전화를 걸어 마음속의 절망을 토로했습니다. 근데 그는 오히려 나를 나무라는 게 아니겠어요.

'어떻게 된 겁니까, 올가 씨. 싸워보지도 않을 건가요? 그렇게 계속 울고만 있으면 분명 죽겠죠. 최악인 것은 맞지만 현실을 받아들입시다! 걱정은 관두고 뭐든 해봅시다!'

나는 그 자리에서 맹세했습니다. 손톱이 살을 파고들고 등줄기에는 냉기가 흐를 정도로 엄숙한 맹세였습니다.

'나는 걱정하지 않을 거야! 나는 울지도 않을 거야! 나는 오직 암을 이기는 데 마음을 집중할 거야! 나는 살 거야!'

나처럼 라듐을 쓸 수 없을 정도로 병이 진행되었을 때 받아야 하는 치료는 보통 30일 동안 10분 30초의 방사선을 쐬는 것이었습니다. 그들은 내게 49일 내내 매일 14분 30초의 방사선을 쐬도록 했습니다. 치료받는 동안 내 뼈는 척박한 산비탈의 바위처럼 튀어나오고 발은 납덩이처럼 무거웠지만 걱정하지 않았습니다! 나는 한 번도 울지 않았습니다! 나는 웃었습니다! 억지로라도 그렇게 한 것이었습니다.

나는 웃음으로 암을 치료할 수 있다고 믿을 만큼 바보는 아니었습니다. 하지만 쾌활한 마음가짐은 병을 이기도록 돕는다고 믿었습니다. 어쨌든 나는 암이 기적처럼 치유되는 경험을 했습니다. 지난 몇 년간 나는 지금만큼 건강해 본 적이 없습니다. 맥캐프리 박사의 응원의 말들 덕분이었습니다.

"최악인 것은 맞지만 현실을 받아들입시다! 걱정은 그만두고 뭐든 해봅시다!"

나는 알렉시 카렐 박사의 말로 거듭 강조하며 이 장을 마무리하고 싶다. 선지자 마호메트를 광신적으로 추정하던 사람들이 그들의 가슴에 코란 구절을 문신으로 새겼듯, 이 책의 독자들 가슴에 박사의 말을 새기고 싶다.

"걱정과의 싸움에서 이기는 법을 터득하지 못한 비즈니스맨은 일찍 죽는다."

카렐 박사의 말이 당신을 두고 하는 것일 수도 있을까? 그럴지도 모른다.

걱정에 관해 알아야 할 기본 규칙 3

걱정의 대가로 값진 건강을 잃게 될 수 있다는 것을 떠올려라.

"걱정과의 싸움에서 이기는 법을 터득하지 못한 비즈니스맨은 일찍 죽는다."

제1부 요약

1. 걱정을 피하고 싶다면, 윌리엄 오슬러 경의 말대로 해라.

    '오늘 하루를 충실히 살아라.'
    미래를 생각하며 마음을 졸이지 말라. 아침에 눈을 떠서 다시 잠자리에 드는 시간까지만 사는 것이다.

2. 언젠가 커다란 문제가 나타나 당신의 머리에 총구를 겨눈다면, 윌리스 H. 캐리어의 마법 공식을 사용하라.

    – 일어날 수 있는 최악의 상황이 무엇인지 생각해보라.
    – 최악의 상황을 받아들여야 한다면 그렇게 하라.
    – 침착하게 이미 마음속으로 받아들인 최악의 상황을 개선하려 노력하라.

3. 걱정의 대가로 값진 건강을 잃게 될 수 있다는 것을 떠올려라.

    "걱정과의 싸움에서 이기는 법을 터득하지 못한 비즈니스맨은 일찍 죽는다."

> 세상에 존재하는 걱정의 절반은
> 사람들이 결정을 내리는 데 필요한 충분한 이해 없이
> 결정을 내리려는 사람들 때문에 생겼다.

제2부
걱정을 분석하는 기본적인 기술

제1장

걱정과 관련한 문제를 분석하고 해결하는 법

내게는 여섯 명의 정직한 하인이 있다. (그들은 내게 모든 걸 가르쳐 주었다) 그들의 이름은 무엇을, 왜, 언제, 어떻게, 어디에서 그리고 누가다.

러디어드 키플링

▶──────── 이 책의 1부 2장에서 설명했던 윌리스 H. 캐리어의 마법 공식은 과연 모든 문제를 해결해줄 수 있는가? 물론 그렇지만은 않다. 그렇다면 정답은 무엇일까? 정답은 언제든 모든 종류의 걱정과 담판을 지을 수 있도록 준비된 자세를 취하고 있어야 한다는 것이다. 여기 3단계로 이루어진 문제를 분석하는 방법이 있다. 우리는 이 방법을 배움으로써 걱정에 대비할 수 있을 것이다.

1. 사실을 인식하라.
2. 사실을 분석하라.
3. 결단을 내리고, 그에 맞는 행동을 취하라.

뻔한 이야기로 보이는가? 맞다. 아리스토텔레스가 가르치고 사용한 방식이다. 하지만 당신과 나 역시 우리를 괴롭히며 밤낮을 가리지 않고 지옥으로 밀어 넣는 문제들을 해결하기 위해서는 이 방법을 사용해야만 한다.

첫 번째 규칙은 '사실을 인식'하는 것으로 시작한다. 그게 왜 중요할까? 사실 확인이 되지 않았다면, 우리는 문제를 현명하게 해결할 시도도 해보지 못하고 나자빠질 것이다. 검증된 사실 없이 우리가 할 수 있는 건 혼란 속에서 마음을 졸이는 게 전부라고 할 수 있다. 이 방식은 컬럼비아 대학에서 22년 동안 학장을 맡았던 허버트 E. 호크스가 제안한 것이다. 그는 이 방식을 통해 20만 명의 학생들의 걱정거리를 해결해주었다. 그리고 그는 "혼란이야말로 걱정의 주된 요인입니다."라고 내게 설명했다.

"세상에 존재하는 걱정의 절반은 사람들이 결정을 내리는 데 필요한 충분한 이해 없이 결정을 내리려는 사람들 때문에 생겼습니다. 예를 들어 다음 주 화요일 3시에 일어날 문제를 직면해야 하는 상황이 생긴다면, 나는 그날이 오기 전까지 그 어떤 결정도 내리지 않을 것입니다. 그 대신 나는 문제와 연관된 모든 사실을 모으는 데 집중할 것입니다. 나는 걱정 같은 것은 하지 않습니다. 문제를 두고 고민하지도 않습니다. 나는 숙면을 취하고 오로지 사실을 확인하는 데만 집중합니다. 그리고 약속된 화요일이 왔을 때까지 내가 모든 사실을 확인했다면, 문제는 대부분 저절로 해결돼있는 것입니다!"

나는 딘 호크스에게 그가 진정으로 걱정에서 해방되었는지 물었다. 그는 "그렇다."라고 대답했다.

"나는 거짓 없이 걱정으로부터 거의 완벽히 벗어난 삶을 살고 있다고 할 수 있습니다. 나는 공정하고 객관적인 방식을 통해 사실을 확보한다면, 걱정은 깨달음의 빛을 받아 증발해버린다는 것을 알게 되었습니다."

거듭해서 읽을 만한 문장이다.

"나는 공정하고 객관적인 방식을 통해 사실을 확보한다면, 걱정은 깨달음의 빛을 받아 증발해버린다는 것을 알게 되었습니다."

그러나 우리는 대체로 어떻게 행동하는가? 사실 확인에 관해서, 토머스 에디슨은 이렇게 말한 바 있다.

"생각의 노동을 피하고자 하는 인간을 위한 편법 같은 건 존재하지 않는다."

우리는 마음속으로 이미 정한 생각을 뒷받침해줄 사실을 닭 쫓는 개처럼 따라다닐 뿐, 그 외의 것들은 무시하고는 한다. 그렇게 우리는 행동을 정당화할 사실만을 원한다. 그 사실이란 것은 우리의 소망과 딱 맞아떨어지며 미리 만들어낸 편견들을 정당화시키는 것이다!

앙드레 모루아는 이렇게 설명했다.

"우리의 개인적인 욕망과 일치하는 모든 것이 진실처럼 보인다. 그렇지 않은 것은 우리를 분노로 몰고 간다."

우리가 가진 문제에 대한 답을 찾는 게 그토록 어려운 것에는 다 이유가 있는 법이다. 우리가 2 더하기 2를 5라고 믿으면서 초등학교 2학년의 산수 문제를 풀려고 한다면, 비슷한 난관에 부딪히지 않겠느냐는 말이다. 그런데도 세상에는 아직 2 더하기 2가 5라고, 아니 500이라고 우기면서 모두를 위한 지옥을 만드는 사람이 수없이 많이 있다.

그렇다면 어떻게 해야 하는가? 우리는 생각과 감정을 분리해야 한다. 그리고 딘 호크스가 말한 것처럼 '공정하고, 객관적인' 방법으로 사실을 확보해야 한다.

만일 우리가 걱정에 빠져 있다면 이것은 쉬운 일이 될 수 없다. 걱정은 우리의 감정을 최고조로 끌어올린다. 나는 우리가 지닌 문제들로부터 한 걸음 물러나고자 할 때 도움이 되는 두 가지 방법을 찾았다. 이 방법은 사실을 더욱 확실하고 객관적으로 볼 수 있게 해준다.

1. 사실을 확인하고자 할 때, 나는 자신이 아닌 다른 사람을 위해 정보를 모은다고 생각한다. 그렇게 하면 증거에 대한 냉정하고 공정한 관점을 가질 수 있다. 그리고 감정을 배제하는 것에도 도움이 된다.
2. 나를 걱정시키는 문제에 관한 사실을 모으는 동안, 나는 내가 모은 사실에 맞서 변론을 해야 하는 상대편 변호사의 입장이 되어본다. 그 말인즉

슨, 내게 반대할 뿐만 아니라, 나의 모든 소망에 피해를 주는 사실, 내가 마주하고 싶지 않은 사실을 모두 확인하려 시도하는 것이다. 그런 다음, 나는 내 입장과 반대하는 입장 모두를 대변하여 사실들을 받아 적는다. 여기까지 왔다면 극과 극 사이의 어딘가에 놓여있는 진실을 발견하게 되는 것이다.

내가 말하고자 하는 것은 이것이다. 당신이나 나, 하다못해 아인슈타인이나 미국 대법원이라고 해도 사실 확인 없이는 그 어떤 문제도 풀 수 없다. 토머스 에디슨은 진작 이 사실을 깨닫고 있었다. 그가 세상을 떠나며 남긴 2,500개의 수첩에는 그가 마주했던 모든 문제가 빼곡히 적혀 있었다.

우리가 직면한 문제를 해결하기 위한 첫 번째 규칙은 '사실을 확인하는 것'이다. 딘 호크스의 말을 따라 공정한 방식을 통해 사실을 확보하기 전에는 우리의 문제를 해결하려 들지 말아야 한다.

그러나 세상의 모든 사실을 모았다고 해도, 우리가 그것을 분석하고 해석하지 않는다면 아무 쓸모가 없다.

나는 비싼 경험을 통해 사실들을 글로 정리한 후 분석하는 것이 훨씬 쉽다는 것을 알게 되었다. 실제로, 종이 한 장에 사실들을 적고 우리의 문제를 확실히 직면하는 것만으로도 합리적인 결정을 내릴 수 있게 된다. 찰스 케터링은 이렇게 말했다.

"문제를 명백히 밝히는 것만으로도 반은 그 문제를 해결했다고 할 수 있다."

이제 이러한 이론이 현실에서 어떻게 적용될 수 있는지를 확인해보자. 중국 속담에 백문이 불여일견이라는 말이 있다. 여기 우리가 말한 것을 구체적인 행동으로 옮긴 사람이 있다.

갈렌 리치필드는 동아시아 지역에서 가장 성공한 미국계 사업가다. 그와 나는 수년 동안 알고 지냈다. 리치필드는 1942년 당시 중국에 있었다. 일본군이 상하이를 침략했던 시기였다. 그는 우리 집에 방문했을 당시, 그때의 이야기를 들려주었다.

일본군이 진주만을 점령한 지 얼마 되지 않았을 때였습니다. 그들은 모두 상하이로 몰려왔습니다. 나는 아시아 생명보험회사의 상하이 지사에서 책임자로 근무하고 있었습니다. 그들은 우리 회사에 해군 장성 하나를 청산인으로 보내왔습니다. 그는 내게 회사 자산을 청산하는 것을 도우라고 명령했습니다. 나는 협조하는 것 외에는 달리 방법이 없었습니다. 협조하거나, 죽음을 택하거나였으니까요.

딱히 대안이 없었던 나는 적어도 시킨 일을 하는 시늉이라도 했었습니다. 하지만 나는 장성에게 건네준 리스트에서 75만 달러에 달하는 유가증권 한 묶음을 빼돌렸습니다. 그 유가증권은 홍콩 지사에 속하는 것임으로 상하이 지사의 자산과는 아무런 관련이 없었기 때문입니다. 그런 일을 벌이면서도, 일본군이 사실을 알게 되면 무사하지 못할 것이라는 생각에 두려웠습니다. 그리고 실제로 그 일이 벌어졌습니다.

그 일이 발각되었을 때 나는 사무실에 없었습니다. 그 자리에 있었던 회계 책임자가 전해온 말에 따르면 일본 해군 장성이 크게 분노해 길길이 날뛰며 나를 도둑이자 배반자로 욕을 퍼부었다고 했습니다. 나는 일본군에 저항한 꼴이 되었습니다! 나는 그것이 의미하는 바를 알고 있었습니다. 나는 브리지하우스로 보내지게 될지도 모르는 일이었습니다.

브리지하우스는 일본 게슈타포의 고문실에 붙은 이름입니다. 내 주변에는 그곳에 끌려가느니 스스로 목숨을 끊는 친구들이 있었습니다. 그곳에 끌려간 지 10일 만에 심문과 고문을 견디지 못하고 목숨을 잃은 친구들도 있었습니다. 이제는 내가 그곳에 끌려가게 생긴 것이었습니다!

내가 무얼 했느냐고요? 내가 그 소식을 들은 건 일요일 오후였습니다. 나는 공포에 질려야 마땅했습니다. 하지만 내게는 문제를 해결하는 확실한 기술이 있었습니다. 오래전부터 나는 걱정스러운 일이 생길 때마다 타자기 앞에 앉아 두 개의 질문을 스스로 던져보고, 답을 찾고는 했습니다.

1. 내가 걱정하는 게 무엇인가?
2. 내가 할 수 있는 건 무엇인가?

처음에 나는 글로 적지 않고 답을 찾는 방법을 시도해보았지만, 곧 그만두었습니다. 명확한 사고는 질문과 답변을 글로 정리하는 과정에서 명확한 생각을 할 수 있었기 때문입니다.

그리하여 그 일요일 오후, 나는 상하이 YMCA에 있는 내 방으로 가 타자기를 꺼냈습니다. 나는 이렇게 적었습니다.

1. 내가 걱정하는 게 무엇인가?
 −나는 내일 아침 브리지하우스에 던져질 것이 두렵다.
2. 그렇다면 내가 할 수 있는 건 무엇인가?

나는 몇 시간에 걸쳐 내가 취할 수 있는 네 개의 행동과 각 행동이 불러올 수 있는 결과를 글로 적는 데 썼습니다.

첫째, 일본 해군 장성에게 설명을 시도할 수 있다. 그는 영어를 하지 못한다. 통역을 구해 그에게 설명을 시도했다가는 또다시 그의 성질을 건드릴 수 있다. 그건 곧 죽음을 의미할 수 있다. 그는 잔인한 사람이다. 그는 귀찮게 나와 이야기하느니 나를 브리지하우스에 처박아버리는 편을 선택할 수 있다.

둘째, 나는 탈출을 시도할 수 있다. 하지만 그것은 불가능하다. 그들은 나를 항상 주시하고 있다. YMCA의 내 방에 들어가고 나갈 때도 검문을 받아야 한다. 탈출을 시도한다면, 나는 붙잡혀 총살을 면치 못할 것이다.

셋째, 이 방에 처박혀 사무실 근처에는 얼씬도 하지 않을 수 있다. 그렇게 되면 일본 해군 장성은 나를 의심스럽게 생각할 것이고 부하들을 보내 변명도 들어보지 않고 나를 브리지하우스에 던져버릴 수 있다.

넷째, 나는 월요일 아침 평상시대로 사무실에 출근할 수 있다. 운이 좋다면,

일본 해군 장성이 너무 바쁜 나머지 내가 한 짓을 생각하지 못할지도 모른다. 또 그가 그 일을 잊어버리지 않았다고 해도, 어느 정도 화를 가라앉힌 뒤여서 나를 귀찮게 하지 않을지도 모른다. 그 경우, 나는 무사할 것이다. 그가 내게 따진다고 해도, 나는 그에게 설명할 기회가 있을 것이다. 월요일 아침에 아무렇지 않은 척 출근하면, 나는 브리지하우스에서 탈출할 기회를 두 개나 얻게 되는 것이다.

생각 끝에 아무 일 없었던 것처럼 월요일 아침 사무실에 출근하는 네 번째 계획을 선택한 나는 깊은 편안함을 느꼈습니다.

다음 날 아침에 내가 사무실에 들어섰을 때, 해군 장성은 입에 시가를 물고 앉아있었습니다. 그는 언제나처럼 나를 노려보았지만 아무 말도 하지 않았습니다. 그로부터 6주 후 그는 도쿄로 돌아갔고 내 걱정 역시 사라졌습니다.

앞서 말한 것처럼, 나는 그 일요일 오후 내가 취할 수 있는 여러 개의 행동과 그에 따른 결과를 종이에 적고 침착하게 결정을 내림으로써 내 목숨을 구했습니다. 그러지 않았다면, 나는 허둥대며 갈등하다 충동적으로 잘못된 결정을 내릴 수도 있었을 겁니다.

만일 내가 숙고해서 문제를 해결하지 못하고 결정을 내리지 못했다면, 나는 제정신이 아닌 채로 걱정하느라 일요일 오후를 날려버렸을 것이며, 밤새 한숨도 자지 못했을 것입니다. 월요일 아침 잔뜩 지친 채 근심 가득한 얼굴로 사무실에 갔다가, 일본 해군 장성의 의심을 사 그를 자극해 행동을 취하게 만들었을지도 모를 일입니다.

몇 번에 걸친 경험을 통해 나는 결정을 내리는 일의 막대한 가치를 깨닫게 되었습니다. 확고한 목적에 도달하지 못하고 제자리를 빙빙 맴돈다면 사람은 신경 쇠약과 생지옥을 겪을 것입니다. 나는 내가 하는 걱정의 50%는 결정의 순간에 사라진다는 것을 발견했습니다. 그리고 나머지 가운데 40%는 내가 그 결정을 행동으로 옮길 때 사라진다는 것을요.

나는 그렇게 걱정의 90%를 다음과 같은 네 가지 단계를 통해 사라지게 만들 수 있었습니다.

1. 나를 걱정시키는 것을 정확히 적는다.
2. 내가 그에 대해 할 수 있는 조치를 적는다.
3. 결정을 내린다.
4. 결정을 즉각 실행에 옮긴다.

갈렌 리치필드는 주식회사 뉴욕 존가에 위치한 스타 파크 앤 프리먼에서 대형 보험과 금융 이익을 전담하는 동아시아 지역 책임자를 지내고 있다.

앞서 다룬 바와 같이 갈렌 리치필드는 오늘날 아시아에서 가장 중요한 미국 사업가 중 한 명이다. 그는 걱정을 분석하고 정면으로 돌파한 그의 방식이야말로 이러한 성공의 가장 큰 조력자였다고 내게 고백했다.

이 방식이 왜 그렇게 훌륭한 것일까? 왜냐하면 그것이 효율적이고, 구체적이며, 문제의 중심을 곧장 겨냥하기 때문이다. 그것뿐만 아니라, 그는 이루는 세 번째 필수적인 규칙인 '결정을 실천에 옮겨라.'라는 규칙이 뒷받침하고 있다. 우리가 행동을 취하지 않는다면, 사실의 확인과 분석에 쏟은 모든 노력은 에너지의 낭비에 불과하기 때문이다.

윌리엄 제임스는 이렇게 말했다.

"결정이 내려졌고 행동으로 옮겨졌다면, 결과에 대한 모든 책임과 관심은 내려놓아라."

여기서 윌리엄 제임스는 '관심'이라는 단어를 두고 '걱정'을 의미했을 것이다. 그 말인즉슨 당신이 사실에 기반한 신중한 결정을 내렸다면 행동을 취하라는 것이다. 이미 내린 결정을 번복하지 마시라. 걱정으로 고민하거나 지나온 단계로 돌아가는 짓을 해서는 안 된다. 자기 회의에 빠진다면 의심만 늘어갈 것이다. 지나온 길을 계속해서 돌아봐서는 안 된다.

나는 오클라호마의 가장 저명한 석유 기업가인 웨이트 필립스를 만나 그가 어떻게 결정을 내리는지 물어본 적이 있었다. 그는 이렇게 대답했다.

"일정 선을 넘어 문제에 대해 계속해서 생각하는 것은 혼란과 걱정을 유발할 뿐입니다. 그 이상의 조사와 생각이 해가 되는 시기가 있습니다. 그럴 때일수록 우리는 결정을 내린 뒤 행동을 취하고, 뒤를 돌아보아서는 안 됩니다."

갈렌 리치필드의 기술을 당신이 지금 가지고 있는 걱정거리에 적용해보면 어떨까?

다음 질문에 대한 답을 빈칸에 적어보자.

1. 내가 걱정하는 것이 무엇인가?

　

2. 내가 취할 수 있는 조치에는 무엇이 있는가?

　

3. 나는 이와 같은 결정을 내리겠다.

　

4. 언제 시행할 것인가?

제2장

직업상의 걱정을 반으로 줄이는 법

▶──────── **당신이** 직업인이라면, 분명 지금쯤 이렇게 생각하고 있을 것이다.

'말도 안 되는 소리를 제목으로 적어놨군. 내가 이 일에 종사한 지 19년이 되었고, 나도 알 만큼은 안다고. 직업상의 걱정을 반으로 줄이는 법을 알려주겠다니, 그런 게 있을 리가 없지!'

괜찮다. 몇 년 전이라면 이번 장의 제목을 보고 정확히 똑같은 생각을 했을 것이니까. 하지만 속는 셈 치고 한번 믿어보기를 바란다. 어차피 밑질 것도 없지 않은가.

자, 솔직히 말하면 내게는 당신이 가진 직업상의 걱정을 반으로 줄여줄 능력이 없을지도 모른다. 그건 본인만이 할 수 있는 일이니까 말이다. 아마 내가 해줄 수 있는 건, 다른 이들의 사례를 들려주고 당신에게 결정권을 넘기는 것일 것이다!

나는 이 책의 이전 장에서 알렉시 카렐 박사의 명언을 인용했다.

"걱정과의 싸움에서 이기는 법을 터득하지 못한 비즈니스맨은 일찍 죽는다."

걱정이 그토록 중요한 문제라면, 내가 당신이 가진 걱정 가운데 단 10%만을 줄여준대도 만족스럽지 않겠는가? 그렇다면 좋다! 여기 사업 문제를 해결하기 위해 쏟던 회의 시간을 50%도 아닌 75%나 줄이게 된 한 기업 임원의 사례가 있다.

더욱이, 여기서 나는 '아무개 씨'나 '오하이오에서 만난 어떤 남자'의 이야기를 하는 것이 아니다. 당신이 사실 여부를 확인할 수 있도록 이 책의 사례는 실명을 밝히고 있다. 이번 사례는 레온 쉼킨이라는 실존하는 남자의 이야기로, 그는 미국에서 가장 저명한 출판사인 뉴욕 록펠러 센터에 위치한 사이먼 앤 슈스터의 공동 경영자이자 책임자이다.

레온 쉼킨이 경험한 이야기는 이러했다.

지난 15년 동안 나는 근무 시간의 절반이나 되는 시간을 회의 도중 문제를 논의하는 데 쓰고 있었습니다. 문제가 없을 때는 무엇을 해야 하는지에 관한 고민이 주를 이뤘고, 긴장이 고조될 때도 있었습니다.

미팅에 참석한 사람들은 온몸을 배배 꼬거나, 통로를 하릴없이 오가거나 답이 나오지 않는 문제를 두고 끊임없이 다퉜습니다. 퇴근 시간이 되면 나는 녹초가 되어있었습니다. 나는 평생 이 짓거리를 하고 살아야 할 것이라고 단념한 상태였습니다. 이미 15년째 반복해온 일이고, 더 나은 방식이 존재한다고는 생각도 해보지 못했으니까요. 만일 누군가 지긋지긋한 회의에 쏟아붓는 시간을 4분의 3으로 줄이고, 정신적 부담을 4분의 1로 줄이는 방법이 있다고 말했다면, 나는 그 사람을 무모하고, 정신 나간 낙관주의자라고 욕했을 것입니다. 하지만 실제로 그런 일이 일어났습니다. 이 방법을 쓴 지 어느덧 8년이 되었는데, 그 사이 효율성과 건강에는 놀라운 변화가 일어났고 나는 행복한 사람으로 거듭나게 되었습니다.

무슨 마술 같은 일처럼 들리겠지만, 대다수의 마술 묘기가 그렇듯, 그 비밀을 알고 나면 아주 간단하게 느껴질 것입니다.

비밀은 이렇습니다. 우선, 나는 15년 동안 회의에서 사용해온 방식을 없애버렸습니다. 예전의 방식에서는 문제를 맞닥뜨린 직원이 모든 세부적인 내용을 설명한 다음, "어떻게 해결하면 좋을까요?"라는 질문으로 발표를 마치고는 했었습니다. 나는 새로운 규칙을 만들었습니다. 문제를 제기하는 모든 직원은 아래 적힌 네 개의 질문에 답하는 보고서 형식의 자료를 제출해야 한다는 것이었습니다.

질문 1. 무엇이 문제인가?

(예전에는 무엇이 진짜 문제인지 분명하고 구체적으로 정의할 수 있는 사람이 없었기에, 회의 시간 중 한 시간에서, 많게는 두 시간 가까이 허비해야 했습니다. 우리의 문제가 뭔지 명확히 글로 옮길 생각은 하지 않고 문제를 두고 떠들기만 했던 것입니다.)

질문 2. 문제의 원인은 무엇인가?

(내 커리어를 돌아보았을 때, 문제의 근원이 자리한 상황을 확실하게 찾아내려는 시도 없이 부질없는 회의에 무수한 시간을 낭비해왔음을 깨닫고 큰 충격을 받았습니다.)

질문 3. 문제의 해결책으론 어떤 것들이 있는가?

(예전 같으면 한 명이 하나의 해결책을 제시하고, 다른 사람들은 그와 말싸움을 벌였습니다. 언성이 높아지는 경우도 있었고 주제를 벗어날 때도 있었습니다. 회의가 끝났을 때, 문제에 맞서기 위해 시도할 수 있는 다양한 방책을 받아 적은 이는 아무도 없었습니다.)

질문 4. 어떤 해결 방안을 제시할 것인가?

(종일 우려했던 문제를 들고 회의에 참석해, 했던 말을 몇 시간이고 되풀이하는 동안, 단 한 번도 실현할 수 있는 모든 해결 방안을 문서화해 팀에 제안할 생각은 하지 못했던 것입니다.)

동료들은 더는 문제를 들고 나를 찾아오지 않습니다. 왜냐고요? 앞의 네 가지 질문에 답하는 것만으로도 이미 모든 사실을 확인하고, 문제를 직시할 수 있게 되었기 때문이었습니다. 그리고 네 가지 문제 가운데 세 개는 자문할 필요도 없는 것들이었습니다. 질문에 답을 찾은 뒤에는 적절한 해결책이 마치 토스터에서 토스트가 튀어나오듯 솟아났기 때문입니다. 내 자문이 필요한 경우에도, 토론 시간은 기존 회의 시간의 3분의 1로 줄어들었습니다. 토론은 저절로 평화롭고 논리적인 방법을 통해 합리적인 결론에 닿는 것이었습니다.

사이먼 앤 슈스터의 직원들은 더는 무엇이 잘못되었는지를 걱정하고 이야기하는 데 많은 시간을 빼앗기지 않게 되었습니다. 그뿐만 아니라 문제를 바로잡기 위해 더 적극적인 행동을 취하게 되었습니다.

내 친구이기도 한 프랭크 베트거는 미국 최고의 보험 판매원이다. 그는 비슷한 방식을 통해 직업상 걱정을 줄임은 물론 소득을 거의 두 배로 늘리게 된 경험을 들려주었다.

몇 년 전, 처음으로 보험 일을 시작했을 때, 나는 대단한 열정과 직업에 대한 사랑으로 가득 차 있었습니다. 그때 이런 일이 일어났습니다. 그 일로 인해 용기를 잃은 나는 하던 일을 경멸하게 되었고 퇴사를 고민하게 되었습니다. 어느 토요일 아침 떠오른 번뜩이는 아이디어가 아니었다면, 나는 아마 일을 그만두었을 겁니다. 그날 아침, 나는 가만히 앉아 내가 가진 걱정들이 어디서 온 것인지 밝히기 위해 애를 쓰고 있었습니다.

1. 나는 스스로 물었습니다. '대체 뭐가 문제인가?' 문제는 내가 고객을 방문하는 노력에 비해 충분한 수익을 내지 못한다는 것이었습니다. 나는 상품을 제대로 소개했고, 계약을 성사하기 직전까지는 문제가 없어 보였습니다. 하지만 계약하려고 하면 고객이 이렇게 말하는 것이었습니다.
"베트거 씨, 한번 잘 생각해보겠습니다. 나중에 또 방문해주세요."
나는 고객의 의사를 재확인하는 과정에서 엄청난 시간을 허비했고 결국 우울증에 걸리고 말았습니다.
2. 나는 다시 물었습니다. '어떤 해결책이 있는가?' 답을 찾기 위해서는 사실을 확인할 필요가 있었습니다. 나는 지난 12개월간의 업무일지를 꺼내 살펴보기 시작했습니다. 그리고 나는 놀라운 발견을 했습니다! 업무일지

는 내가 성사한 계약의 70%가 고객 면담 첫날에 이루어졌다고 말하고 있었습니다. 그리고 23%의 계약은 두 번째 면담에 성사됐고, 3번 이상 이루어지는 과정에서 나를 녹초로 만들고 내 시간을 빼앗은 면담에서 계약이 성사된 건 7%에 그쳤습니다. 나는 근무 시간의 절반을 성과의 고작 7%를 채우는 일에 허비하고 있었던 것이었습니다.

3. '어떻게 해야 할까?' 답은 명료했습니다. 나는 고객 면담을 2회 이상 이어가지 않는 대신, 남는 시간을 새로운 고객을 만드는 데 사용하기 시작했습니다. 결과는 놀라웠습니다. 얼마 되지 않아 한 번의 면담으로 얻은 수익이 두 배로 뛰었던 것입니다.

앞서 말했듯, 프랭크 베트거는 미국에서 제일 널리 얼려진 생명보험 판매원이 되었다. 그는 필라델피아의 피델리티 뮤추얼에서 근무하며, 매해 100만 달러어치의 계약을 성사하고 있다. 그 당시 그는 보험 판매일을 그만둘 생각을 하고 있었다. 실패를 받아들일 마음의 준비를 하던 찰나, 문제를 분석했던 일이 그를 성공으로 다시 이끈 것이었다.

당신이 가진 직업상의 문제에 같은 질문을 적용할 수 있는가?

이 질문들이 당신의 걱정을 절반이나 덜어줄 수 있다고 한다면 말이다.

1. 무엇이 문제인가?

2. 문제의 원인은 무엇인가?

3. 문제의 해결책으론 어떤 것들이 있는가?

4. 어떤 해결 방안을 제시할 것인가?

제2부 요약

1. 사실을 확인하라. 컬럼비아 대학의 딘 호크스의 말을 기억하라.

   "세상에 존재하는 걱정의 절반은 사람들이 결정을 내리는 데 필요한 충분한 이해 없이 결정을 내리려는 사람들 때문에 생겼습니다."

2. 모든 사실을 주의 깊게 따져본 뒤 결정을 내려라.

3. 신중히 결정을 내렸으면 행동하라! 서둘러 결정을 이행하고, 결과에 관한 불안은 모두 떨쳐버려라.

4. 당신이나 직장 동료가 어떤 문제를 두고 걱정을 시작했다면, 아래의 질문을 적고 답을 찾아보라.

   ① 무엇이 문제인가?
   ② 문제의 원인은 무엇인가?
   ③ 문제의 해결책으론 어떤 것들이 있는가?
   ④ 어떤 해결 방안을 제시할 것인가?

제3부

걱정이 나를 망가뜨리기 전에
걱정하는 습관을 몰아내는 법

제1장

마음속에서 걱정을 몰아내는 법

▶──────── **나는 지금**으로부터 몇 년 전 어느 저녁, 매리언 J. 더글러스가 들려준 이야기를 평생 잊지 못할 것이다. 그는 내 수업을 듣던 수강생 중 한 명이었다. (나는 여기서 그의 본명을 사용하지 않았다. 그는 개인적인 이유로 신분을 밝히는 것을 원하지 않았다) 성인을 대상으로 한 수업에서, 그는 한 번도 아닌 두 번의 비극이 그를 덮쳤던 경험을 나눠주었다.

첫 번째 비극은 그가 너무도 사랑했던 5살짜리 딸아이가 죽었을 때 찾아왔다. 그와 그의 아내는 절대 그 고통을 감내할 수 있을 거로 생각하지 않았다. 그러나 그는 이렇게 말했다.

"10개월 후, 신은 우리에게 또 한 명의 딸을 보내주었지만, 아이는 겨우 5일을 살고 떠나버렸습니다."

두 번의 이별은 견딜 수 없는 것이었다. 아이의 아버지는 이렇게 말했다.

"받아들일 수 없었습니다. 잠을 자지도, 먹지도, 쉬거나 긴장을 풀지도 못했습니다. 모든 신경이 곤두서있었고 자신감마저 사라졌었습니다."

그는 의사를 보러 갔는데, 한 의사는 수면제를, 다른 의사는 여행을 권했다. 그는 둘 다 시도해보았지만, 어떤 처방도 도움이 되지 않았다. 그는 이렇게 말했다.

"사지가 기계 속에 끼어 있는 기분이었습니다. 무언가 몸을 점점 더 세게 옥죄어왔습니다."

슬픔으로 인해 온몸이 마비되었을 때의 긴장감을 겪은 적이 있다면, 그가 무슨 말을 하는지 공감할 수 있을 것이다.

"하지만 감사하게도, 우리에게는 4살짜리 아들이 하나 남아있었습니다. 나를 도운 것도 결국 그 아이였습니다. 자기 연민에 빠져있던 어느 오후, 아이가 와서 이렇게 물었습니다.

'아빠. 배 한 척 만들어 줄래요?'

나는 배를 만들 기분이 아니었습니다. 그 무엇도 할 기분이 아니었었죠. 하지만 그 조그만 녀석을 감당할 재간이 없었습니다. 나는 결국 고집을 꺾었습니다.

그 배를 만드는 데는 자그마치 3시간이 걸렸습니다. 놀이가 끝났을 때, 나는 배 만들기에 집중한 3시간 동안 지난 몇 개월 동안 경험하지 못했던 정신적 휴식과 평화를 느꼈다는 사실을 깨달았습니다.

그 발견은 나를 무기력에서 벗어나게 해주었을 뿐만 아니라, 지난 몇 달간 하지 못했던 제대로 된 사고를 할 수 있게 만들어 주었습니다. 나는 우리가 계획과 생각이 필요한 바쁜 무언가를 할 때만큼은 걱정에서 멀어질 수 있다는 사실을 깨달았습니다. 내 경우, 배 만들기가 걱정을 물리쳤던 것이었습니다. 나는 그렇게 바쁘게 생활해보기로 마음을 먹었습니다.

그날 밤, 나는 집안의 모든 방을 돌아다니며 해야 할 일들의 리스트를 작성했습니다. 책장, 계단, 덧창, 블라인드, 문손잡이, 자물쇠, 수도꼭지는 수리가 필요했습니다. 나는 2주에 걸쳐 242개의 할 일을 찾아냈습니다.

그로부터 2주 동안 그 일을 대부분 해치웠습니다. 게다가 나는 활기를 주는 활동들로 일상을 채우기 시작했습니다. 일주일에 2번씩 나는 뉴욕의 성인을 대상으로 한 수업을 듣고 있습니다. 나는 고향의 시민 활동에도 참여하고, 교육위원회의 위원장을 지내고 있기도 합니다. 다양한 모임에도 참석하고, 적십자나 다른 활동을 위한 모금 활동을 도울 때도 있습니다. 나는 너무 바쁜 나머지 걱정할 시간이 없었습니다."

걱정할 시간이 없다! 그건 윈스턴 처칠이 전쟁이 한창이던 시절 하루에 18시간씩 일할 때 했던 말과 똑같다. 사람들이 그에게 엄청난 책임감에 대해 걱정하지 않느냐고 물었을 때, 그는 이렇게 말했다.

"너무 바쁩니다. 걱정할 시간이 없습니다."

찰스 케터링 역시 그가 자동차를 위한 셀프 스타터(시동장치)를 개발 중이었을 때 같은 상황에 부닥쳐 있었다. 케터링은 퇴직 전까지 제너럴 모터스(GM)의 부사장이자 연구 법인의 책임을 맡고 있었다. 그 당시 그는 너무 가난한 나머지 곳간의 건초 다락을 연구실로 써야 했다. 그는 아내가 피아노 레슨을 하며 벌어온 1,500달러로 생활했고, 나중에는 생명보험을 담보로 500달러를 대출하기까지 했다. 나는 그의 아내를 만나 당시 상황이 걱정되지 않았는지 물어보았다. 그녀는 이렇게 답했다.

"당연히 그랬습니다. 나는 걱정으로 밤을 지새울 정도였으니까요. 하지만 남편은 그러지 않았습니다. 그는 걱정하기에는 일에 너무 몰두하고 있었답니다."

위대한 과학자 파스퇴르는 '도서관과 연구실에서 찾을 수 있는 평화'에 관해 이야기한 적이 있다. 어떻게 그런 장소에서 평화를 찾을 수 있을까? 도서관과 연구실에 있는 사람은 자신의 업무에 지나치게 열중한 나머지 문제를 잊어버린다. 연구원들이 신경 쇠약을 겪는 일은 극도로 드물다. 그들은 그런 사치를 부릴 여유가 없는 것이다.

어떻게 바쁘게 지내는 것처럼 간단한 일이 불안을 잠재울 수 있는 것일까? 다름 아닌 심리학이 밝혀낸 가장 본질적인 법칙이 존재하기 때문이다. 아무리 총명한 사람이라도, 인간의 마음은 한 번에 한 가지 일만 생각할 수 있다는 게 그것이다. 믿어지지 않는가? 좋다, 그렇다면 간단한 실험을 해보도록 하자.

지금 바로 몸을 뒤로 기댄 뒤, 눈을 감고, 자유의 여신상과 내일 아침의 계획을 동시에 생각해보도록 하라. (뜻대로 되지 않는가?)

당신은 방금 두 가지 생각을 차례로 할 수는 있어도 동시에 할 수는 없다는 걸 알아챘을 것이다. 감정의 세계에도 같은 법칙이 적용된다. 재미있는 일을 하며 활력과 열의를 느낌과 동시에 걱정으로 맥이 빠지는 건 가능하지 않다. 하나의 감정은 다른 감정을 밀어낸다. 이 단순한 발견을 통해 육군 소속 정신과 의사들은 전쟁 중 기적을 만들 수 있었다.

이른바 '정신 신경증'에 시달리는 군인이 실려 오면, 군의관들은 '바쁘게 지내라.'라는 처방을 내렸다.

환자들의 일상은 곧 낚시, 사냥, 공놀이, 골프, 출사, 정원 가꾸기, 댄스와 같이 주로 야외 활동으로 바쁘게 채워지게 되었다. 그들이 겪은 끔찍한 참상을 계속해서 떠올릴 시간이 주어지지 않는 것이었다.

'작업요법'은 정신의학에서 노동을 마치 약처럼 사용하는 요법을 일컫는다. 이건 새로운 시도가 아니다. 고대 그리스의 의사들은 예수가 태어나기 500년 전에 이미 이 요법을 발견했다.

필라델피아의 퀘이커 교도들 역시 벤저민 프랭클린 시대에 이 요법을 사용했다. 1774년 퀘이커교의 요양원을 방문한 한 남성은 그곳에서 정신병을 앓고 있던 환자들이 아마 섬유에서 실을 뽑고 있던 광경을 보고 매우 놀랐다. 그는 그 불쌍한 사람들이 노동력을 착취당하고 있다고 생각한 것이다. 퀘이커 교도들은 환자들이 약간의 노동을 할 때 병이 개선되었다고 설명해주었다. 노동이 신경을 달래준 것이었다.

그 어떤 정신과 의사라도 바쁘게 생활하는 것이야말로 병든 신경을 낫게 하는 가장 잘 알려진 마취제라는 것에 동의할 것이다.

헨리 W. 롱펠로우는 젊은 아내를 잃었을 때 그 효과를 깨달았다. 그의 아내는 편지를 봉인하기 위해 촛불에 밀랍을 녹이던 중, 옷에 불이 붙는 사고를 당했다. 롱펠로우는 비명을 듣고 그녀를 구조하려 했지만, 그녀는 결국 화재로 목숨을 잃게 되었다. 롱펠로우는 한동안 그 끔찍한 기억으로 고통을 받아 거의 미칠 지경에 이르렀다. 하지만 다행스럽게도, 그에게는 관심이 필요한 세 명의 아이들이 있었다. 비탄 속에서도, 롱펠로우는 아버지와 어머니의 역할을 수행했다. 그는 아이들을 데리고 산책에 나서고, 이야기를 들려주고, 함께 놀이도 했다. 그의 시 '아이들의 시간'에 아이들과 함께한 시간이 담겼다. 그는 단테를 번역하기도 했다. 모든 의무는 그를 계속해서 바쁘게 만들었고 그는 모든 것을 잊고 다시 평화를 찾게 된 것이었다. 테니슨이 그의 가장 친애하는 친구인 아서 핼럼을 잃었을 때 했던 말을 떠올릴 수 있다.

"나를 행동 속으로 밀어 넣어야 한다. 그렇지 않으면 절망으로 시들어버리고 말 것이다."

우리는 대부분 쉼 없이 하루의 일과에 몰두하는 동안만큼은 '자신을 행동으로 밀어 넣는' 것에 어려움을 겪지 않는다. 하지만 위험한 시간은 그를 뒤따르는 시간이다. 행복한 마음으로 여가를 만끽할 수 있는 시간이 오면, 걱정이라는 우울한 악마 역시 고개를 드는 것이다. 그럴 때마다 우리는 삶의 목적을 향해 가고 있는지, 판에 박힌 생활을 하는 것은 아닌지, 상사가 오늘 던진 말에 '다른 뜻'이 있는 것은 아닌지, 그것도 아니면 탈모로 대머리가 되는 것은 아닌지 걱정하기 시작하는 것이다.

우리가 바쁘지 않을 때, 우리의 마음은 거의 진공상태가 된다. 물리학을 전공한 학생이라면 "자연은 진공을 꺼린다."라는 말이 지닌 뜻을 이해할 것이다. 당신과 내가 살면서 유일하게 볼 수 있는 진공상태는 백열전구의 내부일 것이다. 전구를 깬다면 자연이 그 진공 속으로 들어가 공기로 채울 것이다.

자연에는 텅 빈 마음을 채우려는 습성이 있기도 하다. 무엇으로 채우느냐? 주로 감정이다. 왜 채우느냐? 걱정, 두려움, 증오, 질투, 시기와 같은 감정들은 대자연의 원시적인 활력과 역동적인 에너지로부터 나오기 때문이다. 이 감정들은 우리의 평화롭고, 여유로운 생각과 감정을 몰아낼 만큼 충분히 폭력적이다.

컬럼비아 사범대학 교육학 교수인 제임스 L. 머셀은 아주 적절한 예시를 들었다.

"걱정은 당신이 행동할 때가 아닌 일과가 끝났을 때를, 당신을 괴롭히기 가장 좋은 시간으로 여긴다. 그 시간대의 상상력은 마구 날뛰며 모든 우스꽝스러운 가능성을 들먹이며 작은 실수도 과장하는 경향이 있다. 당신의 마음은 브레이크가 고장 난 엔진처럼, 끝없이 질주하며 베어링을 태우는 것은 물론 차 전체를 산산이 부서뜨리는 것이다. 걱정을 치료하고 싶다면 건설적인 일을 하며 주의를 완전히 돌려야 한다."

이 진리를 깨닫고 시행하기 위해 대학교수가 되어야 하는 건 아니다. 전쟁 동안 내가 만난 어느 시카고 출신의 가정주부는 '걱정을 치료하고 싶다면 건설적인 일을 하며 주의를 완전히 돌려야 한다.'라는 진리를 스스로 깨달았다. 내가 그녀와 그녀의 남편을 만난 건 미주리에 있는 농장을 가기 위해 탔던 기차의 식당칸에서였다. (그들의 이름을 알려줄 수 없어 애석한 마음이다. 나는 이야기에 진실성을 부여하는 실명과 주소 없이 사례를 드는 것을 좋아하지 않지만 어쩔 수 없었다.)

그 부부는 내게 자신들의 자식이 진주만 공격 다음 날 소집되었다고 알려주었다. 여자는 아들 걱정으로 거의 건강을 해칠 뻔했다고 했다.

'그는 어디에 있을까? 그곳은 안전할까? 전투 중일까? 부상당하면 어쩌지? 그가 죽는다면?'

그녀에게 어떻게 걱정을 극복했냐고 물었을 때, 그녀는 이렇게 답했다.

"바쁘게 지냈답니다."

처음에 그녀는 하녀를 해고하고 직접 집안일을 하면서 바쁘게 지냈다고 했다. 하지만 그건 그다지 도움이 되지 못했다.

"문제는, 내가 아무 생각 없이 집안일을 기계적으로 할 수 있다는 거였습니다. 나는 계속해서 걱정을 이어갔습니다. 어느 날 침구를 정리하고 설거지를 하던 중, 몸과 마음 모두를 바쁘게 만들 새로운 일이 필요하다는 것을 깨달았습니다. 나는 대형 백화점에 판매원으로 취직했습니다.

역시나 효과가 있었습니다. 나는 즉시 정신없이 일에 몰두하게 되었습니다. 고객들은 나를 둘러싸고 가격과 치수, 색상 등을 끝없이 물었습니다. 내가 맡은 일 외에 다른 걸 생각할 시간은 단 1초도 없었습니다. 밤이 되어도 아픈 발을 뻗고 쉴 생각뿐이었습니다. 나는 저녁 식사를 한 뒤에는 곧장 침대로 가 의식도 없이 잠이 들었습니다. 걱정에 쏟을 시간도, 에너지도 남지 않았던 것입니다."

그녀는 존 쿠퍼 포이스가 '불쾌한 일을 잊는 방법'에서 '할당된 일과를 수행할 때 나오는 일종의 편안한 안정감, 깊은 내적 평화, 행복한 무감각이야말로 인간의 신경을 달래준다.'라고 한 사실을 스스로 깨달은 것이었다.

얼마나 다행스러운 일인가! 세상에서 가장 유명한 여성 여행가인 오사 존슨은 얼마 전 내게 자신이 어떻게 걱정과 슬픔으로부터 해방되었는지 말해주었다. 당신은 이미 그녀의 삶에 대해 들어본 적이 있을지도 모른다. 그녀는 '나는 모험과 결혼했다'라는 책을 썼는데, 실제로 그게 가능한 일이었다면 그녀는 기꺼이 그렇게 했을 것이다.

그녀는 16살일 때 마틴 존슨과 결혼했고, 그를 따라 캔자스주의 채누트를 떠나 보르네오의 야생 정글로 향했다. 자그마치 25년 동안, 이 캔자스 커플은 세계를 여행하며 아시아와 아프리카의 멸종 위기 야생 동물에 관한 영화를 찍었다. 9년 전 미국으로 돌아온 그들은 성공적이었던 영화 상영을 위한 여행길에 올랐다. 그들은 덴버에서 비행기를 타고 해안으로 이동하고 있었다. 비행기는 산에 추락했고 마틴 존슨은 즉사했다. 의사들은 오사 존슨이 다시는 걸을 수 없을 것이라고 말했지만, 그건 그녀를 모르고 하는 소리였다. 그로부터 3개월 후, 그녀는 휠체어에 타고 수많은 사람 앞에서 강연을 펼쳤다. 그날부터 그녀는 휠체어에 탄 채 100회가 넘는 강연을 다녔다. 내가 그녀에게 왜 그런 일을 했냐고 물었을 때, 그녀는 이렇게 대답하는 것이었다.

"슬픔과 걱정에 빠질 시간이 없도록 그렇게 했답니다."

오사 존슨은 테니슨이 100년 전에 발견한 진리와 똑같은 진리를 깨달은 것이다.

"나를 행동 속으로 밀어 넣어야 한다. 그렇지 않으면 절망으로 시들어버리고 말 것이다."

버드 제독 역시 같은 진리를 발견했다. 그는 5개월 동안이나 판잣집에 갇혀 지내던 중이었는데, 그 판잣집은 남극을 뒤덮은 대빙하, 자연의 가장 오래된 비밀을 숨기고 있는 그 대빙하 속에 말 그대로 파묻힌 상태였다. 그 빙하는 미국과 유럽 대륙을 합친 것보다 넓은 땅을 뒤덮고 있었다. 버드 제독은 그 집에서 5개월 동안 홀로 지냈다. 주변 160km 이내에 살아있는 생명은 아무것도 없었다. 그가 숨을 내쉴 때마다 숨이 얼어붙는 소리가 들릴 지경이었다. 그의 저서 '홀로'에서 혼란스럽고 영혼을 조각내는 어둠 속에서 보낸 5개월에 관한 모든 이야기를 털어놓았다. 낮도 밤만큼 어두운 날들이었다. 그는 정신을 온전한 상태로 유지하기 위해 계속해서 바쁘게 몸을 굴려야 했다.

그는 이렇게 말했다.

"밤이 되면, 랜턴 불을 끄기 전, 다음 날 할 일을 대충 그려보는 습관을 들였습니다. 탈출용 터널을 만드는 데 1시간, 쌓인 눈을 고르는 데 30분, 연료통을 정리하는 데 1시간, 식품 창고의 벽에 선반을 만드는 데 1시간, 썰매의 부러진 연결고리를 고치는 데 2시간…….

그런 식으로 시간을 나누는 일은 굉장했습니다. 자신을 통제하는 놀라운 감각을 가져다준 것이었습니다. 그렇게 하지 않았다면 그날들은 아무 목적 없이 흘러가고 말았을 겁니다. 그렇게 목적 없이 보낸 날들은 대체로 공중분해되고 마는 법입니다."

기억할 만한 말이다.

"목적 없이 보낸 날들은 대체로 공중분해 되고 마는 법입니다."

우리가 다시 걱정에 빠진다면, 오래전 그 효력이 입증된 노동이라는 특효약이 있다는 것을 잊지 말자. 하버드에서 임상의학을 가르치고 있는 그 분야 전문가인 리처드 C. 캐봇 박사도 이에 동의했다. 그의 저서 '사람은 무엇으로 사는가'에서, 캐봇 박사는 이렇게 말했다.

"의사로 일하며 지나친 의심, 망설임, 동요와 두려움으로 인해 마비된 영혼 때문에 고통받던 많은 사람이 노동을 통해 치유 받는 것을 보는 기쁨을 누릴 수 있었다. 노동이 우리에게 주는 용기는 에머슨이 찬양한 '독행'과도 같은 것이다."

당신과 내가 바쁘게 삶을 굴리지 않고 그저 어딘가 앉아서 지난 일을 곱씹고 있다면, 우리는 결국 찰스 다윈이 '위버 기버(wibber gibbers)'라고 불렀던 것을 깨어나게 할 것이다. '위버 기버'는 공허함을 불러와 실천력과 의지력을 파괴하는 작은 악마 같은 존재다.

나는 조바심을 내거나 마음을 졸일 시간도 없을 정도로 바쁘게 살며 '위버 기버'를 물리친 뉴욕의 한 사업가를 알고 있다. 그의 이름은 트렘퍼 롱맨으로, 그의 사무실은 월가 40번지에 있다. 그 역시 성인을 대상으로 한 내 수업을 듣는 수강생이었다. 그가 걱정을 정복한 이야기는 너무도 흥미롭고, 인상적이었기에 나는 그를 수업이 끝난 후 저녁 식사에 초대했다. 우리는 자정을 넘긴 시간까지 식당에서 이야기를 나누었다. 여기 그가 내게 전한 이야기가 있다.

지금으로부터 18년 전, 나는 걱정으로 인해 불면증을 앓았습니다. 나는 긴장, 짜증, 초조함으로 고통받고 있었습니다. 신경쇠약에 걸리기 일보 직전이었죠.

그럴만한 이유가 있었습니다. 나는 뉴욕 웨스트 브로드웨이 418번지에 있는 크라운 프루트 앤 익스트랙트 컴퍼니의 회계 담당자로 일하고 있었습니다. 우리는 1갤런씩 통에 포장된 딸기에 50만 달러를 투자한 상태였습니다. 지난 20년 동안, 이 제품을 아이스크림 공장에 납품하고 있었기 때문입니다. 그러던 어느 날, 내셔널 데어리와 보든스 같은 초대형 아이스크림 생산자가 갑작스럽게 구매를 중단하는 사건이 일어났습니다. 그들이 더 큰 규격에 해당하는 배럴 단위로 포장된 딸기를 구매함으로써 시간과 돈을 절약하여, 생산력을 더욱 빨리 증가시키려 하고 있었기 때문이었습니다.

판매하지 못한 50만 달러어치 딸기가 남게 되었음은 물론, 다음 12개월을 위해 100만 달러어치 딸기를 새로 계약한 참이었습니다! 우리는 이미 은행에서 35만 달러를 대출한 상황이었습니다. 대출을 청산하거나 연장할 방법이 없었습니다. 그러니 걱정에 빠질 수밖에요!

나는 우리 회사의 공장이 위치한 캘리포니아 왓슨빌로 달려갔습니다. 그리고 회장을 설득해 상황이 달라졌고, 우리가 파산 직전이라는 걸 설명하려 했지만, 그는 내 말을 믿지 않는 듯했습니다. 그는 뉴욕 사무실의 판매 능력이 부족한 탓이라고 말할 뿐이었습니다.

며칠의 설득 후, 결국 딸기 포장을 중단하고, 샌프란시스코의 청과 시장에 공급하기로 그를 설득하는 것에 성공했습니다. 그것만으로도 충분히 문제가 거의 해결되었습니다. 하지만 나는 걱정을 그만두지 못했습니다. 이미 걱정이 습관처럼 몸에 배어 있었기 때문이었습니다.

뉴욕으로 돌아갔을 때, 나는 모든 것을 염려하기 시작했습니다. 이탈리아에서 온 체리, 하와이에서 온 파인애플…… 모든 게 걱정이었습니다. 긴장과 초조함으로 잠을 잘 수 없었습니다. 그리고 앞서 말했듯, 신경 쇠약으로 치닫고 있었던 것이었습니다.

자포자기하는 심정으로, 나는 새로운 삶의 방식을 채택할 수밖에 없었습니다. 그런데, 그 방식이 불면증을 치료하고 걱정을 사라지게 해주었습니다. 다름 아닌, 바쁘게 지내는 게 그것이었습니다. 나는 100%의 역량을 요구하는 문제들로 일상을 채워 걱정할 시간이 없을 정도로 바쁘게 지냈습니다. 그전까지 하루 7시간을 일했다면, 지금은 15시간에서 16시간을 일하고 있습니다. 아침이면 8시까지 사무실로 내려가 매일 자정이 되도록 그곳에 머무릅니다. 새로운 업무와 책임을 맡게 되었습니다. 자정쯤 집에 돌아오면 너무 지친 나머지 거의 바로 잠이 드는 것이었습니다.

그 생활을 3개월 동안 유지했더니, 걱정하는 습관이 깨지고 말았습니다. 나는 곧바로 다시 하루에 7시간에서 8시간 동안 일하는 평범한 일상으로 돌아갔습니다. 벌써 18년 전의 일입니다. 그 뒤로는 단 한 번도 불면증이나 걱정으로 방해받은 적이 없습니다.

조지 버나드 쇼가 옳았다. 그는 다음의 한 문장으로 모든 걸 요약했다.

"비참한 생활의 비밀은 자신이 행복한지 아닌지를 고민할만한 여유가 있다는 데에 있다."

그러니 자신을 괴롭히는 일을 그만두고 적극적으로 바쁜 삶을 살아야 한다. 그러면 피가 빠르게 돌고, 머릿속의 시계가 째깍거리기 시작할 것이다. 몸속의 긍정적인 기운이 치솟으며 걱정을 몰아낼 것이다. 바쁘게 생활하고, 그 생활을 유지하라. 걱정을 치유하는 세상에서 가장 저렴하고 확실한 특효약이 따로 있는 것이 아니다.

걱정하는 습관을 깨는 법 1

바쁘게 지내라. 행동에 스스로를 밀어 넣지 않은 사람은 절망으로 인해 시들어버리고 말 것이다.

제2장

'걱정벌레' 때문에 쓰러지지 마라

▶──────── **지금부터** 내가 사는 동안 절대 잊지 못할 인상적인 이야기를 들려주도록 하겠다. 뉴저지주 메이플우드 하이랜드가 14번지에 사는 로버트 무어의 이야기다.

1945년 3월의 어느 날, 나는 인생 최고의 교훈을 얻게 되었습니다. 그 당시 나는 인도차이나 해안의 수심 84m 속에 있었습니다. 나는 바야 S.S. 318 잠수함에 탄 88명의 선원 중 한 명이었습니다. 잠수함 레이더에 우리 쪽으로 다가오고 있는 일본군의 소형 호위함이 잡혔습니다. 새벽이 다가오고 있었기에, 우리는 공격을 위해 잠수에 들어갔습니다. 나는 잠망경을 통해 일본 호위함을 뒤따르는 호의 구축함, 유조선과 기뢰 부설함을 확인했습니다. 우리는 호의 구축함을 향해 어뢰를 세 발 쏘았으나, 조준에 실패하고 말았습니다. 각 어뢰에 기계적 결함이 있던 탓이었습니다. 일본 호위함은 공격이 있었다는 사실을 인지하지도 못한 채 계속해서 나아갔습니다. 마지막 선박인 기뢰 부설함을 공격할 준비를 시작하려는데, 난데없이 그 선박이 방향을 틀더니 우리를 향해 다가오는 것이었습니다. (알고 보니 일본 공군이 수심 18m에 있던 우리를 발견하고 경고한 탓이었습니다) 우리는 위치를 간파당하지 않기 위해 46m 아래로 다시 잠수한 뒤, 폭뢰에 대비했습니다. 갑판의 개구부에 빗장을 덧대고 그 어떤 소음도 새어나가지 않도록 환풍용 팬과 냉각 장치 및 전기 조타 장치의 전원을 꺼버렸습니다.

　3분 후, 지옥이 시작됐습니다. 6개의 폭뢰가 주변에서 터졌고 우리는 84m 아래로 깊이 잠기게 되었습니다. 모두가 겁에 질렸습니다. 수심 305m 안쪽에서 공격을 당하는 게 위험한 일이라면, 152m 안쪽은 치명적인 일에 해당했습니다. 고작 84m 아래에 있던 우리로서는, 겨우 무릎 높이의 물속에서 공격받았다고 해도 과언이 아니었습니다. 일본 기뢰 부설함은 장장 15시간 동안 폭뢰를 퍼부었습니다.

　만일 폭뢰 중 하나가 반경 5m 안에서 터진다면, 충격으로 인해 잠수함에 구멍이 나게 됩니다. 폭뢰 수십 발이 반경 15m 안에서 터져댔습니다. 모든 선원은 침상에 누워 침착하게 있으라는 안전 명령을 받았습니다. 나는 너무 겁에 질린 나머지 숨쉬기조차 힘들었습니다.

　'이제 끝이군.'

　생각이 꼬리에 꼬리를 물었습니다.

　'이렇게 죽는 거야. 이렇게 죽는 거라고!'

　환풍 팬과 냉각 시스템이 꺼졌기에 잠수함 내부는 40도에 육박했습니다. 하지만 나는 두려움에 싸여 스웨터와 모피 재킷을 입고도 온몸이 벌벌 떨렸습니다. 이가 부딪히는 소리가 들릴 지경이었습니다. 오한과 더불어 식은땀이 났습니다.

　그때, 15시간 동안이나 이어지던 공격이 갑자기 멈추었습니다. 일본 기뢰 부설함의 폭뢰가 모두 동나버린 탓인지, 그들이 떠난 것이었습니다. 그때의 15시간은 1,500만 년처럼 느껴졌습니다. 살아온 삶이 주마등처럼 스쳐 지나간 것은 당연한 일이었습니다.

　나는 과거에 저지른 한심한 일들과 걱정했던 하찮은 일들을 떠올렸습니다. 해군이 되기 전 은행원으로 일하고 있었습니다. 나는 지나친 근무 시간, 적은 임금, 진급 문제로 골머리를 앓고 있었습니다. 나는 내 소유의 집을 가지지 못해서, 새로운 차를 살 수 없어서, 아내에게 좋은 옷을 사주지 못해서 걱정했습니다. 항상 잔소리와 핀잔을 달고 살던 직장 상사는 또 얼마나 싫어했는지요!

회사에서 분노와 불평을 마음에 담고 집에 돌아와서는 아내와 사소한 일로 다투고는 했습니다. 자동차 사고로 생긴 이마의 못난 흉터마저도 걱정거리였습니다.

분명 몇 년 전만 해도 그 일들은 너무도 크게 느껴졌었건만! 폭뢰 밭에서 목숨이 오가는 상황을 겪고 있자니, 그 걱정거리들이 죄다 하찮은 것으로 느껴졌습니다. 나는 자신에게 이렇게 약속했습니다. 다시 햇빛과 밤하늘의 별을 볼 수 있다면, 절대로, 절대로 다시는 걱정 따윈 하지 않겠노라고! 절대! 절대! 절대로! 나는 그 끔찍한 잠수함 속에서 보낸 15시간 동안 시러큐스 대학에서 4년간 배운 것보다 더 많은 지혜를 깨우쳤습니다.

우리는 종종 삶의 커다란 참사에는 용감하게 대응하면서, '목에 난 종기'처럼 하찮은 일들에 무너질 때가 있다. 새뮤얼 피프스는 자신의 일기에서 해리 베인 경이 런던에서 참수형을 당하던 장면을 본 날을 기록하고 있다. 그가 단두대에 올랐을 때, 그는 집행인에게 목을 구걸하는 것이 아니라 자기 목에 난 고통스러운 종기를 건드리지 말라고 부탁했던 것이었다.

버드 제독은 남극의 밤을 지새우며 추위와 어둠 속에서 싸우는 동안, 동료들에게서 비슷한 현상을 발견했다. 그의 동료들은 위험, 어려움, 영하 30도에 육박하는 추위는 군말 없이 견디는 사람들이었다. 버드 제독은 이렇게 고백했다.

"동료 가운데는 서로 더 많은 공간을 차지한다는 의심으로 말을 섞지 않는 사람들이 있었습니다. 음식을 삼키기 전에 28번 씹어야 한다고 믿는 감식주의자와는 겸상을 완곡히 거부하는 사람도 있었습니다. 남극 캠프에서는 아무리 기강이 잡힌 팀이라 해도, 그런 사소한 일들이 서로를 광기로 몰아가고는 하는 것입니다."

혹시 부부 관계에서도 그 '사소한 것들'이 사람을 광기로 몰아가고, '세상에 존재하는 심적 고통의 절반'을 만드는 것은 아닐까? 버드 제독도 아마 동의할 것이다.

적어도 권위자의 말을 빌리자면 그렇다. 그 예로, 4만여 건의 불행한 결혼에 마침표를 찍은 조셉 사바스 판사는 이렇게 선언한 바 있다.

"사소한 문제야말로 많은 불행한 결혼의 주된 원인입니다."

뉴욕의 지방 검사인 프랭크 S. 호건은 이렇게 말했다.

"형사 법원에서 다루는 사건 가운데 절반은 작은 일에서 시작된 것들입니다. 술집에서 부린 허세, 집안싸움, 모욕적 또는 폄하적인 발언, 무례한 행동처럼 사소한 일들이 폭행과 살인으로 이어지는 것이죠. 잔인하거나 어떤 대대적인 일에서 비롯된 경우는 드뭅니다. 자존심에 상처를 입히거나, 모욕을 당하거나, 허영심에 타격을 입는 것과 같은 일들이 세상에 존재하는 심적 고통의 절반을 만듭니다."

엘리너 루스벨트가 처음 결혼했을 때, 그녀는 새로운 요리사가 끔찍한 음식을 내놓자 '몇 날 며칠을 고민했다.'라고 회상한 바 있다. 그녀는 이렇게 말했다.

"만일 지금 그런 일을 겪는다면, 나는 어깨를 한 번 으쓱한 뒤 잊어버릴 겁니다."

그녀의 태도는 어른스러운 감정적 대처에 해당한다. 절대 군주였던 예카테리나 2세 역시 요리사가 식사를 망쳤을 때 웃어넘겼다는 말이 있다.

한번은 아내와 함께 시카고의 친구 집에 저녁 식사를 하러 방문한 적이 있다. 친구 녀석이 고기를 썰다가 조금 어설픈 짓을 저지른 모양이었는데, 나는 그 사실을 알아차리지도 못했다. 그리고 설령 알아차렸다고 하더라도, 나는 신경도 쓰지 않았을 것이다. 하지만 그 상년을 본 그의 아내는 펄쩍 뛰더니 우리 앞에서 그를 찍소리도 못 하게 만드는 것이었다. 그녀는 이렇게 소리쳤다.

"존! 뭘 하는 거야! 음식 하나 제대로 차리지 못해서 원!"

그리고 그녀는 우리를 향해 이렇게 말했다.

"저 사람은 정말 어설프다니까요. 나아질 생각은 하지 않고."

비록 고기는 제대로 썰지 못할지언정, 그런 아내와 20년을 살아온 그에게 박수 쳐주고 싶었다. 솔직히 말하면, 나는 조용히 식사를 할 수 있다면 머스터드를 뿌린 핫도그라도 상관없다. 식사의 대가로 그녀의 설교를 견뎌야 한다면 베이징덕과 샥스핀이 다 무슨 소용이랴.

그 일이 있고 얼마 후, 아내와 나는 친구 몇 명을 저녁 식사에 초대했다. 그들이 도착하기 바로 직전, 아내는 냅킨 3장이 테이블보와 맞지 않는다는 걸 발견했다.

손님들이 돌아간 뒤, 그녀는 이렇게 말했다.

"요리사에게 곧장 달려가 사정을 말하니, 원래 사용했어야 할 냅킨 3장을 모두 세탁소에 보냈다는 거야. 손님들은 이미 문 앞에 도착했고, 손을 쓸 수가 없었어. 나는 눈물을 터뜨리기 직전이었지! '어떻게 그렇게 멍청하게 저녁을 망칠 수 있지?' 머릿속에 온통 그 생각뿐이었어. 근데 또 이런 생각이 드는 거야. '왜 꼭 저녁을 망쳐야만 하지?' 나는 식탁으로 돌아가 좋은 시간을 보내자고 마음먹었고, 실제로 그렇게 했어. 신경질적이고 성마른 사람처럼 보이는 것보단 무성의한 가정주부로 보이는 편이 나은 것 같았거든. 그리고 역시나 사람들은 냅킨 따위 신경조차 쓰지 않더군!"

유명한 법언 가운데 '법률은 사소한 일을 돌보지 않는다.'라는 말이 있다. 마음의 평화를 원한다면, 당신도 그리하는 게 좋을 것이다.

대부분의 경우 하찮은 골칫거리에서 벗어나기 위해 필요한 것은 시각의 변화이다. 이는 곧 마음속에 새롭고 유쾌한 관점을 키워야 함을 의미한다. '그들은 파리를 봐야만 했다'를 비롯한 다수의 책을 쓴 저자인 내 친구 호머 크로이는 아주 훌륭한 예시를 들려주었다. 그는 뉴욕에 있는 아파트에서 글을 쓰는 동안 라디에이터의 딱딱거리는 소리 때문에 반쯤 미쳐버릴 지경이었다. 라디에이터에서 증기가 나올 때마다 쿵쿵대며 지글거리는 소리가 났다. 책상에 앉아있던 그의 속도 짜증 섞인 잡음으로 가득 차게 되었다.

그는 이렇게 말했다.

"그러던 중, 친구 몇 명과 캠핑을 하러 갔습니다. 모닥불 속 장작이 타닥타

닥 타는 소리를 듣는데, 그게 꼭 내 라디에이터에서 나오는 소리처럼 들리는 것이었습니다. '왜 이 소리는 좋아하면서, 그 소리는 싫어해야 할까?' 하는 생각이 들었습니다. 집에 도착해서는 이렇게 생각했습니다.

'장작이 타는 소리는 듣기 좋은 소리였어. 라디에이터 소리 역시 똑같은 소리야. 어서 잠이나 자고, 소음 따윈 잊어버려야지.'

나는 정말 그렇게 했습니다. 며칠간은 그래도 라디에이터 소리를 의식하고 지냈지만, 얼마 가지 않아 그 존재를 잊어버리게 된 것이었습니다.

내 수많은 걱정들도 마찬가지였습니다. 우리는 그것들을 과장하기 때문에 싫어하게 되며, 결국 마음을 졸이게 되는 것입니다."

디즈레일리는 이렇게 말했다.
"작은 일을 신경 쓰기에는 인생은 너무 짧다."
또는 앙드레 모루아는 '디스 위크'라는 잡지에서 이렇게 말했다.

"디즈레일리의 말은 무수한 고통스러운 경험을 이겨낼 수 있도록 해주었습니다. 우리는 무시하고 잊어버려도 될 만한 사소한 일로 속상해합니다.

이 지구에서 우리는 고작 몇십 년을 살 뿐인데도, 언젠가 잊힐 고충을 곱씹느라 돌아오지 않을 시간을 수없이 낭비하고 삽니다. 그렇기에 가치 있는 행동과 감정, 원대한 생각, 진실한 사랑, 오래도록 남을 일에 삶을 바쳐야 할 것입니다. 사소한 일 따위를 신경 쓰기에는 인생은 너무 짧으니까요."

러디어드 키플링처럼 저명한 인물도 '사소한 일은 신경 쓰기에는 인생은 너무 짧다.'라는 교훈을 잊을 때가 있다. 그 결과, 그는 버몬트주 역사상 가장 유명한 법적 분쟁에 휘말리게 되었다. 공교롭게도 상대는 그의 처남이었다. 그 재판이 너무도 유명해진 나머지 '러디어드 키플링의 버몬트 분쟁'이라는 책이 출간되기도 했다.

이야기는 이렇게 흘렀다.

버몬트 출신 여성인 캐롤라인 발레스티어와 결혼을 한 키플링은 브래틀버로에 아름다운 집을 짓고 정착했다. 그는 그곳에서 남은 생을 보낼 생각이었다. 그의 처남인, 비티 발레스티어는 키플링의 가장 친한 친구가 되었다. 그들은 일도 여가도 함께 했다.

그리고 키플링은 비티 발레스티어로부터 조금의 땅을 매입하게 되었는데, 계약에는 발레스티어가 계절마다 건초를 베도록 허락한다는 조건이 달렸다.

어느 날, 발레스티어는 키플링이 그곳에 꽃밭을 만들고 있다는 사실을 알게 되었다. 그는 격노했고, 키플링도 참지 못하고 맞받아쳤다. 이 일로 버몬트의 그린 마운틴에 냉기가 감돌았다.

며칠 후, 키플링이 자전거를 타고 가다가 그의 처남이 갑작스럽게 우마차를 끌고 길을 건너오더니 키플링을 자전거에서 떨어트려 버렸다. '모든 주위 사람이 정신을 놓고 당신을 탓하더라도, 당신이 냉정을 유지할 수 있다면'이라고 했던 키플링이었지만, 그는 이성을 잃고 처남을 고소했다. 곧이어 세상을 놀라게 한 재판이 시작됐다. 대도시의 기자들이 마을로 들이닥쳤고, 뉴스는 전 세계로 퍼졌다. 그리고 재판은 그 무엇도 해결해주지 않고 끝났다. 키플링과 그의 아내는 평생 미국의 집을 포기하게 된 것이다. 하찮은 일로 쓴맛을 보고 걱정만 얻은 꼴이었다. 그깟 건초 더미 때문에!

페리클레스는 지금으로부터 24세기 전, 이렇게 말했다.
"이보게들, 우리는 사소한 일 위에 너무 오래 앉아있었네."
정말로 그렇다! 여기 해리 에머슨 포스딕 박사의, 숲의 거인이 치른 두 개의 전투에 관한 아주 흥미로운 이야기가 있다.

콜로라도주 롱스피크의 경사지에는 거대한 나무의 잔해가 놓여있습니다. 동식물 연구가들은 그 나무가 4백 년 동안이나 그곳에 있었다고 말해주었습니다. 콜럼버스가 산살바도르에 착륙했을 때는 묘목이었다면, 순례자들이 플리마스에 정착했을 때쯤에는 키가 반쯤 자란 상태였을 겁니다. 그 나무는 사는 동안 14번이나 벼락을 맞았고, 셀 수 없이 많은 산사태와 태풍을 겪었음에도 살아남았던 것입니다. 하지만 어느 날 나타난 딱정벌레 떼가 나무를 공격했고, 결국 나무는 쓰러지고 말았습니다. 처음에는 나무껍질을 뜯어 먹던 벌레들은 미비하지만 끈질긴 공격으로 조금씩 나무 내부의 힘을 파괴해버린 것이었습니다. 긴 시간 동안 말라 죽지도, 벼락에 쓰러지지도, 태풍에 휩쓸리지도 않았던 숲의 거인은, 손가락 두 개면 해치울 수 있는 작은 딱정벌레 때문에 쓰러지고 말았습니다.

우리 모두 그 숲속의 거인 같지는 않은가? 태풍과 산사태, 벼락에는 견고히 버티면서도, 손가락 두 개면 해치울 수 있는 작은 '걱정벌레'들에게 심장을 뜯어 먹히고 있지는 않으냐는 말이다.

몇 년 전, 나는 와이오밍주의 고속도로 관리자인 찰스 세이프레드와 그의 친구들과 함께 티톤 국립공원을 여행하고 있었다. 우리는 존 D. 록펠러의 사유지를 방문하고자 했다. 그러나 내가 타고 있던 차가 길을 잃는 바람에 다른 일행들보다 1시간이나 늦게 도착하게 된 것이었다. 출입구 열쇠는 세이프레드가 가지고 있었기에 그는 불볕더위에서 우리를 기다릴 수밖에 없었다. 사람을 미치게 만드는 숲모기들에게 한 시간이나 고통을 받았을 터였다. 하지만 숲모기들도 찰스 세이프리드는 어찌할 수 없었다. 우리를 기다리는 동안, 그는 포플러나무의 가지를 꺾어 피리를 만들었다. 우리가 도착했을 때 그가 모기에게 저주를 퍼붓고 있었을까? 그는 피리를 불며 놀고 있었다. 나는 사소한 일들에는 눈길조차 주지 않는 법을 알고 있던 사람을 기억하고자 그 피리를 간직하게 되었다.

걱정하는 습관을 깨는 법 2

무시하고 잊어버려도 될 만한 사소한 일로 속상해하지 말자. '작은 일을 신경 쓰기에는 인생은 너무 짧다.'라는 걸 기억하자.

제3장

수많은 걱정을 무력화하는 법칙

▶─────── **어린 시절,** 나는 미주리 농장에서 자랐다. 어느 날, 어머니를 도와 체리 씨를 빼다 말고 나는 울음을 터뜨렸다. 어머니는 내게 물었다.

"데일, 대체 무슨 일로 우는 거니?"

나는 흐느끼며 이렇게 답했다.

"산 채로 묻히게 될까 봐 겁이 나요!"

그 시절 나는 온갖 걱정거리로 가득 차 있었다. 뇌우가 몰아치면 벼락을 맞을까 봐 두려워 걱정했다. 가세가 기울 적이면, 집에 먹을 게 떨어질까 두려워 걱정했다. 그리고 죽은 뒤에 지옥에 가게 될까 봐 두려워 걱정했다. 나보다 나이가 많았던 샘 화이트가 내 귀를 자르겠다고 했을 땐 정말 무서웠다. 여자아이들에게 모자를 살짝 들어 인사했다가 비웃음을 살까 봐 두려워 걱정했다. 그 어떤 여자아이도 나와 결혼하고 싶지 않을까 봐 두려워 걱정했다. 결혼식을 치른 뒤에 아내에게 뭐라고 말을 해야 할지 몰라 걱정했다. 우리는 아마 시골의 한 교회에서 식을 올린 뒤 서리형 마차를 타고 농장으로 돌아오게 될 것이다. 그 시간 동안에는 또 무슨 이야기를 해야 한담? 어떻게? 도대체 어떻게? 나는 쟁기로 밭을 갈며 그 중대한 문제에 대해 숙고해보고는 했다.

세월이 흐르며, 나는 점차 내가 걱정했던 일들 가운데 99%의 일들은 일어나지도 않는다는 사실을 알게 되었다.

예를 들면, 이미 앞서 말했듯 나는 벼락을 무서워하는 아이였다. 하지만 전국안전연구소에 따르면 벼락을 맞아 죽을 확률은 35만분의 1에 불과하다.

산 채로 묻히게 될까 봐 겁난다는 이야기는 그보다 더 터무니없는 소리다. 아마 1,000만분의 1의 확률도 되지 않을 것이다. 그런데도 나는 그런 일이 일어날까 무서워 울음을 터뜨렸다.

8명 중 1명은 암으로 죽는다. 벼락을 맞거나 생매장당하는 걸 걱정할 시간이 있으면, 암에 대해 걱정하는 게 맞을 것이다.

여기까지는 어린아이와 청소년이 할 수 있는 걱정에 관한 이야기였다. 하지만 많은 어른이 그보다 더 터무니없는 걱정을 하며 살아가고 있다. 만일 우리가 잠시 걱정을 그만두고 평균의 법칙에 따라, 걱정할 만한 근거가 전혀 없다는 것을 알아차린다면 십중팔구는 저절로 해결되고 말 것이다.

지구상에서 가장 유명한 보험 회사인 런던 로이즈는 실제로는 거의 일어나지 않는 일들을 걱정하는 사람들의 성향 덕분에 셀 수 없는 돈을 벌어들였다. 런던 로이즈는 사람들이 우려하는 재난이 절대 일어나지 않을 거라는 데 돈을 베팅했다. 하지만 그들은 그 행위를 베팅이라고 부르지는 않았다. 그들은 그것을 보험이라고 불렀다. 하지만 그건 어떻게 보아도 평균의 법칙에 따른 베팅이다. 인간 본성이 바뀌지 않는 한, 이 거대한 보험사는 앞으로 200년은 거뜬히 유지될 것이다. 아니, 앞으로 5,000년 동안은 일어나지도 않을 재난을 두고 신발, 선박, 봉랍처럼 부질없는 것들을 보호한답시고 계속해서 상품을 찍어낼 것이다.

평균의 법칙을 검토하다 보면 발견하는 사실에 놀랄 것이다. 예를 들어, 내가 향후 5년간 게티즈버그 전투처럼 피비린내 나는 전투에 참여하게 된다면, 나는 완전히 두려움에 사로잡힐 것이다. 나는 가입할 수 있는 모든 생명보험에 가입할 것이며, 유언장을 쓰고 신변을 차례로 정리할 것이다. 그리고 아마 이렇게 생각할 것이다.

'나는 절대 그 전투에서 살아 돌아오지 못할 거야. 그러니 남은 몇 년을 제대로 살아야만 해.'

하지만 평균의 법칙에 의하면, 50세에서 55세 사이의 나이에 살아남는 것은, 게티즈버그 전투에서 살아남는 것만큼이나 어려운 일이라고 한다. 내가 하고자 하는 말은 이것이다. 전쟁이 일어나지 않는 곳에서도, 50세에서 55세 사이의 인구 1,000명당 사망자 수와, 게티즈버그 전투에 참여한 군인 163,000명 중 1,000명당 사망자 수가 일치한다는 것이다.

나는 캐나다 산맥의 보 레이크 기슭에 위치한 제임스 심슨의 럼티가 오두막에서 이 책의 여러 장을 썼다. 그곳에서 여름을 보내는 동안, 샌프란시스코 퍼시픽가 2298번지에 살고 있는 허버트 H. 샐린저 부인과 그의 남편을 만날 수 있었다.

샐린저는 침착하고 조용한 여성으로 살면서 단 한 번도 걱정이라고는 해본 적 없는 듯한 분위기를 풍겼다. 어느 저녁, 벽난로 앞에 앉아 있는 동안 나는 그녀에게 걱정으로 인해 문제를 겪은 적이 있는지 물었다. 그녀는 이렇게 말했다.

문제를 겪은 적이 있느냐고요? 나는 걱정 때문에 인생을 망칠 뻔한 사람이에요. 걱정을 극복하는 방법을 찾기 전까지, 나는 스스로 만든 지옥에서 무려 11년을 갇혀 살았습니다. 나는 신경질적이고 욱하는 성격이었습니다. 항상 끔찍한 긴장 속에 있었습니다. 매주 산 마테오에 있는 집에서 버스를 타고 쇼핑하러 갔었는데, 물건을 사다가도 초조함을 느꼈습니다. 다리미를 켜놓고 나온 건 아닐까? 집이 불타고 있을지도 몰라. 가정부는 도망가고 아이들만 남겨졌다면 어떡하지? 아이들이 자전거를 타고 나갔다가 차에 치여 죽게 되면? 나는 쇼핑을 하다 말고 식은땀을 흘리며 버스를 타고 집으로 잽싸게 돌아와 모든 게 괜찮은지 확인해야 했습니다. 내 첫 결혼이 엉망으로 끝난 것도 놀라운 일이 아니었지요.

변호사인 두 번째 남편은 조용하고, 분석적인 성격으로 평소에 그 무엇도 걱정하는 법이 없는 사람이었습니다. 내가 긴장과 불안을 느낄 때마다, 그는 이렇게 말하고는 했습니다.

"진정해. 방법을 찾아보자. 당신이 정말로 걱정하는 게 뭐야? 어디 평균의 법칙에 따라 그게 실현 가능한 일인지 살펴보자."

예를 들면, 뉴멕시코주 앨버커키의 칼즈배드 캐번스로 차를 몰고 가던 참이었습니다. 우리는 흙길을 달리다가 폭풍우를 만났습니다.

차는 미끄러지고 또 미끄러졌습니다. 우리가 할 수 있는 게 없었지요. 나는 우리가 길 측면의 배수로에 빠지는 것은 아닌가 생각되었습니다. 하지만 남편은 거듭 이렇게 말했습니다.

"나는 아주 천천히 운전하고 있어. 심각한 일은 일어나지 않을 거야. 배수로에 빠진다고 해도, 평균의 법칙에 따르면, 우리는 다치지 않아."

그의 침착함과 자신감이 나를 진정시켜주었습니다.

한번은 여름휴가를 맞아 캐나다 산맥의 통킨 밸리로 캠핑 여행을 떠난 적이 있었습니다. 2,100m 높이에서 캠핑하게 되었는데, 우리 텐트를 조각조각 찢어버릴 기세의 태풍을 만나게 된 것입니다. 텐트는 나무 단에 줄로 고정돼 있었습니다. 텐트 외부는 온갖 소리를 내며 바람에 흔들렸습니다. 나는 당장이라도 텐트에 구멍이 뚫려 날아가지는 않을까 걱정하기 시작했습니다. 당연히 잔뜩 겁을 먹었지요! 하지만 남편은 또 이렇게 거듭 말하는 것이었습니다.

"여보, 잘 봐. 우리는 브루스터스의 가이드들과 여행하고 있어. 그들은 전문가들이야. 이 산에 60년째 텐트를 치고 있는 사람들이라고. 이 텐트는 여기서 이미 수많은 계절을 보냈을 거야. 지금까지 날아가지 않았다면, 평균의 법칙에 따라, 오늘 밤에도 날아가지 않을 거야. 그리고 만일 그런 일이 생긴대도, 다른 텐트에 가서 자면 돼. 그러니 진정해."

나는 결국 진정했고 편안히 잠이 들 수 있었답니다.

몇 년 전, 우리가 사는 캘리포니아 지역에 소아마비가 유행한 적이 있었습니다. 예전 같았다면 나는 히스테리를 부렸겠지만, 남편은 내가 침착하게 대처하도록 설득했습니다. 우리는 가능한 모든 조치를 취했습니다. 아이들을 학교나 영화관처럼 사람이 많이 몰리는 곳에 가지 못하도록 했습니다. 그리고 보건국에 문의해보니, 가장 심각한 소아마비 유행 당시에도 캘리포니아주 전역에서 오직 1,835명의 아이가 감염되었을 뿐이었습니다. 그 외에는 보통 200명에서 300명의 아이가 감염된다고 했습니다. 그만으로도 충분히 끔찍한 수치이지만, 평균의 법칙에 따르면, 1명의 아이가 소아마비에 걸릴 확률은 희박한 것으로 여겨졌습니다.

"평균의 법칙에 따르면, 그런 일은 일어나지 않아."

이 문장은 제가 가진 걱정의 90%를 없애주었습니다. 그리고 나는 지난 20년을 기대보다 훨씬 아름답고 평화롭게 보낼 수 있었답니다.

미국 역사상 인디언과의 전투에서 가장 뛰어난 전사였던 조지 크룩 장군은 그의 자서전에서 이런 말을 했다.

"인디언의 모든 걱정과 불행은 현실이 아닌 그들의 상상력으로부터 나왔다."

지난 몇십 년을 돌아보면, 내 걱정거리도 마찬가지였고, 짐 그랜트 역시 이에 동의했다. 그는 뉴욕시 프랭클린가 204번지에 위치한 제임스 A. 그랜트 물류 회사의 사장이었다. 그는 매번 플로리다산 오렌지와 자몽을 기차 10칸에서 15칸을 꽉 채워 구매하고는 했다. 그때마다 그는 이런 생각으로 자신을 괴롭히고는 했다.

'기차 사고가 난다면? 시골 동네 전체에 내 과일이 흩뿌려진다면? 기차가 지나가는 동안 다리가 무너져 내린다면? 그러면 어떻게 해야 하지?'

당연히 과일에는 보험이 들어있었다. 하지만 제시간에 과일을 유통하지 못하면, 소비자를 잃는 걸 각오해야 할 것이다. 그는 지나치게 걱정한 나머지 위궤양을 의심하며 의사를 찾아갔다. 하지만 의사는 그에게 신경과민 외에 크게 잘못된 게 없다고 말하는 것이었다. 그는 이렇게 회상했다.

나는 그때 뭔가 깨닫고, 자신에게 여러 질문을 던져보았습니다.

'이봐, 짐 그랜트 양반. 그동안 얼마나 많은 오렌지를 실어 날랐지?'

답은 2만 5천 칸이나 되었습니다! 나는 또다시 물었습니다.

'그중에 사고가 난 칸은 몇 칸이지? 글쎄, 5칸이나 되었을까?'

나는 이렇게 외쳤습니다.

'2만 5천 칸 중에 고작 5칸이라고? 그게 뭘 의미하는지 알고는 있는 거야? 5천분의 1밖에 되지 않는 확률이라고! 달리 말하면, 경험한 평균의 법칙에 따르면 사고가 날 확률은 5천 대의 기차 칸 중에 1칸이 전부야. 근데 도대체 무엇을 걱정하는 거야?'

그렇게 나는 다리가 붕괴하는 사고에 대해서도 생각해보았습니다. 나는 이렇게 물었습니다.

'다리가 무너져 기차 사고가 난 일이 몇 번이나 있었지?'

정답은 '한 번도 없다.'였습니다. 나는 다시 이렇게 물었습니다.

'한 번도 무너진 적 없는 다리 때문에 위궤양이 걸릴 정도로 걱정했다는 거야? 그리고 겨우 5천분의 1밖에 되지 않는 철도 사고 때문에?'

그렇게 생각하고 나니 자신이 참 한심하게 느껴졌습니다. 나는 그날 이후로 걱정거리는 평균의 법칙에게 떠넘겨버린 뒤, 한 번도 위궤양에 시달리지 않고 살아왔답니다!

앨 스미스가 뉴욕 주지사로 있을 때, 나는 그가 정치적인 적들의 공격에 이렇게 대응하는 것을 들은 적이 있다.

"어디 기록을 살펴봅시다…… 어디 기록을 살펴봅시다."

그리고 그는 사실로 맞대응하는 것이었다. 앞으로 걱정할 일이 생긴다면, 현명한 앨 스미스의 방식을 따라 해보자. 기록을 살펴보고, 신경을 갉아 먹는 불안의 근거가 있나 없나 확인하는 것이다. 이건 프레더릭 J. 말슈테트가 무덤에 누워 죽음을 기다리는 사람처럼 두려운 상황에서 사용한 방식이기도 하다. 여기 그가 뉴욕에서 진행된 수업 도중 들려준 이야기가 있다.

1944년 6월 초에 일어난 일입니다. 나는 오마하 해변 근처의 참호에 누워있었습니다. 999 SSC 부대 소속이었고, 노르망디에 참호를 파고 들어가라는 명령을 따라야 했습니다. 바닥에 직사각형 모양을 파인 그 구멍을 보고 있자니

'꼭 무덤 같군.'이라는 생각이 들었습니다. 그곳에 누워 잠을 청했더니, 정말 무덤같이 느껴졌습니다.

'이건 정말 내 무덤일지도 몰라.'

계속 그런 생각이 머리를 채웠습니다. 독일 폭격기는 밤 11시에 도착했고, 폭격이 쏟아졌습니다. 4번째인가 5번째 밤이 찾아왔을 때, 나는 신경쇠약에 걸리기 일보 직전이었습니다. 뭔가 하지 않는다면 정말 그렇게 될 게 뻔했습니다. 완전히 미쳐버릴 즈음, 나는 벌써 5일을 살아남았다는 사실을 떠올렸습니다. 그리고 다른 부대원들도 모두 무사히 살아있었습니다. 단 두 명만이 부상했는데, 그것도 독일군의 폭격이 아닌 우리 군의 대공포에서 나온 유탄 때문이었습니다. 나는 뭔가 건설적인 일에 집중함으로써 걱정을 끊기로 마음을 먹었습니다. 나는 유탄 때문에 부상당하는 걸 막기 위해 두꺼운 나무 지붕을 만들어 참호를 덮었습니다. 그리고 우리 부대가 얼마나 넓은 지역에 흩어져있는지를 생각했습니다. 내가 죽으려면 좁은 참호가 정조준을 당해야 했습니다. 나는 곧 그럴 확률은 1만분의 1밖에 되지 않는다는 사실을 깨달았습니다. 그렇게 여러 날을 버틴 결과, 나는 침착함을 되찾고 폭탄이 떨어지는 와중에도 잠을 청할 수 있게 되었습니다!

미 해군은 군사들의 사기를 올리기 위해 평균의 법칙에 따른 통계를 이용했다. 고옥탄 가솔린을 나르는 선박에서 근무하던 한 선원이 내게 해준 이야기다. 그의 동료들은 두려움에 떨고 있었는데, 선박이 어뢰를 맞는다면 모든 것이 순식간에 폭발할 수 있었기 때문이었다.

하지만 미 해군은 그렇게 생각하지 않았다. 해군은 정확한 수치를 공개했다. 지금까지 어뢰를 맞은 100척의 선박 가운데 60척은 여전히 물 위에 떠 있으며, 가라앉은 40척 중에서도 단 5척만이 10분 이내에 가라앉았다는 것이었다. 그 말은 곧 배에서 탈출할 시간이 충분하며, 사상자가 극도로 적다는 것을 의미했다.

이런 방식이 사기를 높이는 데 도움이 되지 않을 수 있었을까? 미네소타주

세인트 폴 월넛가 1969번지에 사는 클라이드 W. 마스는 이렇게 말했다.

"평균의 법칙은 내 신경질적인 성미를 완전히 없애주었습니다. 모든 선원이 괜찮아졌고, 우리는 희망이 있다는 걸 알게 되었습니다. 평균의 법칙에 따라, 아마 죽지 않을 것이라고요."

걱정하는 습관을 깨는 법 3

기록을 살펴보자. 그리고 이렇게 스스로 질문해보자.
"평균의 법칙에 따라, 내가 걱정하고 있는 그 일이 진짜 일어날 가능성이 얼마나 되는가?"

제4장

피할 수 없다면 받아들여라

▶─────── 어린 소년이었을 때, 나는 친구 몇 명과 미주리주 북서쪽의 버려진 낡은 오두막의 다락에서 놀고 있었다. 다락에서 내려오기 위해 나는 창틀에 잠시 발을 얹었다 뛰어내렸다. 나는 왼손 검지에 반지를 끼고 있었는데, 뛰어내린 순간 반지가 못대가리에 걸려 그만 손가락이 잘려버리고 말았다.

나는 비명을 질렀다. 나는 내가 죽을 것으로 생각해 겁을 먹었다. 하지만 손을 치료받은 뒤론, 다시는 그 일에 대해 생각하지 않았다. 그럴 필요가 뭐가 있겠는가? 나는 피할 수 없는 일을 받아들였다.

나는 왼손에 손가락 네 개만 남았다는 사실을 한 달에 한 번꼴로 겨우 기억해낼 뿐이다.

몇 년 전, 나는 뉴욕 시내의 사무실용 건물의 한 화물 엘리베이터에서 어떤 남자를 만났는데, 그의 손목 아래에는 손이 없었다. 나는 그에게 손이 없어 힘들지 않냐고 물었다. 그는 이렇게 말하는 것이었다.

"오, 전혀요. 거의 잊고 산답니다. 아직 결혼하지 않아서인지, 바늘에 실을 꿸 때를 제외하고는 신경 쓸 일이 없어요."

우리가 어떤 상황이 닥쳐도 빠르게 적응한 뒤 잊어버릴 수 있는지를 보면 깜짝 놀랄 수밖에 없다.

나는 종종 네덜란드 암스테르담의 15세기에 지어진 성당의 잔해에 적힌 글을 떠올린다. 플라망어로 적힌 그 글은 이런 내용을 담고 있다.

"벌어진 일 외에 일어날 수 있는 다른 일은 없다."

당신과 나는 앞으로도 수십 년을 살며, 유쾌하지 않은 상황을 많이 마주하게 될 것이다. 하지만 벌어진 일 외에 일어날 수 있는 다른 일은 없다. 우리는 선택할 수 있다. 피할 수 없다고 받아들이고 상황에 적응하든지, 저항하다가 삶을 망쳐버리거나 신경쇠약에 걸리는 것이다.

내가 가장 좋아하는 철학자 중 한 명인 윌리엄 제임스의 현명한 충고를 하나 알려주겠다. 그는 이렇게 말했다.

"받아들여라. 일어난 일을 받아들이는 것은 그 어떤 불행의 결과도 극복하는 첫 번째 걸음이 될 것이다."

오리건주 포틀랜드 북동쪽 49번가 2840번지에 사는 엘리자베스 콘리는 그 진리를 어렵게 깨우쳤다. 그녀는 최근에 내게 이런 편지를 보내왔다.

미국이 북아프리카의 전투에서 거머쥔 승리를 축하하고 있던 날이었습니다. 육군성에서 전보를 한 통 보내왔습니다. 가장 사랑하는 조카가 실종되었다는 것이었습니다. 얼마 후, 다른 한 통의 전보가 도착해 그의 죽음을 알렸습니다.

나는 슬픔으로 몸을 가눌 수가 없었습니다. 그때까지만 해도, 나는 충만한 삶을 살고 있었으니까요. 나는 내 일을 사랑했고, 조카의 양육을 돕고 있었습니다. 조카는 좋은 청년의 모든 면모를 다 갖춘 아이였습니다. 빵을 건네면 케이크가 되어 돌아오는 느낌이었습니다. 그리고 전보가 도착해 내 삶을 무너뜨린 것이었습니다.

나는 더는 살아야 할 이유가 없다고 생각했습니다. 나는 일을 방치했고, 친구들과 멀어졌습니다. 나는 모든 것을 끊어냈습니다. 억울함과 분함으로 채워졌습니다. 왜 사랑하는 조카를 데려가야 했지? 왜 그렇게 살아갈 날이 창창한 사랑스러운 아이가 죽어야만 했지? 나는 받아들일 수 없었습니다. 엄청난 슬품으로 인해 나는 결국 일을 그만두고 어디론가 떠나서 눈물과 비통함 속에 숨어 지내겠다고 마음먹고 말았습니다.

사무실 책상을 비우고, 퇴사를 준비하던 도중, 나는 잊고 있던 편지를 한 통 발견했습니다. 몇 년 전, 어머니가 돌아가셨을 때 조카가 써준 편지였습니다.

'당연히 할머니가 그리울 거예요. 특히 이모는 더욱 그리워하시겠지요. 하지만 이겨내실 거라 믿어요. 이모에게는 그럴 힘이 있어요. 이모가 가르쳐준 아름다운 사실들을 절대 잊지 않을 거예요. 제가 어디에 있든, 우리가 얼마나 떨어져 있든, 이모가 알려준 대로 웃음을 잃지 않고, 남자답게 모든 걸 받아들일 거예요.'

나는 그 편지를 읽고 또 읽었습니다. 조카 녀석이 꼭 곁에서 내게 말을 걸고 있는 것처럼 느껴졌지요.

'왜 내게 가르쳐준 것들을 하지 않으세요? 무슨 일이 있어도 나아가세요. 슬픔은 웃음 뒤에 숨겨두고, 계속해서 나아가세요.'

나는 다시 일터로 돌아갔습니다. 나는 비통함과 반발심을 내려놓았습니다. 나는 스스로 이렇게 되뇌었습니다.

'다 끝난 일이야. 바꿀 수 있는 건 아무것도 없어. 하지만 그 아이가 바란 것처럼 계속해서 나아갈 수는 있어.'

나는 몸과 마음을 바쳐 일에 매진했습니다. 마찬가지로 누군가의 자식일 군인들에게 위문 편지를 보내기도 했습니다. 나는 성인을 대상으로 한 야간 수업을 신청했고, 새로운 관심사를 찾고 새로운 친구들을 사귀었습니다. 그 당시 겪은 변화는 믿을 수 없을 정도였습니다. 돌아오지 않는 과거에 매달리는 일은 그만두었습니다. 나는 조카가 원했던 대로 기쁨으로 매일을 살며 평화를 되찾았습니다. 나는 운명을 받아들였습니다. 그리고 그 어떤 때보다 충만하고 완전한 삶을 누리고 있습니다.

엘리자베스 콘리는 우리 모두가 언젠가는 깨우쳐야 할 진리를 깨달았다. 피할 수 없다면 받아들여야 한다는 진리 말이다.

"벌어진 일 외에 다른 일은 일어날 수 없다."

이 교훈을 깨닫는 건 어려운 일이다. 왕좌에 앉은 왕들도 이 진리를 계속해서 상기할 필요가 있었다. 지금은 세상에 없는 조지 5세는 버킹엄 궁전 서재 벽에 이런 글을 액자에 담아 걸어두었다.

"하늘의 달이나, 엎질러진 우유 때문에 울지 않도록 하소서."

쇼펜하우어 역시 비슷한 말을 한 적 있다.

"받아들이는 행위는 삶이라는 여정에 있어 가장 중요한 준비물이다."

확실한 것은, 상황 자체가 우리를 행복하거나 불행하게 만들 수는 없다는 것이다. 우리가 상황에 대해 반응하는 방식이 우리의 기분을 좌우한다. 예수는 우리 안에 천국이 있다고 말했다. 그리고 지옥 역시, 우리 안에 있는 것이다.

우리는 모두 불행과 비극을 감내할 수 있고 필요하다면, 그것들을 물리칠 수도 있다. 우리는 그런 힘을 깨닫지 못하고 살지만, 우리의 내부에는 놀라울 만큼 강인한 힘이 있다. 그 힘은 발견되기를 기다리고 있다. 우리는 우리의 생각보다 강하다.

고인이 된 부스 타킹턴은 이렇게 말했다.

"나는 딱 한 가지, 실명하는 일을 제외하고는 인생의 어떤 쓴맛도 견딜 수 있다. 하지만 실명만은 감내할 수가 없을 것 같다."

그가 60대였을 때, 어느 날 바닥의 양탄자를 내려다보는데, 양탄자의 색이 희뿌옇게 보였다. 패턴을 구분할 수 없었던 그는 전문의를 찾았고, 끔찍한 진실을 알게 되었다. 그는 시력을 잃고 있었던 것이다. 한쪽 눈은 이미 거의 실명되었고, 남은 눈도 곧 그렇게 될 수 있었다. 그가 가장 우려했던 일이 결국 일어난 것이다.

타킹턴이 '가장 끔찍한 불행' 앞에서 어떻게 반응했을까? "이제 끝이야! 내 삶은 끝났어!"라고 했을까? 아니다. 그는 명랑하게 대처했으며, 농담을 던지기도 했다. 그의 눈앞에는 작은 얼룩 같은 것들이 떠다니며 시야를 가리고 있었는데, 유난히 큰 얼룩이 나타나 앞을 가릴 때면 그는 이렇게 말하고는 했다.

"안녕하세요! 또 할아버지네요! 이렇게 좋은 아침에 어딜 가시는 걸까요?"

운명이라고 해서 그의 정신력을 집어삼킬 수 있었을까? 전혀 그렇지 않았다. 완전한 실명이 찾아왔을 때, 타킹턴은 이렇게 말했다.

"나는 실명조차도, 인간이 견뎌낼 수 있는 것 중 하나라는 것을 알게 되었습니다. 오감을 모두 잃는다 해도, 나는 여전히 마음의 창으로 세상을 볼 수 있을 겁니다. 알든 알지 못하든, 우리는 사실 마음으로 보고, 마음으로 살아가기 때문이지요."

다시 시력을 찾고자 하는 희망으로, 그는 1년 동안 12번이나 수술을 받았다. 그것도 부분마취를 한 상태로 말이다. 그가 격분했을까? 그는 그게 할 일이라고 믿을 뿐이었다. 그는 피할 수 없다는 사실을 알았고, 고통을 줄이는 방법은 우아하게 상황을 받아들이는 것뿐이라고 생각한 것이다. 그는 개인 병실을 마다하고 같은 문제를 겪고 있는 사람들이 있는 병실에 머물렀다. 그리고 다른 환자들을 응원했다. 반복되는 수술을 겪으며, 자신의 눈에 무슨 일이 일어나는지 정확히 알면서도, 그는 자신이 가진 행운에 대해 생각해보고는 했다.

"얼마나 멋진 일입니까! 사람의 눈처럼 민감한 부분까지 수술할 정도로 과학 기술이 발전했다니요."

평범한 사람이라면 실명한 채로 12번의 수술을 견뎌야 했다면 신경쇠약에 걸렸을 것이다. 하지만 타킹턴은 이렇게 말했다.

"어떤 것과도 이 경험을 바꾸지 않을 겁니다."

그 경험은 그에게 받아들이는 법을 가르쳐주었으며, 삶의 어떤 것도 이겨내지 못할 것이 없다는 걸 깨닫게 해주었다. 존 밀턴이 말한 대로였다.

"불행은 장님이 되는 것이 아닌, 그 상황을 견딜 수 없다는 사실에서 온다."

뉴잉글랜드의 저명한 페미니스트인 마가렛 풀러는 자신의 신조가 "나는 우주를 받아들인다!"라고 밝혔다.

불평 많은 신사인 토마스 칼라일이 영국에서 그 이야기를 들었을 때, 그는 "하나님께 맹세코 그러는 게 좋을 걸세!"라며 코웃음을 쳤다.

하나님께 맹세코, 당신과 나는 피할 수 없는 것을 받아들여야 할 것이다!

우리가 격분하고 저항하며 억울해한다면, 우리는 피할 수 없는 일을 바꾸기는커녕 우리 자신을 바꾸게 될 것이다. 적어도 내가 시도한 바로는 그렇다.

나 역시 피할 수 없는 상황을 받아들이기를 거부한 적이 있다. 나는 바보처럼 화를 냈고 저항했다. 나는 밤이면 불면의 지옥으로 걸어 들어갔다. 그리고 원치 않는 일들이 딸려왔다. 결국, 일 년의 고행 끝에, 나는 처음부터 알고 있었던, 그 무엇도 바꿀 수 없다는 사실을 받아들여야 했다.

나는 이미 수년 전에 월트 휘트먼을 따라 소리쳐야 했다.

오, 조롱과 사고와 거절을,
마치 나무와 동물들이
밤과 태풍과 배고픔에 맞서듯 맞서게 하소서.

나는 12년 동안 소를 돌본 적이 있다. 내가 본 바로는 저지종 젖소 가운데는 가뭄 때문에 목초지가 불탄다고, 진눈깨비와 추위로 힘들다고, 수컷이 다른 어린 암소에게 지나친 관심을 보인다고 열을 내는 소도 없었다. 동물들은 밤, 태풍 그리고 배고픔을 침착하게 견딘다. 그런 일로 신경쇠약이나 위궤양을 겪는 일은 없다. 그들은 절대 미치지 않는 것이다.

우리 앞에 닥친 모든 역경에 절대적으로 굴복하라는 충고를 하는 것 같은가? 결코 아니다. 그건 체념에 불과하다. 우리가 상황을 극복할 수 있다면, 싸워야 한다! 하지만 상식적으로 보았을 때, 당신이 이미 엎질러진 물을 두고 싸우고자 하는 것이라면, 정신 건강을 위해서라도 앞도 뒤도 돌아보지 말고 비통해하지도 말자.

지금은 고인이 된 컬럼비아 대학의 딘 호크스 청장은 '엄마 거위'라는 작품의 한 구절을 인생의 좌우명으로 택했다.

하늘 아래 모든 질병에는
치유법이 있거나, 없다.

> 치유법이 있다면 찾되,
> 없다면, 신경 쓰지 말지어다.

이 책을 쓰는 동안, 나는 무수히 많은 미국의 대표적인 사업가를 인터뷰했다. 그리고 나는 그들이 어떻게 피할 수 없는 일을 받아들이고 걱정으로부터 자유로운 삶을 사는지를 보고 감탄했다. 그들의, 삶의 방식이 아니었다면 중압감에 무너져 내렸을 것이다. 여기 몇 가지 예시가 있다.

전국적인 체인점 페니 스토어의 창업자 J.C. 페니는 내게 이렇게 말했다.

"내가 가진 재산을 모두 잃는대도 나는 걱정하지 않을 것입니다. 걱정으로 얻는 것은 아무것도 없다고 생각하기 때문입니다. 나는 할 수 있는 최선을 다 할 것이고, 그 결과는 신의 뜻에 맡길 것입니다."

헨리 포드 역시 거의 똑같은 이야기를 들려주었다.

"어떤 사건을 감당할 수 없을 때, 나는 그냥 내버려 두는 편입니다."

내가 크라이슬러사의 회장 K.T. 켈러에게 걱정을 대처하는 법을 물었을 때 그는 이렇게 말했다.

"어려운 상황을 겪을 때마다, 내가 해결할 수 있는 일이 있다면 그렇게 합니다. 할 수 있는 일이 없다면, 나는 그냥 상황을 잊어버립니다. 나는 미래를 걱정하지 않습니다. 그 누구도 미래에 일어날 일을 예상할 수 없다는 걸 알기 때문입니다. 미래에 영향을 미치는 요소들은 너무도 많지만, 정확히 어떤 영향을 미치는지 알거나 이해하는 사람은 없습니다. 그런데 왜 쓸데없이 걱정하겠습니까?"

K. T. 켈러에게 혹시 철학자가 아닌지 묻는다면 그는 얼굴을 붉힐 것이다. 왜냐하면 크라이슬러 사장이었던 그가 현명한 사업가인 것은 분명하지만 철학자는 아니기 때문이다. 그럼에도 그는 에픽테토스가 19세기 전 로마에서 가르친 철학을 그대로 사용하고 있었다. 에픽테토스는 로마인들에게 이렇게 말하고는 했다.

"우리의 의지로 어떻게 할 수 없는 일들에 대해 걱정하는 것을 그만두는 것, 행복으로 가는 길은 하나뿐입니다."

'신성한 사라'라고도 불렸던 사라 베르나르 역시 피할 수 없는 일을 받아들일 줄 아는 사람이었다. 그녀는 반세기 동안 네 개의 대륙을 통틀어 최고의 위치에 올랐던 연극배우로, 지구상에서 가장 많은 사랑을 받았던 배우이기도 했다. 그러던 그녀는 71세의 나이에 모든 재산을 잃게 되었다. 그리고 그의 주치의였던 파리의 포지 교수는 그녀의 다리를 절단해야 한다고 말했다. 대서양을 건너는 동안, 태풍을 만나는 바람에 갑판 위에 떨어졌던 그녀는 다리에 심한 상처를 입게 되었던 것이었다. 정맥염이 생겼고, 다리는 오그라들었다. 고통이 너무 심했던 나머지 다리를 절단하는 방법 외에는 할 수 있는 것이 없었다. 의사는 그 대단한 '신성한 사라'에게 그 사실을 알리는 것을 두려워했다. 그녀가 히스테리를 부릴 것이라고 믿어 의심치 않았던 것이다. 하지만 그가 틀렸다. 사라는 그를 잠시 쳐다보더니, 침착하게 이렇게 말했다는 것이다.

"그래야 한다면 그렇게 해야겠지요."

그녀는 운명을 따랐다.

그녀가 수술실로 떠날 때, 그녀의 아들은 눈물을 보였다. 그녀는 오히려 쾌활하게 손을 흔들며 씩씩하게 말했다.

"거기 있어. 금방 돌아올게."

수술 방에 들어간 그녀는 자신이 했던 연극 대사 한 구절을 읊었다. 누군가 그녀에게 용기를 가지기 위해 그렇게 했냐고 물었을 때, 그녀는 이렇게 답하는 것이었다.

"아니오, 의사와 간호사들에게 용기를 주려고요. 압박감이 클 테니까요."

수술에서 회복한 사라 베르나르는 그 후로도 7년 동안이나 세상을 돌며 관객들을 만났다.

리더스 다이제스트의 한 기사에서, 엘시 매코믹은 이렇게 말했다.

"우리가 피할 수 없는 일과 싸우기를 멈출 때, 우리는 더욱 풍요로운 삶을 만드는 에너지를 방출하게 됩니다."

그 누구도 피할 수 없는 일과 싸우는 데 감정과 활력을 쏟으면서, 새로운 삶을 만들 기력까지 남길 수는 없다. 피할 수 없는 인생의 폭풍우를 받아들이든

지, 아니면 저항하다가 부서지든지, 둘 중 하나를 선택해야 할 것이다.

나는 실제로 내 미주리주 농장에서 그 광경을 본 적이 있다. 나는 농장에 스무 그루 정도의 나무를 심었다. 처음에 나무들은 놀라울 정도로 빠르게 자랐다. 그리고 진눈깨비를 달고 온 폭풍우 때문에, 잔가지는 물론 모든 나뭇가지 위로 두꺼운 얼음이 뒤덮였다. 나무들은 우아하게 휘는 대신, 꼿꼿하게 저항했고 끝내 부러져버렸다. 내 나무들은 북쪽 숲에 사는 나무들의 지혜를 배우지 못했던 것이다.

나는 수백km를 달려 캐나다의 상록수 숲을 여행한 적이 있는데, 그곳에 진눈깨비로 부러진 가문비나무나 소나무는 한 그루도 보지 못했다. 그 상록수들은 가지를 굽혀 피할 수 없는 것을 받아들이는 법을 알고 있었다.

주짓수 마스터들은 제자들에게 이렇게 가르친다고 한다.

"버드나무처럼 휘어져라. 떡갈나무처럼 버티지 마라."

당신의 자동차 타이어가 그렇게 험한 취급을 받으면서도 도로 위에서 버티는 방법을 아는가? 생산자들은 길 위의 충격에 버티는 타이어를 만들고자 노력했다. 하지만 타이어는 산산이 조각났다. 그들은 길 위의 충격을 흡수하는 타이어를 다시 만들었고, 타이어는 충격을 '견뎌냈다'. 우리 역시도 충격을 흡수하고 삶의 고난에 맞춰 몸을 편안하게 하는 법을 배운다면, 오랫동안 즐거운 여행을 할 수 있을 것이다.

우리가 인생의 충격을 흡수하지 않고 그에 저항한다면 어떤 일이 벌어질까? 우리가 '버드나무처럼 휘어지길' 거부하고, '떡갈나무처럼 버틴다면'? 답은 간단하다. 그때부터 내적 갈등의 장이 열릴 것이다. 우리는 걱정하고, 긴장하고, 안간힘을 쓰다 신경증에 걸리고 말 것이다.

만일 우리가 여기서 그치지 않고 혹독한 현실 세상을 거부하고 자신이 지은 꿈의 세계로 도망친다면, 우리는 결국 미치고 말 것이다.

전쟁하는 동안, 수백만의 겁에 질린 장병들은 피할 수 없는 일을 받아들이거나, 안간힘을 쓰다 무너져야 했다. 뉴욕주 글렌데일 67번가 7126번지에 사는 윌리엄 H. 캐설리어스의 이야기를 살펴보자. 그는 이 이야기로 나의 수업에서

상을 받기도 했다.

 해안 경비대에 입대하고 얼마 되지 않아, 나는 대서양 연안 가운데서도 가장 위험한 곳에 배치되었습니다. 나는 폭발물 감독관이 되었던 겁니다. 비스킷 판매원이었던 제가 폭발물 감독관이라니요! 수천 톤의 TNT 위에 서 있는 상상만으로도, 등에 식은땀이 흘렀습니다.

 나는 이틀간의 교육 후 투입되었는데, 교육에서 배운 일은 나를 더욱 겁에 질리게 했습니다. 나는 첫 임무를 절대 잊지 못할 겁니다. 어둡고, 춥고, 안개가 자욱하던 날이었습니다. 나는 뉴저지주 베이온 케번곶의 부두에 있었습니다.

 나는 선박의 5번 화물칸에 배치되었고, 5명의 부두 하역부와 함께 일하게 되었습니다. 그들은 튼튼한 허리를 가졌지만, 폭발물에 관해서는 아무것도 몰랐습니다. 그들은 각각 1톤의 TNT가 들어있는 대형 폭탄을 나르고 있었습니다. 폭탄이 하나만 터져도 우리가 타고 있던 낡은 선박을 한 방에 날려버릴 수 있었습니다. 두 줄로 된 케이블을 이용해 폭탄을 내리고 있는 모습을 본 나는, 이렇게 생각했습니다.

 '케이블이 한 줄이라도 미끄러지거나 끊어진다면!'

 오, 신이시여! 나는 겁에 질려 벌벌 떨었습니다. 입안은 말라버렸고 무릎은 후들거렸습니다. 심장마저 쿵쾅거렸지만 달아날 수는 없었습니다. 그건 곧 탈영을 의미했고 나는 물론 부모님까지 불명예를 입힐 것이었습니다. 무엇보다 탈영하다가는 총살을 당할 수도 있었습니다. 도망칠 수 없었던 나는 결국 남아서 인부들이 조심성 없이 폭탄을 나르는 것을 보고만 있었습니다.

 배는 당장이라도 폭발할 수 있었습니다. 그렇게 공포 속에서 한두 시간을 더 떨며 보낸 나는, 조금씩 정신을 차리기 시작했습니다. 그리고 이렇게 생각했습니다.

 '이봐, 배가 폭발한다고 쳐. 그래서 뭐 어떡할 거야! 삶이 다 그런 거지! 그 정도면 좋은 죽음이야. 암으로 죽는 것보다는 훨씬 나아. 그러니 바보처럼 굴지 마. 어차피 영원히 살 수도 없을 텐데 말이야! 명령을 수행하든지, 총을 맞든지 해. 피할 수 없다면 즐기라고.'

몇 시간 동안 곰곰이 생각한 나는, 안심하게 되었습니다. 결국 걱정과 두려움을 극복한 나는 피할 수 없는 상황을 받아들이게 된 것이었습니다.

나는 이 교훈을 절대 잊지 못할 겁니다. 바꿀 수 없는 일을 두고 걱정이 시작되려고 할 때면 나는 이렇게 말할 뿐입니다.

"잊어버리자."

이건 비스킷 판매원에게도 효과를 본 방법이랍니다.

만세! 피나포어의 비스킷 판매원에게 모두 큰 박수를 보내자!

예수의 십자가를 제외한 가장 유명한 죽음은 소크라테스의 죽음일 것이다. 지금부터 만 세기가 흐른대도, 사람들은 여전히 플라톤이 쓴 문학 역사상 가장 감동적이고 아름다운 구절인 그날에 관한 불멸의 묘사를 읽고 소중히 간직할 것이다. 맨발의 노장 소크라테스를 시기한 아테나의 일부 시민들이 죄를 조작하여 그가 사형을 선고받도록 했다. 소크라테스에게 우호적이었던 교도소장은 그에게 독약이 든 잔을 내밀며 이렇게 말했다.

"달리 방법이 없다면 담담하게 받아들이십시오."

소크라테스는 그의 말을 따랐다. 그는 침착하게 죽음을 받아들였고 품위를 지켰던 것이다.

"달리 방법이 없다면 담담하게 받아들이십시오."

이 문장은 기원전 399년에 쓰였다. 하지만 그 어느 때보다 걱정스러운 우리의 세상에 필요한 말이 아닐 수 없다.

"달리 방법이 없다면 담담하게 받아들이십시오."

지난 8년간, 나는 사소한 것이라도 걱정을 극복하는 내용이 담긴 모든 책과 잡지를 읽었다. 무수한 연구 끝에 내가 발견한 가장 간단한 충고가 무엇인지 알고자 하는가? 이 3줄짜리 충고를 욕실 거울에 붙여 얼굴을 씻을 때마다 마음속의 모든 걱정도 함께 씻어내 버리면 어떨까? 값을 매길 수 없는 이 기도문은 뉴욕 브로드웨이 120번가에 있는 유니온 신학교에서 응용 기독교학을 가르치고 있는 라인홀드 니부어 박사가 쓴 것이다.

> 주여, 제게 바꿀 수 없는 것을 받아들일 평정심을 주시고,
> 바꿀 수 있는 것을 바꿀 용기를 주시고,
> 그 둘을 구분할 수 있는 지혜를 주시옵소서.

걱정하는 습관을 깨는 법 4

피할 수 없다면 받아들여라.

제5장

걱정을 손절매하라

▶──────── **어떻게 하면** 주식으로 돈을 벌 수 있는지 알고 싶은가? 그렇다면 당신과 같은 사람이 수백만 명이 있다는 것을 알아야 할 것이고, 만일 내가 그 비결을 알고 있다면 이 책은 아마 놀라운 가격에 팔렸을 것이다. 그러나 성공한 주식중매인들이 사용하는 훌륭한 아이디어가 하나 있다. 이 이야기는 뉴욕 이스트 42번가 17번지에 사무실을 두고 있는 투자상담가 찰스 로버트가 들려준 것이다.

내가 텍사스를 떠나 뉴욕에 왔을 때, 내 수중에는 친구들이 주식에 투자하라고 준 2만 달러가 있었습니다. 나는 주식 시장이 어떻게 돌아가는지 알고 있었다고 생각했지만, 난 돈 1센트도 없이 모든 투자금을 잃었습니다. 일부 거래에서 상당한 이익을 본 것은 사실이지만, 그마저도 결국에는 모두 잃고 말았던 것입니다.

투자금이 내 주머니에서 나온 돈이었다면 괜찮았겠지만, 친구들의 돈을 잃었다는 사실에 마음이 불편했습니다. 친구들에게는 심각한 손실이 아니었다고 할지라도, 우리의 모험이 그렇게 불행하게 끝이 난 마당에 다시 그들을 마주할 수나 있을까 싶어졌습니다. 하지만 정작 친구들은 대수롭지 않게 여겼고, 오히려 구제 불능이라고 생각될 정도로 낙천적인 태도를 보이며 나를 놀라게 했습니다.

나는 확실한 근거 없이 투자했을뿐더러, 큰 부분을 운과 다른 사람들의 의견에 맡겨왔다는 걸 알았습니다. H. I. 필립스가 말했듯 나는 '귀로 주식을 하는' 사람이었던 겁니다.

나는 실수를 되짚어보고 다시 거래를 시작하기 전에 주식이 무엇인지 제대로 배워야겠다고 마음을 먹었습니다. 열심히 찾아본 결과, 역사상 가장 유명한 투자자 중 한 명인 버튼 S. 카슬즈를 알게 되었습니다. 나는 그에게 배울 점이 많이 있으리라 생각했습니다. 그는 해마다 성공적인 투자를 한 것으로 알려져 있었는데, 그런 성과는 우연이나 운으로 이룰 수 없는 것이었습니다.

그는 내가 지금까지 거래해온 방식에 대해 몇 가지 질문을 한 뒤, 거래에서 가장 중요한 원칙이 무엇인지 알려주었습니다. 그는 이렇게 말했습니다.

"나는 모든 거래에 손절매 주문을 넣어둡니다. 1주를 50달러에 매입했다고 하면, 그 즉시 45달러에 손절매 주문을 넣는 것입니다."

그의 말인즉슨 주가가 5포인트 떨어지면 자동으로 거래가 체결되어, 손실을 5포인트로 제한하는 것입니다. 그는 계속해서 이렇게 말했습니다.

"만일 당신이 처음부터 좋은 거래를 했다면, 주가는 10포인트, 25포인트 아니면 50포인트까지 오를 수 있을 겁니다. 그렇기에 손실을 5포인트로 제한한다면, 절반의 거래에서 잘못된 주식을 샀더라도 충분히 이윤을 남길 수 있게 되지 않겠어요?"

나는 즉시 그 원칙을 적용했고 지금까지도 그의 방식을 따르고 있습니다. 그 결과 클라이언트와 나는 수천 달러의 재산을 모두 지켜낼 수 있었습니다.

얼마 되지 않아, 나는 손절매의 원칙이 주식 시장에만 적용되는 것이 아니라는 것을 깨달았습니다. 나는 모든 종류의 골칫거리와 억울한 일에 손절매 주문을 걸기 시작했고, 그 결과는 마법 같았습니다.

예를 들어서 나는 약속 시간에 항상 늦는 친구와 종종 점심 식사를 함께할 때가 있었습니다. 예전 같았으면 점심시간 중 30분을 온전히 그를 기다리는 데 써야 했습니다. 나는 결국 그에게 걱정을 손절매하는 나의 방식에 대해 털어놓기로 했고, 이렇게 말했습니다.

"빌, 나는 방금 10분이라는 손절매 주문을 넣었어. 10분 내로 도착하지 않는다면, 우리의 점심은 손해를 보고 팔아버린 주식 꼴이 날 거야. 그리고 나는 이미 떠나고 없을 걸세."

세상에나! 몇 년 전 나의 초조함, 분노, 자기합리화에 대한 열망, 후회, 정신적 그리고 감정적 압박감에 손절매 주문을 넣을 수 있었다면 얼마나 좋았을까! 나는 왜 마음의 평화를 파괴하는 상황들을 평가할 생각을 하지 못했을까! 나는 이렇게 스스로 다독였어야 했다.

"이봐 데일 카네기, 이 상황에는 딱 이만큼의 걱정만 할 수 있어. 그 이상은 안 돼."

나는 왜 그러지 못했을까!

그러나 나 역시도 한 번은 제대로 된 선택을 한 적이 있다. 그것도 아주 심각한 삶의 위기에서 말이다. 나는 미래에 대한 꿈, 계획은 물론 몇 년간의 성과가 공중에서 분해되는 상황에 부닥쳐있었다. 30대 초반이었던 나는 소설을 쓰는 삶을 꿈꿨다. 제2의 프랭크 노리스, 잭 런던, 토머스 하디가 되고자 했다. 몹시 진지했던 나는 유럽에서 2년을 살게 된다. 1차 대전이 끝난 뒤 달러를 마구 찍어대던 시기였기에 돈을 많이 들이지 않고도 생활이 가능했다. 그렇게 나는 2년 동안 나의 대표작이 될 것으로 생각한 '눈보라'라는 제목의 소설을 완성했다.

몹시 잘 어울리는 제목이었다. 원고를 받아본 출판사들의 반응이 다코타 평원을 메운 그 어떤 눈보라보다도 싸늘했기 때문이었다. 작가 대리인으로부터 내가 쓴 글이 아무 가치도 없고, 내게는 그 어떤 재능이나 소질이 없다는 말을 들었을 때는 심장이 멎는 줄 알았다. 나는 그의 사무실을 도망치듯 나왔다. 그가 몽둥이로 내 머리를 가격했다고 해도 그보다 더 얼이 빠지진 않았을 것이다. 나는 아연실색한 채로 내가 삶의 갈림길에 섰다는 걸, 중대한 결정을 내려야 한다는 걸 깨달았다. 어떻게 해야 할까? 어디로 가야 할까? 나는 정신이 몽

롱한 상태로 몇 주를 지냈다. 그 당시 나는 "걱정을 손절매하라."라는 말은 들어보지도 못했다. 하지만 당시를 회상해보니, 내가 한 일이야말로 바로 걱정을 손절매한 것이었다. 나는 2년간 집필한 소설을 값진 경험이라고 생각하고 깨끗하게 포기해버린 뒤, 그 길로 유럽을 떠났다. 나는 성인강좌를 구성하고 수강생들을 가르치는 일을 다시 시작했다. 남는 시간에는 전기와 지금 당신이 읽고 있는 것과 같은 논픽션을 썼다.

내가 그런 결정을 내린 것을 기쁘게 여기고 있을까? 기쁘다는 말로는 부족하다. 나는 그 일을 떠올릴 때마다 길에서 춤이라도 추고 싶어질 지경이다! 단언컨대, 나는 단 하루 아니 한 시간도 내가 제2의 토머스 하디가 되지 못했다는 사실을 한탄한 적이 없다.

지금부터 100년 전 어느 밤, 가면올빼미 한 마리가 워든 호숫가의 숲에서 울고 있는 동안, 헨리 소로는 거위 깃털을 집에서 만든 잉크에 적시며 일기를 쓰고 있었다.

"어떤 것의 비용은 당장 혹은 장기간에 걸쳐 그 대가를 치러야 하는 인생의 분량이라 할 수 있다."

다른 말로 설명하면, 우리 존재를 위협하는 일에 너무 많은 값을 치르는 행동은 어리석다고 할 수밖에 없다.

그리고 길버트와 설리번이 그랬다. 그들은 어떻게 행복한 이야기와 음악을 만드는지 알고 있었지만, 자신들의 삶에 어떻게 행복을 가져올 수 있는지에 관해서는 애처로울 정도로 거의 알지 못했다. 그들은 세상에 많은 기쁨을 가져다준, 최고로 사랑스러운 경가극인 '인내', '피나포', '미카도' 같은 작품을 만들어냈다. 하지만 그들은 불같은 성미를 조절하는 법을 알지 못했다. 그들은 고작 양탄자값 때문에 불행한 생을 보냈다!

설리번은 그들이 매입한 극장을 위해 새로운 양탄자를 주문했다. 영수증을 본 길버트는 길길이 날뛰었다. 싸움은 법정에서까지 이어졌으며, 그들은 사는 동안 다시는 서로와 말을 섞지 않았다. 설리번이 새로운 연극을 위해 음악을 만들면, 우편을 통해 길버트에게 곡을 보내고, 길버트는 가사를 더해 다시 설리번에게 전달하는 식이었다. 함께 커튼콜에 참석해야 했던 날에는 눈을 마주치지 않기 위해 서로 반대편에 서서 다른 쪽을 보고 인사했다. 그들은 링컨처럼 분노에 손절매 주문을 넣는 이성을 갖지 못했다.

남북전쟁이 계속되던 어느 날, 링컨의 몇몇 친구들은 그의 적들을 맹렬히 비난하고 있었다. 그런데 링컨은 이렇게 말하는 것이었다.

"자네들의 분노가 내 분노보다 큰 것 같네. 내 분노가 너무 작은 것일지도 모르지. 하지만 나는 분노가 이득이 된다고 생각해본 적은 없네. 인생의 절반을 언쟁에 쓸 만큼 여유로운 사람도 없네. 만일 그 누구라도 나를 공격하는 것을 멈춘다면, 나는 지난 일은 모두 잊어줄 수 있네."

나의 에디스 숙모도 링컨처럼 용서하는 마음을 가졌다면 좋았을 텐데.

그녀와 프랭크 삼촌은 은행이 담보를 걸어둔 농장에서 살고 있었다. 도꼬마리 무성한 척박한 땅, 더러운 배수로가 있는 농장이었다. 살림은 어려웠고, 언제나 한 푼이 아쉬웠다. 하지만 에디스 숙모는 집을 조금이라도 밝아 보이게 할 커튼과 다른 물건들을 사는 것을 좋아했다. 그녀는 미주리주 마리빌에 있는 댄 에버솔의 포목점에서 외상으로 작은 사치품들을 사 모았다. 어느 날 프랭크 삼촌은 외상값에 대해 알게 됐고, 농부의 주머니로 감당할 수 없다는 걱정에 댄 에버솔에게 아내가 외상으로 물건을 사지 못하게 해달라고 비밀스럽게 부탁했다. 그 사실을 알게 된 숙모는 길길이 날뛰었고, 그로부터 50년이 지난 지금까지도 화를 풀지 않고 있다. 내가 그녀에게 직접 그 이야기를 들은 것도 여러 번이다. 마지막으로 그녀를 보았을 때, 그녀는 80에 가까운 나이였다. 나는 그녀에게 말했다.

"에디스 숙모, 프랭크 삼촌이 창피를 준 건 잘못하셨어요. 하지만 반세기 동안 그걸 불평하는 건, 더 잘못되었다고 생각하지 않나요?" (차라리 저 밤하늘 달에 대고 말하는 게 낳았을지도 모른다.)

에디스 숙모는 그녀가 품었던 원한과 씁쓸한 기억의 대가를 톡톡히 치렀다. 그녀가 치른 대가는 마음의 평화였다.

벤저민 프랭클린이 7살이었을 때, 그는 70살까지도 잊지 못할 실수를 저지른 적이 있다. 7살이었던 그는 호루라기를 좋아하는 소년이었다. 그는 장난감 가게로 달려가, 자신이 가지고 있던 모든 동전을 카운터 위로 쏟아부은 뒤 가격을 묻지도 않고 호루라기를 달라고 했다. 그로부터 70년 후, 그는 친구에게 보내는 편지에서 이렇게 적었다.

"집에 돌아왔을 때 나는 호루라기를 갖게 된 게 너무 기쁜 나머지, 온 집안에서 호루라기를 불며 돌아다녔네."

하지만 그의 형제자매들이 그가 호루라기값을 너무 많이 지불했다는 것을 알게 되었고, 그들은 그를 무참히 비웃었다. 그는 편지에 이렇게도 적었다.

"나는 너무 화가 나 울어버렸어."

훗날 프랭클린이 프랑스 대사로 임명되며 이름을 알리게 된 뒤에도, 그는 호루라기값을 너무 많이 치른 탓에 '호루라기가 그에게 준 기쁨보다 슬픔이 더 컸다.'라는 사실을 잊지 않고 있었다.

하지만 프랭클린이 얻은 교훈에 비하면 그 값은 그리 비싸지 않았다. 그는 이렇게 말했다.

"어른이 되어 사회에 나와 사람들의 행동을 관찰하다 보니, 셀 수 없을 정도로 많은 사람들이 호루라기값으로 너무 많은 값을 치르고 있었습니다. 나는 어떤 일의 가치를 제대로 평가하지 못하는 데서, 그리고 호루라기값을 너무 많이 지불한 데서 대다수의 불행이 시작된다는 것을 깨우쳤습니다."

길버트와 설리번은 호루라기값을 너무 많이 지불한 셈이다. 물론 나의 에디스 숙모도 마찬가지고, 과거의 데일 카네기도 똑같은 실수를 저질렀다. 그게 다가 아니다. 불멸의 레오 톨스토이, 세상을 통틀어 가장 위대한 소설인 '전쟁과 평화', '안나 카레니나'를 쓴 그 역시도 마찬가지였다. 브리태니커 백과사전에 따르면, 레오 톨스토이는 생의 마지막 20년간, '아마 세상에서 가장 존경받은 인물'이었을 것이다. 그가 세상을 떠나기 20년 전(1890년에서 1910년 사이), 그의 추종자들이 그의 얼굴이라도 한번 보고자, 목소리라도 한번 듣고자, 아니면 옷깃이라도 한번 스치고자 그의 집까지 순례의 행렬을 이루었던 것이다. 사람들은 그가 하는 말이면 '신의 계시'라도 된 듯 뭐든 받아 적었다. 하지만 일상에 관해서만큼은, 70세를 맞은 톨스토이는 프랭클린이 7살일 때보다도 더 지각이 없었다! 그것도 전혀!

톨스토이는 진심으로 사랑했던 여자와 결혼했다. 실제로 그들은 함께하는 것이 너무 행복한 나머지 신 앞에 무릎을 꿇고 기쁨으로 가득 찬, 천국과도 같은 결혼 생활을 계속해서 이어가게 해달라고 기도하고는 했다. 하지만 톨스토이가 결혼한 여자는 천성적으로 질투심이 많았다. 그녀는 소작농으로 분장하고 그의 일거수일투족을 감시했고, 숲속까지 쫓아가기도 했다. 그들은 끔찍한 싸움을 시작했다. 그녀는 자식들에게마저도 질투를 느껴, 딸의 사진에 권총으로 구멍을 뚫기도 했다. 그녀는 입에 아편 병을 가져다 대고 바닥을 구르며 자살하겠다고 협박하기도 했다. 그 모습을 본 아이들은 방구석에 모여 공포에 떨며 비명을 질렀다.

톨스토이는 어떻게 반응했을까? 나는 그가 가구를 집어 던졌다고 해도 나무라지 않았을 것 같다. 하지만 그는 더한 짓을 저질렀다. 그에게는 비밀 일기장이 있었던 것이다! 그는 다이어리에 아내를 비난하는 말들을 적었다. 그의 일기장은 '호루라기'가 되었던 것이다! 그는 후세대의 사람들이 그 글을 발견하면 그에게는 죄가 없다는 걸 알고 모두 아내를 비난할 것이라고 생각했다. 그에 대응하기 위해 아내는 무슨 짓을 했을까? 그녀는 남편의 일기장을 훔친 뒤 불태워버렸다. 그리고 그녀는 자신만의 일기를 쓰기 시작했고, 그 일기 속에서 남편은 악당이 되어있었다. 그녀는 '누구의 잘못인가?'라는 제목으로 소설까지 썼다. 소설 속에서 톨스토이는 악마로, 그녀 자신은 순교자로 그려냈다.

결국 어떻게 되었을까? 왜 이 부부는 톨스토이의 말대로, 하나뿐인 가정을 '정신병원'으로 만들어야만 했을까? 여기에는 여러 가지 이유가 있다. 그들은 우리에게 깊은 인상을 남기고자 하는 뜨거운 욕구가 있었다. 맞다. 우리가 바로 그들이 걱정하던 후세의 사람들인 것이다! 그러나 과연 우리가 이미 이 세상 사람들이 아닌 두 사람을 두고 누구의 잘못이 더 컸는지 신경이나 쓰겠는가? 우리는 우리의 문제만으로도 너무 힘든 나머지, 톨스토이의 문제까지 신경 쓸 여유가 없다. 이 가엾은 사람들은 호루라기값을 너무 많이 지불했다! 그 누구도 "이제 그만!"이라고 외친 사람이 없었기에, 50년간 지옥에서 살게 된 것이다. 둘 중 그 누구도 "이제 이 문제에 손절매 주문을 넣읍시다. 인생을 낭비하고 있잖소. 그만큼 했으면 충분합니다!"라고 할 수 있을 만큼 싸움의 가치를 제대로 판단하지 못한 탓이다.

나는 마음의 평화로 향하도록 하는 가장 위대한 비밀이 적절한 가치 판단에 있다고 생각한다. 그리고 우리의 삶에 무엇이 가치를 가지는지, 그 기준을 알려주는 일종의 황금률을 정한다면, 우리가 가진 걱정거리의 절반을 없앨 수 있다고 믿는다.

걱정하는 습관을 깨는 법 5

우리가 부질없는 일에 너무 많은 돈을 낭비하게 될 때, 잠시 숨을 고르고 아래의 3가지 질문을 던져보자.

1. 나를 걱정시키는 이 일이 나에게 얼마나 중요한가?

2. 이 걱정거리의 어느 지점에 '손절매' 주문을 넣고 잊어버려야 하는가?

3. 이 호루라기에는 어느 정도의 값을 지불해야 하는가? 이미 그 가치보다 더한 금액을 지불하지는 않았는가?.

제6장

톱밥을 톱질하지 마라

▶──────── 이 문장을 쓰는 동안, 나는 창밖의 정원에 놓아둔, 이판암과 돌 위에 새겨진 공룡 발자국을 보고 있다. 나는 이 공룡 발자국 화석을 예일대 피바디 박물관에서 구입했다. 박물관장이 보낸 편지에 따르면, 이 발자국은 1억 8천만 년 전에 찍힌 것이라고 한다. 세상 어떤 사람이라도, 1억 8천만 년 전으로 돌아가 그 발자국을 없애겠다는 상상을 하지는 않을 것이다. 하지만 사람들은 180초 전에 일어난 일을 바꾸지 못해 걱정할 때가 있다. 180초 전에 일어난 어떤 일의 결과를 바꾸기 위해, 지금도 많은 사람이 어떤 행동을 취하고 있을지도 모르는 일이다. 단언컨대, 그건 가능하지 않은 일이다.

과거를 건설적인 양분으로 쓸 수 있는 유일한 방법은, 침착하게 과거의 실수를 분석하고 교훈을 얻은 뒤 잊어버리는 것뿐이다.

이론은 알고 있지만, 나라고 언제나 그렇게 행동할 용기와 이성을 가졌을까? 질문에 답을 하기 위해, 내가 몇 년 전 겪은 환상적인 경험을 들려주겠다. 나는 1페니의 이윤도 남기지 않고 3만 달러를 잃은 경험이 있다. 일의 발단은 이러했다.

나는 성인강좌를 운영하는 큰 규모의 회사를 창업했고, 여러 도시에서 사업을 운영했다. 사업비는 간접비와 광고비로 헤프게 쓰였다. 나는 교육에 너무도 열중한 나머지 재원을 살펴볼 여유가 없었다. 그리고 지출을 꼼꼼하게 살펴볼 영악한 관리자가 필요하다는 사실 역시 깨닫지 못하고 있었다.

1년 후, 나는 정신이 번쩍 드는 사실에 직면했다. 수강생이 그토록 많았는데도 불구하고, 한 푼의 이윤도 남지 않았던 것이다. 그 사실을 깨달았을 때, 나는 두 가지 조치를 취해야 했다.

첫 번째는, 과학자 조지 워싱턴 카버가 평생 모은 4만 달러를, 은행이 파산하는 바람에 잃게 되었을 때 그가 한 행동이다. 누군가 그에게 파산 사실을 알고 있느냐고 물었을 때, 그는 이렇게 답했다.

"네. 들었습니다."

그리고 그는 계속해서 수업을 이어갔다. 그는 마음속에서 손실을 완벽히 지운 채 다시는 그 일을 언급하지 않았다.

두 번째로는, 실수를 분석해서 교훈을 배웠어야 했다.

하지만 솔직히 말하면, 나는 앞서 말한 것 중 아무것도 하지 않았다. 그 대신, 나는 걱정의 늪으로 자유낙하했다. 몇 달 동안 나는 멍한 상태로 지냈다. 나는 불면에 시달렸고 체중이 줄었다. 엄청난 실수로부터 무언가 배우기는커녕, 같은 실수를 조금 더 소극적으로 반복했던 것이다.

모든 지난 과오를 인정하는 것은 창피한 일이지만, 나는 이미 오래전에 '20명에게 해야 할 일을 가르치는 것보다, 가르침을 따르는 20명 중 1명이 되는 것이 더 어려운 일이다.'라는 것을 깨달았다.

나 역시 뉴욕의 조지 워싱턴 고등학교의 브랜드와인 선생님의 수업을 들을 수 있었다면 얼마나 좋았을까 하는 생각을 한 적이 있다. 여기, 뉴욕주 브롱크스 우디크레스트가 939번지에 사는, 한때 그의 학생이었던 앨런 손더스의 이야기가 있다.

손더스는 내게 위생 시간에 어떻게 브랜드와인 선생님이 인생에서 가장 값진 교훈을 가르쳐주었는지 알려주었다.

나는 10대 청소년이었지만 이미 걱정이 많은 아이였습니다. 지난 실수로 마음을 졸이고 조바심을 내고는 했었죠. 시험지를 제출한 뒤에는 밤잠을 설치고 낙제에 대한 두려움으로 손톱을 물어뜯고는 했습니다. 나는 언제나 지난 일을 곱씹고, 다르게 대처했으면 어땠을까 생각하며 시간을 보냈습니다. 앞서 말한 것들을 계속해서 떠올려야 했고, 더 잘했으면 하는 후회가 가득했습니다.

그러던 어느 아침, 반 아이들과 과학실에 불려갔더니 브랜드와인 선생님이 책상 끝에 우유 한 병을 두고 우리를 기다리고 있었습니다. 우리는 자리를 찾아 앉은 뒤, 우유병을 쳐다보며 위생 과목과 이 시간이 무슨 관계가 있을지 궁금해했습니다. 그리고 갑자기, 브랜드와인 선생님이 벌떡 일어나더니 싱크대에 우유병을 던져 깨트리는 것이었습니다. 선생님은 이렇게 소리쳤습니다.

"이미 엎지른 우유 때문에 울지 마라!"

그는 우리를 싱크대 가까이 불러 우유병의 파편을 보게끔 했습니다. 그리고 이렇게 말했습니다.

"잘 봐라. 나는 너희들이 이 수업을 사는 동안 반드시 기억하기를 바란다. 하수구 아래로 흘러간 우유는 돌이킬 수 없다. 어떤 소란이나, 하다못해 머리카락 한 올이라도 이미 흘러간 것을 되돌릴 수가 없는 것이다. 조금만 미리 생각했거나 주의했다면, 우유를 버리지 않아도 되었겠지. 하지만 이미 너무 늦었고, 우리가 할 수 있는 건 단념하고, 잊어버린 다음, 해야 할 일을 하는 것이란다."

그 장면은 기하학이나 라틴어 수업보다 더 깊이 마음에 새겨졌습니다. 고등학교에서 배운 그 어떤 것보다 삶에 가장 실용적인 교훈을 가르쳐준 것입니다. 될 수 있다면 우유를 흘리지 않되, 그런 일이 벌어졌다면 완전히 잊어버리라는 교훈 말입니다.

몇몇 독자는 '엎질러진 우유 때문에 울지 마라.' 같은 진부한 속담을 듣는다면 코웃음을 칠 것이다. 나 역시 이 명언이 진부하고, 상투적이며, 너무 평범하다는 것을 알고 있다. 당신이 이미 이런 종류의 이야기를 천 번도 더 들어왔음을 역시 이해하고 있다. 하지만 나는 이 진부한 속담 안에 모든 시대가 인정한 지혜의 본질이 담겨있다는 것도 알고 있다. 인류의 뜨거운 경험으로 세상에 나왔으며, 여러 시대를 거쳐 온 지혜를 담고 있는 것이다. 위대한 학자들이 걱정에 관해 쓴 모든 글을 읽는다고 해도, '다리를 건너기 전까지는 건널 일을 생각하지 마라.' 또는 '엎질러진 우유 때문에 울지 마라.' 같은 진부한 표현만큼 기본적이고 깊이 있는 진리를 찾기는 어려울 것이다.

코웃음을 치는 대신 이 두 속담을 잘 적용한 사람이라면, 이 책은 아마 읽을 필요도 없을 것이다. 실제로, 우리가 오래된 속담을 잘 적용한다면, 우리는 모두 완벽한 삶을 살 수 있다. 하지만 실천하지 않는 지식은 아무런 힘이 없다. 이 책의 목적은 당신에게 새로운 사실을 알리는 것에 있는 것이 아닌, 당신이 이미 알고 있는 것들을 다시 상기시킴으로써, 당신의 정강이를 걷어차 뭐든 실천해보게끔 만드는 것에 있다.

나는 지금은 고인이 된 프레드 풀러 셰드처럼 오래된 진리를 새롭고 생생한 방식으로 말할 수 있는 사람을 항상 존경해왔다. 그는 필라델피아 불리틴의 편집자였는데, 한 대학의 졸업반 학생들에게 이렇게 물은 적이 있다.

"혹시 여기에 톱질을 해본 적이 있는 학생이 있습니까? 있다면 손을 들어보십시오."

대다수가 손을 들었고, 그는 다시 물었다.

"그렇다면 톱밥을 톱질해본 사람은 얼마나 있죠?"

아무도 손을 들지 않았다.

셰드는 소리쳤다.

"당연히, 이미 톱질한 톱밥을 다시 톱질할 수는 없습니다! 과거도 마찬가지입니다. 이미 끝이 나 지나가 버린 일을 걱정하는 것도 톱밥을 톱질하는 일과 크게 다르지 않습니다."

나는 81세가 된 전설의 야구 선수 코니 맥을 만나 그가 진 게임 때문에 걱정했던 적이 있었는지 물었다.

코니 맥은 이렇게 말했다.

"오, 물론 그랬었죠. 하지만 이미 오래전에 그런 어리석은 짓은 그만두었답니다. 걱정은 내게 아무런 도움이 되지 않았으니까요. 이미 개울로 흘러간 물로 물레방아를 돌려 곡물을 찧을 수는 없으니까요."

맞는 말이다. 이미 개울로 흘러간 물로 물레방아를 돌리는 건 불가능하고, 곡식을 찧을 수도 없다. 하지만 얼굴에 주름을 지게 하거나, 위에 궤양을 만들 수는 있다.

나는 지난 추수감사절 날, 잭 뎀프시와 저녁 식사를 했다. 우리는 크랜베리 소스에 칠면조를 찍어 먹으며 헤비급 챔피언십 경기에서 터니에게 패배한 싸움에 관해 이야기했다. 당연히 그 사건은 그의 자존심에 큰 상처를 입혔다. 그는 내게 이렇게 말해주었다.

경기 중간쯤 왔을 때, 나는 내 나이를 실감했습니다. 10라운드가 끝날 무렵까지도 나는 굳건히 버텼지만, 그게 전부였어요. 얼굴은 온통 붓고 찢어졌으며, 눈은 거의 뜨지도 못했습니다. 심판이 진 터니의 손을 들어 승리를 알렸고, 나는 세계 챔피언의 자리에서 물러나야 했습니다. 나는 관중을 뒤로하고 탈의실로 돌아왔습니다. 내가 지날 때 몇몇 사람은 내 손을 잡으려 했고, 어떤 사람들은 울고 있었습니다.

그로부터 1년 후, 나는 다시 터니와 붙었지만 소용없는 일이었습니다. 돌이킬 수 없는 완전한 패배였습니다. 그에 대해 걱정하지 않기란 참 힘들었지만, 나는 이렇게 생각했습니다.

'과거에 살며 엎질러진 물 때문에 울고 있지만은 않을 거야. 크게 한 방 먹은 건 사실이지만, 이런 일로 좌절하진 않겠어.'

그리고 잭 뎀프시는 약속을 지켰다. 어떻게 그럴 수 있었을까? 계속해서 '나는 과거를 걱정하지 않겠어!'라고 다짐만 했었다면, 그는 어쩔 수 없이 계속해서 과거를 떠올렸을 것이다. 그는 패배를 받아들이고 잊어버린 뒤, 미래의 계획에 집중했다. 그는 브로드웨이와 57번가의 그레이트 노던 호텔에 잭 뎀프시 레스토랑을 차렸다. 그는 그곳에서 권투 경기와 전시를 열기도 했다. 그는 건설적인 활동으로 바쁘게 일상을 채웠고, 과거를 걱정할 여유를 남기지 않았다. 그는 이렇게 말했다.

"지난 10년간, 챔피언이었던 때보다도 나은 삶을 살았습니다."

많은 이야기와 전기를 읽고, 괴로운 상황에 대처하는 사람들을 관찰하며, 나는 일부 사람들의 걱정과 비극을 떨쳐낸 뒤 공정하고 행복한 삶을 사는 능력에 끝없이 놀라고 영감을 얻기도 했다.

언젠가 싱싱 교도소를 방문했던 나는 죄수들이 교도소 밖의 일반 시민들만큼이나 행복해 보인다는 사실에 깜짝 놀랐다. 당시 교도소장이었던 루이스 E. 로스에게 그 이야기를 했더니, 그는 처음 교도소에 온 죄수들은 분개하고 억울해하지만, 몇 달이 지나면 대부분 불행을 벗어던지고 편안해진 마음으로 침착하게, 최선을 다해 교도소 생활을 맞이한다는 것이다. 로스 교도소장은 교도소 안에서 노래를 부르며 채소와 꽃을 기르던 한 죄수의 이야기를 들려주기도 했다. 그 죄수의 별명은 '정원사'였다고 한다.

꽃을 기른다는 그 싱싱 교도소의 죄수는 중요한 사실을 깨달았던 것이다.

손가락이 움직이며 글을 쓴다.
글을 쓴 뒤엔, 다른 곳으로 옮겨간다.
당신의 독실함도 재치도
이미 적은 문장 반을 지우게 할 수 없고
당신의 눈물이라고 해도 단어 하나 지우게 할 수 없을 것이다.

그러니 왜 눈물을 낭비해야 하는가? 당연히 우리는 실수와 부조리에 대한 책임이 있다! 하지만 그렇다고 해서 뭐가 달라지는가? 누군들 잘못을 저지르지 않는 사람이 있는가? 나폴레옹도 세 번의 큰 전투 가운데 한 번은 패배했다. 어쩌면 우리의 타율이 그보다는 좋을지 모른다. 혹시 아는가?

뭐가 되었든, 왕의 모든 말과 군사를 데려온다고 해도 과거를 되돌릴 수는 없다.

걱정하는 습관을 깨는 법 6

톱밥을 톱질하려 들지 마라.

제3부 요약

1. 바쁜 생활을 통해 걱정을 밀어내라. '걱정하는 습관'을 고치는 최고의 특효약은 왕성한 활동이다.

2. 사소한 일로 수선을 떨지 마라. 중요하지 않은 일들, 작은 벌레 같은 일들이 당신의 행복을 망치도록 내버려 두지 마라.

3. 걱정을 무력화하기 위해 평균의 법칙을 사용해라.
   "실제로 이 일이 일어날 가능성이 얼마나 될까?"

4. 피할 수 없는 일은 받아들여라. 어떤 상황을 바꿀만한 힘이 없다면, 이렇게 생각하라.
   '이미 일어난 일 외에 일어날 수 있는 다른 일은 없다.'

5. 걱정에 '손절매' 주문을 넣어라. 적정선 이상으로 불안해할 가치가 없는 일이라면, 그 이상 걱정하지 마라.

6. 과거는 과거로 남겨라. 톱밥을 톱질하려 들지 마라.

> "
> 절대 적에게 복수하려 들지 말자.
> 그들을 다치게 하려다가 우리가 더 많이 상처 입게 될 것이다.
> 아이젠하워 장군처럼
> 싫어하는 사람에게 1분의 시간도 허락하지 말자.
> "

제4부

평화와 행복을 가져오는 마음가짐을 쌓는 7가지 방법

제1장

인생을 바꾸는 한 문장

▶ ─────── 지금으로부터 몇 년 전, 나는 한 라디오 방송에 출연해 다음과 같은 질문에 답을 하게 되었다.

"인생에서 얻은 가장 큰 교훈은 무엇입니까?"

답은 쉬웠다. 단언컨대, 내가 살면서 얻은 가장 중요한 교훈은 생각의 중요성이다. 당신이 무슨 생각을 하는지 알 수 있다면, 당신이 누군지도 알 수 있을 것이다. 우리의 생각은 곧 우리가 된다. 우리의 마음가짐은 우리의 운명을 결정짓는 미지의 요인이다. 에머슨은 이렇게 말했다.

"자신이 종일 생각하는 바로 그것이 곧 자신이다."

그게 아니면 무엇이겠는가?

나는 당신과 내가 해결해야 하는 유일한 문제가 다름 아닌 올바른 생각을 하는 것이라는 걸 확신한다. 우리가 생각을 정할 수 있다면, 문제를 해결하기 위한 가장 확실한 길을 찾은 것이나 다름없다. 로마 제국을 통치했던 위대한 철학자 마르쿠스 아우렐리우스는 우리의 운명을 결정짓는 것을 한 문장으로 요약했다.

"우리의 생각이 곧 우리의 삶을 이룬다."

맞다. 우리가 행복한 생각을 한다면 우리는 행복할 것이다. 우리가 비참한 생각을 한다면 우리는 비참해질 것이고, 아마 병을 얻을 것이다. 우리가 실패를 생각한다면, 우리는 아마 실패할 것이다. 우리가 자기 연민에 빠져있다면, 모두가 우리를 피할 것이다. 노먼 빈센트 필은 이렇게 말했다.

"당신은 당신이 자신이라고 생각하는 것이 아니다. 당신의 생각이 곧 당신 자신이다."

내가 문제를 마주할 때 나오는 습관적인 지나친 낙천적 태도를 옹호하는 것 같은가? 불행히도 전혀 아니다. 인생은 그렇게 단순하지 않다. 다만 나는 우리가 부정적인 태도보다는 긍정적인 태도를 취해야 한다고 주장하고자 한다. 달리 말하면, 우리는 문제를 걱정하는 것이 아닌 문제에 올바른 관심을 기울여야 한다. 그렇다면 관심과 걱정의 차이는 무엇일까? 예를 들어보자.

나는 뉴욕 거리의 교통체증을 볼 때마다 내가 하는 일을 떠올리지만 걱정하지는 않는다. 관심을 가진다는 것은 곧 문제를 파악하고 침착하고 순리에 맞게 그것을 마주하는 것을 의미한다. 걱정한다는 것은 사람을 미치게 만드는 부질없는 굴레 속에서 헤매는 것을 의미한다.

사람은 중대한 문제에 관심을 기울이면서도 턱을 들고 가슴에 카네이션을 꽂은 채 길을 거닐 수 있다. 나는 로웰 토머스가 그리하는 것을 본 적이 있다. 세계 1차 대전의 알렌비 로렌스 작전을 배경으로 한 그의 유명한 영화를 소개하는 자리에서 그를 만난 적이 있다. 그와 그의 동료들은 전선 6곳에서 촬영을 진행했다. 그들은 T. E. 로렌스와 그의 화려한 아라비안 군대를 찍은 사진과 팔레스타인 정복 영상을 가지고 돌아왔다. 그의 '팔레스타인의 알렌비 그리고 아라비아의 로렌스와 함께'라는 제목의 강연은 런던을 비롯한 전 세계에서 선풍적 인기를 끌었다. 그의 인기로 런던 오페라 시즌은 6주나 연기되었고, 그는 계속해서 코벤트 가든 왕립 오페라 극장에서 전시를 이어가며 자신이 겪은 굉장한 모험을 나눌 수 있었다. 런던 외에도 많은 나라에서 세상을 놀라게 한 성공이 뒤따랐다. 그 후로 그는 인도와 아프가니스탄에서 영화 촬영을 준비하기 위해 2년을 보냈다. 하지만 절대 일어날 수 없을 것 같은 극심한 불행이 연달아 일어나고 말았다. 그는 파산한 채 런던으로 돌아왔다. 내가 그를 만난 건 그 당시였다.

우리는 싸구려 식당에서 싸구려 음식을 먹었다. 그마저도 스코틀랜드 출신의 저명한 예술가인 제임스 맥베이가 돈을 빌려주지 않았다면 가능하지 않을 일이었다. 이 이야기의 요점은 여기에 있다.

로웰 토머스는 엄청난 빚과 끔찍한 절망에 시달리면서도 걱정하지 않았다. 대신 그는 올바른 관심을 기울였다. 그는 만일 실패에 압도된다면, 채권자를 비롯한 모두에게 가치 없는 인간으로 비춰질 것이라는 걸 알고 있었다. 그래서 그는 매일 아침 꽃 한 송이를 사서 옷의 단추 구멍에 끼운 뒤 몸을 흔들며 고개를 빳빳이 세운 채, 기백이 넘치는 태도로 옥스퍼드가를 거닐었다. 그는 긍정적이고 당당한 생각으로 머리를 채웠으며 패배에 굴복당하는 것을 거부했다. 그에게 있어 실패는 게임의 일부일 뿐이었다. 최고의 자리에 오르기 위해 필요한 일종의 연습 같은 것으로 생각했다.

우리의 마음가짐은 물리적 힘에도 놀라운 효과를 보인다. 저명한 영국의 정신과 의사 J. A. 해드필드는 아주 인상적인 자신의 저서 '힘의 심리학'에서 놀라운 예시를 들고 있다. 그는 이렇게 설명했다.

"나는 세 명의 남자에게 암시가 힘에 미치는 효과에 관한 테스트를 제안하였다. 악력계를 이용해서 악력을 측정하는 방식이었다."

그는 참가자들에게 온 힘을 다해 악력계를 쥘 것을 요구하되, 세 가지 다른 조건을 두었다.

일반적인 상황에서 테스트해보았을 때, 평균 악력은 45kg이었다.

그가 참가자들에게 그들의 힘이 매우 약하다고 최면을 걸었을 때, 그들의 악력은 겨우 13kg에 그쳤다. 원래의 힘에 3분의 1도 미치지 못하는 수치였. (참가자 중 한 명은 프로 권투선수였는데, 그의 힘이 매우 약하다는 최면에 걸렸을 때, 그는 자신의 팔이 '아이의 것처럼 작게' 느껴졌다고 말했다.)

세 번째 시도 때, 해드필드는 참가자들에게 그들이 매우 강하다고 최면을 걸었다. 그러자 평균 악력은 64kg까지 올라갔다. 긍정적인 사고를 품자, 실제로 물리적인 힘이 500%까지 증가한 것이었다.

마음가짐은 그렇게 엄청난 힘이 있다.

생각의 마법 같은 힘에 관한 예시로 미국 역사상 일어났던 일 가운데 가장 믿기 어려운 일화 하나를 들려주도록 하겠다. 이 일에 관해서는 책 한 권을 써도 부족하지만, 간략히 설명하자면 이렇다.

남북전쟁이 끝난 지 얼마 되지 않은 서리가 내리던 시월의 어느 밤이었다. 세상을 떠도는 부랑자의 모습을 한 갈 곳 없는, 한 극빈한 여성이 매사추세츠주 에임즈버리의 한 주택 문을 두드렸다. 다름 아닌 퇴역 함장의 아내인 웹스터 부인의 집이었다.

웹스터가 문을 열었을 때, 겨우 45kg이 될까 말까 한 앙상한 몸을 한 곧 바스러질 것 같은 여성 한 명이 겁에 질린 채 서 있었다. 글로버 부인이란 이름을 가진 이방인은 밤낮으로 그녀를 괴롭히는 중대한 문제에 관해 고민하고 답을 찾기 위해 묵을 만한 집을 찾고 있다고 말했다.

"이곳에 머물지 않을래요? 이 큰 집에 저 혼자 있어요."

웹스터 부인이 말했다.

웹스터 부인의 사위인 빌 엘리스가 휴가차 뉴욕에 오지 않았다면, 글로버 부인은 계속해서 웹스터 부인의 집에서 머무를 수 있었을지도 모른다. 그녀의 사위가 글로버 부인의 존재를 알아차리기 무섭게 "이 집에 부랑자를 들일 수 없어요."라고 소리치며 집도 절도 없는 그녀를 문밖으로 내쫓았던 것이었다. 밖에는 폭우가 휘몰아치는 중이었다. 그녀는 빗속에서 몇 분간 몸을 떨고 서 있다가 다른 집을 찾기 위해 다시 길을 떠났다.

이제 이 이야기의 가장 놀라운 사실을 알려주겠다.

빌 엘리스가 쫓아낸 부랑자는 지구상 그 어떤 여성보다 인류의 사고에 가장 큰 영향을 미치게 될 사람이었다. 이것은 다름 아닌 크리스천 사이언스를 설립하여 수백만의 독실한 신도들을 거느리게 된 그 유명한 메리 베이커 에디의 이야기다.

과거의 그녀는 병, 슬픔 그리고 비극 외에는 아무것도 알지 못하는 삶을 살았다. 그녀의 첫 번째 남편은 결혼한 지 얼마 되지 않아 죽었고, 두 번째 남편은 유부녀와 눈이 맞아 달아나며 그녀를 버렸다. 그는 훗날 구빈원(생활 능력이 없거나 가난한 사람들을 수용하여 구호하는 시설)에서 생을 마감했다.

그녀에게는 한 명의 아들이 있었지만, 가난, 지병 그리고 질투심 때문에 아이가 4살이 되었을 때 빼앗겨야만 했다. 그 뒤로 아들의 자취를 찾을 수 없었던 그녀는 31년이 지나서야 다시 아들을 만날 수 있었다.

자신의 지병 때문에 에디 부인은 '마음 치유의 과학'이라 불리는 학문에 오랫동안 관심을 보였다. 하지만 그녀의 삶에서 가장 극적인 터닝포인트는 매사추세츠의 린에서 발생했다. 날씨가 춥던 어느 날, 그녀는 얼어붙은 인도를 걷다가 미끄러져 정신을 잃었다. 척추가 심하게 망가진 탓에 경련이 일어났다. 의사마저 그녀가 죽을 것으로 생각했다. 의사는 기적이 일어나 그녀가 목숨을 건지더라도, 아마 다시는 걸을 수 없게 될 것이라고 말했다.

병상에 누워 꼼짝없이 죽게 된 메리 베이커 에디는 신의 인도에 따라 성경을 펼쳐 마태복음의 한 구절을 읽었다.

"침상에 누운 중풍 환자를 사람들이 데리고 오거늘 예수께서…… 중풍 환자에게 이르시되 작은 자야 안심하라. 네 죄 사함을 받았느니라. …… 일어나 네 침상을 가지고 집으로 가라 하시니 그가 일어나 집으로 돌아가거늘."

그녀에 따르면 그때 읽은 예수의 말은 그녀의 마음속에 힘과 믿음을 심어주었고, 치유의 힘이 온몸을 휩싸는 것을 느낄 수 있었다고 한다. 그리고 그녀는 즉시 침대에서 일어나 걷기 시작했다.

에디 부인은 이렇게 말했다.

"그 경험은 나 자신은 물론 다른 사람을 건강하게 만드는 방법을 알려주었습니다. 모든 것의 원인은 마음에 있고, 모든 결과는 곧 정신의 현상이라는 과학적인 확신을 얻게 되었습니다."

그렇게 메리 베이커 에디는 새로운 종교인 크리스천 사이언스의 설립자이자 대여사제가 되었다. 크리스천 사이언스는 여성이 설립한 유일한 종교로, 세계로 뻗어나갔다.

지금쯤 당신은 이렇게 생각하고 있을 것이다.

'카네기가 크리스천 사이언스를 전도하고 있군.'

하지만 틀렸다. 나는 크리스천 사이언스의 신도가 아니다. 다만 나이가 들수록, 나는 생각이 가진 진정한 힘에 점점 더 확신을 가지게 되었다. 35년간 성인들을 가르친 바로는, 생각을 바꾸면 누구든 걱정, 두려움, 여러 질병을 무찌를 수 있음은 물론 인생을 바꿀 수도 있다! 나는 안다! 안다!! 안다!!!

나는 그런 변화를 수백 번이나 목격했다. 너무 자주 목격한 나머지 이제는 놀랄 일도 없을 지경이다.

내 학생 중에도 이런 변화를 겪은 사람이 있다.

미네소타주 세인트폴 웨스트 아이다호가 2496번지에 주소를 둔 프랭크 J. 웨일리의 이야기다. 그는 신경쇠약을 앓고 있었다. 무엇이 신경쇠약을 가져왔을까? 바로 걱정이다. 프랭크 웨일리는 내게 이런 이야기를 들려주었다.

나는 모든 것을 걱정했습니다. 나는 너무 말라서, 탈모가 있다고 생각해서, 결혼 자금을 마련하지 못할 거라고 생각해서, 좋은 아버지가 될 수 없다고 생각해서, 결혼하고 싶은 여자를 놓칠까 두려워서, 좋은 삶을 살고 있지 않다고 느껴서 걱정했습니다.

사람들에게 보이는 모습을 걱정했고, 위궤양이 생겼다고 생각해서 걱정했습니다. 그리고 더는 일할 수 없었기에 일을 포기했습니다. 안전 잠금장치가 없는 보일러처럼 내부에는 긴장이 쌓였고, 압박감을 견디지 못하고 결국 터져버렸습니다. 신경쇠약에 걸린 적이 없다면, 신께 앞으로도 그럴 일이 없도록 기도하십시오. 괴로운 마음이 주는 고통만큼 극심한 신체적 고통은 없으니까요.

내가 겪은 신경쇠약은 그 강도가 너무 심해, 나는 가족에게조차 말을 할 수 없었습니다. 나는 생각을 통제할 수 없었고 두려움으로 가득 채워졌습니다. 아주 작은 소음에도 경기를 일으켰습니다. 제대로 된 이유 없이도 눈물을 터뜨리고는 했었지요.

하루하루가 괴로움의 연장이었습니다. 나는 신을 포함한 모두에게 버림받은 것처럼 느꼈습니다. 강물에 뛰어들어 모든 것을 끝내버리고 싶었습니다.

나는 플로리다로 향했습니다. 환경을 바꾸면 도움이 될 것으로 생각한 것이지요. 기차에 올라탈 때, 아버지는 편지 한 장을 내밀며 플로리다에 도착할 때까지 열어보지 말라고 당부했습니다.

성수기에 도착한 플로리다에서는 호텔 방조차 구할 수 없었습니다. 나는 차고에 딸린 침실을 빌렸습니다. 마이애미에서 출발하는 부정기선에 취직하려 했지만, 운이 따라주지 않았습니다. 나는 해변에 누워 시간을 보냈습니다. 집에서나 그곳에서나 비참하긴 매한가지였습니다. 나는 아버지가 쓴 편지 봉투를 뜯었습니다. 편지에는 이렇게 적혀있었습니다.

"아들아, 너는 집으로부터 2,400km나 떨어져 있지만 그리 달라진 건 없을 것이다. 그렇지 않니? 모든 문제의 근원인 네 자신을 데려갔으니, 그럴 만도 하다. 네 몸과 마음에는 아무런 문제가 없다. 네가 마주한 상황이 너를 곤경에 빠뜨린 것도 아니다. 네가 상황을 대하는 마음가짐이 문제인 것이란다. '우리는 우리가 생각하는 바로 그 존재다.' 이걸 깨달았을 때, 아들아, 집에 돌아오렴. 너는 치유돼있을 것이니까."

나는 아버지의 편지에 분노했습니다. 나는 훈계가 아닌 지지를 필요로 했으니까요. 나는 너무도 화가 난 나머지 다시는 집으로 돌아가지 않으리라 생각했습니다. 그날 밤, 나는 마이애미의 골목길을 걷다 예배가 한창인 교회에 다다르게 되었습니다. 갈 곳이 없었던 나는 예배에 참여해 설교를 들었습니다. 설교의 내용은 이런 것이었습니다.

'자신의 마음을 정복한 자는 도시 하나를 정복한 자보다 더 강하다.'

주님의 신성한 집에 앉아 아버지가 편지에 적은 글과 똑같은 이야기를 듣고 있자니, 머릿속의 모든 쓰레기가 씻겨나가는 듯했습니다. 나는 난생처음으로 명확하고 합리적인 생각을 할 수 있게 되었습니다. 나는 내가 얼마나 어리석었는지 깨달았습니다. 내가 그동안 세상은 물론 모든 사람이 바뀌는 것을 원해왔다는 사실을 깨닫고 큰 충격을 받았습니다. 유일하게 필요한 것은 마음의 초점을 바꾸는 것이 전부였는데도 말입니다.

다음 날, 나는 짐을 싸서 집으로 돌아갔습니다. 일주일 후, 나는 일터로 복귀했습니다. 그로부터 4개월 후, 나는 잃을까 두려워했던 여자와 결혼식을 올렸고, 우리는 어느덧 5명의 아이를 가진 행복한 가정을 꾸리고 있습니다. 신은 물질적으로나 정신적으로나 나를 너그럽게 대해주었습니다. 신경쇠약에 걸렸을 당시 나는 18명이 속한 작은 부서의 감독관으로 일했습니다. 지금의 나는 상자 제조사의 관리자로 일하며 450명의 직원을 관리합니다. 삶은 그 어느 때보다 충만하고 평온합니다. 이제 나는 인생의 진정한 가치를 이해하게 되었습니다. (누구의 인생에나 일어날 수 있는) 근심이 찾아올 때면, 나는 마음의 초점을 바로 잡습니다. 그러면 모든 일이 잘 풀리게 됩니다.

솔직히 말하면 그 신경쇠약에 걸린 것을 다행이라 생각합니다. 우리의 몸과 마음을 지배하는 생각의 힘을 깨닫게 되었기 때문입니다. 내 머릿속의 생각들은 나를 적대시하는 것이 아닌, 나를 위해 움직입니다. 이제는 아버지가 외부적 환경이 아닌 내적 환경이 고통의 근원이라고 했던 말을 이해하게 되었습니다. 그걸 깨닫는 순간 나는 치유되었고, 더는 아프지 않았습니다.

나는 삶으로부터 얻는 우리 마음의 평화와 기쁨이 우리가 어디에 있는지, 무엇을 가졌는지, 누구인지에 따라 달라지는 것이 아닌 오직 우리의 마음가짐에 달려있다고 전적으로 믿고 있다. 외부적 환경의 영향은 크지 않다. 존 브라운의 예를 들어보자.

그는 하퍼스 페리의 미국 무기고를 점령하고 노예 반란을 선동한 죄로 교수형에 처해졌다. 교수대로 향하는 동안 그는 관 위에 앉아있었다. 그를 따르던 교도소장은 긴장한 채로 불안해했지만, 존 브라운은 차분함과 침착함을 유지했다. 그는 버지니아의 블루리지산을 올려다보며 이렇게 말했다.

"이토록 아름다운 나라였다니! 그전에는 알지 못했구나."

로버트 팰콘 스콧의 일화도 예로 들 수 있다.

그와 그의 동료들은 남극을 최초로 탐험한 영국인이었다. 그리고 그들의 귀로는 인류 역사상 가장 용감한 여행이 되었다. 음식과 기름이 모두 떨어졌다. 지구의 가장자리로부터 11일째 휘몰아치는 엄청난 눈보라 때문에 더는 앞으로 나아갈 수 없었다. 드세고 날카로운 바람은 극빙을 깎아내릴 정도였다. 스콧과 그의 동료들은 자신들의 죽음을 예감했다. 그들은 비상시를 대비해 많은 양의 아편을 가져갔었다. 그 정도 아편이면 달콤한 꿈속에 잠긴 채 영원히 깨지 않을 수 있었다. 하지만 그들은 약물을 사용하는 대신 '기쁨의 노래를 울리며' 죽어갔다.

우리는 그 사실을 8개월이나 지난 뒤 시신을 찾던 중 그들이 남긴 작별 서신을 통해 알게 되었다.

우리는 용기와 침착함에 관한 창의적인 생각을 유지하고, 교수대로 향하며 관에 앉아 있는 동안에도 풍경을 감상할 수 있다. 그리고 우리는 배고픔과 추위로 죽어가는 동안에도 '기쁨의 노래'로 텐트를 가득 채울 수 있다.

밀턴은 똑같은 진리를 지금으로부터 300년 전, 두 눈이 보이지 않는 상태에서 깨달았다.

마음은 곧 공간이다.
그 공간은 지옥도 천국이, 천국도 지옥이 될 수 있다.

나폴레옹과 헬렌 켈러는 이 글의 완벽한 예시가 되어주었다.

나폴레옹은 인간이라면 누구나 갈망하는 영광, 힘, 부를 모두 가졌음에도 언젠가 세인트 헬레나에게 이렇게 말한 적 있다.

"내 인생에서 행복한 날은 6일도 되지 않는다."

하지만 헬렌 켈러는 달랐다. 그녀는 눈이 보이지 않고, 말을 할 수 없고, 귀가 들리지 않는 상태에서도 이렇게 말했다.

"인생은 아름답다."

반세기를 살면서 내가 얻은 교훈이 있다면, '마음의 평화를 가져다줄 수 있는 건 자기 자신뿐'이라는 것이다.

사실 이것은 에머슨의 수필 '자기신뢰'의 마지막 장에서 나온 말이다.

"정치적 승리, 임대료 인상, 병의 완치, 멀리 떠났던 친구의 방문과 같은 외적인 사건은 당신의 기운을 돋울 수 있고, 좋은 날들이 올 것으로 생각하게 만들 수는 있다. 하지만 그것에 속지 마라. 마음의 평화를 가져올 수 있는 것은 당신 자신뿐이다."

위대한 스토아학파 철학자 에픽테토스는 우리가 '몸속의 종양과 농양'을 제거하는 것보다 마음속의 잘못된 생각들을 제거해야 할 것이라고 경고했다.

에픽테토스는 19세기 전에 그 말을 했지만, 현대 의학 역시 그의 주장을 뒷받침하고 있다. 캔비 로버슨 박사는 존스 홉킨스 병원에 온 5명의 환자 중 4명이 정신적 혹사와 스트레스로 인한 증상들로 고통받고 있다고 인정한 바 있다. 기질적 장애에서도 이 같은 현상이 일어나고는 한다. 그는 이렇게 말했다.

"결국 삶과 삶의 문제에 대한 불균형에서 유래했다고 할 수 있습니다."

위대한 프랑스 철학자 몽테뉴는 다음의 문장을 좌우명으로 삼았다.

"인간은 일어나는 일로 인해 상처를 받는 것이 아닌, 일어난 일에 대한 견해로 인해 상처받는다."

그리고 일어난 일에 대한 견해는 오직 우리에게 달려있다.

그게 무슨 뜻일까? 내가 당신의 얼굴에 대고 당신이 문제들에 압도당하고, 당신의 신경이 용수철처럼 구겨진 채 튀어나온 상황에서 의지만으로 마음을 고쳐먹을 수 있다는 엄청나게 뻔뻔스러운 소리를 하는 것일까? 맞다. 정확하다! 그리고 그게 다가 아니다. 당신에게 제대로 된 방법을 알려주겠다. 약간의 노력이 필요한 것은 맞지만, 그 비결은 간단하다.

실용심리학에 관해서는 그 누구보다 많은 지식을 쌓았던 윌리엄 제임스는 이런 의견을 제시했다.

"행동이 감정을 따라가는 듯하지만, 행동과 감정은 함께 움직인다. 그렇기에 의지에 따라 직접적으로 통제할 수 있는 행동을 규제함으로써, 간접적으로 감정을 규제할 수 있게 되는 것이다."

달리 말하면 윌리엄 제임스는 우리가 '마음을 먹는다고 해서' 우리의 감정을 즉각적으로 변화시킬 수는 없지만, 우리의 행동을 변화시킬 수 있다는 것을 알려주고 있다. 그리고 우리가 행동을 바꾼다면, 자동적으로 기분도 바꿀 수 있게 될 것이다.

그는 이렇게 덧붙인다.

"따라서, 즐겁지 않을 때 즐거운 기분을 만드는 최고의 방법은, 마치 실제로 기쁜 일이 있는 것처럼 자리에서 벌떡 일어나 즐거운 행동과 언행을 하는 것이다."

그렇게 간단한 속임수가 실제로 성공할까? 물론이다. 마치 성형수술처럼 제대로 작동한다! 한번 시도해 보시라. 얼굴에 크고 정직한 미소를 가득 채우고, 가슴을 활짝 펴고, 심호흡을 한 다음, 노래를 불러라. 노래를 부를 수 없다면 휘파람을 불어라. 휘파람을 불 줄 모른다면, 콧노래만으로도 충분하다. 그리하면 윌리엄 제임스의 조언을 이해하게 될 것이다. 당신이 진정한 행복감으로부터 나오는 행동들을 억지로라도 하다 보면 우울하게 지내는 것이 '신체적으로 불가능할' 것이다.

이건 우리의 삶에서 아주 쉽게 기적을 이룰 수 있도록 하는 사소한 기본적인 자연의 진리 같은 것이다. 내가 아는 캘리포니아에 사는 어떤 여성(그녀의 이름을 굳이 언급할 필요는 없을 것 같다) 역시 이 비밀을 알았다면, 24시간 내에 모든 불행을 없애버릴 수 있었을 것이다.

그녀는 나이가 많았으며 남편을 여의었다. 그녀의 슬픔을 이해하지 못하는 것은 아니다. 하지만 그녀는 행복해지려는 어떤 시도도 하지 않았다. 그녀에게 안부를 물으면 그녀는 "오, 저는 괜찮아요."라고 말하지만 그녀의 얼굴에 떠오른 표정과 애처로운 목소리는 꼭 이렇게 답하는 듯했다.

"오, 주여. 내가 겪은 모든 문제를 아시나요!"

그녀가 있는 자리에서 행복한 모습을 보이는 사람이 있으면 그녀는 그 사람을 비난하는 듯했다. 세상에는 그녀보다 못한 처지에 놓인 수백만 명의 여성이 있다. 그녀의 남편은 그녀가 평생 쓸 수 있는 충분한 보험금을 남겼고, 그녀에게는 결혼한 자녀들이 선물한 집도 있었다. 하지만 웬만해서는 그녀가 웃는 모습을 볼 수 없었다. 그녀는 사위 셋 모두가 인색하고 이기적이라고 불평했다. 자식들의 집에서 몇 달씩 손님으로 머무르면서도 말이다. 그녀는 딸들이 그녀에게 선물을 주지 않는다고도 불평했다. 그러면서 자신의 재산은 '노년을 위해' 신중하게 비축해두는 것이었다. 그녀는 그녀 자신은 물론 가족마저 불행하게 망치고 있었다.

꼭 그럴 필요가 있었을까? 참 애석한 일이다. 그녀가 원한다면 비참하고, 억울하고, 불행한 노인 대신 존경받고 사랑받는 가족 구성원이 될 수도 있었을 것이다. 그리고 이러한 변화를 위해 그녀가 해야 할 일은 오직 즐겁게, 마치 베풀 사랑이 있는 것처럼 행동해보는 것이었다. 불행과 원통함에 모든 시간을 허비하는 대신에 말이다.

인디애나주 텔시티 11번가 1335번지에 사는 H. J. 잉글러트라는 사람이 있다. 그는 이 비밀을 깨우침으로써 여전히 살아있다. 10년 전, 잉글러트는 성홍열을 앓았다. 병상에서 일어났을 때 그는 신장염이 생겼다는 사실을 알게 됐다. 그는 '돌팔이'를 포함한 온갖 의사를 찾았지만 그 누구도 그의 병을 치료할 수 없었다.

그러던 중, 그는 합병증까지 얻게 되었다. 그의 혈압이 솟구친 것이다. 의사를 찾았더니 그의 혈압이 214까지 치솟았다고 했다. 의사는 그에게 생명이 위독하고 병이 계속 진행 중에 있으니 신변을 정리하는 것이 좋겠다고 말했다.

그는 이렇게 말했다.

집에 돌아온 나는 보험료가 밀리지 않았는지 확인하고, 신께 모든 죄를 사하여 달라고 빌었습니다. 그리고 침울한 사색에 빠져들었습니다. 나는 모두를 불행하게 했습니다. 내 아내와 가족은 비참해졌고 스스로를 깊은 우울감에 파묻어버렸습니다. 그렇게 자기연민에 빠진 채로 1주일이 흘렀을 때, 나는 이런 생각을 했습니다.

'바보 같기 그지없군! 올해 당장 죽는 것도 아닌데, 남은 시간을 행복하게 살면 덧나나?'

나는 가슴을 활짝 펴고, 얼굴에 미소를 띤 채 마치 모든 것이 정상인 것처럼 행동하기 시작했습니다. 처음에는 당연히 노력이 필요했지만, 나는 계속해서 억지로 기쁘고 즐거운 생활을 했습니다. 그건 내 가족뿐만 아니라 나 자신에게도 도움이 되었습니다. 가장 처음 느낀 변화는 내가 몸이 건강하다고 느끼면, 실제로도 그렇게 되었다는 것입니다! 상황은 계속해서 나아졌습니다. 그리고 이미 관 속에 누워있어야 할 지금, 나는 행복하며 건강한 상태로 살아있을뿐더러 혈압마저 떨어졌습니다! 내가 계속해서 죽음을 생각했다면, 의사의 예언이 실제로 이루어졌을 것이라는 것만큼은 확신할 수 있습니다. 그 대신 나는 몸에게 스스로 회복할 기회를 주었습니다. 오직 마음가짐을 변화시키는 것만으로요!

이런 의문이 생긴다. 만일 밝게 행동하고 건강과 용기를 담은 긍정적 사고를 하는 것만으로도 한 사람의 인생을 구원할 수 있다면, 중요하지도 않은 우울감과 절망감을 견뎌야 할 필요가 있을까? 왜 우리 자신과 주변의 모두를 불행하고 우울하게 만들어야 할까? 즐겁게 행동하는 것만으로도 행복을 만들 수 있다면 말이다.

몇 년 전, 나는 인생에 깊이 오래도록 영향을 미칠 책을 읽게 되었다. 제임스 레인 알렌의 '위대한 생각의 힘'이라는 책으로, 다음과 같은 이야기를 담고 있다.

사람은 사물과 다른 사람에 관한 생각을 변화시킴으로써, 주변의 사물과 다른 사람들이 변화한다. …… 자신의 생각을 철저히 변화시켰을 때 얼마나 빠른 속도로 인생의 물질적 조건이 변화하는지에 놀랄 것이다. 사람은 자신이 원하는 것을 끌어당기는 것이 아닌, 자신 그대로의 것을 끌어당긴다. 우리 내면에는 꿈을 빚어내는 신성함이 있는데, 그건 다름 아닌 우리 자신이다. …… 사람이 이루어내는 모든 것은 생각의 결과다. …… 사람이 성공하고, 정복하고, 달성하는 유일한 방법은 생각을 키우는 것에 있다. 생각을 키우는 것을 거부한다면, 약하고, 비참하고, 보잘것없이 살아가게 될 것이다.

창세기에 따르면, 창조주는 인간에게 지구 전체에 대한 통치권을 주었다고 한다. 실로 큰 선물이 아닐 수 없다. 하지만 나는 그렇게 거대한 특권에는 관심이 없다. 내가 원하는 것은 나 자신, 생각, 두려움, 정신 그리고 영혼을 다스리는 것이다. 그리고 환상적인 것은 단순히 나의 행동을 통제하는 것만으로도 나의 반응을 통제할 수 있게 되며, 결국 믿기 힘든 수준으로 나를 다스릴 수 있게 된다는 것이다.

윌리엄 제임스가 한 말을 기억하자.

"단순히 고통받는 자의 내적 태도를 두려움에서 싸울 용기로 바꿈으로써 우리가 악이라고 부른 것 대부분은 …… 상쾌한, 활력을 주는 선으로 변할 수 있다."

행복을 위해 싸우자!

즐겁고 건설적인 사고를 위한 일상에서 시도할 수 있는 지침에 맞춰 우리의 행복을 위해 싸우자! 여기 '오늘만큼은'이라는 제목의 지침이 있다. 이 글을 발견했을 때 나는 너무도 영감을 받은 나머지 수백 장을 인쇄해서 나누어 주었을 정도다. 이건 시빌 F. 패트리지가 36년 전 쓴 글이다. 그의 지침을 따라 한다면, 걱정 대부분을 밀어낼 수 있을뿐더러, 프랑스인들이 '삶의 환희(la joie de vivre)'라고 부르는 기쁨이 인생에서 차지하는 몫이 헤아릴 수 없을 만큼 증가할 것이다.

오늘만큼은

1. 오늘만큼은 나는 행복할 것이다. 그리하여 에이브러햄 링컨이 맞았다는 것을 증명할 것이다.
"대부분 사람은 자신이 마음먹은 만큼 행복해진다."
행복은 외부의 문제가 아닌 내부에서 오는 것이다.

2. 오늘만큼은 나는 뭐든 내 욕구대로 맞추려 들지 않고 있는 그대로를 받아들

일 것이다. 내 가족, 일, 행운이 오는 대로 받아들이고, 나를 모든 것에 맞출 것이다.

3. 오늘만큼은 내 몸을 돌볼 것이다. 운동하고, 관리하고, 격려하고, 남용하거나 방치하지 않을 것이다. 그리하여 내 몸이 명령을 따르는 완벽한 기계처럼 작동할 수 있도록 할 것이다.

4. 오늘만큼은 마음을 튼튼하게 만들도록 노력할 것이다. 나는 유용한 무언가를 배울 것이다. 나는 정신이 해이해지도록 두지 않을 것이다. 나는 노력, 사고, 집중력이 있어야 하는 무언가를 읽을 것이다.

5. 오늘만큼은 3가지 방법을 통해 내 영혼을 단련시킬 것이다. 나는 누군가에게 몰래 선행을 베풀 것이다. 그리고 윌리엄 제임스가 제안한 대로 하기 싫은 일 2가지를 연습 삼아 시도해 볼 것이다.

6. 오늘만큼은 기분 좋게 지낼 것이다. 나는 가능한 멋진 모습으로 제대로 차려입고, 천천히 말하고, 공손하게 행동하고, 후한 칭찬을 할 것이며, 비판하거나, 결점을 찾거나, 누군가를 통제하거나 개선시키려들지 않을 것이다.

7. 오늘만큼은 오직 오늘 하루만을 살며, 인생의 모든 문제와 한꺼번에 씨름하지는 않을 것이다. 평생 해야 하는 일이라면 나를 질리게 만들 일도, 12시간이라면 견딜 수 있다.

8. 오늘만큼은 계획을 세울 것이다. 나는 매시간 무엇을 해야 하는지 적을 것이며, 그대로 따르지 않더라도 계획을 세워볼 것이다. 그렇게 나는 조급함과 망설임이라는 두 개의 해충으로부터 자유로워질 것이다.

9. 오늘만큼은 30분간 혼자서 조용히 휴식하는 시간을 가질 것이다. 그 시간 동안 나는 주님을 떠올려보기도 하며 내 인생을 조금이라도 더 제대로 바라볼 수 있도록 할 것이다.

10. 오늘만큼은 두려워하지 않을 것이다. 특히 행복을 느끼는 것, 아름다운 것을 누리는 것 그리고 사랑하는 것을 두려워하지 않을 것이다. 무엇보다 내가 사랑하는 것이 나를 사랑한다고 믿을 것이다.

평화와 행복을 가져오는 마음가짐을 쌓는 방법 1

즐거운 생각과 행동을 하면 즐거움을 느낄 것이다.

제2장

복수에는 큰 비용이 따른다

▶─────── **몇 년 전** 어느 날, 나는 옐로스톤 국립공원을 여행하던 중 다른 관광객들과 함께 자리에 앉아서 소나무와 가문비나무가 우거진 숲을 바라보며 숲의 공포 그 자체인 회색곰을 기다리는 중이었다. 회색곰은 환한 빛을 찾아 성큼성큼 걸어와 공원의 호텔 주방에서 버린 쓰레기를 허겁지겁 집어삼켰다. 삼림 감시원인 마틴데일 대령은 말 위에 앉아 흥분한 관광객들에게 곰에 대해 설명하고 있었다. 그의 말에 따르면 서양 세계에서 회색곰을 이길 수 있는 건 버펄로와 코디악곰을 제외하고는 아무도 없다는 것이다. 하지만 나는 그날 밤, 회색곰과 함께 숲에서 나와 환한 빛 아래서 식사를 하던 동물이 하나 더 있다는 것을 알아챘다. 바로 스컹크였다. 회색곰은 자신의 강력한 앞발로 순식간에 스컹크를 날려버릴 수 있다는 걸 알고 있었겠지만, 곰은 그렇게 하지 않았다. 스컹크와 싸워 얻을 것이 없다는 걸 경험으로 배웠기 때문이다.

나는 농장에서 자라며 미주리주 산울타리를 따라 놓은 덫으로 네 발 스컹크를 잡아본 적도 있고, 뉴욕 거리를 돌아다니며 두 발 스컹크와 마주친 적도 있다. 그리고 네 발로 다니는 짐승이든, 두 발로 다니는 짐승이든 간에 건드리지 않는 편이 낫다는 걸 쓰라린 경험을 통해 알게 되었다.

우리가 적을 증오할 때, 우리는 그들이 우리를 지배하도록 내버려 두는 것이나 다름이 없다. 잠, 식욕, 혈압, 건강, 행복을 내어주는 것이다. 우리의 적이 우리를 걱정시키고, 상처 낸 것도 모자라 복수에도 성공했다는 걸 알게 되었을 때, 그는 아마 기쁨의 춤을 출 것이다! 우리의 증오는 적을 상처 내는 것이 아닌, 우리의 낮과 밤을 생지옥으로 만들 뿐이다.

"만일 이기적인 사람들이 당신을 이용하려 든다면, 그냥 머릿속에서 지워버리고 복수는 생각도 하지 마라. 복수할 때 정말 다치는 것은 다른 이가 아닌 당신이다."

누가 이런 말을 했을까? 왠지 눈이 초롱초롱한 이상주의자가 했을 법한 이야기 아닌가? 하지만 그렇지 않다. 이 말은 밀워키 경찰서의 회보에 적혀 있던 것이다.

어떻게 복수하는 것이 당신을 상처입히게 될까? 여러 방법이 있다. 라이프지에 따르면, 복수는 당신의 건강을 해친다.

"고혈압을 앓는 사람들의 주된 특징은, 억울함이다. 만성적인 억울함은 곧 만성적인 고혈압을 낳고, 결국 심장 문제로 이어진다."

예수는 '적을 사랑하라.'라고 가르치며 단순히 도덕적인 설교를 한 것이 아니다. 그는 20세기 의학을 전파하고 있었다. 그가 '일곱 번을 일흔 번까지라도 용서하라.'라고 했을 때, 그는 고혈압, 심장병, 위궤양을 비롯한 무수한 질병으로부터 당신을 보호하고자 했던 것이다.

내 친구 중 한 명이 최근에 심각한 심장마비를 겪은 일이 있었다. 그녀의 의사는 그녀를 침대에 눕히고는 어떤 일이 있어도 절대 화를 내지 말 것을 당부했다. 의사들은 심장이 약할수록 작은 화에도 목숨을 잃을 수 있다는 걸 알고 있다. 잠깐, 목숨을 잃을 수 있다니? 실제로 몇 년 전, 워싱턴주 스포캔의 한 식당 주인이 화를 참지 못해 목숨을 잃은 일이 있었다. 내 눈앞에는 스포캔 경찰서장 제리 스워타웃의 편지가 놓여있다.

"몇 년 전, 윌리엄 포카버라는 68세의 식당 주인이 이곳 스포캔에서 길길이 날뛰다 목숨을 잃은 일이 있었습니다. 그의 요리사가 자신의 컵 받침을 사용하겠다고 고집을 부렸기 때문이었지요. 식당 주인은 너무도 화가 난 나머지 권총을 꺼내 요리사를 쫓기 시작했지만 심장마비가 와서 숨을 거두었습니다. 손에는 권총을 든 채로요. 검시관의 보고에 따르면 화로 인한 심장마비였다고 합니다."

예수가 "적을 사랑하라."라고 했을 때, 그는 우리의 외모를 개선하는 방법을 알려준 것이기도 하다. 우리 모두 증오와 억울함으로 인해 얼굴이 주름지고, 굳어지고, 뒤틀린 사람들을 보아왔다. 세상의 그 어떤 미용술도 용서, 친절, 사랑으로 가득 찬 마음이 주는 효과를 내지는 못할 것이다.

증오는 음식을 즐길 능력을 빼앗아가기도 한다. 성경에는 이런 말이 있다.

"사랑이 깃든 식탁에서 채소를 먹는 것이, 증오로 가득 찬 곳에서 먹는 고기보다 낫다."

우리가 증오로 인해 지치고, 피곤해하고, 신경질적이 되고, 외모를 망치고, 심장병을 얻고, 수명까지 줄어드는 걸 우리의 적들이 본다면 기쁨의 손뼉을 치지 않겠는가?

우리가 적을 사랑할 수 없더라도, 최소한 우리 자신을 사랑하는 것은 가능하다. 우리 자신을 극진히 사랑함으로써, 적들이 우리의 행복, 건강, 외모를 지배할 수 없도록 하자. 셰익스피어는 이렇게 말했다.

"적을 위해 용광로를 너무 뜨겁게 데우지 말지어다. 당신부터 불타게 될 테니."

예수가 우리의 적을 "일곱 번을 일흔 번까지라도 용서하라."라고 했을 때, 그는 사업에 도움이 되는 조언을 한 것이기도 하다. 여기 스웨덴 웁살라 프라데가탄 24번에서 조지 로나가 보내온 편지가 있다.

조지 로나는 오랫동안 빈에서 변호사로 일했다. 하지만 2차 대전이 발발했고, 스웨덴으로 피난을 갈 수밖에 없었다. 돈이 떨어진 그는 일자리가 절실했다. 그는 여러 언어를 읽고 쓸 줄 알았기에, 수입이나 수출을 하는 회사의 해외 연락 전담 직원으로 일할 수 있게 되기를 희망했다. 하지만 대다수 회사는 전쟁 때문에 그런 직원이 필요하지 않지만, 그의 이름을 기억해두겠다고 답해왔다. 하지만 한 남자는 이런 편지를 보내왔다.

"우리 회사에 대해 뭔가 착각하고 있는 모양이군요. 헛다리를 짚은 데다 어리석네요. 우리는 연락 전담 직원이 필요 없습니다. 그리고 만일 그런 사람이 필요하다고 할지라도, 스웨덴어를 잘하지도 못하는 당신을 고용할 일은 없을 겁니다. 편지를 엉망으로 썼더군요."

조지 로나가 그 편지를 읽었을 때, 그는 도날드 덕처럼 화를 냈다.

"이 스웨덴 작자가 지금 뭐라고 하는 거야! 내가 외국어를 못 한다니! 그의 편지야말로 엉망진창이지 않은가!"

그렇게 조지 로나는 반격하는 편지를 쓰려고 했다. 하지만 그는 펜을 내려놓고 이렇게도 생각했다.

'잠깐, 그가 하는 말이 사실인지 아닌지 어떻게 알지? 스웨덴어를 배우긴 했지만 모국어가 아니기 때문에 충분히 실수할 수가 있어. 그게 사실이라면, 직업을 구하기 위해 더 열심히 공부해야 할 거야. 그리고 이 작자는 의도치 않게 도움이 된 셈이야. 그가 아무리 무례한 말들을 퍼부었다고 할지라도, 나는 그에게 빚을 진 것이니 어쨌든 감사의 편지를 써야겠어.'

그렇게 조지 로나는 이미 적은 편지를 찢어버린 뒤, 다시 새 편지를 썼다.

"연락 전담 직원이 필요하지 않은데도 답장을 써주셔서 감사합니다. 당신의 회사에 대해 제대로 알지 못한 것에 사과드립니다. 당신에게 그런 편지를 쓴 것은 조사 끝에 귀사가 해당업계에서 선두주자라는 사실을 알게 되었기 때문이었습니다. 제 편지에 문법적 오류가 있었다는 사실을 알지 못했습니다. 창피하기 그지없습니다. 실수를 바로잡기 위해 스웨덴어를 더 열심히 배워야 할 것 같습니다. 더 정진할 수 있도록 도움을 주심에 감사드립니다."

그로부터 며칠 후, 조지 로나는 그 남자에게 답장을 받았다. 한번 만나보고 싶다는 연락이었다. 로나는 그를 방문했고 일자리를 얻었다. 조지 로나는 그렇게 '부드러운 답장은 분노를 날려버린다.'라는 교훈을 얻었다.

우리에게 적을 사랑할 만한 성자 같은 면모가 없다고 하더라도, 우리의 건강과 행복을 위해 제발 그들을 용서하고 또 잊어버리도록 하자. 그게 가장 현명한 길이다. 공자는 이렇게 말했다.

"부당한 취급을 받았거나 도둑질을 당했다고 하더라도, 당신이 그것을 기억하지 않는다면 아무 일도 아닌 것이 된다."

나는 아이젠하워 장군의 아들 존에게 그의 아버지가 한 번이라도 분해하는 모습을 본 적이 있느냐고 물어보았다. 그는 이렇게 답했다.

"아니오. 아버지는 싫어하는 사람을 떠올리는 데는 1분도 아까워하던 분이셨습니다."

옛말에 이런 말이 있다.

"화낼 줄 모르는 사람은 어리석은 사람이지만, 화를 내지 않는 사람은 현명한 사람이다."

뉴욕 시장을 지낸 윌리엄 J. 게이너가 바로 그런 사람이었다. 황색 신문으로부터 격렬한 비판을 받았으며, 미치광이의 총에 맞아 목숨을 잃을 뻔한 그는 병원에 누워 생사를 오가는 동안에도 이렇게 말했다.

"매일 밤, 나는 모든 일과 모든 사람을 용서한다."

너무 이상적인가? 너무 달콤하고 가벼운 말인가? 그렇다면, '염세주의 연구'의 저자이자, 독일의 위대한 철학자인 쇼펜하우어의 충고에 귀를 기울여보자.

쇼펜하우어는 인생을 부질없고 고통스러운 여행이라고 생각했다. 그가 지나간 곳에는 우울함이 고여있었다. 하지만 그 깊은 절망 속에서도, 쇼펜하우어는 이렇게 외쳤다.

"가능하다면, 그 누구에게도 적대감을 느끼지 말지어다."

한번은 윌슨, 하딩, 쿨리지, 후버, 루스벨트, 트루먼을 포함한 여섯 대통령의 고문을 지냈던 버나드 바루크에게 적들의 공격으로 인해 고통받은 적이 있는지 물어볼 기회가 있었다. 그는 이렇게 답했다.

"그 누구도 나를 망신 주거나 방해할 수 없었습니다. 그렇게 하도록 두지 않았기 때문입니다."

우리가 그렇게 하도록 내버려 두지 않는다면, 그 누구도 우리를 망신 주거나 방해할 수 없다. 그깟 말로는 나를 상처 입힐 수 없다.

여러 시대를 거치며 인류는 적들에게도 적의를 품지 않았던 그리스도와 같은 인물들을 존경해왔다.

나는 종종 캐나다의 재스퍼 국립공원을 방문해 서양에서 가장 아름다운 산 중 하나인 에디스 카벨의 이름을 딴 산을 올려다보고는 한다. 에디스 카벨은 1915년 10월 12일 독일군에게 총살을 당해 성인처럼 죽었다. 그녀의 죄는 무엇이었을까? 간호사였던 그녀는 프랑스와 영국의 부상병을 벨기에의 집에서 숨기고, 먹이고, 치료해주었으며, 네덜란드로 대피할 수 있도록 도왔다. 브루셀 군사 감옥에 갇혀있던 그녀의 죽음 직전, 그녀의 감방에 영국인 사제가 들어가자 그녀는 후세에 길이 남을 말을 전했다.

"나는 애국심으로는 해결되지 않는 것들이 있다는 걸 깨달았습니다. 그 누구에게도 증오심이나 억울한 마음을 품지 않을 것입니다."

그로부터 4년 뒤, 그녀의 유해는 영국으로 옮겨졌고, 웨스트민스터 사원에서 추모식이 열렸다. 오늘날 영국국립초상화미술관 건너편에는 다른 영국의 불멸의 인물들과 함께 그녀를 기리기 위한 동상이 세워져 있다.

"나는 애국심으로는 해결되지 않는 것들이 있다는 걸 깨달았습니다. 그 누구에게도 증오심이나 억울한 마음을 품지 않을 것입니다."

우리의 적들을 확실하게 용서하고 잊어버리는 방법은 우리 자신보다 더 큰 동기에 몸을 맡기는 것이다. 그러면 우리가 마주하게 될 모욕이나 원한이 더는 의미가 없어질 것이다. 우리는 우리의 커다란 동기 외에는 그 무엇도 의식하지 못할 것이기 때문이다. 1918년 미시시피의 소나무 숲에서 일어난 어떤 극적인 예를 살펴보자.

로렌스 존스라는 흑인 교사이자 목사가 교수형에 처할 위기에 처했다.

불과 몇 년 전, 나는 로렌스 존스가 설립한 파이니 우즈 컨트리 스쿨을 방문해 전교생이 보는 앞에서 연설한 적이 있다. 지금은 그 학교가 전국적으로 유명해졌지만, 내가 지금 들려주려는 이야기는 그보다 한참 전에 일어난 일이다. 1차 대전의 뜨거운 열기가 이어지던 날들이었다. 독일군이 흑인들을 자극하여 폭동을 일으키려고 한다는 소문이 미시시피주 내에 퍼지기 시작했다. 로렌스 존스는 자기 사람들을 선동해 폭동에 가담시키려 한다는 의심을 받았다.

한 무리의 백인이 교회 밖에서 쉬던 중, 로렌스 존스가 신자들을 두고 다음과 같이 소리치는 것을 듣게 된 것이다.

"인생은 곧 전투입니다. 우리 모두 무기를 들고 싸워야만 살아남고 성공할 수 있습니다."

'싸움!', '무기!' 그 소리에 젊은 백인 무리는 흥분하여 사람들을 불러 모은 뒤, 전속력으로 교회로 돌아가 목사를 밧줄로 묶어 끌고 나왔다. 그리고 2km 정도 떨어진 곳에서 그를 나뭇더미 위에 세운 뒤, 불을 지펴 그를 목매다는 동시에 불태우려 들었다. 그때, 누군가가 소리쳤다.

"저 빌어먹을 인간이 불타기 전에 할 말이 있나 들어나 보세. 이봐! 뭐라고 말 좀 해봐!"

로렌스 존스는 목에 밧줄이 걸린 채 나뭇더미 위에 서서 그의 인생과 동기에 관해 이야기하기 시작했다.

그는 1907년 아이오와 대학을 졸업했다. 그는 훌륭한 마음씨, 좋은 성적 그리고 음악적 재능으로 인해 학생들은 물론 교직원들 사이에서도 인기가 좋았다. 졸업 후, 그는 호텔의 취업 제의를 거절하고 그의 음악 공부를 후원하겠다는 재력가의 제안도 거절했다. 왜냐하면 그에게는 뜨거운 꿈이 있었기 때문이다. 부커 T. 워싱턴의 전기를 읽으며, 그는 가난한 사람들, 글을 배우지 못한 흑인들의 교육에 일생을 바치겠다고 마음을 먹게 되었다. 그리하여 그는 미시시피주 잭슨에서 남쪽으로 40km나 떨어진 낙후된 동네에 정착했다. 그는 자신의 시계를 1.65달러를 받고 전당포에 맡긴 뒤, 사방이 트인 숲에서 그루터기를 책상 삼아 학교를 열었다.

로렌스 존스는 화가 잔뜩 나서 그를 목매달기 위해 기다리고 있던 백인 남자들에게 학교를 다닌 적이 없는 아이들을 교육하고 훌륭한 농부, 정비공, 요리사, 가정부가 될 수 있도록 훈련하는 데 겪은 어려움을 들려주었다. 그리고 파이니 우즈 컨트리 스쿨을 설립하는 데 도움을 준 백인들의 이야기도 함께 들려주었다. 그들은 땅, 잡동사니, 돼지, 소 그리고 돈을 제공해주었으며 그의 교육 활동을 도와주었다.

훗날 로렌스 존스에게 그날 그를 묶어 길 밖으로 끌고 나와 목을 매달고 불태워버리려 했던 사람들을 원망하지 않느냐고 물었을 때, 그는 꿈을 이루기 위해 너무 바빴던 나머지 그럴 시간이 없었다고 답했다. 자신보다 훨씬 큰 동기에 완전히 집어삼켜졌던 것이다.

"불만을 품을 겨를이 없었습니다. 후회할 시간도 없었지요. 그 누구라도 내가 비열한 원망을 갖도록 만들 수 없을 것입니다."

로렌스 존스가 진심으로 이야기하며 그 자신이 아닌 그의 꿈을 위해 간절히 호소하자, 모여있던 백인들이 한층 너그러워지기 시작했다. 그리고 결국, 재향군인 하나가 군중을 향해 소리쳤다.

"이 사람이 하는 말이 진실인 것 같아. 그가 언급한 백인 중에 아는 사람의 이름이 나왔네. 이 사람은 옳은 일을 하는 사람이야. 우리가 실수한 것 같군. 그를 매달 것이 아니라 도와야겠어."

그 재향군인은 모자를 벗어 군중에게 건넸고, 52달러하고도 40센트나 되는 성금이 모였다.

"불만을 품을 겨를이 없었습니다. 후회할 시간도 없었지요. 그 누구라도 내가 비열한 원망을 갖도록 만들 수 없을 것입니다."라고 말했던 그 파이니 우즈 컨트리 스쿨의 설립자를 목매달기 위해 그곳에 모였던 사람들이 한 일이었다!

에픽테토스는 19세기 전에 이미 우리는 뿌린 대로 거두며, 운명에 따라 죗값을 치르게 된다는 사실을 지적한 바 있다. 그는 이렇게 말했다.

"길게 보았을 때, 모든 인간은 자신의 악행에 대해 값을 치르게 된다. 그걸 기억하는 사람은 그 누구에게도 화내지 않고, 분개하지 않고, 매도하지 않으며, 비난하지 않고, 기분을 상하게 하지 않으며, 미워하지 않을 것이다."

아마 미국 역사상 링컨만큼 비난받고, 미움받으며, 배신을 당한 인물은 없을 것이다. 하지만 그의 전기를 쓴 헌든은 이렇게 적었다.

"링컨은 결코 사람을 취향에 따라 판단하는 법이 없었다. 그는 일에 있어서 적의 역량마저도 인정했다. 자신을 비방하거나 냉대하던 사람일지라도, 자격을 갖추었다고 생각하면 마치 친구라도 된 양 자리를 내주었다. 그의 적이나 그를 싫어하는 사람이라고 해서 자리에서 물러나는 일은 없었다."

링컨은 맥클레란, 시워드, 스탠턴, 체이스와 같은 자신이 직접 임명한 고위직 인사들로부터 규탄받고 모욕을 받았다. 그의 법률 파트너 헌든에 따르면 링컨은 이렇게 생각했다고 한다.

'세상 그 누구도 자신이 하거나 하지 않은 일 때문에 칭송받고 또 비난받아서는 안 된다. 우리는 모두 조건, 상황, 환경, 교육, 습관, 유전의 산물이고 앞으로도 그럴 것이기 때문이다.'

어쩌면 링컨이 옳았을지도 모른다. 만일 내가 나의 적과 똑같은 신체적, 정신적, 감정적 특성을 물려받았고, 우리가 완벽히 똑같은 삶을 살았다면, 나 역시 나의 적처럼 행동했을 것이며, 그것만이 가능했을 것이다. 클래런스 대로우는 이렇게 말했다.

"모든 것을 다 안다는 것은 곧 모든 것을 이해함을 뜻한다. 모든 것을 이해한다면 그 무엇도 판단하거나 비난하지 않게 될 것이다."

그러니 우리의 적을 미워하기 전에, 그들을 불쌍히 여기고 신에게 그들처럼 살지 않고 있음에 감사드리자. 비난을 쌓고 앙갚음을 하기보다는, 이해와 동정, 도움과 용서 그리고 기도를 선물하자.

나는 매일 밤 성경 구절을 읽고 외우며 무릎을 꿇은 채 '가족 기도'를 드리는 집에서 자랐다. 아직도 적막한 미주리주 농가에 퍼지던 예수의 말씀을 따라 읊던 아버지의 음성이 귓가에 들려오는 듯하다. 그의 말씀은 인간이 자신의 이상을 소중히 간직하는 이상 계속해서 울려 퍼지게 될 것이다.

"적을 사랑하라. 너를 저주하는 자를 축복하고, 너를 증오하는 자에게 친절히 대하며, 악의에 차 너를 이용하고 박해했던 자를 위해 기도하라."

내 아버지는 예수의 말씀을 따라 살고자 했다. 예수의 말은 그에게 내적 평화를 가져다주었다. 이 세상의 권력가들과 왕들이 그토록 찾았지만 실패했던 바로 그 내적 평화를 말이다.

평화와 행복을 가져오는 마음가짐을 쌓는 방법 2

절대 적에게 복수하려 들지 말자. 그들을 다치게 하려다가 우리가 더 많이 상처 입게 될 것이다. 아이젠하워 장군처럼 싫어하는 사람에게 1분의 시간도 허락하지 말자.

제3장

감사할 줄 모르는 사람들을 대하는 법

▶─────── **나는** 최근에 텍사스에서 분노에 가득 찬 한 사업가를 만났다. 그를 만나면 15분 안에 그가 왜 화가 났는지 알아서 털어놓을 것이라고 귀띔을 받은 뒤였다. 그는 실제로 먼저 이야기를 꺼냈다. 그를 그토록 분노하게 만든 사건은 11개월 전에 일어났다. 하지만 그는 여전히 화가 잔뜩 나 있었다. 그는 다른 이야기는 꺼내지도 않았다. 그는 그의 34명 직원들에게 크리스마스 보너스로 십만 달러, 즉 각자 삼백 달러에 달하는 금액을 주었는데 그 누구도 그에게 고맙다는 인사 한마디 없었다는 것이다. 그는 비통한 모습으로 불평했다.

"정말 한 푼도 아까운 사람들입니다!"

공자는 이렇게 말했다.

"화가 난 사람은 언제나 독으로 가득 차 있다."

그 남자는 온통 독으로 가득 차 있어서 가엾게 느껴질 정도였다. 그는 환갑의 나이었다. 생명보험 회사들은 평균적으로 보았을 때 우리가 80세에서 우리의 나이를 뺀 것의 3분의 2 정도보다 겨우 몇 해를 더 살 수 있을 뿐이라고 결론지었다. 그렇다면 이 남자는 운이 좋다고 한들 겨우 14년에서 15년을 더 살 수 있을 뿐이다. 그런데도 그는 이미 지나가 버린 사건을 원통해하고 억울해하느라 남은 몇 년을 버리고 있는 것이었다. 나는 그가 진심으로 불쌍하게 생각되었다.

억울함과 자기 연민에 젖어있는 대신, 그는 왜 자신이 감사 인사를 받지 못했는지 생각해 보았어야 한다. 어쩌면 그가 평소에 충분한 급여를 주지 않고 직원들을 과하게 부려 먹었을 수도 있다. 아니면 직원들이 크리스마스 보너스를 선물이 아닌 노동의 대가라고 여겼을 수도 있다. 어쩌면 그가 지나치게 비판적이며 다가가기 쉽지 않은 인물이어서 그 누구도 그에게 감사 인사를 전할 엄두를 내지 못했을지도 모른다. 그것도 아니면 세금으로 버릴 돈이 아까워서 보너스를 주었을 것으로 생각했을지도 모르는 일이다. 또는 직원들이 이기적이고, 못 됐으며, 예의가 없는 사람들일지도 모른다. 당신이나 나 진실은 알 수 없다. 하지만 사무엘 존슨 박사는 이렇게 말했다.

"감사는 훌륭한 수행의 결실이다. 무례한 사람들에게서는 찾아볼 수 없다."

내가 말하고자 하는 것은 이것이다. 그 사업가는 감사를 기대하는 인간적이지만 고통스러운 실수를 저질렀다. 그는 인간 본성을 이해하지 못한 것이다.

만일 당신이 누군가의 목숨을 구했다고 치자. 그가 감사 인사를 전할 것으로 기대하는가? 그럴지도 모른다. 저명한 형사 사건 변호사인 사무엘 레보위츠는 판사가 되기 전 전기의자에 앉을 뻔한 78명의 사람 목숨을 구해주었다! 그중 몇 명이나 사무엘 레보위츠에게 감사 인사를 전하러 왔거나 크리스마스 카드를 보냈을까? 도대체 몇 명이나? 정답은 단 한 명도 없었다.

예수는 한나절 만에 열 명의 한센병 환자를 치료했다. 그중 몇 명이나 그에게 감사 인사를 전하기 위해 찾아왔을까? 단 한 명이었다. 누가복음을 살펴보라. 예수가 제자들을 돌아보며 "다른 아홉은 어디 있느냐?"라고 물었을 때, 그들은 이미 모두 사라지고 없었다. 감사하다는 말 한마디도 없이 말이다!

이 상황에 맞는 질문이 있다. 당신과 나, 그것도 아니면 텍사스의 사업가에게 과연 예수도 받지 못한 감사 인사를 받을 이유가 있을까? 그것도 고작 우리가 베푼 작은 친절을 가지고 말이다.

돈 문제가 얽히면 상황은 더 심각해진다! 찰스 슈와브는 회삿돈으로 주식투기를 한 은행원을 구해준 일화를 들려주었다. 슈와브는 교도소에 수감될 처지인 은행원을 사비를 들여 도와줬다. 그래서 그 은행원이 고마워했을까? 얼마간은 그랬다. 하지만 그는 곧 슈와브를 배신하고 매도하기 시작했다. 자신을 감옥에서 꺼내준 바로 그 사람을 말이다!

친척에게 백만 달러를 줄 일이 있다면, 그 친척이 그것을 감사하게 여길 것으로 생각하는가? 앤드루 카네기는 실제로 그렇게 했다. 하지만 자신의 친척이 자신을 저주하는 소리를 들었다면 너무도 충격을 받은 나머지 무덤에서 벌떡 일어날지도 모르겠다. 대체 왜였을까? 앤드루는 생전 자선 단체에 3억6천5백만 달러를 기부했다. 하지만 친척에게는 '겨우 백만 달러만' 남겨주었다.

인간 본성은 변한 적이 없다. 그리고 앞으로도 변하지 않을 것이다. 그러니 그냥 받아들이는 게 어떨까? 그 옛날의 마르쿠스 아우렐리우스처럼 현실적으로 되어보는 것이다. 그는 로마 제국을 통치한 황제 중 가장 현명한 황제였다. 어느 날, 그는 일기장에 이렇게 적었다.

"나는 오늘 말이 많은 사람들을 만날 것이다. 이기적이고, 독선적이며, 감사할 줄 모르는 사람들이다. 하지만 나는 놀라거나 동요하지 않을 것이다. 그런 사람들이 없는 세상을 상상하는 것이 가능하지 않기 때문이다."

맞는 말이다. 그렇지 않은가? 감사할 줄 모르는 마음을 불평해야 한다면, 과연 누구에게 불평해야 할까? 인간의 본성일까? 아니면 인간의 본성에 대한 우리의 무지일까? 감사를 기대하지 말자. 그러면 어쩌다 감사 인사를 받는 날이면, 기분 좋은 선물을 얻었다고 생각하게 될 것이다. 그리고 감사 인사를 받지 못했다고 해서, 동요하는 일도 없을 것이다.

여기 내가 이 장을 통해 짚고 넘어가고자 하는 첫 번째 요소가 있다. 감사한 마음을 잊는 것이 인간의 본성이라면, 감사 인사를 기대하는 것은 곧 두통을 기대하는 것이나 다름없다.

나는 뉴욕에 살며 언제나 외로움을 불평하는 한 여성을 알고 있다.

그녀의 친척마저도 그곳에 얼씬거리지 않았는데, 이유는 뻔했다. 그녀의 집을 방문할 때마다 그녀는 온종일 자신이 조카들이 어렸을 때 돌봐준 이야기를 늘어놓았다. 조카들이 홍역, 볼거리, 백일해에 걸렸을 때 간호한 이야기, 몇

제4부 평화와 행복을 가져오는 마음가짐을 쌓는 7가지 방법

년이나 아이들을 데리고 산 이야기, 그중 하나를 경영대학원에 보내고 다른 아이는 결혼할 때까지 데리고 있던 이야기를 반복해서 들어야 했다.

그런데도 과연 조카들이 그녀를 찾아갈까? 그렇다. 물론 의무감에 의해서다. 하지만 조카들은 그녀를 만나는 것을 두려워한다. 몇 시간이나 그녀의 곁에서 이야기를 가장한 비난을 들어야 하기 때문이다. 게다가 끝없이 장황하게 늘어지는 불평과 자기 연민을 담은 억울한 한숨을 견뎌야 한다. 그리고 조카들이 그녀를 보러오게 만들기 위해 강요, 협박, 괴롭힘을 동원하고도 소용이 없을 때면 마법같이 심장 발작을 일으켰다.

그 발작이 진짜였을까? 놀랍게도 그렇다. 의사들은 그녀가 '예민한 심장'을 가졌으며, 두근거림이 생겼다고 진단했다. 하지만 감정적 문제로 인한 병이기에, 해줄 수 있는 게 없다는 것이다.

이 여성이 진정으로 원한 것은 사랑과 관심이다. 하지만 그녀는 그것을 '감사'라고 부른다. 뭐가 되었든 그것을 요구하는 이상, 그녀는 감사도 사랑도 얻지 못할 것이다. 그것을 당연하다고 여기기 때문이다.

세상에 그녀 같은 사람은 수도 없이 많다. 상대방이 감사한 마음을 가지지 못해서, 외로워서, 방치되어서 병이 나는 사람들 말이다. 그들은 사랑에 목이 마른 사람들이다. 하지만 사랑을 구걸해서는 아무것도 얻을 수 없다. 오직 아무것도 바라는 마음 없이 온전히 사랑을 베풀 때, 우리는 사랑을 돌려받을 수 있다.

이 이야기가 순진하고, 터무니없고, 비현실적인 이상주의라고 생각하는가? 그렇지 않다. 이건 순전히 상식적인 말이다. 그리고 원하는 행복을 찾기 위한 훌륭한 방법이기도 하다.

나는 내 가족을 통해서 그것이 가능하다는 걸 알고 있다. 내 부모님은 남을 돕는 것에서 기쁨을 느끼는 분들이었다. 우리는 항상 가난하고 빚에 허덕였지만, 부모님은 언제나 아이오와주의 카운슬 블러프즈의 크리스천 홈 보육원에 돈을 보내고는 했다. 부모님은 그 보육원을 한 번도 방문한 적이 없다. 부모님은 편지를 제외하고 아무것도 돌려받은 것이 없었음에도, 아이들을 돕는 데서 오는 큰 기쁨을 통해 충만한 행복을 느꼈다. 그 어떤 고마움의 표현도 바라지 않았음은 물론이다.

내가 독립한 후 항상 크리스마스가 되면 부모님에게 수표를 보내 작은 사치라도 누릴 수 있도록 하고 있지만, 그분들은 허투루 돈을 쓰는 일이 거의 없다. 크리스마스 연휴 며칠 전에 집에 방문했을 때, 아버지는 마을에 남편을 여의고 많은 아이를 혼자 기르는 여성에게 석탄과 식료품을 사서 전달했다는 이야기를 들려주었다. 아무것도 바라지 않고 베푸는 데서 그분들이 얻는 기쁨이 얼마나 컸는지!

나는 아버지가 아리스토텔레스가 '이상적인 인간'이라고 묘사한 사람에게 가장 적합한 분이라고 믿고 있다. 행복을 누릴 자격이 가장 충분한 그런 사람 말이다. 아리스토텔레스는 이렇게 말했다.

"이상적인 인간은 남을 돕는 것에서 기쁨을 얻는다. 하지만 남이 자신을 돕는 것을 창피해한다. 친절을 베푸는 것은 우월함의 상징이나, 친절을 받는 것은 열등함의 상징이기 때문이다."

그리고 내가 이 장에서 말하고자 하는 두 번째 요소가 여기에 있다. 행복을 찾고자 한다면, 돌려받아야 하는 감사함 따위는 잊어버리고 베푸는 것으로부터 오는 내적 기쁨을 누리자.

부모들은 지난 만 년 동안 감사함을 모르는 아이들 때문에 골머리를 앓았다. 셰익스피어의 리어왕에서도 이런 구절이 나온다.

"감사할 줄 모르는 아이를 가지는 것이 뱀에게 불리는 것보다 더 아프다!"

하지만 아이들에게 감사하는 법을 가르치지 않는다면 어떻게 아이들이 감사하는 마음을 가질 수 있을까? 고마움을 느끼지 못하는 것은 잡초처럼 자라는 본성이다. 반면 고마움은 장미와 같다. 먹이와 물과 보살핌, 사랑과 보호를 통해 자라난다.

만일 우리 아이들이 고마움을 모른다면 누구를 탓해야 할까? 아마 우리 자신을 탓해야 할지도 모른다. 다른 사람들에게 고마움을 표현하는 방법을 가르쳐주지 않고서 어떻게 부모에게 고마움을 느끼는 것을 바란단 말인가?

의붓아들의 고마움을 모르는 태도를 불평할 이유가 충분한 시카고의 한 남자를 알고 있다.

그는 상자 제조공장에서 노예처럼 일하며, 주급으로는 겨우 40달러를 벌 뿐이었다. 그는 남편과 사별한 여성과 결혼했는데, 그녀는 대학에 재학 중인 두 명의 아들들에게 보낼 돈을 빌리자고 그를 설득하였다. 주급은 40달러에 그쳤지만 그는 식비, 집세, 연료비, 옷값은 물론 대출금까지 갚아야 하는 상황에 놓이게 되었다. 그는 그렇게 4년 동안 막노동을 하는 사람처럼 일하는 동안 한 번도 불평한 적이 없다. 그가 고맙다는 이야기를 들은 적이 있느냐고? 없다. 그의 아내와 자식들은 그의 희생을 당연한 것으로 받아들였다. 그들은 모든 것이 그의 덕이라는 것을 알기는커녕 감사의 표시조차 한 적이 없었다.

여기서 과연 누굴 탓해야 할까? 아이들일까? 맞다. 하지만 어머니를 먼저 탓해야 한다. 그녀는 어린 자식들에게 '의무감'을 지우는 것이 창피하다고 생각했다. 아이들이 '빚을 진 채로' 인생을 시작하는 것을 원하지 않은 것이다. 그녀는 단 한 번도 '네가 대학 생활을 잘할 수 있도록 도와주신 네 아버지는 정말 대단한 분이시다.'라고 말할 생각조차 하지 않았다. 그 대신, 그녀는 계속해서 '겨우 그 정도 가지고!'라는 태도를 취했다.

그녀는 자식들을 보호하고 있다고 생각했지만 실제로는 세상이 그들에게 빚을 졌다는 위험한 생각을 가지고 인생을 살아가도록 만들었다. 그리고 그것은 정말 위험한 생각이었다. 그녀의 아들 중 하나가 자신의 고용주로부터 돈을 '빌렸다.'라는 이유로(다시 말해 회삿돈에 손을 댔다가) 감옥에 갔기 때문이다!

아이들은 부모가 하기 나름이라는 사실을 기억해야 한다. 미니애폴리스 웨스트 미네할라 파크웨이 144번지에 사는 나의 이모인 바이올라 알렉산더의 예를 들어보겠다.

바이올라 이모는 자식들이 '고마움을 모른다.'라고 불평할 일이 하나도 없는 삶의 완벽한 예시이다. 내가 아이였을 때, 바이올라 이모는 자신의 어머니를 집에 모시고 사랑으로 보살폈다. 그리고 남편의 어머니도 함께 모셔 극진히 살폈다. 지금도 눈을 감으면 두 할머니께서 바이올라 이모의 시골집 벽난로 앞에 앉아계시는 모습이 떠오른다. 그분들이 이모를 '괴롭히진' 않으셨을까? 오, 아마 자주 그랬을 것이다.

하지만 바이올라 이모는 조금도 티를 내지 않았다. 이모는 두 분을 진심으로 사랑했으며, 소중히 보살피고, 아이 다루듯 대하며, 그분들이 집처럼 느끼도록 했다. 그 외에도 바이올라 이모에게는 여섯 명의 자식이 있었다. 하지만 그녀는 자신이 특별히 고결한 행동을 하고 있다고 생각하거나, 두 할머니를 집에 모신 것의 대가를 바라지 않았다. 그녀에게 그건 자연스럽고 옳은 행동이었고, 마음에서 우러나 한 일이었다.

바이올라 이모는 지금 어디에 계실까? 그녀는 벌써 20년도 전에 남편을 여의었지만, 다섯 명의 자식들이 서로 그녀를 자신의 집으로 모시겠다며 싸우고 있다고 한다. 그녀의 자식들은 그녀를 사랑한다. 과연 '감사함' 때문일까? 아니다. 순수한 사랑의 결과다. 아이들은 어린 시절 내내 따뜻함과 온정을 듬뿍 받고 자랐다. 이제 상황이 뒤바뀌었으니, 그 사랑을 되돌려주고 싶어 하는 것이 놀랄 일도 아니다.

그러니 감사함을 아는 아이를 기르고 싶다면, 우리 먼저 감사하는 법을 알아야 한다. "아이들은 귀가 밝다."라는 말을 기억하고, 언행을 조심하자. 혹시 누군가의 친절함을 과소평가하고 싶은 마음이 들어도 아이들이 보고 있다면 그만두자. "사촌 수가 보낸 이 행주를 보렴. 직접 짰다고 하는구나. 1센트도 들지 않았겠어!"라고 말해서는 안 된다. 별거 아닌 듯한 말이라도 아이들이 지켜보고 있다.

"사촌 수가 크리스마스 선물로 보내온 이걸 좀 보렴! 만드는 데 한참이 걸렸겠구나. 당장 고맙다고 편지를 보내는 게 좋겠어."

이렇게 말한다면 우리 아이들은 무의식적으로 칭찬과 감사의 습관을 배우게 될 것이다.

평화와 행복을 가져오는 마음가짐을 쌓는 방법 3

* 감사함을 모르는 사람들 때문에 걱정하지 말자. 그건 자연스러운 일이다. 예수가 한센병 환자 열 명을 한나절 만에 낫게 해주고도 감사하다는 말을 듣지 못했는데, 우리인들 별수가 있겠는가?
* 행복을 얻는 유일한 방법은 감사함을 기대하는 것이 아닌, 베푸는 기쁨을 누리는 것이다.
* 감사함은 '길러진' 특성이라는 사실을 기억하자. 아이들이 감사함을 아는 사람으로 자라게 하고 싶다면 훈련이 필요하다.

제4장

당신의 가진 것을 백만 달러에 팔겠는가

▶──────── **내가 해럴드 애벗**을 알고 지낸 지도 10년이 넘었다. 그는 미주리주 웨브시티 사우스 매디슨가 820번지에 산다. 그는 내 수업의 매니저로 일했다. 하루는 캔저스시티에서 그를 만났다. 그는 나를 미주리주 벨튼의 내 농장까지 차로 태워다주었다. 차 안에서 나는 그에게 걱정을 물리치는 방법이 있느냐고 물었고, 그는 평생 잊지 못할 감격적인 이야기를 들려주었다.

해럴드 애벗은 이렇게 말했다.

나는 걱정이 많은 사람이었습니다. 하지만 1934년의 어느 봄날, 웨브시티의 웨스트 도허티가를 걸어 내려가고 있는 와중, 나는 모든 걱정을 씻어내는 장면을 목격하게 되었습니다. 모든 일은 10초 만에 일어났습니다. 하지만 그 10초는 지난 10년보다 어떻게 살아야 할지에 대해 많은 것을 가르쳐주었습니다. 2년 동안, 나는 웨브시티에서 식료품가게를 운영하고 있었습니다. 나는 저축한 돈을 모두 잃었음은 물론, 빚까지 지게 돼 7년에 걸쳐 갚게 될 처지에 놓였습니다. 그리고 앞선 토요일에 운영하던 식료품점이 결국 문을 닫게 되었습니다. 나는 돈을 빌리기 위해 상인은행으로 향하고 있었습니다. 캔저스시티로 가서 일을 구하기 위해 자금이 필요했기 때문입니다.

나는 패배자처럼 걸어갔습니다. 싸울 의지와 믿음을 모두 잃어버린 상태였습니다. 그러던 중, 나는 두 다리를 잃은 남자가 길을 건너오는 것을 보았습니다. 그는 롤러스케이트의 바퀴를 단 나무판자에 앉아 양손에 든 나무 막대로 바닥을 밀며 앞으로 나아가는 중이었습니다. 그는 약간의 높이가 있는 도로 경계석을 넘어 인도로 올라오려던 찰나에, 나무판자를 조금 기울여 각을 만들던 와중 나와 눈이 마주쳤습니다. 그는 내게 커다란 미소와 함께 인사를 건넸습니다.

"안녕하세요. 좋은 아침입니다. 그렇지 않나요?"

그는 진심으로 그렇게 인사하고 있었습니다. 그의 옆에 서서 나는 내가 얼마나 가진 것이 많은지 새삼 깨달았습니다. 내게는 걸을 수 있는 두 다리가 있었습니다. 나는 그간 느낀 자기연민이 부끄러워졌습니다. 나는 만일 다리가 없는 사람이 행복하고, 명랑하고, 자신감을 가질 수 있다면, 다리가 있는 사람도 충분히 그럴 수 있다고 자신을 타일렀습니다. 그러자 벌써 가슴이 펴지는 것 같았습니다.

나는 은행에 100달러를 빌릴 생각이었지만, 이제는 200달러를 요청할 용기가 생겼습니다. 그리고 캔저스시티에 가서 일을 구하고 싶다고 말하는 대신, 일을 구하겠다고 말할 수 있게 되었습니다. 결국 나는 대출도 받고 일도 구하게 되었습니다.

지금도 내 욕실 거울에는 이런 구절이 붙어있습니다. 나는 매일 아침 면도하며 그 글귀를 읽습니다.

"나는 신발이 없어 우울했다. 발이 없는 그 남자를 길에서 만나기 전까지는."

한번은 에디 리켄베커에게 그가 동료들과 함께 구명 뗏목 위에서 21일 동안 태평양 위를 절망적으로 표류하는 동안 얻은 가장 큰 교훈이 무엇인지 물었다. 그는 이렇게 답했다.

"그 경험을 통해 제가 얻은 가장 큰 교훈은, 깨끗한 마실 물과 먹을 음식이 있다면 그 무엇도 불평하지 않아야 한다는 것입니다."

타임지는 과달카날에서 부상당한 한 군인의 이야기를 실었다. 포탄 조각이 목을 관통했고, 군인은 7번의 수혈을 받아야 했다. 그는 의사에게 편지를 써서 이렇게 물었다.

"제가 살 수 있습니까?"

의사는 그렇다고 답장했다. 그는 다시 편지를 썼다.

"제가 말할 수 있습니까?"

의사는 다시 그렇다고 말했다. 그의 마지막 편지에는 이런 글이 적혀있었다.

"그렇다면 나는 대체 무얼 걱정하는가?"

지금 당장 걱정을 멈추고 이렇게 말하는 건 어떤가?

"대체 나는 무얼 걱정하는가?"

이 질문을 통해 당신은 걱정하던 일이 비교적 하찮고 사소한 것이었다는 걸 깨닫게 될지도 모른다.

우리 인생의 90%가 좋은 일로 채워졌다고 하면 10%는 나쁜 일로 채워졌을 수 있다. 행복해지고 싶다면 90%에 집중하면 된다. 그리고 나머지 10%는 무시해버리면 그만이다. 만일 걱정과 슬픔, 위궤양을 얻고 싶다면 나쁜 10%의 일에 집중하고, 나머지 찬란한 90%의 일을 무시해버리면 된다.

'생각하고 감사하라'라는 문구는 영국의 많은 청교도 교회에 새겨져 있다. 우리는 이 문구를 마음에 새길 필요가 있다.

'생각하고 감사하라.'

우리가 감사해야 할 것들을 생각하고, 우리가 누리는 은택과 풍족함을 신께 감사드리자.

'걸리버 여행기'의 저자 조너선 스위프트는 영국 문학계에서 가장 심한 염세주의자였다. 그는 자신이 태어났다는 사실을 너무도 딱하게 여긴 나머지 생일이면 검은 옷을 차려입고 금식을 했다. 하지만 이 극강의 염세주의자마저도 명랑함과 행복이 건강을 위한 최선의 길이라고 믿었다. 그는 이렇게 말했다.

"세상에서 제일가는 의사는 절식과 조용함 그리고 유쾌함이다."

우리가 가진 놀라운 재산에 신경을 집중한다면, 우리 역시 '유쾌함이라는 의사'가 주는 건강함을 매일같이 누릴 수 있을지 모른다. 우리는 사실 알리바바의 전설 속 보물보다 더 많은 것을 가지고 있다. 누가 십억 달러를 준다고 해도 두 눈을 팔겠는가? 두 다리는? 손은? 청각은? 아이들은? 가족은? 아마 록펠러, 포드, 모건 가문의 전 재산을 모두 합친다고 해도 바꾸지 않을 것이다.

그런데도 왜 감사하지 않는가? 쇼펜하우어는 이렇게 말했다.

"우리는 우리가 가진 것이 아닌 가지지 못한 것만을 생각한다."

가진 것이 아닌 가지지 못한 것만을 생각하는 습성은 지구의 가장 큰 비극이나 다름없다. 이 습성은 모든 전쟁과 질병의 역사보다 더 많은 불행을 가져왔다. 그리고 뉴저지주 패터슨 19번가 30번지에 사는 존 파머라는 사람을 '평범한 사람'에서 '불평 많은 노인'으로 변하도록 만들었다. 그는 이런 이야기를 들려주었다.

군에서 제대한 지 얼마 되지 않았을 때입니다. 나는 사업을 시작했고, 밤낮을 가리지 않고 열심히 일했습니다. 일은 술술 풀렸습니다. 문제가 생기기 전까지만 해도 말이지요. 나는 필요한 부품과 자재를 구할 수 없었고, 사업을 포기하게 될까 봐 걱정했습니다. 나는 지나치게 걱정한 나머지 평범한 사람에서 불평 많은 노인으로 변해버렸습니다. 나는 심술과 성질을 부리면서도 그걸 알아채지 못했습니다. 당시를 되짚어보면 행복한 가정을 잃을 위기에 놓여있었던 것 같습니다. 그러던 중 장애를 입은 젊은 재향 군인 하나가 이렇게 말하는 것이었습니다.

"조니. 창피한 줄 아세요. 세상의 모든 걱정을 혼자 짊어진 척 살다니요. 가게를 닫게 되면 또 어때요? 상황이 정상화되면 다시 시작하면 되는걸요. 당신은 감사할 일들이 이렇게 많은데도 언제나 불평만 늘어놓고 있어요. 나는 당신이 그저 부럽기만 한걸요! 날 보세요. 팔 한쪽을 잃은 데다 얼굴의 절반은 총에 맞아 날아가 버렸어요. 그런데도 나는 불평하지 않아요. 계속해서 그렇게 투덜대기만 하다가는 사업체만 잃을 게 아니라 건강, 가정, 친구들까지 모두 잃게 될 겁니다!"

그의 지적에 나는 얼어붙었습니다. 나는 내가 얼마나 부유한 사람인지 깨닫게 해주었습니다. 나는 그 자리에서 변화하기를, 예전에 나를 되찾기로 마음먹었고 또 실천했습니다.

나의 친구 중 한 명일 루실 블레이크는 가지지 못한 것을 두고 걱정하는 대신 가진 것을 두고 행복함을 느끼는 법을 배우기까지 비극의 절벽에서 벌벌 떨어야 했다.

내가 루실을 만난 것은 몇 해 전으로, 우리 두 사람은 컬럼비아 언론대학원에서 단편소설 작문을 공부하고 있었다. 9년 전, 그녀는 인생의 가장 큰 충격을 겪었다. 그녀는 그 당시 애리조나주의 투산에서 살고 있었다. 여기 그녀가 들려준 이야기가 있다.

나는 쳇바퀴 속에서 살고 있었습니다. 나는 애리조나 대학원에서 오르간을 공부했고, 언어 장애 교정소를 경영했으며, 당시 지내고 있던 데저트 월로 목장에서 음악 감상 수업을 진행했습니다. 나는 파티에 가고, 춤을 추고, 별 아래에서 말을 타는 것을 즐겼습니다. 그러던 어느 날 아침, 나는 갑자기 심장에 문제가 생겨 쓰러져버렸습니다. 의사는 이렇게 말했습니다.

"일 년은 침대에 누워 완전히 휴식을 취해야 합니다."

그는 내가 다시 튼튼해질 거라고 격려조차 하지 않았습니다.

일 년 동안이나 침대 신세라니! 병약해진 것도 모자라 죽을지도 모른다니! 나는 공포에 휩싸였습니다. 왜 내게 이런 일이 일어난 걸까? 내가 무슨 짓을 했기에 이런 대접을 받는 거지? 나는 울고 또 울부짖었습니다. 슬픔에 빠졌고, 반항심에 차올랐습니다. 하지만 나는 의사가 충고한 대로 침대로 갔습니다. 그러던 중 이웃에 사는 예술가인 루돌프 씨가 찾아와 이렇게 말했습니다.

"일 년을 침대에서 보내는 게 비극이라고 생각하고 있을 겁니다. 하지만 그렇지 않을 거예요. 당신은 생각할 시간과 자신을 알아갈 시간을 얻게 될 겁니다. 앞으로 있을 몇 달간 지난 삶을 다 합친 것보다 더 많은 정신적 성장을 이룰 것입니다."

나는 그렇게 진정되었고, 새로운 가치관을 세우려고 노력하게 되었습니다.

나는 영감을 주는 책들을 읽었습니다. 그리고 하루는 라디오 해설자가 이렇게 말하는 것을 들었습니다.

"당신은 의식 속에 있는 것들만 표현할 수 있습니다."

나는 이미 그런 이야기를 수없이 들어왔지만, 이제야 그 말이 마음속에 자리 잡아 깊은 뿌리를 내리게 된 것이었습니다. 나는 인생관을 이루는 생각들로 머리를 채웠습니다. 즐거움, 행복, 건강에 관한 생각만을 했습니다. 나는 매일 아침 일어나자마자 일부러 고통이 아닌 감사할 것들을 떠올렸습니다. 사랑하는 딸아이, 시력, 청력, 라디오에서 흘러나오는 좋은 음악, 책을 읽을 시간, 좋은 음식, 좋은 친구들...... 나는 활력이 넘쳤고 너무 많은 방문객을 들인 나머지 의사는 병실 문에 한 번에 한 명의 방문객만 허락되며, 그마저도 정해진 시간을 지켜야 한다고 붙여야 했습니다.

그로부터 9년이 지났고, 나는 충만하고 적극적인 삶을 살고 있습니다. 침대에 누워서 보낸 그 1년이 얼마나 감사한지 모릅니다. 그 시간은 내가 애리조나에서 보낸 가장 가치 있고 행복한 시간이 되어주었습니다. 나는 여전히 매일 아침, 내가 가진 축복을 세는 습관을 유지하고 있습니다. 그건 내가 가진 가장 소중한 재산이기도 합니다. 죽음의 공포를 느끼고 나서야 그 진리를 깨달았다는 것이 창피합니다.

루실 블레이크는 자신도 모르는 사이에 사무엘 존슨 박사가 이백 년 전 깨달은 것과 같은 교훈을 얻었다. 그는 이렇게 말했다.

"모든 사건의 좋은 점을 보는 습관은 매년 천 달러를 벌어들이는 것보다 더 가치 있다."

이 말은 어떤 전문적 낙관론자가 아닌 20년이 넘는 시간 동안 불안, 가난, 배고픔을 겪은 뒤 그 시대의 가장 탁월한 작가이자 역대 가장 인기 있는 이야기꾼이 된 사람의 입에서 나왔다.

로건 피어설 스미스의 명언에는 큰 지혜가 함축되어 있다.

"인생에는 두 가지 목표가 있다. 첫째는 우리가 원하는 것을 가지는 것, 둘째는 그걸 즐기는 것이다. 이때, 오직 현명한 사람만이 두 번째 목표를 이룰 수 있다."

어떻게 하면 설거지를 하면서 즐거워할 수 있는지 알고 싶은가? 보르그힐드 달의 믿을 수 없는 용기를 주는 영감의 책인 '나는 보고자 했다'를 읽어라.

이 책의 저자는 반세기 동안 거의 앞을 볼 수 없었던 여성이다. 그녀는 이렇게 적었다.

"내게는 한쪽 눈밖에 없었습니다. 그마저도 깊은 상처로 가려져 있어 눈의 왼쪽에 있는 작은 구멍으로밖에 볼 수가 없었지요. 책을 읽으려면 책을 아주 가까이 가져다 댄 채로 눈알을 최대한 왼쪽으로 굴리려 안간힘을 써야 했습니다."

하지만 그녀는 동정을 받거나 타인과 '다른 사람'이라는 취급을 받는 것을 거부했다. 어린아이였을 적, 그녀는 다른 아이들과 사방치기를 하고 싶었지만 바닥의 표식을 읽을 수가 없었다. 아이들이 집에 돌아간 뒤, 그녀는 바닥을 기어 다니며 표식을 눈으로 익혔다. 모든 표식의 위치를 외운 그녀는 결국 다른 아이들과 놀 수 있었고, 사방치기의 달인이 되었다. 집에서는 큰 글자로 출력된 책을 속눈썹이 부딪힐 정도로 가까이 가져다 대며 책을 읽었다. 그녀는 학위도 두 개나 땄다. 미네소타 대학교의의 문학사 학위와 컬럼비아 대학교의 문학 석사 학위가 그것이었다.

그녀는 미네소타주의 트윈 밸리라는 작은 마을에서 교사 일을 시작했다. 그리고 결국에는 사우스 다코타 수폴스의 아우구스타나 대학교에서 언론학과 문학을 가르치는 교수가 되었다. 그녀는 13년 동안이나 교직에 있으며, 여성 클럽을 대상으로 수업을 하고 책과 작가들에 관한 라디오 토론을 진행하기도 했다. 그녀는 이렇게 적었다.

"내 마음속 깊은 곳에는 언제나 완전한 실명에 대한 두려움이 있었습니다.

두려움을 극복하기 위해 나는 우스울 정도로 명랑한 삶의 태도를 보여야 했습니다."

그러던 1943년, 그녀가 52세가 되었을 때 기적이 일어났다. 그 유명한 메이오 클리닉에서 수술을 받은 그녀는 과거보다 40배나 시력이 좋아진 눈으로 앞을 보게 된 것이다.

새롭고 신나는 사랑스러운 세상이 그녀 앞에 펼쳐졌다. 그녀는 싱크대에서 설거지하는 것마저 즐겁다고 느끼게 되었다. 그녀는 이렇게 적었다.

"나는 설거지통에 채워진 하얀 거품을 가지고 놀기 시작했습니다. 나는 손으로 작은 거품공을 만든 다음 햇빛에 비춰보며 그것이 무지개색으로 빛나는 것을 보고는 했습니다."

그녀는 부엌 싱크대 너머의 창문을 통해서는 '묵직하게 쏟아지는 눈 사이를 나는 참새들의 검회색 날갯짓'을 바라보았다.

비누 거품과 참새를 보며 황홀감을 느낀 이 여성은 이렇게 책을 마쳤다.

"주님, 하늘에 계신 아버지, 감사합니다. 감사합니다."

설거지하고 거품 속에서 무지개를 찾으며, 눈을 맞으며 하늘을 나는 참새를 볼 수 있다고 해서 신에게 감사하다고 하는 삶을 생각해보라!

당신과 나는 창피함을 느껴야 한다. 우리는 이 아름다운 동화의 나라에 살면서도 눈이 멀어 보지 못하고, 질렸다는 이유로 즐기지 못하고 있다.

평화와 행복을 가져오는 마음가짐을 쌓는 방법 4

'문제가 아닌 축복을 세어라!'

제5장

나 자신을 찾고 자기 자신이 되어야 한다

▶─────── **노스캐롤라이나** 마운트 에어리에 사는 에디스 올레드로부터 이런 편지를 받은 적이 있다.

어린아이였을 적, 나는 몹시 예민하고 부끄러움이 많았습니다. 나는 과체중이었고 두 볼 때문에 더 뚱뚱해 보였습니다. 어머니는 전통적인 사고방식을 고집하던 분이셨는데, 옷으로 치장하는 것이 바보 같다고 생각하셨습니다. 그녀는 이렇게 말하고는 했습니다.

"크면 닳고 작으면 찢어진다."

그리고 그에 맞춰 옷을 입히셨습니다. 나는 한 번도 파티에 간 적도, 즐거워해 본 적도 없었습니다. 학교에 다니는 동안 다른 아이들과 야외 활동에 참여하거나, 운동을 해본 적도 없었습니다. 나는 병적으로 부끄럼을 탔습니다. 내가 다른 아이들과 '다르다고' 생각했고, 아무도 나를 원하지 않는다고 느꼈습니다.

어른이 된 나는 학교의 몇 년 선배와 결혼하게 되었습니다. 결혼 후에도 변한 것은 없었습니다. 남편의 가족은 차분하고 자신감이 넘치는 사람들이었습니다. 그들은 내가 언제나 닮고 싶어 했던 부류의 사람들이었습니다. 나는 그들처럼 되기 위해 최선을 다했지만 그럴 수 없었습니다. 그들도 나를 도우려

했지만, 시도할 때마다 나는 더 깊은 벽을 쌓을 뿐이었습니다. 나는 신경질적이고 짜증이 많아졌고, 모든 친구를 피했습니다. 나중에는 초인종 소리만 들려도 겁에 질릴 정도였습니다! 나는 실패자였습니다. 하지만 남편이 그 사실을 알게 되는 것을 두려워했습니다. 집 밖에서는 밝은 척을 했고 과장해서 연기했습니다. 집에 돌아오면 며칠이고는 비참한 기분을 느꼈습니다. 나는 너무도 불행한 나머지 내 존재를 이어가는 것에 아무 의미가 없다고 생각하기 시작했습니다. 그렇게 자살을 고려하게 되었습니다.

그런데 우연한 충고가 내 삶을 완전히 바꾸어놓았습니다. 시어머니는 어느 날 그녀가 어떻게 자식들을 키웠는지를 들려주며, 이렇게 말했습니다.

"무슨 일이 있어도, 항상 아이들에게 자기 자신처럼 행동하라고 강조했단다."

그리고 자기 자신처럼 행동하라는 그 말이 내 삶을 바꿨습니다! 그 순간 깨달았습니다. 내가 그토록 불행했던 이유는 몸에 맞지 않는 옷을 입으려고 애를 썼기 때문이라는 사실을요.

나는 하룻저녁에 다른 사람이 되었습니다! 나 자신을 찾기 시작한 것이었어요. 나는 내 성격과 장점을 연구하고 자신이 어떤 사람인지 알아갔습니다. 내게 잘 어울리는 색과 스타일에 맞춰 옷을 입었습니다. 친구를 사귀기 위해 연락을 취했습니다. 그리고 규모가 작은 단체에 가입하기도 했습니다. 처음에 프로그램 참여를 권유받았을 때는 겁에 질리기도 했지만, 사람들 앞에 나서서 말을 하기 시작하며 용기를 얻었습니다. 오랜 시간이 걸렸지만 나는 평생 꿈꾸지 못한 행복을 누리고 있습니다. 아이를 키우면서는 고통스러운 경험을 통해 배운 교훈을 항상 가르치려 합니다.

"무슨 일이 있어도, 자기 자신을 잃지 마라!"

제임스 고든 길키 박사는 자기 자신이 되고자 하는 마음이 '인류의 역사만큼 오래되었고 인간의 삶만큼이나 보편적인 것'이라고 말한다. 자기 자신이 될 수 없는 상황은 많은 신경증, 정신병과 콤플렉스의 원천이기도 하다. 유아 교육에 관하여 13권의 책과 수천 개의 신문 기사를 쓴 안젤로 파트리는 이렇게 말했다.

"신체적으로 또는 정신적으로 다른 사람이 되고자 하는 사람만큼 불행한 사람도 없다."

자신이 아닌 다른 사람이 되고자 하는 열망은 특히나 할리우드에 만연하다. 할리우드의 거장 감독 샘 우드는 야심에 찬 젊은 배우들과 일할 때 가장 골머리를 앓는 부분이 다름 아닌 그들이 자신을 잃어버리지 않도록 하는 것에 있다고 말했다. 젊은 배우들은 제2의 라나 터너, 또는 제3의 클라크 게이블이 되고자 한다. 샘 우드는 그들에게 반복해서 조언한다.

"그것은 이미 대중이 알고 있는 맛이다. 그들은 무언가 다른 것을 원한다."

'굿바이 미스터 칩스'나 '누구를 위하여 좋은 울리나' 등의 작품을 만들기에 앞서, 샘 우드는 부동산 중개업에 몇 년 동안이나 종사하며 영업에 필요한 인격을 개발했다. 그리고 그는 비즈니스업계나 영화계나 동일한 원칙이 적용된다고 말했다. 다른 사람을 흉내 내는 것만으로는 아무것도 이룰 수 없다. 우리는 남의 말을 따라 하는 앵무새가 될 수 없다. 그는 이렇게 말했다.

"경험을 통해 자신이 아닌 다른 사람을 흉내 내는 사람과는 최대한 빨리 관계를 끊는 것이 좋다는 걸 알게 되었습니다."

나는 최근 소코니 배큐엄 정유 회사의 인사 책임자인 폴 보인턴과 이야기를 나눌 기회가 있었다. 그는 6천 명이 넘는 지원자를 인터뷰했고, '일자리를 구하는 6가지 방법'이라는 책을 저술하였다. 나는 그에게 사람들이 일자리에 지원하며 저지르는 가장 큰 실수가 무엇인지 물어보았다. 그는 이렇게 답했다.

"사람들이 일자리에 지원하며 저지르는 가장 큰 실수는 자기 자신답게 행동하지 않는 것에 있습니다. 바로 편안한 자세와 솔직한 답변으로 면담에 임하는 것이 아닌, 심사위원이 원하는 답을 주려고 노력하는 것입니다."

하지만 그런 수는 통하지 않는다. 세상에 가짜와 일하고 싶어 하는 사람은 없다. 위조지폐를 원하는 사람이 없듯 말이다.

어느 전차 기관사의 딸은 그 교훈을 쓰라린 경험을 통해 배웠다. 그녀의 꿈은 가수였다. 하지만 그녀는 자신의 외모를 불행으로 여겼다. 그녀에게는 큰 입과 뻐드렁니라는 콤플렉스가 있었다. 그녀가 뉴저지의 한 나이트클럽에서 처음으로 대중 앞에서 노래를 불렀을 때, 그녀는 윗입술을 내려 치아를 감추려고 했다. 어떻게든 '근사한' 모습을 만들어본 것이었다. 그 결과는 어땠을까? 그녀는 웃음거리가 되었고, 커리어를 망칠 위기에 놓였다.

하지만 그녀에게 재능이 있다는 걸 전해 들은 나이트클럽 직원이 그녀를 찾아왔다. 그리고 그는 직설적인 조언을 건넸다.

"이보세요. 난 여기서 당신이 공연하는 것을 보았고, 뭘 숨기려 하는지도 보았어요. 당신은 치아가 창피한 것이지요."

그녀는 얼굴을 붉혔고, 남자는 말을 이어갔다.

"그래서 뭐 어쨌다는 겁니까? 뻐드렁니가 있으면 큰 잘못이라도 된답니까? 치아를 숨기려 하지 마세요! 입을 크게 벌려 창피하지 않다는 걸 보여주세요. 그러면 사람들도 당신을 좋아하게 될 겁니다. 게다가 당신이 그토록 숨기고 싶어 하는 뻐드렁니가 복을 불러올지 또 어떻게 압니까!"

카스 데일리는 그의 충고를 받아들였고, 치아에 대해서는 잊어버렸다. 그 이후로, 그녀는 오직 관객만을 생각했다. 그녀는 입을 크게 벌리고 열과 성을 다해 노래하였고, 결국 영화와 라디오에 출연하는 톱스타가 되었다. 그녀를 따라 하는 코미디언들이 생길 정도였다!

그 유명한 윌리엄 제임스는 평범한 사람은 잠재된 지적 능력 가운데 오직 10%만 사용할 수 있다고 말하며, 자기 자신을 결코 발견하지 못한 사람들을 가리켰다. 그는 이렇게 적었다.

"우리는 겨우 반만 깨어있을 뿐이다. 그것도 우리의 신체적, 정신적 자원의 아주 일부만을 사용하면서 말이다. 대체로 인간은 자신의 한계에 한참 못 미치는 삶을 산다. 인간은 다양한 힘을 지녔지만, 그걸 사용하는 데 실패하는 것에 익숙해져 있을 뿐이다."

당신과 나에게도 그런 능력이 있다. 그러니 다른 사람이 되지 못한다고 해서 1초라도 걱정하는 것은 시간 낭비다. 당신은 이 세상에 새로운 존재로 왔다. 그전에도 없었고, 앞으로도 당신과 똑같은 사람은 없을 것이다. 아무리 오랜 시간이 흐른다고 해도 말이다.

최신의 유전학은 우리가 어머니와 아버지로부터 각각 24개씩 받은 염색체가 합쳐진 결과임을 알려주었다. 이 48개의 염색체는 당신이 부모님으로부터 물려받은 모든 것을 포함하고 있다. 그리고 암란 샤인펠트가 말했듯, 각 염색체는 '수십에서 수백 개의 유전자를 내포하는데, 각 유전자에는 한 인간의 생애를 뒤바꿀 능력이 있다.' 정말이지 우리는 '무시무시할 정도로, 아주 잘' 만들어졌다.

당신의 어머니와 아버지가 만나서 당신을 낳은 뒤에도, 정확히 당신이라는 존재가 태어날 확률은 겨우 300조분의 1이라고 한다! 이는 곧 당신에게 300조 명의 형제자매가 있다고 해도, 당신과 같은 사람은 한 명도 없다는 걸 뜻한다. 이게 추측 같은가? 아니다. 이건 과학적 사실이다. 이 주제에 관해 더 자세한 설명을 읽고 싶다면, 공공도서관에 가서 암란 샤인펠트가 저술한 '당신과 유전'이라는 책을 빌려보라.

내가 이 주제에 관해 확신을 가지고 말할 수 있는 건 나 역시 깊이 공감한 적이 있기 때문이다.

나는 쓰라리고 값비싼 경험을 통해 이 교훈을 얻게 되었다. 내가 처음 미주리의 옥수수밭을 떠나 뉴욕에 왔을 당시, 나는 미국 극예술 아카데미에 등록하였다. 나는 배우가 되기를 꿈꿨다. 당시 내게는 성공으로 가는 지름길처럼 보이는 번뜩이는 아이디어가 있었다. 그 아이디어는 아주 간단하고, 실패할 리가 없어 보였기에 왜 수많은 야심 찬 사람들이 이 방법을 먼저 발견하지 못했는지 이해할 수 없을 정도였다. 나는 존 드루, 월터 햄던, 오터스 스키너와 같이 당대 최고 배우들의 연기를 연구하고, 각자 배우가 가진 최고 장점을 흉내 내고자 했다. 그리고 그렇게 모두의 장점을 조합하여 가장 찬란하고 빛나는 존재로 거듭나고자 했다. 이 얼마나 바보 같고 우스꽝스러운 생각인가! 나는 그렇게 다른 사람들을 흉내 내는 데 몇 년을 허비했다. 나는 다른 사람이 아닌 나 자신이 되어야 하며, 다른 사람이 될 수도 없다는 사실이 미주리 출신의 두꺼운 두개골 속으로 들어와 박히기 전까지 말이다.

이 괴로운 경험은 마음에 오래 남을 교훈을 가르쳐주었지만, 나는 그 교훈을 바로 실행하지 않았다. 나는 그러기에 너무 멍청했다. 나는 그 교훈을 처음부터 다시 배워야 했다. 그로부터 몇 년 뒤, 나는 사업가를 위한 역사상 최고의 대중 연설 책을 쓰고자 마음먹었다. 그리고 나는 정확히 똑같은 바보짓을 했다. 수많은 작가들의 아이디어를 빌려 한 책에 욱여넣은 뒤 '모든 것이 들어 있는' 책을 만들고자 한 것이다. 그렇게 나는 대중 연설에 관한 수십 권의 책을 샀고 내 책에 그들의 아이디어를 포함시키기 위해 일 년을 허비했다.

그렇게 나는 다시 한번 바보 같은 짓을 했다는 걸 절실히 깨닫게 되었다. 내가 다른 사람의 아이디어를 가져와 만든 뒤죽박죽된 자료집은 너무도 인위적이고 따분해서 그 어떤 사업가도 뒤적거리지 않을 것 같았다. 그렇게 나는 일 년 치 결과물을 쓰레기통에 버린 뒤, 처음부터 다시 시작하게 되었다.

당시 나는 이렇게 결심했다.

'너는 데일 카네기가 되어야 해. 그의 모든 결점과 한계를 받아들이는 거야. 다른 사람이 될 수는 없어.'

나는 그렇게 다른 사람들을 종합한 무엇인가가 되려는 노력을 그만두고, 소매를 걷어붙인 뒤 처음부터 했어야 할 일에 뛰어들었다. 나는 대중 연설가이자 교사로서의 내 경험과 연구, 신념을 기반으로 책을 쓰기 시작했다. 나는 월터 롤리 경이 배웠던 교훈을 배우게 된 것이다. 이번에는 그 교훈이 평생 마음에 남기를 바라면서 말이다.

"나는 셰익스피어에 대적할 책은 쓸 수 없지만, 내 책은 쓸 수 있다." (여기서 월터 경은 진흙 위에 자신의 코트를 던져 여왕이 밟고 지나가도록 했던 남자가 아닌, 1904년 당시 옥스퍼드에서 영문학을 가르쳤던 교수를 가리킨다.)

"네 자신이 되어라."

어빙 베를린이 고인이 된 조지 거슈인에게 했던 현명한 조언이다. 베를린과 거슈인이 처음 만났을 당시, 베를린은 이미 명성을 떨치고 있었으나 거슈인은 대중음악 작곡가들 사이에서 고작 주급 35달러를 받으며 고생 중인 젊은 작곡가에 불과했다. 거슈인의 능력에 놀란 베를린은 그에게 지금 버는 돈의 세 배를 줄 테니 자신의 음악 조수가 되지 않겠느냐고 물었다. 하지만 그 제안과 함께 그는 이런 조언을 했다.

"내 제안을 받아들이지 말게나. 제안을 받아들인다면 아마 제2의 베를린이 되겠지만, 고집스럽게 자신의 길을 가겠다면 언젠가 제1의 거슈인이 될 수 있을 테니 말일세."

거슈인은 그 경고를 흘려듣지 않았고, 그렇게 천천히 당대의 가장 중요한 미국인 작곡가가 되는 길로 나아갔다.

찰리 채플린, 윌 로저스, 메리 마가렛 맥브라이드, 진 오트리 그리고 수백만의 다른 사람들은 내가 이 장을 통해 이토록 강조하고자 하는 교훈을 깨우쳐야 했다. 그것도 나처럼 아주 힘든 과정을 통해서 말이다.

찰리 채플린이 처음 영화를 만들기 시작했을 때, 영화감독은 채플린에게 당시 유명세를 떨치던 독일 코미디언을 따라 할 것을 강요하였다. 찰리 채플린은 자기 자신이 되기 전까지 아무것도 이루지 못했다. 밥 호프 역시 비슷한 경험을 했다. 수년간 노래와 춤, 연기를 했지만 익살을 부리며 자기 자신을 되찾기 전까지는 성공하지 못했다. 윌 로저스는 몇 년 동안이나 말 한 마디 없이 무대에서 밧줄만 돌렸다. 그가 유머라는 특별한 재능을 발견하고 밧줄을 돌리는 동안 관객들에게 말을 걸게 되기 전까지 말이다.

메리 마가렛 맥브라이드가 처음으로 방송에 나왔을 때, 그녀는 아일랜드의 코미디언이 되려고 애를 썼고 결국은 실패했다. 그녀가 다시 본연의 모습인 미주리 출신의 솔직한 시골 소녀가 되었을 때, 그녀는 뉴욕에서 가장 인기 있는 라디오스타가 되었다.

진 오트리가 텍사스 억양을 없애고 도시에 사는 청년처럼 꾸며 입고는 자신이 뉴욕에서 왔다고 주장했을 때, 사람들은 뒤에서 그를 비웃었다. 하지만 그가 벤조를 튕기며 카우보이 발라드를 부르기 시작한 뒤로 그는 영화와 라디오를 통틀어 세상에서 가장 인기 있는 카우보이의 커리어를 시작할 수 있게 되었다.

당신은 이 세상에 새로 나타난 존재이다. 그걸 기쁘게 여겨라. 자연이 당신에게 준 것을 최대한 활용해라. 최근의 연구에 따르면, 모든 예술품은 곧 자서전이나 다름없다고 한다. 세상에는 당신만이 부를 수 있는 노래가 있고, 당신만이 그릴 수 있는 그림이 있다. 당신은 당신의 경험, 환경 그리고 유전적 요인이 빚어낸 것이어야만 한다.

좋든 싫든 당신은 자신만의 작은 정원을 길러야 한다. 좋든 싫든, 당신은 인생이라는 오케스트라에서 당신만의 작은 악기를 다루어야 하는 것이다.

에머슨은 자신의 에세이 '자기 신뢰'에서 이렇게 말했다.

"모든 사람은 교육을 통해 부러움이 무지에서 비롯된 것이라는 걸, 그리고 모방은 곧 자살을 의미한다는 걸 확신하는 순간을 겪는다. 좋든 싫든 사람은 자신을 받아들여야 한다. 광활한 우주가 아무리 좋은 것으로 차 있다고 한들, 자신의 몫으로 주어진 작은 땅에서 노력으로 일구지 않는다면, 영양가 있는 옥수수 한 알도 얻지 못하리라. 한 사람이 지닌 힘은 자연에게 완전히 새로운 힘이다. 단 그 힘을 사용할 수 있는 것은 오직 그 사람뿐이며, 그마저도 시도해보지 못하면 그 존재를 인식할 수 없다."

에머슨이 위와 같이 말했다면, 고인이 된 시인 더글라스 맬럭은 이렇게 표현했다.

당신이 언덕 위의 소나무가 될 수 없다면, 골짜기의 덤불이 되어라.
단 개천의 가장 좋은 덤불이 되어라.
나무가 될 수 없다면 덤불이 되어라.

덤불이 될 수 없다면, 풀 한 포기가 되어라.
풀이 되어 길을 아름답게 만들어라.
강늉치고기가 될 수 없다면 배스가 되어라.
단 호수에서 가장 힘이 센 배스가 되어라.

모두가 선장이 될 수 없다면, 선원이 되어라.

우리 모두에게는 해야 할 일이 있다.
세상에는 큰일도 있고 작은 일도 있다.
그중 우리가 해야 하는 일은 가까이 있는 일이다.

큰 도로가 될 수 없다면, 오솔길이 되어라.
태양이 될 수 없다면 별이 되어라.
이기고 지는 건 크기의 문제가 아니다.
무엇이 되든 최고가 되어라!

평화와 행복을 가져오는 마음가짐을 쌓는 방법 5

다른 이들을 따라 하지 말자. 자기 자신을 찾고, 자기 자신이 되자.

제6장

위기를 기회로 바꾸는 법

▶──────── 이 책을 쓰는 동안, 나는 언젠가 시카고 대학교에 들러 로버트 메이너드 허친스 총장에게 걱정을 떨치는 법을 물어본 적이 있다. 그는 이렇게 답했다.

"나는 언제나 고인이 된 시어스 로벅 앤 컴퍼니의 회장 줄리어스 로즌월드가 한 조언을 따르려고 노력합니다. '위기를 전화위복의 기회로 삼아라.'라는 조언이지요."

이건 위대한 교육자들이 사용한 방식이기도 하다. 하지만 어리석은 사람들은 정확히 반대인 행동을 한다. 위기를 맞닥뜨릴 때면 이렇게 말하는 것이다.

"나는 졌어. 이건 운명이야. 내게는 기회가 없었어."

그렇게 세상에 격분하고 자기 연민의 축제에 빠진다. 하지만 현명한 사람이 위기를 만나면, 그는 이렇게 말할 것이다.

"이 불행으로부터 무엇을 배울 수 있지? 어떻게 하면 상황을 개선할 수 있을까? 이 위기를 기회로 바꿀 수 있을까?"

저명한 심리학자인 알프레드 아들러는 사람들과 그들의 숨겨진 힘에 관해 평생을 바쳐 연구한 결과, 이렇게 선언했다. 인간의 가장 놀라운 특성은 '마이너스를 플러스로 바꾸는 힘'이라고 말이다.

여기 흥미로우며 고무적인 한 여성의 이야기가 있다. 그녀의 이름을 셀마 톰슨으로, 뉴욕 모닝사이드 드라이브 100번지에 살고 있다. 그녀는 자신의 경험을 들려주었다.

전쟁 중, 내 남편은 뉴멕시코의 모하비 사막 근처의 훈련소로 배치되었습니다. 나는 그와 가까이 지내기 위해 이사했습니다. 나는 그 장소를 싫어하다 못해 경멸했습니다. 살면서 그토록 불행해본 적이 없었습니다. 남편은 모하비 사막에서 하는 훈련에 참여하였고, 나는 자그마한 판잣집에 홀로 남겨졌습니다. 바깥 기온은 끔찍하게 뜨거웠는데, 선인장 그늘마저 섭씨 50도는 되었습니다. 멕시코 사람들과 인디언들을 제외하고는 말을 걸 사람이 한 명도 없었고, 영어를 하는 사람도 없었습니다. 그 와중에 바람은 끝없이 불어 내가 먹는 음식은 물론 숨을 쉴 때마다 입안에 모래가 들어왔습니다.

나는 완전히 망가진 채로 자기 연민에 빠져 부모님께 편지를 썼습니다. 나는 그들에게 모든 걸 포기하고 집으로 돌아가겠노라 말했습니다. 더는 이곳에 일 분도 있을 수 없고, 차라리 감옥이 낫겠다고 했습니다!

아버지는 그 편지에 대한 답장으로 딱 두 줄을 보내왔는데, 그 두 줄은 평생 내 마음에 새겨질 것입니다. 그의 답장은 제 인생을 완전히 변화시켰습니다.

"두 남자가 감옥 창살 밖을 쳐다보았다. 한 명이 진흙탕을 볼 때, 다른 이는 별들을 보았다."

나는 그 두 문장을 읽고 또 읽었습니다. 나는 스스로가 창피해졌습니다. 나는 그렇게 지금 상황에서 찾아낼 수 있는 장점들을 찾기로 마음을 먹었습니다. 별들을 보기로 한 것이었습니다.

나는 현지인들과 친구가 되었습니다. 그리고 그들의 반응은 나를 놀라게 했습니다. 내가 그들의 수공예품과 도예품에 관심을 보이자, 그들은 관광객에게도 팔기를 거절했던, 아끼던 작품들을 선물로 주었습니다. 나는 선인장과 유카스 그리고 조슈아 나무의 매혹적인 형태를 연구했습니다. 나는 프레리도그에 관해 배웠고, 사막의 노을을 감상했고, 그곳이 수백만 년 전 바다였을 때의 흔적인 조개껍데기를 찾아다녔습니다.

이 놀라운 변화가 나에게 무엇을 가져왔을까요? 모하비 사막은 변하지 않았습니다. 인디언들도 변하지 않았습니다. 변한 건 나 자신이었습니다. 나는 마음가짐을 바꾸었고, 끔찍한 경험을 인생에서 가장 신나는 모험으로 바꾸었습니다. 나는 내가 발견한 새로운 세상으로부터 격려와 자극을 받았습니다. 나는 너무도 신난 나머지 그에 관한 책도 썼습니다. '눈부신 성벽'이라는 소설이었습니다. 나는 그렇게 스스로 만든 감옥의 창밖에서 별을 발견한 것입니다.

셀마 톰슨은 예수가 태어나기 500년 전 고대 그리스인들이 가르친 오래된 진리를 깨달은 것이다.

"가장 좋은 일은 가장 어렵기 마련이다."

해리 에머슨 포스딕은 20세기에 다시 그 진리를 꺼내 들었다.

"행복은 즐겁지 않다. 하지만 행복은 곧 승리다."

맞다. 행복은 성취감, 승리감, 전화위복의 기쁨으로부터 온다.

한번은 플로리다에서 위기를 기회로 삼은 한 농부를 방문한 적이 있다.

그가 처음으로 농장을 열었을 때, 그는 낙심하고 말았다. 땅이 너무도 척박했던 나머지 과일나무를 심거나 돼지를 기를 수 없었던 것이다. 그곳에서 자랄 만한 것은 졸참나무와 방울뱀이 전부였다. 그는 거기서 아이디어를 얻었다. 위기를 기회로 삼은 것이다. 그는 방울뱀을 최대한 활용해보기로 했다. 그는 모두를 놀라게 하려고 방울뱀 고기 통조림을 만들기 시작했다.

내가 지금으로부터 몇 년 전, 그를 방문하기 위해 들렀을 때 나는 관광객들이 그의 방울뱀 농장을 보기 위해 해마다 2만 명씩 모여드는 광경을 볼 수 있었다.

그의 사업은 번창했다. 방울뱀의 송곳니에서 채취한 독은 해독제를 만들기 위해 연구소로 보내졌다. 방울뱀의 가죽은 신발과 핸드백의 재료로 비싸게 팔렸다. 통조림 고기는 전 세계의 고객을 만나기 위해 배에 태워졌다. 나는 그 장소를 찍은 사진엽서를 한 장 구매해 마을의 우체국에 가 보니, 그 마을은 이제 '플로리다 방울뱀마을'로 이름이 바뀌어 있었다. 위기를 기회로 바꾼 한 남자에 대한 공경의 표시로 말이다.

미국 전역을 여행하는 동안, 나는 그렇게 '마이너스를 플러스로 바꾸는 힘'을 증명한 무수한 사람들을 만나는 특혜를 누렸다.

고인이 된 '신에 대항한 12명'을 쓴 윌리엄 볼리도는 이렇게 말했다.

"인생에서 가장 중요한 것은 얻은 것을 이용하는 것이 아니다. 그건 바보라도 할 수 있다. 가장 중요한 것은 잃은 것으로부터 무언가를 얻는 것이다. 후자는 지능을 필요로 하며 지각 있는 자와 어리석은 자를 구분할 수 있도록 한다."

이는 볼리도가 기차 사고에서 다리 한쪽을 잃은 뒤 한 말이다. 하지만 나는 다리 두 개를 모두 잃고도 마이너스를 플러스로 바꾼 사람을 알고 있다. 그의 이름은 벤 포트슨으로, 나는 그를 조지아주 애틀랜타의 한 호텔 엘리베이터에서 만났다. 내가 엘리베이터에 탔을 때, 나는 코너의 휠체어에 앉은, 두 다리를 잃은 이 남자를 보았다. 그는 아주 명랑한 성격으로 보였다. 엘리베이터가 멈추자, 그는 내게 자기가 내릴 수 있도록 한 걸음만 뒤로 물러나 줄 수 있는지 쾌활하게 물었다. 그는 이렇게 말했다.

"귀찮게 해서 정말 죄송합니다."

그의 얼굴에는 아주 따뜻한 미소가 퍼져있었다.

엘리베이터에서 내려 방으로 돌아간 뒤에도, 나는 그 명랑한 남자의 생각을 멈출 수가 없었다. 나는 다시 그를 찾아가 이야기를 듣게 되었다.

그는 미소를 머금은 채로 자신의 이야기를 들려주었다.

1929년에 일어난 일이었습니다. 나는 콩밭에 사용할 말뚝이 필요해 히코리 나무를 구하러 갔습니다. 나뭇가지를 포드에 싣고 집으로 향하던 중이었습니다. 갑자기 나뭇가지 하나가 떨어지더니 차 밑으로 들어가 조종 장치에 낀 모양이었습니다. 하필이면 나는 급커브를 돌고 있었고, 차가 둑 너머로 넘어가며 나는 나무에 부딪히고 말았습니다. 척추를 다쳤고, 두 다리에는 마비가 왔습니다.

그 일이 일어난 당시 나는 24살이었습니다. 그 뒤로 한 번도 걸은 적이 없습니다.

24살에 평생 휠체어 생활을 해야 한다는 선고를 받다니! 나는 그에게 어떻게 그렇게 용기 있게 대처할 수 있었냐고 물었다. 그는 이렇게 답했다.

"그럴 수 없었습니다."

그는 화를 내고 반항했다. 그리고 운명을 원망했다. 하지만 시간이 흐를수록, 반항심이 씁쓸함만을 남긴다는 걸 알게 되었다. 그는 말했다.

"나는 결국 다른 사람들이 나를 친절하고 정중하게 대한다는 사실을 깨닫게 되었습니다. 그 뒤로 사람들을 친절하고 정중하게 대하는 것이 내가 할 수 있는 최소한의 일이라고 생각하게 되었습니다."

나는 지금도 그에게 그 사고가 끔찍한 불행이라고 생각하는지 물었다. 그는 바로 대답했다.

"아닙니다. 지금은 그런 일이 일어났다는 것에 감사할 정도입니다."

충격과 통탄의 세월을 보낸 그는 완전히 다른 세상에서 살아가게 되었다. 그는 책을 읽었고 문학에 대한 사랑을 길렀다. 14년 동안 그는 못 해도 1,400권의 책을 읽었을 것이라고 했다. 책은 그에게 새로운 시야를 가져다주었고 그의 삶을 무엇보다 풍요롭게 만들어주었다.

그는 좋은 음악을 듣기 시작했다. 과거에는 시시하게 들렸던 교향곡을 들으면 이제는 전율을 느낄 수 있었다. 가장 큰 변화는 그에게 생각할 시간이 생겼다는 것이었다.

"태어나서 처음으로, 나는 세상을 똑바로 바라보고 올바른 가치관을 가질 수 있게 되었습니다. 내가 그토록 얻으려 노력하던 것들 대부분이 하찮은 것들이었다는 사실을 깨달았습니다."

독서를 통해 그는 정치와 공공문제에 관심을 가지게 되었고 휠체어를 타고 다니며 연설을 하기 시작했다! 그는 활발하게 사람을 사귀었다. 그리고 벤 포트슨 스틸은 여전히 휠체어에 탄 채로 조지아의 국무장관으로 일하고 있다!

지난 35년간, 나는 뉴욕에서 성인들을 대상으로 강좌를 열었고, 많은 성인들의 가장 큰 후회가 다름 아닌 대학에 가지 않은 것이라는 걸 깨달았다. 그들은 대학 교육을 받지 못한 것을 큰 결함으로 여기는 듯했다. 나는 그게 반드시 사실이 아니라는 것을 알고 있다. 고등학교만 졸업하고도 성공한 사람이 수두룩하다는 것을 보았기 때문이다. 그리하여 나는 학생들에게 초등학교도 제대로 나오지 못한 어떤 남자의 이야기를 들려주고는 한다.

그는 끔찍한 가난 속에서 자랐다. 그의 아버지가 돌아가셨을 때마저 아버지의 친구들이 모아준 돈으로 관을 사야 할 정도였다. 아버지를 여읜 뒤 어머니는 우산 공장에서 매일 10시간씩 일하면서도 집에 삯일을 가져와 밤 11시까지 일하고는 했다.

이런 환경에서 자란 아이는 어느 날 교회 클럽에서 주최한 아마추어 연극에 참여하게 된다. 그는 연기에 흥미를 느낀 나머지 대중연설에 도전하게 된다. 그렇게 그는 정치에 입문하였다. 그리고 겨우 30세의 나이에 뉴욕의 주의원이 되었다.

하지만 애석하게도 그는 그 책임을 맡을 준비가 되어있지 않았다. 사실, 그는 솔직히 말해 무슨 일이 벌어지는지도 제대로 이해하지 못했다고 했다. 그는 투표가 필요한 길고 복잡한 법안들을 공부했으나, 그건 알지도 못하는 인디언의 언어로 쓰인 것만 같았다고 한다. 그는 걱정과 혼란이 이어지는 가운데 숲 위원회의 위원으로 발탁이 되었다. 그때까지 그는 숲이라고는 발도 들여놓은 적이 없었다. 그는 심지어 주은행위원회의 위원으로 발탁되기 전까지는 통장도 하나 없었다고 한다.

그는 직접 나에게 너무도 낙심한 나머지 의원직을 내려놓고 싶었으나, 어머니에게 그 사실을 고하기가 창피해서 그럴 수 없었다고 말해주었다. 대신, 그는 매일 16시간을 공부하며 무지라는 위기를 지식이라는 기회로 바꾸었다. 그럼으로써 그는 지역 정치인에서 전국적인 인물로 거듭나게 되었다. 뉴욕타임스는 그를 '뉴욕에서 가장 사랑받은 시민'이라고 불렀다.

이것은 앨 스미스의 이야기다.

앨 스미스가 독학 정치를 이어간 지 10년이 되던 해, 그는 뉴욕주정부의 현존하는 최고 권위자가 되었다. 그는 뉴욕의 주지사로 뽑혔으며 4번이나 연임을 했다. 그건 여태까지 누구도 이루지 못한 성과였다. 1928년, 그는 민주당의 대통령 후보가 되었다. 컬럼비아와 하버드를 비롯한 6개의 명문 대학에서 그에게 명예 학위를 수여했다. 그는 초등학교 이후로 제대로 된 교육을 받아본 적이 없던 사람이었는데도 말이다.

앨 스미스가 내게 말하길, 마이너스를 플러스로 바꾸기 위해 매일 16시간씩 힘들게 공부하지 않았다면 결코 이룰 수 없을 일이었다고 한다.

니체는 군자란 '필요함에 의해 꿋꿋함을 잃지 않는 것이 아닌, 그것을 사랑하는' 사람이라고 했다.

성공한 사람들의 이야기를 연구하면 할수록, 나는 그중 얼마나 많은 사람들이 결함을 가지고 시작했는지에 놀랄 수밖에 없었다. 그들은 결함을 숭고한 노력의 원동력으로 삼았고, 보상을 받았다. 윌리엄 제임스는 이렇게 말했다.

"우리의 병약함은 예기치 않은 순간에 우리를 돕는다."

밀턴이 눈이 멀지 않고 베토벤이 귀가 먹지 않았다면 그렇게 좋은 글과 음악을 작곡하지 못했을 가능성이 크다.

헬렌 켈러의 눈부신 업적에 영감을 불어넣어 모든 것을 가능하게 했던 것도 그녀의 시력과 청각의 문제였다.

차이콥스키가 그의 비극적인 결혼으로 인해 자살을 생각할 정도로 좌절하지 않았다면, 그리고 그의 삶이 그토록 애처롭게 흘러가지 않았다면, 그는 아마 절대 불멸의 곡 '비창'을 작곡하지 못했을 것이다.

만일 도스토옙스키와 톨스토이가 고통스러운 삶을 살지 않았다면, 그들은 결코 역작들을 쓰지 못했을 것이다.

지구의 과학적 개념을 뒤바꾸어놓은 한 남자는 이렇게 말했다.

"내가 그토록 심한 장애를 가지지 않았다면, 지금처럼 많은 일을 해내지 못했을 것이다."

바로 병약함이 우연히 찰스 다윈을 도왔을 때 그가 고백한 말이다.

영국에서 다윈이 태어났던 바로 그날, 켄터키 숲에 있는 한 통나무집에서 마찬가지로 병약함을 안고 태어난 아이가 있었다. 그의 이름은 에이브러햄 링컨이었다. 링컨이 만일 귀족 가문에서 길러져 하버드에서 법을 전공하고 행복한 결혼생활을 했다면, 그는 결코 마음 깊은 곳에서 게티즈버그에서의 잊지 못할 연설을 끌어내지 못했을 것이다. 재임 당시 연설에서 언급한, 통치자의 입에서 나왔다고는 믿을 수 없을 만큼 아름답고 숭고한 그 시도 마찬가지다.

"그 누구에게도 악의 없고, 모두에게 너그럽길……."

해이 에머슨 포스딕은 그의 책 '관철의 힘'에서 이렇게 말한다.

"스칸디나비아 속담에는 우리가 인생의 슬로건으로 삼아야 할 만한 말이 있다. 바로 '바이킹을 만든 것은 북풍이다.'라는 말이다. 안전하고 즐거운 삶, 어려움이 없이 편안한 삶이 좋은 사람들, 행복한 사람들을 만들까? 자기연민을 가지는 사람들은 편안한 소파에 누운 채로도 불평을 할 것이다. 하지만 지난 역사를 돌아보면 기개와 행복은 좋거나 나쁜 혹은 무관심한 상황에 상관없이 자신의 책임을 어깨에 짊어지기로 한 사람들에게 찾아간다. 바이킹을 만든 것은 북풍이라는 사실을 잊지 말자."

위기를 기회로 바꿀 희망이 없다고 해서 낙심하고 있다고 해도 계속해서 도전해야 하는 두 가지 이유가 있다. 도전한다고 해서 잃을 게 없기 때문이다.

첫 번째 이유는, 어쩌면 우리가 성공할지도 모른다는 것이다.

두 번째 이유는, 우리가 성공하지 못했다고 할지라도, 마이너스를 플러스로 바꾸려는 미약한 시도는 뒤를 돌아보는 대신 앞으로 나아가게 만든다. 그 과정에서 부정적인 생각은 긍정적인 것으로 바뀔 것이다. 그렇게 창조적인 에너지가 생기고, 우리를 바쁘게 움직여 지나가거나 끝난 일을 두고 애석해할 시간조차 없을 것이다.

세계적으로 유명한 바이올린 연주자 올레 불은 언젠가 파리에서 연주하던 중 바이올린의 현 하나가 끊어지는 사고를 겪게 된다. 하지만 그는 꿋꿋하게 나머지 현 세 개로 연주를 마쳤다. 해리 에머슨 포스딕은 이렇게 말했다.

"그게 인생이다. 현 하나가 끊어져도 나머지 세 개의 현으로 연주를 마치는 것."

그건 단순한 인생이 아니다. 그건 승리한 인생이다!

나는 할 수만 있다면 윌리엄 볼리도의 말을 동판에 새겨 모든 학교에 걸어두고 싶다.

"인생에서 가장 중요한 것은 얻은 것을 이용하는 것이 아니다. 그건 바보라도 할 수 있다. 가장 중요한 것은 잃은 것으로부터 무언가를 얻는 것이다. 후자는 지능을 필요로 하며 지각 있는 자와 어리석은 자를 구분할 수 있도록 한다."

평화와 행복을 가져오는 마음가짐을 쌓는 방법 6

운명이 위기를 쥐여 주면, 그것을 기회로 삼아야 한다.

제7장

14일 만에 우울증을 극복하는 방법

　　　　　　 이 책을 쓰기 시작했을 때, 나는 '내가 걱정을 극복한 법'이라는 주제로 가장 도움이 되고 영감을 주는 이야기에 200달러의 상금을 걸었다.

　심사에는 이스턴 항공사 회장인 에디 리켄배커, 링컨 메모리얼 대학교 총장인 스튜어트 매클리랜드 박사 그리고 라디오 뉴스 해설자인 H. V. 칼텐본이 위원으로 참여했다. 하지만 너무도 강력한 두 개의 최종 후보 가운데 한 이야기를 선택할 수 없었던 우리는 결국 상을 반으로 나누기로 했다. 여기서 최고의 이야기로 뽑힌 두 이야기 중 그 하나를 소개하려 한다. 미주리주 스프링필드 커머셜가 1067번지에 살고 위저 모터 세일즈 주식회사에서 근무하는 C. R. 버튼의 이야기이다. 그는 편지에 이렇게 적었다.

　나는 9살 때 어머니를, 12살 때 아버지를 잃었습니다. 아버지는 세상을 떠나셨고, 어머니는 지금으로부터 19년 전 집을 나가 다시는 돌아오지 않았습니다. 그 뒤로 단 한 번도 그녀나 그녀가 데려간 두 여동생을 본 적이 없습니다.
　그녀는 집을 떠난 뒤 7년 동안 한 통의 편지도 보내지 않았습니다. 아버지는 어머니가 떠난 지 3년 후에 사고로 세상을 떠났습니다. 그는 동업자와 미주리주의 작은 마을에 카페를 매입했는데, 아버지가 출장을 떠난 당시 그의 동업자가 마음대로 카페를 처분해버린 뒤 사라진 것이었습니다. 아버지의 친구가 그 사실을 알리자 그는 서둘러 귀갓길에 올랐다가 캔자스주 살리너스에서 교통사고를 당했습니다.

그러자 가난하고 노쇠한 고모 두 분이 아이 셋을 거두었습니다. 나와 남동생을 원하는 사람은 없었습니다. 우리는 마을 사람들의 인정에 기댈 수밖에 없었습니다. 우리는 부모가 없는 아이들이라는 소리를 듣고 나쁜 취급을 받게 될까 봐 항상 겁에 질려있었습니다. 그리고 우리의 걱정은 곧 현실이 되었습니다.

나는 한동안 마을의 어느 가난한 집에서 지냈는데, 가세가 더 기울고 가장이 직장을 잃은 탓에 더는 그곳에서 보살핌을 받을 수 없게 되었습니다. 그때, 로프틴 부부가 나를 거두어주었습니다. 그들은 시내에서 18km 정도 떨어진 농장에서 살고 있었습니다. 로프틴 씨는 70세였고, 대상포진을 앓고 있었습니다. 그는 내게 '거짓말하지 않고, 도둑질하지 않고, 시키는 대로만 하면' 얼마든지 그 집에서 지내도 된다고 말했습니다. 나는 그 말을 법처럼 엄격히 지켰습니다. 그렇게 나는 학교에 다니게 되었습니다.

첫 주에는 집에 와서 아이처럼 울음을 터뜨려야 했습니다. 다른 아이들이 내 큰 코를 보고 놀려댔으며, 나를 멍청한 '고아'라고 불렀던 것이었습니다. 크게 상처를 입은 나는 아이들과 싸우려고 했습니다. 하지만 로프틴 씨는 나에게 이렇게 말하며 나를 타일렀습니다.

"버티고 서서 싸우는 사람보다 싸움을 피하는 사람이 더 큰 사람이라는 사실을 항상 기억해라."

나는 어느 날 한 아이가 학교 가축우리에서 키우던 닭의 배설물을 내 얼굴에 던졌을 때까지 그의 말을 지켰습니다. 하지만 그날만큼은 그 아이를 혼내주었습니다. 그리고 몇 명의 친구를 사귀게 되었습니다. 그 아이들은 내가 옳은 일을 했다고 말해주었습니다.

나는 로프틴 부인이 사준 모자를 아꼈는데, 하루는 상급반 여자아이들이 모자를 빼앗아 그 안에 물을 담아 모자를 망가뜨려 버렸습니다. 한 여자아이는

'네 돌머리가 팝콘처럼 터지기 전에 물로 식혀준 거야.'라고 말했습니다.

나는 학교에서는 절대 울지 않았지만, 집에 돌아와 울음을 터트리고는 했습니다. 그러던 중, 로프틴 부인이 모든 문제와 걱정을 한 번에 해결하고 적을 친구로 만들 수 있는 충고를 해주었습니다. 그녀는 이렇게 말했습니다.

"랄프, 만일 네가 그 아이들에게 관심을 가지고 네가 무엇을 해줄 수 있을지 생각할 수 있게 되면, 그 아이들은 더는 너를 괴롭히거나 고아라고 부르지 않게 될 거다."

나는 그녀의 충고를 받아들인 뒤 열심히 공부했습니다. 나는 곧 반에서 1등을 했지만 아이들의 질투를 받는 일은 없었습니다. 최선을 다해 그들을 도왔기 때문입니다.

나는 남자아이들의 숙제와 작문을 도와주었습니다. 발표문을 통째로 써주는 일도 있었습니다. 한 아이는 내게 도움을 받는다는 사실을 주변에 알리기를 두려워했습니다. 그래서 그는 엄마에게 주머니쥐를 잡으러 간다고 말하고는 우리 농장에 와서 헛간에 개를 묶어둔 뒤 내 도움을 받았습니다. 그 외에도 독후감을 써주거나, 저녁 시간을 할애해서 한 여자아이의 수학 숙제를 도와주기도 했습니다.

어느 날 마을에 죽음이 찾아왔습니다. 나이 든 두 명의 농부가 세상을 떠났고, 한 아주머니는 남편으로부터 버림을 받았습니다. 나는 네 가족 중 유일한 남자였습니다.

나는 2년 동안 아주머니들을 도왔습니다. 학교를 오가는 동안 농장에 들러 나무를 자르고, 소젖을 짜고, 물과 여물을 챙겨주었습니다. 나는 이제 사람들로부터 저주가 아닌 축복을 받았습니다. 모두가 나를 친구로 받아주었습니다. 그리고 내가 해군을 제대했을 때, 그들은 온 마음을 다해 나를 반겨주었습니다.

집에 돌아온 첫날, 200명도 넘는 농부들이 농장에 찾아와 인사를 건넸습니다. 그중에는 130km도 넘는 거리를 달려온 사람도 있었습니다. 그들은 진심으로 나를 환영했습니다. 내가 다른 사람들을 돕기 위해 바쁘게 애쓰는 동안, 나는 걱정할 일이 거의 없었습니다. 그리고 그 누구도 지난 13년 동안 나를 '고아'라고 부른 사람도 없었습니다.

C. R. 버튼에게 큰 박수를 보내고 싶다! 그는 인간관계의 비밀을 이해했다! 그리고 걱정을 극복하고 삶을 즐길 줄도 아는 사람이다.

고인이 된 워싱턴주 시애틀의 프랭크 루프 박사 역시 같은 행동을 했다. 그는 23년이나 관절염을 앓으며 거동이 불편한 몸으로 살았다. 시애틀 스타의 스튜어트 위트하수는 내게 이런 편지를 보냈다.

"루프 박사를 이미 여러 번 인터뷰했지만, 그보다 더 이타적이고 충만한 삶을 산 사람을 본 적이 없습니다."

침대에서 생활하던 몸이 불편한 사람이 어떻게 충만한 삶을 살 수 있었을까? 한번 맞춰보시라. 불평과 비난을 퍼부었을까? 아니다. 자기연민에 빠지고 관심의 중심이 되기를 원하고 모든 사람들이 자신을 돌봐주기를 바랐을까? 결코 아니다. 그는 영국 왕세자의 '나는 섬긴다'라는 좌우명을 구호로 삼았다. 그는 몸이 불편한 환자들의 이름과 주소를 모아 행복하고 용기를 주는 편지를 보내어 그들은 물론 스스로를 격려했다. 그는 몸이 불편한 사람들을 위한 편지 쓰기 클럽을 창설한 뒤, 결국에는 '갇힌 자들의 사회'라는 단체를 설립했다.

그는 침대에 누워 연간 평균 1,400여 통의 편지를 보냈다. 그리고 그의 단체는 거동이 힘든 수천 명의 사람들에게 라디오와 책을 보내주며 기쁨을 누리도록 해주었다.

루프 박사와 다른 사람들의 가장 큰 차이점이 무엇일까? 바로 루프 박사에게는 목적과 사명을 지닌 사람이 가진 내면의 빛이 있었다는 점이다. 그는 자신의 존재보다 더 숭고하고 의미 있는, 남을 도움으로써 얻는 기쁨을 누린 것이었다. 그는 쇼가 말한 '자기중심적인, 병을 끌어안은 채 세상이 자신을 행복하게 해주지 않는다고 불만을 터뜨리는' 사람이 아니었다.

위대한 심리학자인 알프레드 아들러가 쓴 책에서 나는 다음과 같은 놀라운 구절을 본 적이 있다. 그는 우울증을 앓는 환자들에게 이렇게 말하고는 했다.

"이 처방을 따르면 14일 만에 우울증을 극복할 수 있습니다. 매일 어떻게 하면 다른 사람을 기쁘게 할 수 있을지 생각해보세요."

나는 아들러의 훌륭한 책 '심리학이란 무엇인가'에서 저술한 내용을 인용해 그의 놀라운 주장을 뒷받침하고자 한다.

아들러는 이렇게 적었다.

우울증은 오랜 시간 이어진 타인에 대한 분노와 비난으로 인해 생긴다. 보살핌, 동정과 지지를 받고 싶어 하는 환자가 죄책감으로부터 벗어나기 위한 수단인 것이다. 우울증 환자의 첫 번째 기억은 보통 이러하다.

"소파에 눕고 싶었는데 형이 그곳에 누워있었어요. 내가 너무 심하게 운 나머지 형은 결국 자리를 비워줘야 했어요."

우울증 환자들은 종종 자살을 통해 복수하고자 한다. 정신과 의사의 첫 번째 역할은 자살의 구실을 만들어주지 않는 것이다. 나는 첫 번째 치료법으로 긴장을 완전히 완화할 수 있도록 '싫어하는 일은 절대 하지 마세요.'라는 처방을 내린다. 이 처방은 아주 평범해 보이지만 가장 근본적인 문제를 건드리기도 한다. 만일 우울증 환자가 원하는 모든 것을 할 수 있다면, 과연 누구를 탓할 수 있을까? 무슨 근거로 복수를 할까? 나는 환자에게 이렇게 말한다.

"극장에 가거나 휴가를 떠나고 싶다면 그렇게 하세요. 가는 도중에 마음이 바뀌면 가지 마세요."

누구라도 환영할 만한 상황이다. 환자는 그렇게 우월한 존재가 되어 만족감을 얻는다. 마치 신이 된 듯 원하는 건 무엇이든 할 수 있게 되는 것이다. 그러나 또 한편으론 환자가 살아온 삶의 방식과는 다른 상황이 연출된다. 환자는 타인을 지배하고 탓하고 싶어 하지만, 이런 상황 속에서는 타인을 지배할 도리가 없어지는 것이다. 이 치료법은 마음을 안정시킨다. 내 환자 중에는 자살한 환자가 없다.

일반적으로 환자들은 이렇게 대답한다.

"하고 싶은 일이 없어요."

이 이야기를 너무 많이 들어온 나머지 그에 대한 답 역시 준비돼 있다.

"그러면 싫어하는 일을 하지 마세요."

가끔은 이렇게 말하는 환자도 있다.

"하루 종일 침대에 누워있고 싶어요."

내가 그러라고 한다면 환자는 더는 그 행동을 취하고 싶지 않아 할 것이다. 하지만 그 행동을 방해한다면 전쟁이 시작될 것이다. 그런 이유로 나는 항상 환자의 말에 반대하지 않는다.

이게 가장 중요한 규칙이다. 다른 사람들이 그들의 삶을 더욱 직접적으로 공격할 때, 나는 이렇게 말한다.

"이 처방을 따르면 14일 만에 나을 수 있습니다. 매일 어떻게 하면 다른 사람을 기쁘게 해줄 수 있을지 생각해보세요."

이게 환자들한테 무엇을 의미할까? 환자들은 보통 어떻게 하면 다른 사람을 걱정시킬지 생각하느라 바쁘다. 어떤 환자들은 이렇게 답할 것이다.

"쉽네요. 이미 평생 해온 일인걸요."

하지만 정작 실상은 그렇지 않다. 나는 그들에게 다시 생각해보라고 권한다. 하지만 그들은 다시 생각해보는 일이 없다. 그러면 나는 다시 이렇게 말한다.

"밤에 잠이 안 오면 어떻게 다른 사람을 기쁘게 만들 수 있는지 고민하세요. 건강을 생각해서 하는 말입니다. 아주 큰 도움일 될 거예요."

다음 날 환자에게 "제가 말씀드린 걸 생각해보셨나요?"라고 하면 그들은 이렇게 말한다.

"어제는 침대에 눕자마자 잠이 들었어요."

물론 이 대화는 아주 겸손하고 친절한 태도로 이루어져야 한다. 절대 우위를 차지하려 들어서는 안 된다.

환자들은 이렇게 대답하기도 한다.

"그런 일은 할 수 없어요. 저는 걱정이 너무 많은걸요."

그러면 나는 이렇게 말한다.

"걱정은 계속하세요. 걱정하는 동안에도 다른 사람을 생각할 수 있으니까요."

나는 항상 그들의 관심을 자신이 아닌 다른 사람에게 돌리려고 노력한다.

많은 환자들은 이렇게 말할 것이다.

"왜 다른 사람들을 기쁘게 해줘야 하지? 그 사람들은 내게 그러지 않는데."

나는 이렇게 말한다.

"건강을 위해 그렇게 하세요. 다른 사람들도 그렇게 살다가는 건강을 해치는 날이 올 겁니다."

환자가 "선생님이 하신 말씀을 생각해보았어요."라고 대답하는 건 아주 드물다. 나는 환자의 사회성을 기르는 것에 총력을 기울인다. 나는 병의 원인이 상호관계의 결여에서 온다고 보며, 환자가 그 사실을 직접 깨닫기를 원한다. 환자가 자신의 주변인과 연결되어 동등한 상호관계를 유지한다면, 그는 치유될 것이다. 종교가 요구하는 가장 중대한 과제는 항상 '네 이웃을 사랑하라.'라는 것이었다. 주변에 관심이 없는 사람은 인생에서 가장 힘든 문제들을 겪게 되며 다른 사람에게도 깊은 상처를 남긴다. 인간의 실패는 모두 이러한 사람들로부터 발현된다. …… 우리가 한 인간에게 바라는 유일한 바이자 가장 큰 칭찬을 건네는 사람은 다름 아닌 좋은 동료, 모두의 친구이며 사랑과 결혼에 있어 진정한 파트너이다.

아들러 박사는 우리에게 매일 선행할 것을 권한다. 근데 선행이란 무엇일까? 선지자 마호메트는 선행을 '다른 이의 얼굴에 미소를 가져오는 일'이라고 말했다.

매일 선행을 하는 것이 어떻게 그렇게 놀라운 효과를 가져오는 걸까? 다른 사람들을 기쁘게 만드는 동안 우리는 자신에 대해 생각하는 것을 멈추게 된다. 끊임없이 자신에 대해 생각하는 것만큼 걱정과 두려움, 우울함을 낳는 것도 없다.

뉴욕 5번가 521번지에서 '문 비서 학교'를 운영하던 윌리엄 T. 문은 우울함을 벗어나기 위해 2주라는 시간을 들일 필요도 없었다. 그는 알프레드 아들러보다 한 수 위였다. 그녀는 단 하루 만에 부모를 잃은 아이들을 돕던 중 우울함을 떨쳐냈기 때문이다.

사연은 이러했다.

지금으로부터 5년 전, 12월을 지나고 있었습니다. 나는 슬픔과 자기연민에 빠져있었지요. 행복한 결혼 생활을 이어가던 중, 남편을 잃었기 때문이었습니다. 크리스마스 연휴가 다가오자, 슬픔은 더욱 깊어졌습니다. 나는 생전에 단 한 번도 크리스마스를 홀로 보낸 적이 없었습니다. 나는 그날이 오는 것이 두려웠습니다. 친구들이 집으로 초대했지만 내키지 않았습니다. 파티에 우울하게 주저앉아 있을 게 뻔했으니까요. 나는 모든 초대를 거절했습니다. 크리스마스이브가 다가오자, 나는 더욱 큰 자기연민에 사로잡혔습니다. 분명 내게도 감사할 수 있는 일들이 많았습니다. 모든 사람에게 감사할 일이 하나씩 있는 것처럼요.

크리스마스 전날, 나는 오후 3시에 사무실에서 나와 정처 없이 5번가를 떠돌기 시작했습니다. 자기연민과 우울감이 날아가 버리기를 바라면서 말입니다. 5번가는 즐겁고 행복한 사람들로 가득했고, 다시는 돌아오지 않는 행복한 날들의 기억을 되살렸습니다.

나는 외롭고 텅 빈 아파트로 돌아가고 싶지 않았습니다. 나는 혼란스러웠고, 무엇을 해야 할지 몰랐습니다. 눈물을 참을 수가 없었습니다. 한 시간 정도를 어디로 가는지 모르게 걷다 보니, 버스 종점에 닿게 되었습니다. 순간 남편과 함께 모르는 버스에 올라타 모험을 즐기던 기억이 떠올랐습니다. 나는 그렇게 정류장에 있던 아무 버스에 올라탔습니다. 허드슨강을 지나 한참을 달린 뒤, 버스 기사가 이렇게 말하는 것을 들었습니다.

"종점입니다."

나는 버스에서 내렸습니다. 이름도 모르는 조용하고 평화로운 작은 마을이었습니다. 다음 버스를 기다리는 동안, 나는 주택가를 걸었습니다. 그리고 교회를 지나는데, '고요한 밤'의 아름다운 연주가 들려왔습니다. 나는 교회 안으로 들어갔습니다. 교회에는 오르간 연주자를 제외하고는 아무도 없었습니다. 나는 조용히 자리에 앉았습니다. 크리스마스트리에는 화사한 전구가 달려있었는데, 마치 달빛 속에서 무수한 별들이 춤을 추는 것 같았습니다. 길게 늘어지는 오르간 연주와 아침부터 비어있던 속 때문에 나른한 느낌이 들었던 나는, 피곤하고 무거운 짐을 짊어진 채로 잠에 빠졌습니다.

눈을 떴을 때, 나는 어디에 있는지 알 수 없어 겁이 났습니다. 내 앞에는 두 명의 작은 아이들이 있었는데, 크리스마스트리를 보러 온 것 같았습니다. 여자아이가 손으로 나를 가리키며 이렇게 말했습니다.

"산타가 그녀를 데려온 걸까?"

내가 잠에서 깨자 아이들은 두려움에 떨었습니다. 나는 곧바로 아이들을 안심시켰습니다. 아이들의 차림새는 엉망이었습니다. 엄마와 아빠가 어디에 있느냐고 묻자, 아이들은 이렇게 말했습니다.

"엄마도 아빠도 없어요."

아이들의 상황은 제가 처한 상황보다 훨씬 좋지 않았습니다. 아이들을 보고 있자니 내 슬픔과 자기연민이 창피하게 느껴졌습니다. 나는 아이들에게 크리스마스트리를 보여준 뒤, 상점에 데려가 배를 채울 수 있게 했습니다. 그리고 사탕과 선물 몇 개를 사주었습니다. 외로움은 마법처럼 사라졌습니다. 이 두 아이는 진정한 행복을 알려주었음은 물론 몇 달 만에 처음으로 저 자신을 잊을 수 있도록 해주었습니다.

아이들과 이야기를 나눈 뒤, 나는 내가 얼마나 운이 좋은 사람인지 깨달았습니다. 나는 부모님의 사랑과 다정함으로 밝게 빛났던 유년 시절의 크리스마스를 떠올리며 신께 감사드렸습니다. 두 아이는 내 호의보다 너무도 큰 선물을 돌려주었습니다. 이 경험은 다른 사람들에게 행복을 전하는 것이 곧 내 행복을 위한 일이라는 걸 보여주었습니다. 나는 행복에 전염성이 있다고 믿습니다. 우리는 베풂으로써 받습니다. 다른 사람을 돕고 사랑을 베풀며, 걱정과 슬픔, 자기연민을 극복하고 새로운 사람이 되었습니다. 그리고 지금까지도 그렇게 살아오고 있습니다.

자신을 잊음으로써 건강과 행복을 찾은 사람들에 관한 이야기를 모으면 책

한 권을 쓸 수 있을 것이다. 미국 해군에서 가장 인기 있던 여성인 마거릿 테일러 예이츠의 이야기도 들어보자.

예이츠는 소설가였다. 하지만 그녀는 자신이 쓴 그 어떤 추리소설보다 더 놀라운 일을 겪었다. 바로 일본군이 진주만을 공격했을 당시의 일이다. 예이츠는 일 년도 넘는 시간 동안 심장 문제로 병상에 있었다. 그녀는 24시간 중 22시간을 침대에 누워 보냈다. 오죽하면 그녀가 움직인 최고 거리가 일광욕을 위해 정원으로 간 게 전부였을 지경이었다. 그마저도 가정부의 부축이 필요했다. 그녀는 당시 평생 거동이 불편한 생활을 하게 될 것으로 여겼다고 말했다.

일본군이 진주만을 공격해 현실에만 안주하던 나를 깨우지 않았다면, 나는 아마 살지 못했을지도 모릅니다. 그 일이 일어나자 모든 것이 혼돈과 혼란에 빠졌습니다. 집 근처에 떨어진 폭탄의 충격에 나는 침대에서 튕겨 나왔습니다. 군용 트럭이 히캄 공군기지, 쇼필드 배럭스, 카네오헤만 항공기지로 달려가 육군과 해군 가족들을 학교로 대피시켰습니다. 적십자는 사람들을 보호할 남는 방이 있는지 묻기 위해 전화를 돌렸습니다. 내 침실에 전화기가 있다는 걸 알고 있던 적십자는 통신소 역할을 요청했습니다. 나는 그렇게 군인들의 아내와 아이들이 어디에 묵게 되었는지 알아내기 시작했고, 군인들은 내게 전화를 걸어 가족들의 생사를 확인했습니다.

나는 얼마 지나지 않아 남편인 로버트 롤리 예이츠 사령관이 안전하다는 사실을 알게 되었습니다. 나는 남편의 생사를 알 수 없는 상황에 놓인 여성들에게 용기를 주기 위해 노력했습니다. 그리고 실제로 남편을 잃은 여성들을 위로했습니다. 그들은 한두 명이 아니었습니다. 그날 해군과 해병대를 통틀어 2,117명의 장교가 사망했고 960명이 실종되었습니다.

처음에는 침대에 누워서 전화를 받았습니다. 그러다 나는 앉은 채로 전화를 받았고, 결국에는 너무 바쁘고 흥분한 상태로 약한 몸도 잊고 침대에서 나와 식탁에 앉아서 일을 보았습니다. 더 안 좋은 상황에 처한 다른 사람들을 도우며 스스로를 잊어버렸습니다. 그리고 그날 이후, 다시는 수면을 위한 8시간을 제외하고는 침대에 눕지 않게 되었습니다. 뒤늦게 깨달은 바로는 일본군이 진주만을 공격하지 않았다면, 나는 아마 평생을 누워서 살게 되었을지도 모릅니다. 침대는 편안했고, 시중을 들어주는 사람이 있다 보니 저도 모르게 재활의지를 잃어버렸던 것 같습니다.

진주만 공격은 미국 역사상 가장 큰 비극이었지만, 개인적으로는 가장 큰 교훈이 된 사건이었습니다. 그 끔찍한 위기는 내게 상상조차 해보지 못한 힘이 있다는 사실을 깨닫게 해주었습니다. 나는 그렇게 자신이 아닌 다른 사람에게로 초점을 옮겼습니다. 그리고 내게 살아가야 할 크고 필수적인 이유를 남겨주었습니다. 더는 자신과 자신을 돌보는 일을 생각할 시간이 없어진 것이었습니다.

정신과로 달려가는 사람 가운데 삼분의 일은 마거릿 예이츠를 따라 '다른 사람을 돕는 것에 관심을 기울이기만 해도' 저절로 치유될 것이다. 내 의견이냐고? 아니, 카를 융이 비슷한 이야기를 했다.

"내 환자 중 3분의 1은 신경증으로 고통받고 있는데, 이는 임상적으로 정의가 가능한 신경증이 아닌 삶의 무의미함과 허무함으로 인한 병이다."

예를 들자면, 삶을 두고 히치하이크를 시도하지만, 모든 차들이 지나가고 있는 셈이다. 그들은 그렇게 정신과 의사를 찾아가 하찮고, 의미 없고, 쓸모없는 삶을 불평하는 것이다. 배가 떠난 선착장에서 자신을 제외한 모든 사람을 비난하며 세상이 자신들의 이기적인 욕망을 돌봐주기를 요구하면서 말이다.

당신은 아마 이렇게 생각할지도 모른다.

'별로 대단한 이야기도 아니네. 나도 크리스마스이브에 부모 없는 아이들을 만난다면 관심을 가지겠지. 그리고 나 역시 진주만에 있었다면, 마거릿 테일러 예이츠처럼 행동했을 거야. 하지만 상황이 다른걸. 나는 아주 평범하고 지루한 삶을 살고 있어. 나는 매일 지겨운 직장에서 8시간을 일하고 내 인생에는 인상적인 일이라고는 일어나지 않아. 근데 내가 어떻게 다른 사람들을 돕는 것에 관심을 가지겠어? 그리고 왜 그래야만 하지? 그게 나한테 무슨 도움

이 된다고?'

맞는 말이다. 자, 이제 그에 대한 답변을 찾아보겠다. 아무리 인생이 단조롭다고 해도, 당신은 매일 새로운 사람들을 만날 것이다. 매일 마주치는 사람에게 눈길이나 주는가? 무엇이 그들을 움직이게 하는지 궁금해한 적이 있는가? 매일 편지를 나르며 일 년에 수백km를 걷는 우체국 집배원은 어떤가? 그가 어디에 사는지, 그의 아내나 아이들의 사진을 궁금해한 적이 있는가? 그것도 아니면 그의 발이 아프거나, 일이 지루하지 않은지 물어본 적은?

식품점의 아르바이트생, 신문 배달부, 길에서 구두를 닦아주는 그 사람은? 이 사람들 또한 문제와 꿈, 개인적인 야망을 가지고 바쁘게 살아가는 사람들이다. 그들도 다른 사람과 자신의 이야기를 나누기를 원한다. 하지만 당신은 그것을 허락하는가? 한 번이라도 그들의 삶에 열렬한, 진정한 관심을 보인 적이 있는가? 당신이 플로렌스 나이팅게일이나 사회개혁가가 되어 세상을 나은 곳으로 만들기를 바라는 것이 아니다. 내일 아침 마주치는 사람에게 바로 시도해볼 수 있다!

당신에게 무슨 도움이 되느냐고? 더 많은 행복, 더 큰 만족, 그리고 자부심이 그 대가이다! 아리스토텔레스는 이런 삶의 태도를 '깨달음을 얻은 이기주의'라고 표현했다. 조로아스터는 "다른 사람들에게 선행을 베푸는 것은 의무가 아닌 즐거움이다. 당신의 건강과 행복을 증진시킨다."라고 했다.

벤저민 프랭클린은 이를 더 간단하게 요약했다.

"다른 사람들에게 친절히 구는 것은, 곧 자신에게 친절히 구는 것이다."

뉴욕 심리서비스센터의 헨리 C. 링크는 이렇게 적었다.

"현대 심리학의 최대 발견은 자아를 실현하고 행복을 얻으려면 반드시 자기희생과 규율이 필요하다는 사실을 과학적으로 증명했다는 것이다."

다른 사람을 생각하는 것은 걱정을 덜어주는 것뿐만 아니라 많은 친구를 사귀고 더 많은 즐거움을 누릴 수 있도록 해준다. 어떻게 그게 가능하냐고? 예일대의 윌리엄 라이온 펠프스 교수에게서 그 답을 들을 수 있었다. 그는 이렇게 말했다.

나는 호텔이나 이발소, 상점에서 만나는 사람들에게 반드시 듣기 좋은 말을 건넵니다. 나는 일하는 사람들을 기계의 부품이 아닌 하나의 인격으로 대하려고 합니다. 가끔은 가게 판매원의 눈이나 머릿결을 칭찬하기도 하고, 이발사에게는 하루 종일 서 있으면 다리가 아프지는 않은지 물어보고는 합니다. 그에게 어쩌다 이발소를 운영하게 되었는지도 묻고, 얼마나 오래 일했는지, 얼마나 많은 머리를 이발해 보았는지 물어보는 것입니다.

사람들에게 관심을 표하면 그들의 얼굴이 기쁨으로 웃음으로 채워지는 것을 볼 수 있습니다. 나는 짐을 들어준 짐꾼에게 자주 악수를 건넵니다. 그러면 그 사람은 기운을 얻어 온종일 상쾌한 기분으로 일하게 됩니다.

유난히 더웠던 어느 날, 나는 뉴헤이븐 레일웨이의 식당칸에 점심을 먹으러 갔습니다. 사람들로 꽉 찬 식당칸은 거의 용광로처럼 뜨거웠고 서비스는 몹시 느렸습니다. 직원이 드디어 메뉴판을 건넸을 때, 나는 이렇게 말했습니다.

"오늘 같은 날 저 뜨거운 주방에서 일하는 사람들은 고생이 참 많겠네요."

직원은 억울해하며 하소연하기 시작했습니다. 나는 처음에 그가 화를 낸다고 생각했지만 아니었습니다. 그는 이렇게 외쳤습니다.

"세상에나! 사람들은 들어와서 음식에 대한 불평만 할 줄 알지요. 서비스가 느리다며 따지고, 열기와 가격을 두고 으르렁거리기나 하고요! 벌써 19년째 고객들의 비난만 들어왔는데, 절절 끓는 주방에서 일하는 요리사들을 안타깝게 여기는 분은 처음 보네요. 당신 같은 손님들이 많다면 얼마나 좋을까요."

직원이 놀란 것은 내가 요리사들을 대기업의 부품이 아닌 똑같은 인격으로 대했기 때문이었습니다. 사람들이 원하는 것은 최소한의 인간적인 관심입니다. 나는 길에서 예쁜 강아지를 만나면 항상 강아지를 칭찬합니다. 그리고 어깨 너머를 돌아보면, 주인이 강아지를 쓰다듬으며 예뻐하는 모습을 볼 수 있습니다. 내 칭찬으로 인해 자신의 강아지를 다시 보게 된 것이지요.

한번은 영국에서 셰퍼드를 만나 그 크고 똑똑한 양몰이 개를 진심으로 칭찬했습니다. 주인에게 어떻게 개를 훈련했냐고 물어보기도 했지요. 자리를 뜨며

뒤를 돌아보니, 셰퍼드는 주인의 어깨에 발을 올린 채로 귀여움을 받고 있었습니다. 그 둘에게 조금의 관심을 보여줌으로써, 나는 개의 주인과 개는 물론 나 역시도 행복하게 만들 수 있었습니다.

짐꾼과 악수를 하고 요리사들의 노고에 공감을 표하며 개의 주인에게 개를 칭찬하는 사람이 시큰둥해하거나 걱정을 하고 정신과를 찾는 모습을 상상할 수 있는가? 당연히 말이 되지 않는다. 중국 속담에 이런 말이 있다.
"장미를 건네는 손에는 언제나 약간의 향기가 남는다."
물론 예일대 교수 빌리 펠프스에게는 필요하지 않은 말이다.
지금부터는 어느 여성의 이야기를 하려 한다. 그녀는 젊었을 적 걱정이 많고 불행했던 시간을 보냈으나 여러 남성으로부터 프로포즈를 받고 지금은 할머니가 되었다. 몇 년 전, 나는 그녀와 그녀의 남편이 살고 있는 집에서 하룻밤을 묵었다. 그녀의 마을에서 강의가 있었기 때문이다. 다음 날 그녀는 뉴욕 센트럴 역으로 가는 기차를 타야 하는 날 위해 80km나 운전해 역에 데려다 주었다. 그녀는 필라델피아의 사교계 명사 인명록에 등록된 가정에서 자랐다. 친구를 만드는 법에 대해 이야기하고 있었을 때, 그녀는 이렇게 말했다.

"카네기 씨, 지금 들려주는 이야기는 남편한테도 해본 적이 없는 이야기입니다. (당신이 너무 많은 것을 기대한다면 실망할지도 모르겠다.) 내가 어릴 적 겪은 가장 큰 비극은 가난이었습니다. 나는 속해있던 사교계의 다른 여자들처럼 즐거운 생활을 할 수 없었습니다.
내 옷은 항상 허름했고, 몸에 맞지 않거나 유행이 지나있었습니다. 나는 모욕감과 창피함을 느껴 잠들 때까지 우는 일이 부지기수였습니다. 나는 그렇게 자포자기하는 심정으로 디너파티의 파트너에게 그의 경험과 생각, 앞으로의 계획을 물어보기 시작했습니다. 나는 특별히 대답이 궁금해서 그 질문들을 던진 것이 아니었습니다. 순전히 파트너가 내 창피한 옷을 보지 못하게 하기 위해서였습니다. 그러나 이상한 일이 일어났습니다. 그 젊은 남자들의 이야기를 들으며 그들에 대해 알아갈수록, 그들의 이야기에 점점 관심을 기울이게 되었습니다. 어쩔때는 옷에 대한 건 잊어버릴 정도였습니다. 하지만 가장 놀라웠던 건 그들의 말에 귀를 기울이고 자신의 이야기를 할 수 있도록 격려하자 그들은 곧 행복해했으며, 나는 차츰 속한 사교계에서 가장 인기 있는 여자가 되었고, 3명에게서 프로포즈를 받았습니다."

이 장을 읽는 사람들 중 일부는 이렇게 말할지도 모르겠다.

"다른 사람에게 관심을 가지라는 이 이야기는 죄다 헛소리야! 종교인들이나 할 소리지 나와는 맞지 않아! 나는 가질 수 있는 것은 모두 가질 거야. 그것도 지금 당장. 바보들은 알아서들 하라지!"

만일 그게 당신의 의견이라면 그런 것이다. 하지만 만일 당신이 옳다면, 인류 역사에 기록된 모든 위대한 철학자와 스승들은 잘못된 것이 된다. 예수, 공자, 부처, 플라톤, 아리스토텔레스, 성 프란치스코를 포함해서 말이다. 종교 지도자들의 가르침을 비웃는다니, 무신론자의 충고를 들어보도록 하자. 우선 케임브리지 대학교의 교수이자 당대 가장 유명한 학자로 거론되는 고(故) A. E. 하우스먼의 예를 들어보자. 1936년, 그는 케임브리지 대학에서 '시의 제목과 특성'이라는 연설을 하며, 이렇게 말했다.

"세상에 드러난 최고의 진실과 역사상 가장 깊이 있는 도덕적 발견은 예수의 입에서 나왔다. '자기 목숨을 얻는 자는 잃을 것이요 나를 위하여 자기 목숨을 잃는 자는 얻으리라.'"

우리는 평생 동안 설교가들이 그렇게 말하는 것을 들어왔다. 하지만 하우스먼은 무신론자이자 염세주의자이며 자살을 생각했던 사람이었다. 그런데도 그는 자신에 관해서밖에 생각할 줄 모르는 사람들은 삶에서 많은 것을 얻을 수 없지만, 자신을 잊고 다른 사람을 섬긴다면 삶의 기쁨을 찾을 것이라고 말했다.

만일 당신이 A. E. 하우스먼의 이야기에 감명받지 않았다면, 이번에는 20세기 미국에서 가장 유명세를 떨친 시어도어 드라이저의 충고를 들어보자. 드라이저는 모든 종교를 동화에 비교하며 삶을 "소음과 분노로 채워진, 멍청이가 떠드는 의미 없는 이야기"라고 표현했다. 하지만 그런 드라이저도 예수가 가르친 위대한 원칙인 다른 사람을 섬긴다는 원칙을 지지했다. 그는 이렇게 말했다.

"만일 삶으로부터 어떤 기쁨이라도 누리고자 한다면, 자신이 아닌 다른 사람을 위한 고민을 하고 계획을 세워야 한다. 그의 기쁨은 곧 다른 이의 손에 달려있고, 다른 이의 기쁨은 그의 손에 달려있기 때문이다."

만일 우리가 드라이저가 지지한 대로 "다른 이를 위한 삶"을 살고자 한다면 주저하지 말자. 시간이 아깝기 때문이다.

"나는 이 길을 단 한 번만 걸을 수 있다. 내가 베풀 수 있는 선행이나 친절이 있다면 당장 실천하자. 미루거나 방치하지 말자. 나는 다시는 이 길을 걸을 수 없기 때문이다."

평화와 행복을 가져오는 마음가짐을 쌓는 방법 7

우리의 불행은 잊고 다른 이들을 행복하게 만들자.

"다른 이에게 친절한 것은 곧 우리 자신에게 친절한 것이다."

제4부 요약

1. 우리의 마음을 평화, 용기, 건강, 희망으로 채우자.
"우리의 생각이 우리의 삶을 만든다."

2. 절대 적에게 복수하려 들지 말자. 그들을 다치게 하려다가 우리가 더 많이 상처 입게 될 것이다. 아이젠하워 장군처럼 싫어하는 사람에게 1분의 시간도 허락하지 말자.

3. ① 감사함을 모르는 사람들 때문에 걱정하지 말자. 그건 자연스러운 일이다. 예수가 한센병 환자 열 명을 한나절 만에 낫게 해주고도 감사하다는 말을 듣지 못했는데, 우리인들 별수가 있겠는가?

   ② 행복을 얻는 유일한 방법은 감사함을 기대하는 것이 아닌, 베푸는 기쁨을 누리는 것이다.

   ③ 감사함은 '길러진' 특성이라는 사실을 기억하자. 아이들이 감사함을 아는 사람으로 자라게 하고 싶다면 훈련이 필요하다.

4. '문제가 아닌 축복을 세어라!'

5. 다른 이들을 따라 하지 말자. 자기 자신을 찾고, 자기 자신이 되자. "질투는 무지"이고 "표방은 자살행위"이다.

6. 운명이 위기를 쥐여 주면, 그것을 기회로 삼자.

7. 우리의 불행은 잊고 다른 이들을 행복하게 만들자.
"다른 이에게 친절한 것은 곧 우리 자신에게 친절한 것이다."

> 기도는 인간이 만들어낼 수 있는 가장 강한 형태의 에너지입니다.
> 그리고 그건 중력만큼이나 실재하는 힘입니다.
> 의사로서, 나는 모든 치료법을 실패한 사람이 조용한 기도를 통해
> 병과 우울증으로부터 해방된 걸 본 적이 있습니다.

제5부
걱정을 극복하기 위한 황금률

제1장
부모님이 걱정을 극복한 비결

▶─────── **이미 말했듯,** 나는 미주리의 한 농장에서 태어나고 자랐다. 그 시절 대다수의 농부들처럼, 내 부모님도 생계에 어려움을 겪었다. 어머니는 시골 학교의 교사였고, 아버지는 매달 12달러를 받고 농장에서 일했다. 내 옷은 물론 세탁용 비누마저 어머니가 직접 손으로 만들고는 했다.

1년에 한 번, 돼지를 팔 때를 제외하고 우리 손에 현금이 있는 일은 거의 없었다. 식료품점에서 밀가루, 설탕, 커피를 사기 위해 우리가 가진 버터와 계란으로 물물교환을 했을 지경이었다. 내가 12살이 되었을 때, 나는 일 년에 50센트 이상 쓸 수가 없었다. 나는 아직도 독립기념일 기념행사에 갔던 날, 아버지가 내게 10센트를 주며 하고 싶은 대로 하라고 했던 날을 기억하고 있다. 나는 인도 제국이라도 살 수 있을 것 같은 기분이었다.

나는 전교에 1반밖에 없는 학교를 다니기 위해 매일 1.6km를 걸었다. 눈이 잔뜩 쌓이고, 영하 28도까지 내려간 추위에 온도계가 몸서리를 칠 때도 그 길을 걸었다. 내가 14살이 되기 전에 고무로 된 신발이나 덧신을 가져본 적이 없었다. 길고 추웠던 겨울 동안, 내 발은 항상 젖어있었고 얼어붙었다. 어린 시절의 나는 보송보송하고 따뜻한 발로 겨울을 날 수 있는 사람이 있다고는 꿈에도 생각하지 못했다.

내 부모님은 매일 16시간을 노예처럼 일하면서도 빚에 쪼들렸고 불운이 덮쳤다. 내가 가진 기억 중 가장 오래된 기억에는 102번 강에 홍수가 나서 우리의 옥수수밭과 목초지를 쓸어버린 장면이 남아있다. 덕분에 농작물의 80% 이상이 날아가 버렸다. 해마다 돼지들은 콜레라에 걸렸고 우리는 그 사체들을 불태워야 했다. 지금도 눈을 감으면 돼지가 탈 때 나는 지독한 냄새가 떠오른다.

어떤 해에는 홍수가 나지 않았다. 그 해는 옥수수가 풍년이었으므로, 우리는 소를 사서 옥수수를 먹여 몸집을 키웠다. 하지만 차라리 홍수가 그 옥수수를 모두 쓸어버리는 게 나았을지도 모른다. 시카고 시장의 소 가격이 내려가는 바람에 옥수숫값을 빼고 나니 겨우 30달러가 남았을 뿐이었다. 1년을 고생해서 얻은 돈이 겨우 30달러라니!

무슨 일을 하든 우리는 결국 돈을 잃었다. 나는 아직도 아버지가 사 온 노새들을 기억한다. 우리는 노새를 3년이나 키우고, 사람까지 고용해 훈련했다. 그리고 테네시주 멤피스까지 데려가서는 3년 동안 들인 돈보다 적은 값에 노새들을 팔았다.

10년이나 그렇게 죽어라 일한 결과로, 우리는 무일푼이 되었을 뿐 아니라 빚더미에 앉았다. 우리는 농장을 담보로 은행 빚을 졌다. 아무리 노력해도 우리는 이자를 낼 수조차 없었다. 은행에서는 아버지에게 입에 담지 못할 욕을 하며 농장을 빼앗아버리겠다고 협박했다. 당시 아버지는 47세였다. 30년을 힘들게 일한 그에게 남은 것은 빚과 모욕뿐이었다.

아버지는 그것을 감당할 수 없었다. 그는 걱정했고, 건강이 상했다. 식욕마저 잃어버렸는데, 매일 밭에서 그렇게 힘든 육체노동을 하면서도, 식욕이 돋게 하는 약을 따로 먹어야 하는 지경에 이르렀다. 체중까지 줄었고, 의사는 어머니에게 그가 6개월도 살지 못할 수도 있다고 말했다.

아버지는 지나치게 걱정한 나머지 삶에 대한 의지를 잃어버리고 말았다. 그가 말을 먹이고 소의 젖을 짜러 갔다 제때 돌아오지 않으면, 지붕 밑에 시체가 달랑거리고 있지 않기를 바라며 곳간으로 달려가야 했다고 어머니가 말하는 걸 자주 들었다. 아버지가 농장에 대한 담보권을 실행하겠다는 은행의 협박을 받고 메리빌에서 돌아오던 어느 날, 그는 102번 강을 건너는 다리 위에 말을 멈추고 마차에서 내렸다. 그는 한참이나 발밑의 강을 쳐다보며 몸을 던져 모든 걸 끝내야 하는지 고민했던 것이었다. 몇 년 후, 아버지는 내게 그날 뛰어내리지 않은 유일한 이유는, 어머니의 깊고, 신실하고 기쁨으로 찬 신앙심 때문이었다고 말해주었다. 신의 뜻을 따르면, 모든 것이 괜찮아질 거라는 게 그녀의 생각이었다. 과연 어머니가 옳았다. 모든 것은 결국 괜찮아졌다. 아버지는 그로부터 42년이나 더 행복하게 살았으며, 1941년 89세의 나이로 세상을 떠났다. 그 긴 고난의 시간을 겪으며 내 어머니는 한 번도 걱정한 적이 없었다. 그녀는 기도를 통해 모든 짐을 신에게 맡겼다. 매일 밤, 잠이 들기 전 그녀는 성경 한 장 펼쳐 읽어주었다. 어머니와 아버지는 자주 예수님이 전한 위로의 말을 들려주고는 했던 것이다.

"내 아버지 집에 거할 곳이 많도다…… 내가 너희를 위하여 거처를 예비하러 가노니…… 나 있는 곳에 너희도 있게 하리라."

그렇게 외로운 미주리주 농가의 사람들은 의자 앞에 무릎을 꿇고 하나님께 사랑과 보호를 내려달라고 기도하는 것이었다.

윌리엄 제임스가 하버드대 철학과 교수로 있을 당시, 그는 이렇게 말했다.

"걱정을 치유하는 절대적인 방법은 종교적 믿음이다."

그 사실을 깨닫기 위해 하버드대 교수가 될 필요는 없다. 내 어머니는 미주리주 농장에서도 그 진리를 깨우쳤다. 홍수도, 은행 빚도, 엄청난 불행도 그녀의 행복과 빛, 승리로 채워진 영혼을 막지는 못했던 것이다. 지금도 그가 일할 때 부르던 찬송가가 귓가에 들리는 것 같다.

평화, 평화, 놀라운 평화
하늘 아버지로부터 내려오네
내 영혼 영원히 휩쓸리기를
끝없는 사랑의 물결에

어머니는 내가 교역에 삶을 바치기를 원했고, 나는 진지하게 외국 선교사를 꿈꾸기도 했다. 하지만 대학에 간 나는 차차 변화를 겪었다. 나는 생물, 과학, 철학 그리고 비교 종교학을 공부했다. 나는 어떻게 성경이 쓰였나에 관한 책을 읽었다. 나는 성경이 주장하는 것들에 대해 질문하기 시작했다. 나는 그 옛날 시골의 전도사들이 가르치던 편협한 교리를 의심하기 시작했다. 나는 혼란스러웠다. 월트 휘트먼의 말처럼 나는 "별나고 갑작스러운 질문들이 내 안에서 일어나는" 것을 느꼈다. 나는 무엇을 믿어야 할지 알 수 없었다. 삶에 목적이 없는 것 같았다. 나는 기도를 그만두었다. 나는 불가지론자가 되었다.

나는 인생에 계획이나 목적 같은 건 없다고 믿었다. 나는 인간이라고 해서 2억 년 전 이 지구를 배회하던 공룡들보다 더 신성한 삶의 목적을 가지지 않는다고 믿었다. 나는 인간 역시, 공룡이 그랬듯 언젠가 멸종할 것이라고 생각했다. 나는 과학을 공부하며 태양이 천천히 식어가고 있으며, 온도가 10% 이상 떨어진다면 지구의 그 어떤 생명체도 살아남지 못한다는 사실을 알고 있었다.

나는 신이 자기 모습을 본떠 인간을 창조해냈다는 생각을 비웃었다. 어둡고, 춥고, 생명이 없는 우주 속을 회전하는 십억에 십억을 곱한 만큼의 항성들은 자연의 힘에 의해 창조되었다고 믿었다. 아니, 어쩌면 창조된 적조차 없을지도 모른다고 생각했다. 우주가 존재한 시간만큼, 영원히 존재했던 것일지도 모른다고.

지금의 나는 이 모든 질문에 대한 답을 찾았다는 말일까? 결코 아니다. 그 어떤 자도 우주와 생명의 비밀을 설명할 수 없었다. 우리는 불가사의에 둘러싸여 있다. 우리 몸이 기능하는 원리는 완전한 불가사의다. 당신 집에 들어오는 전기도, 시멘트벽 틈으로 자란 꽃, 창밖에 보이는 잔디도 마찬가지다.

제너럴 모터스 연구소를 이끄는 천재 연구원 찰스 F. 케터링은 안티오치 대학에 매년 3만 달러를 사비로 제공하며 잔디가 푸른 이유를 밝혀내려고 했다. 그는 잔디가 햇빛, 물, 이산화탄소를 양분으로 바꿀 수 있는지 밝혀낸다면, 문명을 바꿀 수 있으리라 생각했던 것이었다.

당신 차의 엔진이 작동하는 원리 역시 완전한 불가사의다. GM 연구소는 수년에 걸쳐 수백만 달러를 들여 어떻게 실린더의 스파크가 차를 달리게 하는 폭발을 일으키는지 밝혀내려 했지만 끝내 결론에 닿지 못했다.

우리가 몸, 전기, 가스 엔진의 불가사의를 깨닫지 못했다 하더라도, 그것들을 사용하고 누리는 데는 아무런 문제가 없다. 내가 기도와 종교의 불가사의를 이해하지 못한다고 해서, 종교가 가져다주는 더 풍요롭고, 행복한 삶을 누릴 권리가 없는 것은 아니다. 오랜 시간이 흘러서야, 나는 산타야나의 지혜를 깨달은 것이다.

"인간은 인생을 이해하기 위해 사는 것이 아닌, 살기 위해 사는 것이다."

나는 종교로 돌아갔다. 하지만 정확히 말하자면 그것은 완전한 회귀는 아니었다. 나는 새로운 개념의 종교로 나아갔다. 나는 교회를 나누는 여러 가지 종류의 신앙에 대해서는 더는 관심이 없었다. 그 대신 나는 종교가 내게 가져다주는 것에 엄청난 관심을 느꼈다. 마치 내가 전기와 좋은 음식에 관심을 가지듯 말이다. 종교는 내가 더 풍요롭고, 완전하고, 행복한 삶을 살도록 도와주었다. 하지만 종교의 역할이 그것에 그치는 것은 아니다. 종교는 정신적인 가치를 가져다주기도 한다. 윌리엄 제임스는 종교를 두고 "삶, 더 크고, 풍요롭고, 만족스러운 삶을 위한 새로운 열정"이라고 표현했다.

종교는 내게 믿음, 희망 그리고 용기를 주었다. 그리고 긴장, 불안, 두려움, 걱정을 몰아냈다. 나는 삶의 목적과 방향을 깨달았다. 그리고 나는 더없이 행복해지고 건강해졌다. 종교는 "인생의 모래바람 가운데 만난 평화의 오아시스"였다.

프랜시스 베이컨이 옳았다. 그는 350년 전에 이미 이렇게 말했다.

"얄팍한 철학은 인간의 마음을 무신론으로 이끌지만, 깊은 철학은 그의 마음을 종교로 데려간다."

나는 사람들이 과학과 종교 간의 분쟁에 관해 이야기하던 시절을 기억하고 있다. 하지만 그뿐이다. 최신의 과학과 정신 의학은 모두 예수가 옳았다고 가르친다. 왜냐? 기도와 깊은 신앙심이 모든 질병의 원인 중 절반을 차지하는 걱정, 불안, 압박감 그리고 두려움을 몰아낸다는 것을 깨달았기 때문이다. 정신 의학을 대표한다고 할 수 있는 A. A. 브릴 박사는 이렇게 말했다.

"진정으로 종교적인 사람은 신경증에 걸리지 않는다."

종교가 진리가 아니라면, 인생에는 의미가 없다. 그저 비극으로 끝나는 희

극일 뿐이다.

나는 헨리 포드가 세상을 떠나기 몇 년 전, 그를 인터뷰할 기회가 있었다. 그를 만나기 전까지만 해도 나는 수십 년간 세상에서 가장 큰 기업을 키워내며 겪은 고충을 온몸으로 보여주는 사람을 보게 될 것이라고 기대했다. 하지만 내가 만난 것은 놀라울 정도로 침착하고 평온해 보이는 78세의 한 남자였다. 나는 그에게 살면서 걱정해본 적이 있느냐고 물었다. 그는 이렇게 답했다.

"없습니다. 나는 신이 알아서 하도록 내버려 두고, 신은 나의 조언이 필요 없습니다. 신과 함께라면, 나는 그 어떤 일도 올바르게 끝을 맺게 될 것이라고 믿었습니다. 근데 걱정할 필요가 뭐가 있겠습니까?"

오늘날, 정신과 의사들을 현대적인 전도사로 불러도 될 것 같다. 그들은 사후의 지옥을 피하고자 종교적인 삶을 살라고 권하는 것이 아닌, 현생의 지옥이라고 할 수 있는 위궤양, 협심증, 신경쇠약 그리고 정신이상을 피하는 수단으로 종교를 권한다. 심리학자와 정신의학자가 가르치는 내용을 살펴보고 싶다면, 헨리 C. 링크의 '종교로의 회귀'를 읽어보기를 바란다. 아마 인근 공공도서관에서 찾아볼 수 있을 것이다.

맞다. 기독교는 영감과 건강을 가져다주는 활동이다. 예수는 이렇게 말했다.

"나는 그대들에게 삶을, 아주 풍성한 삶을 주기 위해 왔노라."

예수는 그 시대의 종교가 가진 메마른 형식과 생명 없는 의식을 고발하고 공격했다. 그는 반란자였다. 그는 새로운 종교를 전했다. 그 종교는 그가 사는 세계를 위협하는 것이었다. 그가 십자가에 못 박힌 것도 그 때문이다. 그는 사람이 종교를 위해 존재하는 것이 아닌, 종교가 사람을 위해 존재한다고 설교했다. 사람이 안식일을 위해 만들어진 것이 아니라, 안식일이 사람을 위해 만들어졌다고도 가르쳤다. 그는 죄보다는 두려움에 대해 더 많이 이야기했다. 그에 따르면 잘못된 두려움이 곧 죄였다. 잘못된 두려움은 건강에 대한 죄이자 예수가 지지하는 풍요롭고, 완전하고, 행복하고, 용기 있는 삶에 대한 죄라고 말했다. 에머슨은 자신이 '기쁨학 교수'라고 소개한다. 예수 역시 '기쁨학'을 가르치는 사람이었다. 그는 제자들에게 "기뻐하고 또 기뻐하라."라고 명령했다.

예수는 종교에 있어 가장 중요한 것은 신과 이웃, 그리고 우리 자신을 온 마음으로 사랑하는 것이라고 말했다. 그렇게 하는 사람은 누구라도, 자신이 알든 알지 못하든 종교인이다. 예를 들어, 나의 장인어른인 오클라호마주 털사에 사는 헨리 프라이스는 황금률에 따라 삶을 산다. 그는 못됐거나, 이기적이거나, 정의롭지 못한 일은 뭐가 됐든 하지 못한다. 그는 교회를 다니지 않으며 자신을 불가지론자라고 말한다. 말도 안 되는 소리다! 무엇이 사람을 기독교인으로 만드는가? 이 질문에 에든버러 대학에서 학생들을 가르치는, 아마 가장 저명한 신학 교수일 존 베일리는 이렇게 답했다.

"어떤 신념을 받아들이는 지적 능력이나, 어떤 규율에 대한 순응력이 사람을 기독교인으로 만드는 것이 아니다. 사람은 어떤 정신을 가지고 어떤 삶을 사는가에 따라 기독교인이 된다."

그게 기독교인의 자격이라면, 헨리 프라이스는 훌륭한 기독교인이다.

현대 심리학의 아버지, 윌리엄 제임스는 그의 친구 토머스 데이비슨 교수에게 쓴 편지에서 시간이 흐를수록, 그는 '점점 더 신과 떨어질 수 없는' 자신을 발견했다고 말한다.

책의 앞부분에서 나는 수강생들의 걱정과 관련된 최고의 이야기를 뽑는 자리에서 심사위원들이 2개의 이야기를 두고 결국 선택할 수 없어 상금을 나눠야 했던 일화를 언급한 적이 있다. 여기 그 두 번째 이야기가 있다. 주인공인 여성은 '신을 떠나서는 살 수 없었던' 이야기를 들려주었다.

여기서 사용한 메리 쿠쉬먼이라는 이름은 그녀의 본명이 아니다. 그녀의 자식과 손주들이 이 글을 보게 된다면 곤란함을 겪을지도 모르기에, 나는 그녀의 신분을 밝히지 않는 것에 동의했다. 하지만 그녀는 실제로 실존하는 사람이다. 몇 달 전, 그녀는 내 사무실의 안락의자에 앉아 이 이야기를 들려주었다. 이야기는 이렇게 시작한다.

'불경기 동안, 남편은 매주 18달러를 겨우 벌었습니다. 몸이 성치 않을 때면 그마저도 벌지 못했지요. 그는 자주 아팠고, 볼거리, 성홍열 그리고 반복되는 독감에 시달렸습니다. 우리는 우리 손으로 지은 집을 잃게 되었습니다. 식료품점에는 50달러나 외상을 지고 있었고, 먹여 살려야 하는 아이는 다섯이나 됐습니다. 나는 이웃들의 옷을 세탁하고 다림질하며 푼돈을 벌어, 구세군 상점에서 헌 옷을 산 다음 수선해 아이들을 입혔습니다. 나는 너무 걱정한 나머지 병이 들 지경이었습니다. 그러던 어느 날, 50달러의 외상값을 지고 있던 식료품점 주인이, 제 큰아들이 연필을 훔치려고 했다며 호통을 친 사건이 생겼습니다.

내 아들은 집에 와 울며 그 이야기를 했습니다. 정직하고 예민한 아이가 사람들 앞에서 망신과 모욕을 당했던 겁니다. 나는 그때 한계를 느꼈습니다. 우리가 견디던 모든 불행을 떠올렸고, 미래에 대한 희망이 없다고 생각되었습니다. 나는 걱정으로 인해 잠시 정신이 나갔던 것 같습니다.

나는 세탁기를 끄고, 5살짜리 딸아이를 침실로 데려간 뒤, 창문과 모든 틈을 종이와 헝겊으로 틀어막았습니다. 작은 딸아이는 이렇게 물었습니다.

"엄마. 뭐 하는 거예요?"

나는 대답했습니다.

"찬바람이 들어오는구나."

나는 침실의 가스난로를 켰으나 불을 붙이지 않았습니다. 딸아이를 데리고 침대에 눕자, 아이가 이렇게 말했습니다.

"엄마, 이상해요. 우리는 방금 일어났잖아요!"

하지만 나는 그저 이렇게 말했습니다.

"괜찮아. 그냥 잠시 낮잠을 자는 거야."

그렇게 나는 눈을 감고, 난로에서 가스가 새어 나오는 소리를 들었습니다. 그 가스의 냄새는 영원히 잊지 못할 겁니다.

그런데 난데없이 음악 소리가 들려왔습니다. 나는 귀를 기울였습니다. 알고 보니 부엌의 라디오를 끄는 것을 잊어버린 것이었습니다. 이제 와 상관없었지만, 음악은 계속해서 이어졌습니다. 어떤 사람이 오래된 찬송가를 부르고 있었습니다.

> 죄 짐 맡은 우리 구주 어찌 좋은 친군지
> 걱정 근심 무거운 짐 우리 주께 맡기세
> 주께 고함 없는 고로 복을 얻지 못하네
> 사람들이 어찌하여 아뢸 줄을 모를까

그 찬송가를 듣자마자, 나는 엄청난 실수를 저질렀음을 깨달았습니다. 나는 여태까지 그 끔찍한 싸움을 혼자 헤쳐나가려 했던 것입니다. 나는 신에게 빈 적이 없었습니다. 나는 몸을 벌떡 일으켜, 가스를 잠그고 문과 창문을 모두 열었습니다. 그날, 나는 울며 기도하느라 하루를 다 써버렸습니다. 나는 도움을 요청하는 것이 아닌, 신이 내린 은총에 대한 감사를 쏟아부었습니다. 5명의 훌륭한 아이들, 건강하고 올바르고, 몸과 마음 모두 강인한 자식들을 주셨으니까요. 나는 신에게 다시는 그렇게 배은망덕한 짓을 하지 않겠다고 맹세했습니다. 그리고 그 약속을 지켰습니다.

집을 잃은 후, 우리는 작은 시골의 학교로 이사를 했습니다. 월세는 5달러였습니다. 나는 신에게 그 보금자리를 내려주신 것에 감사했습니다. 지붕이 있어 우리가 떨거나 비를 맞지 않음에 감사했습니다. 상황이 더 악화되지 않는 것으로 보아, 신이 내 기도를 들어준 것 같았습니다. 하룻밤 사이에 상황이 나아진 것은 아니었지만, 불경기가 회복되면서 우리는 조금 더 많은 돈을 벌게 되었습니다.

나는 대형 컨트리클럽의 물품보관소에서 일하며, 부업으로는 스타킹을 팔았습니다. 아들 하나는 대학에 갈 돈을 벌기 위해 농장에 취직해서는, 밤낮으로 13마리나 되는 소의 젖을 짰습니다.

이제 내 아이들은 모두 어른이 되고 결혼을 했습니다. 그리고 내게는 손주가 3명이나 생겼습니다. 죽음을 택했던 그 끔찍한 날이 떠오를 때면, 나는 내가 제때 '깨어날 수 있도록' 해준 신에게 거듭 감사기도를 올렸습니다. 그리고 누군가 삶을 끝내고 싶다는 말을 할 때마다, 나는 이렇게 소리치고 싶은 심정입니다.

"그러지 말아요! 어두운 날은 지나가는 것이에요. 더 나은 날이 반드시 찾아올 거예요."

평균적으로, 미국에서는 35분에 1명이 자살한다. 그리고 120초에 한 명이 정신병을 얻는다. 대다수의 자살과 정신이상이라는 비극은 예방될 수 있었다. 그들이 만일 종교와 기도를 통해 위안과 평화를 얻었다면 말이다.

가장 유명한 심리학자인 카를 융 박사는 그의 저서 '영혼을 찾는 현대인'에서 이렇게 말했다.

"지난 30년간, 나는 지구상의 모든 문명화된 국가에서 온 사람들을 상담했다. 나는 수도 없이 많은 사람을 치료했다. 그 가운데 인생의 중반기를 지나는, 즉 35세 이상이 된 환자들은 삶에서 종교적 관점을 발견하지 못해 문제를 겪고 있었다. 그들 모두는 종교가 신봉자들에게 주는 것들을 잃어버렸기 때문에 병을 얻었다고 해도 과언이 아니며, 다시 종교적 관점을 되찾지 못한 사람은 진정으로 치유되었다고 할 수 없는 것이다."

너무도 의미 있는 구절이기에, 진한 글씨로 다시 한번 반복하고 싶다.

"지난 30년간, 나는 지구상의 모든 문명화된 국가에서 온 사람들을 상담했다. 나는 수도 없이 많은 사람을 치료했다. 그 가운데 인생의 중반기를 지나는, 즉 35세 이상이 된 환자들은 삶에서 종교적 관점을 발견하지 못해 문제를 겪고 있었다. 그들 모두는 종교가 신봉자들에게 주는 것들을 잃어버렸기 때문에 병을 얻었다고 해도 과언이 아니며, 다시 종교적 관점을 되찾지 못한 사람은 진정으로 치유되었다고 할 수 없는 것이다."

윌리엄 제임스 역시 비슷한 말을 했다.

"믿음은 사람을 살아가게 하는 힘이며, 그 힘을 잃는다는 것은 곧 붕괴를 의미한다."

붓다 이후 인도 최고의 지도자였던 마하트마 간디마저도 기도의 힘을 유지함으로써 영감을 얻지 않았다면 무너지고 말았을 것이다. 내가 어떻게 알 수 있느냐고?

왜냐하면 실제로 간디가 그 사실을 인정했기 때문이다. 그는 이렇게 말했다.
"기도가 아니었다면, 나는 이미 오래전에 미쳐버렸을 것이다."

수많은 사람 역시 같은 증언을 할 수 있을 것이다. 나의 아버지도, 앞서 말했듯 어머니의 기도와 믿음이 아니었다면 이미 오래전 강물에 몸을 던졌을 것이라고 말했었다. 지금도 정신병동에서 비명을 지르고 있을 고통 속의 사람들도 혼자 싸우지 않고 더 큰 존재에게 도움을 요청했다면, 구원을 받았을지도 모르는 일이다.

"참호 속에는 무신론자가 없다."라는 말이 있듯, 우리가 괴로움과 힘의 한계를 겪을 때, 많은 사람은 자포자기하는 심정으로 신을 찾고는 한다. 하지만 왜 그렇게 극단적인 상황까지 버텨야만 하는 걸까? 왜 매일 새로운 힘을 얻으면 안 되는 걸까? 뭐 하러 일요일을 기다리나?

오래전부터 나는 평일 오후에 빈 교회를 찾는 것을 좋아했다. 나는 영적인 것들을 느낄 틈도 없이 바쁘게 서두를 때면, 이렇게 말하고는 한다.

"이봐, 데일 카네기. 뭐가 급하다고 그렇게 열을 내는 거야? 잠깐 앉아서 한숨 돌리며 균형을 찾는 게 좋겠어."

그럴 때마다, 나는 가장 먼저 눈앞에 나타난 교회에 들른다. 나는 기독교인이지만, 평일 오후에 5번가에 있는 세인트 패트릭 성당에 가는 것을 즐기기도 한다. 성당에 앉아서는 이런 생각을 한다.

'지금으로부터 30년쯤 후에는 나는 죽고 없겠지. 하지만 교회가 가르치는 영적 진리는 영원할 거야.'

나는 눈을 감고 기도한다. 그러면 신경이 안정되고, 몸은 회복되며, 시야가 밝아지고, 내가 가진 가치들을 재평가할 수 있게 되는 것이다. 이 행위를 당신에게 추천해도 되겠는가?

이 책을 집필하는 지난 6년간, 나는 어떻게 사람들이 기도를 통해 걱정을 물리쳤는가에 관한 수백 개의 예시와 구체적인 사례를 모아왔다. 내 파일 수납

함의 폴더는 이야기들로 넘쳐난다. 여기 한때 용기를 잃고 낙심했던 책 판매원 존 R. 앤서니의 이야기가 있다. 그는 현재 텍사스주 휴스턴에서 변호사로 활동하고 있으며, 험블 빌딩에 사무실을 두고 있다. 그는 내게 이런 이야기를 들려주었다.

지금으로부터 20년 전, 나는 법률사무소를 폐업하고 미국의 법률 서적 회사의 주 대표로 취업했습니다. 내 임무는 법률사무소에 꼭 필요한 서적 세트를 변호사들에게 판매하는 것이었습니다.

나는 일을 위해 능숙하고 철두철미한 훈련을 했습니다. 나는 판매를 위한 말재주와 고객이 이의를 제기할 시 설득을 위한 모든 답변을 숙지하고 있었습니다. 고객을 방문하기 전, 나는 고객의 역량, 전문 분야, 정치적 견해, 그리고 취미를 미리 알아보았습니다. 면담하는 동안, 나는 그 정보들을 능숙하게 활용했습니다. 하지만 그런데도 뭔가 잘못되어갔습니다. 한 번도 거래를 성사하지 못했던 겁니다!

나는 의욕을 잃은 채로 며칠, 아니 몇 주를 보냈습니다. 그리고 몇 배의 노력에도, 여전히 경비조차 충당할 수 없을 정도의 수익을 낼 뿐이었습니다. 마음속에서는 두려움이 자랐습니다. 그러다 고객을 방문하는 일 자체를 겁내기 시작했습니다. 고객의 사무실 문을 열려고 하면 너무도 큰 두려움이 차올라 복도를 하릴없이 오가거나, 빌딩 밖으로 나가 동네를 빙빙 돌고는 했습니다. 가뜩이나 모자란 시간을 허비한 뒤, 문을 박차고 들어가겠다는 생각으로 다시 고객에게 돌아가 보아도, 결국에는 손을 벌벌 떨며 손잡이를 잡은 채 고객이 자리를 비웠기를 간절히 바랄 뿐이었습니다.

내 판매 담당자는 실적을 올리지 못하면 가불을 끊겠다고 협박했습니다. 집에 있는 아내는 그녀와 3명의 자식을 위해 생활비를 보내달라고 애원했습니다. 걱정은 나를 집어삼켰습니다. 시간이 흐르며 나는 점점 더 자포자기하는 심정이 되었고, 무얼 해야 좋을지 알 수 없는 상태가 되었습니다. 이미 말했듯, 나는 이 일을 위해 고향의 법률사무소를 폐업하며 고객들을 포기했습니다. 그 결과가 파산이었던 것이지요. 더는 숙박비를 낼 돈도 없었습니다. 집으로 돌아갈 여비도 없었고, 차표를 어떻게 마련한다고 하더라도 이 상태로 돌아갈 용기도 없었습니다. 또 다른 실패한 하루를 보낸 뒤, 발을 질질 끌며 호텔 방에 들어서던 나는 완전한 패배를 받아들였습니다.

절망감과 우울감이 차올랐지만, 누구에게 의지할 수 있을지조차 알 수 없었습니다. 내가 살든 죽든 관심도 없었습니다. 나 같은 건 태어나서는 안 되었다고 생각했습니다. 그날 저녁으로는 따뜻한 우유 한 잔이 전부였지만, 그마저도 빚을 내야 할 지경이었습니다.

나는 그날 밤, 왜 절망에 찬 사람들이 호텔 방에서 뛰어내리는지 이해하게 되었습니다. 용기가 있었다면 나도 그렇게 했겠지만, 그마저도 성공하지 못했습니다. 나는 인생의 목적에 대해 고민해보았으나, 답을 찾을 수 없었습니다.

아무에게도 의지할 수 없다고 생각한 나는, 결국 하느님을 찾았습니다. 나는 기도를 시작했습니다. 나는 전능하신 주께 빛과 이해심을 보여주시고, 나를 에워싼 어둠과 절망의 황무지를 헤쳐나가도록 인도해주시기를 간청했습니다. 나는 신에게 책을 팔아 아내와 아이들을 먹여 살릴 수 있도록 도와달라고 빌었습니다.

그 기도 후 눈을 떴더니 서랍장 위에 놓여 있던 성경책이 눈에 들어왔습니다. 나는 그것을 펼쳐 예수님의 아름다운, 불멸의 말씀을 읽어 내려갔습니다. 시대를 불문하고 셀 수 없이 많은 외롭고, 걱정에 찼으며, 상처 입은 사람들에게 영감을 주었던 그 말씀을 말입니다. 성경 속에서 예수님은 제자들에게 걱정을 거두는 방법을 알려주고 계셨습니다.

목숨을 위하여 무엇을 먹을까 무엇을 마실까 몸을 위하여 무엇을 입을까 염려하지 말라 목숨이 음식보다 중하지 아니하며 몸이 의복보다 중하지 아니하냐. 공중의 새를 보라 심지도 않고 거두지도 않고 창고에 모아들이지도 아니하되 너희 하늘 아버지께서 기르시나니 너희는 이것들보다 귀하지 아니하냐. …… 그런즉 너희는 먼저 그의 나라와 그의 의를 구하라 그리하면 이 모든 것을 너희에게 더하시리라.

계속해서 기도하며 그 말씀을 마음에 새기자, 기적이 일어났습니다. 신경이 안정되고, 불안, 두려움, 걱정이 마음을 따뜻하게 데우는 용기와 희망, 그리고 승리의 믿음으로 변했던 것입니다.

숙박비를 낼 돈도 없었지만 나는 행복감을 느꼈습니다. 나는 침대로 가서 몇 년 만에 꿀맛 같은 단잠을 잤습니다.

다음 날, 나는 애타는 마음으로 고객들의 사무실이 열리는 시간을 기다렸습니다. 그 아름답고, 춥고, 비가 내리던 날, 나는 대담하고 확신에 찬 발걸음으로 고객을 찾아갔습니다. 나는 손잡이를 힘주어 붙든 뒤 문을 열었습니다. 나는 곧장 고객에게 걸어가, 씩씩하게 턱을 들고 품위 있게 웃으며 외쳤습니다.

"안녕하십니까, 스미스 씨! 저는 올아메리칸 로우북 컴퍼니의 존 앤서니라고 합니다!"

미소와 함께 의자에서 일어난 그는 악수를 청하며 대답했습니다.

"오, 네. 그러시군요. 반갑습니다. 자리에 앉으시죠!"

나는 그날 하루에 지난 몇 주보다 많은 주문을 따냈습니다. 저녁에 호텔로 돌아갈 때는, 세상을 정복한 영웅이 된 심정이었습니다! 나는 새로 태어난 것 같다고 생각했고, 실제로도 그러했습니다. 내게는 새로운, 승리의 정신력이 생겼으니까요. 그날 밤, 우유로 식사를 대신하는 일은 없었습니다. 그래서는 안 되었죠!

나는 스테이크와 와인을 주문했습니다. 그리고 그날을 시작으로, 내 실적은 급등했습니다.

21년 전 그 절망의 밤, 나는 텍사스주 애머릴로의 소박한 호텔에서 새롭게 태어났습니다. 다음 날, 겉으로 보이기에는 똑같은 하루였지만 내 안에서는 엄청난 변화가 있었습니다. 나는 신과의 관계를 다시 의식하게 된 것이었습니다. 하찮은 남자는 혼자만의 싸움에서 쉽게 패배하지만, 마음속에 신의 힘을 일깨운 남자는 패배하는 일이 없습니다. 내 삶이 그걸 증명하고 있었습니다.

구하라. 그리하면 너희에게 주실 것이요. 찾으라. 그리하면 찾아낼 것이요. 문을 두드리라. 그리하면 너희에게 열릴 것이니.

일리노이주 하이랜드 8번가 1421번지에 사는 L. G. 비어드는 냉혹한 비극을 마주한 상황에서, "주여, 제 뜻이 아닌 당신의 뜻대로 하소서"라는 기도를 통해 평화와 침착함을 얻을 수 있다는 사실을 깨달았다.

여기 그녀가 내게 보낸 편지가 있다.

어느 날 저녁, 전화벨이 울렸습니다. 내가 용기를 내서 수화기를 들기까지는 14번이나 벨이 울려야 했습니다. 나는 그것이 병원으로부터 온 전화라는 것을 알았고, 두려움에 휩싸였습니다. 나의 작은 아이가 죽어간다는 이야기를 접하게 될까 두려웠습니다. 그는 수막염을 앓고 있었습니다. 페니실린을 투여해 보았지만, 체온만 요동칠 뿐이었습니다. 의사는 병이 뇌까지 침범해 뇌종양을 일으켜 아이의 목숨을 앗아갈까 봐 우려하고 있었습니다. 전화는 역시 병원에서부터 걸려 온 것이었습니다. 의사는 즉시 병원으로 오라고 말했습니다.

대기실에 비통하게 앉아있는 남편과 나의 모습을 상상해볼 수 있을 겁니다. 다른 보호자들은 모두 품에 아이를 안고 있었는데, 우리만 텅 빈 손으로 앉아있었습니다. 다시 아이를 안아볼 수나 있을까 생각되었습니다. 진료실에 호출되어 의사를 만났을 때, 그의 표정은 우리를 아연실색하게 만들었고, 그의 입에서 쏟아진 말들은 더욱 두려운 것이었습니다. 그는 우리 아이가 살 수 있는 가능성이 4분에 1에 불과하다고 말했습니다. 만일 우리 가족이 아는 의사가 있다면, 그에게 연락해도 좋다고도 말했습니다.

집에 돌아오는 길에 남편은 무너져 내렸고, 핸들을 주먹으로 내리쳤습니다. 그리고 이렇게 말했습니다.

"여보, 나는 우리 아이를 포기할 수가 없어."

남자가 우는 모습을 본 적 있나요? 그건 절대 유쾌한 경험이 아니랍니다. 우리는 차를 세우고 말을 주고받다 교회에 가기로 했습니다. 그리고 만일 아이를 데려가는 것이 신의 뜻이라면, 그의 뜻에 따르자고 했습니다. 나는 의자에 주저앉은 채 눈물을 흘리며 기도했습니다.

"주여, 제 뜻이 아닌 당신의 뜻대로 하소서."

그 기도를 내뱉던 순간, 그 즉시 기분이 나아졌습니다. 오랫동안 느껴보지 못했던 평화가 찾아왔던 것입니다. 집으로 돌아가는 내내, 나는 계속해서 읊조렸습니다.

"주여, 제 뜻이 아닌 당신의 뜻대로 하소서."

그날, 나는 일주일 만에 처음으로 숙면을 취했습니다. 며칠 후 연락이 온 의사는 바비가 고비를 넘겼다고 말해주었습니다. 나는 이제 4살이 된 튼튼하고 건강한 아이를 주신 주께 감사드립니다.

나는 종교가 여성이나 어린아이들 그리고 목사들이나 믿는 것이라고 주장하는 남성들을 알고 있다. 그들은 자신의 싸움은 혼자 치를 수 있는 '남자 중의 남자'라고 자부한다.

그러나 세상에서 가장 유명한 '남자 중의 남자'가 매일 기도한다는 사실을 알면 어떨까? 예를 들어, '남자 중의 남자' 잭 뎀프시는 기도를 올리기 전에는 자러 가지 않는다고 말했다. 그는 신에게 감사하기 전에는 음식을 먹는 일이 없다고도 말했다. 그는 내게, 시합 전 연습을 할 때는 물론 경기에 나설 때면 매일 기도를 했음을, 각 라운드의 시작을 알리는 종소리가 울리기 전에도 그의 기도가 이어졌음을 고백했다. 그는 말했다.

"기도를 통해 용기와 자신감을 가지고 싸울 수 있었습니다."

'남자 중의 남자' 코니 맥 역시 기도문을 읊기 전에는 잠자리에 들지 않는다고 말했다.

'남자 중의 남자' 에디 리켄베커는 그의 삶이 기도를 통해 구원받았다고 말했다. 그는 매일 기도한다.

GM과 US 스틸의 고위 관계자이자 국무장관을 지낸 '남자 중의 남자' 에드워드 R. 스테티니어스는 그는 매일 아침저녁으로 지혜와 인도를 위해 기도한다고 말했다.

그 시대 최고의 금융인 '남자 중의 남자' J. 피어폰트 모건은 토요일 오후마다 월가 입구의 트리니티 교회를 찾아 무릎을 꿇고 기도를 올린다.

'남자 중의 남자' 아이젠하워가 영국군과 미군의 최고사령부가 되어 영국으로 향했을 때, 그가 비행기에 가져간 유일한 책은 성경이었다.

'남자 중의 남자' 마크 클락 장군은 전쟁하는 동안 매일같이 성경을 읽었고 무릎을 꿇고 기도했다고 말했다. '엘 알라메인의 몬티'이자 몽고메리 장군인 장제스도, 트라팔가의 넬슨경도, 워싱턴 장군, 로버트 E. 리, 스톤웰 잭슨 그리고 수많은 군 지휘자들도 마찬가지였다.

이 '남자 중의 남자들'은 윌리엄 제임스의 진리를 깨달았던 것이다.

"우리는 신과 함께다. 그의 손길을 받아들이면, 우리의 가장 깊은 운명이 완전해진다."

많은 '남자 중의 남자'는 그 사실을 깨달았다. 오늘날 7천 2백만의 미국 시민이 교회를 다닌다. 앞서 말했듯, 과학자들마저도 다시 종교로 돌아왔다. '인간, 미지의 존재'를 썼으며 과학자에게 부여되는 가장 큰 영예인 노벨상을 받은 알렉시 카렐 박사를 예로 들어보자. 카렐 박사는 리더스 다이제스트의 한 기사에서 이렇게 말했다.

기도는 인간이 만들어낼 수 있는 가장 강한 형태의 에너지입니다. 그리고 그건 중력만큼이나 실재하는 힘입니다. 의사로서, 나는 모든 치료법을 실패한 사람이 조용한 기도를 통해 병과 우울증으로부터 해방된 걸 본 적이 있습니다.

기도는 라듐처럼 어둠에서 빛나는, 자연 발생의 에너지입니다. 기도를 통해 무한한 에너지의 원천을 찾는 사람은 자신이 가진 유한한 에너지를 끌어올립니다. 우리가 기도할 때, 우리는 우주를 돌아가게 하는 무한한 원동력에 우리를 연결시킵니다. 우리가 그 힘의 일부를 필요한 곳에 쓸 수 있도록 나누어 달라고 기도하는 것이지요. 그런 요구만으로도, 우리의 결핍이 채워지고 우리는 강해지며 치유됩니다. 우리가 열렬한 기도를 통해 신을 찾을 때, 우리는 영혼과 신체 모두를 더 나은 것으로 변화시키게 됩니다. 그 어떤 남자나 여자도, 잠깐의 기도를 통해 좋은 결과를 얻을 수 있습니다.

버드 제독은 "우주를 돌아가게 하는 무한한 원동력에 우리를 연결시킨다." 라는 말의 뜻을 이해하고 있었다. 그 진리를 이용할 줄 아는 그의 능력은 인생의 가장 괴로운 시련도 이겨낼 수 있게 해주었다. 그는 자신의 저서 '홀로'에서 이렇게 적었다.

1934년, 그는 남극에 위치한 로스 배리어 빙원 속에 파묻힌 오두막에서 5개월을 지냈다. 위도 78도에서 살아 숨 쉬는 유일한 생명체였다.

판잣집 위로는 눈보라가 쏟아졌고, 추위는 영하 82도를 밑돌았으며, 그는 끝없이 이어지는 밤의 연장에 갇혀있었다. 그리고 어느 날, 그는 자신이 난로에서 새어 나오는 일산화탄소에 서서히 중독되어가고 있다는 사실을 깨닫고 공포에 휩싸였다. 뭘 할 수 있었을까? 도움을 요청할 수 있는 가장 가까운 캠프는 197km나 떨어져 있었고, 그를 찾아오려면 몇 달은 족히 걸릴 일이었다.

그는 난로와 환풍구를 고치려고 애썼으나, 그래도 연기는 계속해서 새어 나왔다. 그리고 그를 쓰러트렸다. 그는 완전히 정신을 잃은 채 바닥에 누워있기도 했다. 그는 먹지도, 자지도 못해 앙상해지고 말았고, 침대에서 겨우 일어날 수 있을 정도의 체력만 남게 되었다. 그는 그 오두막집에서 죽게 될 것이라고, 그의 몸은 영원히 눈 속에 파묻히게 될 것이라고 믿었다.

그는 어떻게 목숨을 구했을까? 절망이 이어지던 어느 날, 그는 일기장을 꺼내 그의 인생관을 적었다.

"우주에는 우리만 있는 것이 아니다."

그는 머리 위에서 빛나고 있을 별들과 질서 있게 움직이고 있을 별자리와 행성들을 떠올렸다. 그리고 변함없는 태양이 언젠가 남극 일대의 불모지에도 빛을 비추리라 믿었다. 그리고 그는 일기장에 이렇게 적었다.

"나는 혼자가 아니다."

리처드 버드를 살린 것은, 지구 끝자락의 얼음 구멍 속에 있더라도, 혼자가 아니라는 깨달음이었다.

"그 덕분에 나는 견딜 수 있었다. 평생을 사는 동안 자신의 내부에 있는 자원을 모두 소진하는 사람은 거의 없다. 깊은 우물 속에는 우리가 한 번도 사용한 적 없는 힘이 숨겨져 있다."

리처드 버드는 신의 힘을 빌려 그 우물을 깨웠고, 숨겨진 자원을 사용한 것이다.

글랜 A. 아놀드는 버드 제독이 남극의 얼음 구멍에서 배운 교훈을 일리노이 옥수수밭 한가운데에서 깨달았다.

아놀드는 일리노이주 칠리코시 베이컨 빌딩 소재 사무실에서 근무하는 보험 중개인이다. 그가 걱정을 극복한 경험담은 이러했다.

8년 전, 나는 마지막이라고 생각하며 집의 현관문을 잠갔습니다. 차에 오른 나는 강을 향해 달렸습니다. 나는 실패 그 자체였습니다. 그로부터 한 달 전, 내가 살던 세상이 무너졌습니다. 하고 있던 가전제품 사업은 파국을 맞았고, 어머니는 돌아가시기 직전이었으며, 아내는 두 번째 아이를 배고 있었습니다. 내지 못한 병원비는 쌓여갔습니다. 사업을 위해 가구를 포함한 전 재산을 담보로 대출을 받았습니다. 보험 증권으로도 대출을 받았습니다. 그리고 모든 걸 잃었던 것입니다. 나는 더는 버틸 수 없었습니다. 그렇게 나는 유감스러운 삶을 끝내기 위해 차에 올라 강으로 달리고 있었던 것입니다.

시골길을 얼마간 달리다 길에서 벗어나 차를 세우고는, 땅에 주저앉아 아이처럼 울었습니다. 그러던 와중 지긋지긋한 근심의 늪에서 벗어나고자 건설적인 생각이라는 걸 해보게 되었습니다. 내 상황이 얼마나 나쁘지? 이보다 더 나빠질 수가 있을까? 정말 희망이 없을까? 나아지려면 어떻게 해야 할까?

나는 그 자리에서 모든 문제를 주님에게 넘기기로, 그가 모든 것을 알아서 하도록 내버려 두기로 결정했습니다. 나는 기도했습니다. 그것도 아주 열심히 기도했습니다. 삶의 모든 게 하느님께 달려있다고 생각하며 기도했고, 실제로도 그랬습니다. 그러자 이상한 일이 일어났습니다. 모든 문제를 나보다 큰 존재에게 넘기자, 지난 몇 달간 단 한 번도 느끼지 못한 마음의 평화가 찾아온 것이었습니다. 나는 30분 정도 앉아서 울고 기도하기를 반복했습니다. 그리고 집으로 돌아와 아이처럼 잠이 들었습니다.

다음 날, 나는 확신에 찬 채로 눈을 떴습니다. 주님이 길을 인도할 것이라고 생각하니 더는 두려워할 일이 없었습니다. 그날 아침, 나는 지역의 백화점을 찾았고, 가전제품 부서의 판매사원으로 취업하고 싶다고 자신 있게 말했습니다. 나는 그 일을 얻게 될 것이라는 걸 알았습니다. 그리고 일자리를 얻었습니다. 전쟁으로 전자기기 사업 전체가 망하기 전까지는 수완이 좋았습니다. 그 뒤로 나는 주님의 뜻에 따라 생명 보험을 팔기 시작했습니다. 그게 5년 전의 일입니다. 나는 모든 빚을 갚았고, 지금은 3명의 예쁜 아이들을 키우고 있습니다. 그뿐만 아니라 내 소유의 집과 새 차, 2만 5천 달러에 달하는 생명 보험까지 가지게 되었습니다.

뒤를 돌아보면, 그날 모든 걸 잃고 낙심한 채 강에 몸을 던지려 했던 일이 다행처럼 느껴집니다. 그 비극으로 인해 주님께 기댈 수 있게 되었기 때문입니다. 지금 내게는 절대 불가능하다고 생각했던 평화와 확신이 생겼습니다.

왜 종교적 믿음이 우리에게 그토록 큰 평화와 안정 그리고 불굴의 용기를 가져올까? 윌리엄 제임스의 말로 그 대답을 대신하겠다. 그는 이렇게 말했다.

"수면 위의 사나운 파도도 깊은 바닷속을 어지럽힐 수는 없다. 그리고 더 넓고 더 영구적인 현실을 추구하는 자에게 매 시에 벌어지는 개인적 운명의 우여곡절은 부질없는 것으로 느껴질 것이다. 진정으로 종교적인 사람은 그런 이유에서 흔들리지 않고 평정심과 침착함으로 가득하며, 매일의 목적을 완수하는 데 준비가 되어있으리라."

걱정과 불안으로 고통받는다면, 신을 찾아보면 어떨까? 이마누엘 칸트가 말했듯, "우리에게는 신앙심과 같은 믿음이 필요하다."라는 사실을 받아들여서,

우리를 "우주를 돌아가게 하는 원동력인 무궁무진한 힘"과 연결한다면 어떻게 될까?

당신이 원래부터 혹은 어떤 경험으로 인해 비종교인이 되었거나, 회의론자라고 해도, 기도는 실용적인 면에서 당신이 알고 있는 것보다 더 많은 도움을 줄 수 있다. 실용적인 면이라니, 무슨 뜻일까? 기도는 아래와 같은 3가지의 가장 근본적인 정신적 필요를 충족시킨다. 당신이 신을 믿든, 믿지 않든 말이다.

1. 기도는 정확히 무엇이 우리를 괴롭게 하는지 분명히 할 수 있게 해준다. 우리는 제4부에서 모호한 문제를 해결하는 것이 거의 불가능하다는 것을 확인했다. 기도는 우리의 문제를 종이 위에 적는 것과 같은 행위다. 문제를 해결하는 데 누군가의 도움이 필요하다면, 그게 신이라고 해도 반드시 말로 옮기는 과정이 필요한 것이다.

2. 기도하면 혼자가 아니라는 생각이 마음의 짐을 덜어준다. 가장 큰 부담감, 가장 괴로운 문제를 홀로 견뎌낼 만큼 강한 사람은 많지 않다. 또 때로는 우리가 가진 문제가 너무도 사적인 것이라고 가족이나 친구에게 털어놓기 쉽지 않을 때도 있다. 그럴 때는 기도가 답이다. 우리가 감정적으로 억눌려 있거나 긴장했을 때, 또는 정신적 고통 속에 있을 때, 누군가에게 고민을 털어놓는 것은 좋은 치료법이 되어준다. 어떤 정신과 의사라도 이에 동의할 것이다. 그리고 털어놓을 사람이 없다면, 신에게 털어놓으면 된다.

3. 기도는 강력한 실천력을 끌어내며, 행동의 이전 단계라고 할 수 있다. 매일같이 목표 달성을 위해 기도하면서 아무것도 행동으로 옮기지 않는 사람이 있으리라 생각하지 않는다. 세상에서 가장 유명한 과학자는 이렇게 말했다. "기도는 인간이 만들어낼 수 있는 가장 강력한 형태의 에너지이다."

그러니 기도를 이용해보는 건 어떨까? 하느님, 알라신, 정령……. 기도의 대상은 누가 되었든 상관없다! 어떤 신비로운 힘이 우리를 돕겠다는데, 그의 이름이 다르다고 싸울 필요는 없는 것이다.

지금 당장 이 책을 덮고, 욕실로 가서 문을 닫고 무릎을 꿇은 다음 마음을 털어놓으면 어떨까? 만일 당신이 종교를 잃어버렸다면, 전능하신 신께 신앙심을 다시 가지게 해달라고 빌어라.

"오 주님, 저는 더는 이 싸움을 혼자 감당할 수 없습니다. 당신의 도움과 사랑이 필요합니다. 저의 모든 과오를 용서해주세요. 모든 악으로부터 제 마음을 깨끗하게 씻어주세요. 평화와 고요, 건강의 길을 보여주시고, 적들마저 사랑할 수 있도록 저를 사랑으로 가득 채워주세요."

만일 당신이 기도하는 법을 모른다면, 성 프란체스코가 700년 전에 쓴 이 아름답고 영감을 주는 기도문을 따라 읊어보자.

주님, 저를 당신의 도구로 써주소서.
미움이 있는 곳에 사랑을,
상처가 있는 곳에 용서를,
의심이 있는 곳에 믿음을,
절망이 있는 곳에 희망을,
어두움이 있는 곳에 빛을,
슬픔이 있는 곳에 기쁨을 가져오게 하소서.

위로받기보다는 위로하고,
이해받기보다는 이해하며,
사랑받기보다는 사랑하게 하소서.
우리는 줌으로써 받고,
용서함으로써 용서받으며,
죽음으로써 영생을 누리기 때문입니다.

> 부당한 비판에는 숨겨진 칭찬이 들어있다.
> 이는 대체로 당신이 질투와 시기심을 불러일으켰음을 의미한다.
> 그 누구도 죽은 개는 걷어차지 않는다는 것을 잊지 말라.

제6부

비판에 대한 걱정에서 벗어나는 법

제1장

그 누구도 죽은 개는 걷어차지 않는다는 것을 기억하라

▶─────── 1929년 온 나라를 놀라게 한 사건이 교육계에서 발생했다. 미국 전역의 학자들이 사건의 진상을 직접 보기 위해 시카고로 몰려들었다.

사건이 발생하기 몇 년 전, 로버트 허친스라는 이름의 한 청년은 예일 대학교에 다니며 웨이터, 벌목꾼, 가정교사 그리고 빨랫줄 판매원으로 일하고 있었다. 그로부터 8년 후, 그는 미국에서 네 번째로 부유한 대학인 시카고 대학의 총장으로 취임하게 되었다. 놀랍게도 그의 나이는 고작 서른 살이었다! 나이가 지긋한 교육자들은 아연실색했다. 온갖 비난이 낙석처럼 떨어진 '특출한 청년'에게 향했다. 모두가 그가 너무 젊고 경험이 없으며, 그의 교육관이 비현실적이라는 이유로 한마디씩 말을 보탰다. 언론들도 공격에 동참했다.

그가 취임하던 날, 한 친구는 로버트 메이어드 허친스의 아버지에게 이렇게 말했다.

"오늘 아침 신문 사설을 읽다 당신 아들을 비난하는 것을 보고 깜짝 놀랐습니다."

허친스의 아버지는 이렇게 답했다.

"맞아요. 제법 가혹했지요. 하지만 생각해보면 죽은 개를 발로 차는 사람은 없으니까요."

맞다. 그리고 그 개가 중요한 존재일수록, 사람들은 개를 걷어차는 데서 더 큰 만족을 얻는다. 훗날 에드워드 3세가 된(지금은 윈저공이라고 불리는) 웨일스의 왕자 역시 원치 않는 사건으로 그 사실을 깨닫게 되었다. 그는 데번셔의 다트머스 학교를 다니고 있었다. 미국으로 치면 아나폴리스의 해군 사관학교에 해당하는 학교였다.

왕자가 14살 무렵이었다. 하루는 해군 사관이 그가 혼자 울고 있는 것을 보고 무슨 일이 있는지 물었다. 처음에 왕자는 말하기를 꺼렸으나, 끝내 사실을 털어놓았다. 사관후보생들이 그를 걷어찬다는 것이었다. 해군 준장은 후보생들을 소환해 왕자가 직접 항의한 것은 아니라고 설명한 뒤, 왜 그가 그런 거친 대접을 받아야 했는지 이유를 알고자 했다.

한참이나 뜸을 들이며 우물쭈물하던 후보생들은 결국 사건의 전말을 실토했다. 이유인즉슨, 훗날 해군 사령관과 대령이 되었을 때, 왕을 걷어차 본 적이 있다고 말하고 싶어서 그랬다는 것이었다.

그러니 누군가 당신을 걷어차거나 비난했다면, 그 사람은 자신이 중요한 사람이 되었다고 생각하기 위해 그런 행동을 했다는 것을 잊지 말아야 한다. 그리고 당신이 그런 대우를 받았을 때는, 무언가를 성취했으며, 사람들의 관심을 끌었기 때문일 가능성이 높다. 많은 사람들은 자신보다 더 많은 공부를 했거나 더 성공한 사람들을 비난하는 데서 야만적인 만족감을 얻는다.

예를 들어, 이 장을 쓰는 동안, 나는 구세군을 설립한 윌리엄 부스 장군을 비난하는 한 여성으로부터 편지 한 통을 받았다. 나는 한 방송에서 부스 장군을 찬미한 적이 있다. 그 여성은 내게 부스 장군이 가난한 사람들을 돕기 위해 모은 8백만 달러를 훔쳤다고 말했다. 그 고발은 터무니없는 것이었다. 하지만 그 여성은 진실을 찾는 것이 아니었다. 그녀는 높은 곳에 있는 사람을 비방할 때 얻는 비열한 만족감을 찾고 있었다. 나는 혹독한 비난이 담긴 그녀의 편지를 쓰레기통에 던져버리며, 전능하신 주께 그 여자와 결혼한 것이 내가 아니라는 사실에 감사드렸다. 그녀의 편지는 부스 장군에 대해서는 그 무엇도 제대로 말하고 있지 않았지만, 그녀 자신에 대해서는 많은 것을 알려주고 있었다. 쇼펜하우어는 오래전 이렇게 말했다.

"천박한 사람들은 위인들의 잘못과 어리석음에서 큰 기쁨을 얻는다."

세상에 예일대 총장을 두고 천박한 사람이라고 생각할 사람은 많지 않다. 하지만 예일대의 전 총장인 티모시 드와이트는 미국 대통령에 출마한 사람을 비난하는 데서 큰 기쁨을 얻었던 것으로 보인다. 그는 만일 그 사람이 대통령으로 뽑힌다면, "우리의 아내와 딸들이 합법적 성매매의 피해자가 되어 명예를 완전히 실추하고, 허울만 남긴 채 타락할 것이며, 교양과 미덕과는 담을 쌓은 채, 신과 인간의 혐오를 사게 될 것"이라고 경고했다.

이쯤 되면 히틀러에 대한 비난이 아닐까 싶어진다. 하지만 그렇지 않았다. 드와이트는 토머스 제퍼슨을 비난하고 있었다. 어느 토머스 제퍼슨이냐고? '설마, 독립 선언문을 쓴, 민주주의의 수호성이라고 불리는 그 불멸의 토머스 제퍼슨을 말하는 것은 아니겠지?'라고 생각한다면, 정말 그 토머스 제퍼슨의 이야기가 맞다.

그렇다면 '위선자', '사기꾼', '살인자보다 겨우 조금 나은' 사람이라고 비난받던 미국인은 어떨까?

시사만화는 그 남성이 단두대에 올라 커다란 칼이 그의 목을 자르는 모습을 묘사하였다. 그가 길을 걸을 때면 관중은 야유와 조롱을 보냈다. 누구의 이야기일까? 다름 아닌 조지 워싱턴의 이야기다.

하지만 이건 오래전의 일이다. 인간의 본성이 이후 조금 나아졌는지도 모른다. 어디 보자. 1909년 4월 6일 개썰매로 북극을 탐험하여 세상을 놀라움과 흥분으로 채운 피어리 제독의 이야기를 살펴보자. 그가 이룬 성과는 지난 몇 세기 동안 수많은 사람이 목숨을 잃어가면서도 닿지 못한 목표였다. 피어리 제독 역시 추위와 굶주림으로 죽을 위기를 넘겼다. 그의 발가락 중 8개는 동상에 걸려 잘라내야 했다. 그는 닥친 재앙에 압도되어 미쳐버리게 되지 않을까 걱정했다. 하지만 워싱턴의, 그의 해군 상관들은 피어리 제독에서 쏟아진 관심과 찬사에 격노했다. 그들은 피어리 제독이 과학 조사단을 꾸리기 위해 받은 지원을 "북극에 누워 빈둥거리는 데 사용했다."라며 그를 고발했다. 그들은 실제로도 그렇게 믿었을 것이다. 사람들이 자신이 믿기 원하는 걸 믿지 않는 건

거의 불가능한 일이기 때문이다. 피어리 제독을 모욕하고 앞길을 막고자 하는 의지가 너무도 격렬했던 나머지, 매킨리 대통령이 직접 제독이 북극을 계속해서 탐험할 수 있도록 명령을 내려야만 했다.

만일 피어리 제독이 워싱턴 해군부에서 사무직을 맡고 있었다면, 과연 비난을 받았을까? 그렇지 않다. 그런 질투를 불러일으킬 만큼 중요한 인물이 아니기 때문이다.

그랜트 장군은 피어리 제독보다도 더 심한 경험을 했다. 1862년 남북전쟁이 한참일 당시, 그랜트 장군은 북부에 최초의 결정적인 승리를 안겨주었다. 하룻밤 사이 그를 영웅으로 만들어준 그 승리는 지대한 영향을 미친 나머지 유럽까지 그 여파가 퍼져갔다. 교회의 종이 울리고 메인주에서 미시시피강둑에 이르기까지 승리의 불길이 치솟았다. 그 위대한 승리로부터 불과 6개월 후, 북부의 영웅 그랜트는 체포되었고 그는 군대를 빼앗겼다. 그의 눈에서는 모욕과 절망의 눈물이 흘렀다.

왜 그랜트 장군은 승리 후에도 체포되었을까? 다름 아닌 오만한 상관들의 질투와 시기를 샀기 때문이었다.

부당한 비판에 대한 걱정을 물리치는 방법 1

부당한 비난은 변장한 칭찬이라는 것을 기억하라. 그 누구도 죽은 개를 걷어차지는 않는다.

제2장

비판으로부터 상처받지 않는 법

▶─────── 한번은 '매의 눈'이라 불리는 스메들리 버틀러 소장을 인터뷰한 적이 있다. 그를 기억하는가? '지옥의 아귀' 버틀러라고도 불렸던 그 영감 말이다! 그는 미군 해병대를 지휘했던 가장 화려하고, 영웅적인 장군이었다.

그는 어린 시절, 인기를 얻고 다른 사람들에게 좋은 인상을 심어주는 데 필사적으로 열심이었다고 고백했다. 그 시절에는 아주 작은 비판에도 속이 상하고 상처를 입었다. 하지만 해병대에서 보낸 30년 동안 그는 맷집을 키울 수밖에 없었다. 그는 이렇게 회상했다.

"나는 질책과 모욕을 당했습니다. 똥개, 독사, 스컹크라고 욕을 먹기도 했지요. 전문가에게 지주를 받은 적도 있습니다. 영어로 만들어낼 수 있는 모든 조합의, 입에 담지도 못할 욕을 듣고 살았습니다. 그게 내게 영향을 미쳤을까요? 하! 나는 누가 지금 당장 나를 욕한다고 해도, 눈길조차 주지 않을 겁니다."

'매의 눈' 버틀러가 비난에 무심한 사람일지도 모른다. 하지만 한 가지는 확신할 수 있다. 우리는 작은 험담과 비난도 지나치게 진지하게 받아들인다는 것이다. 몇 년 전, '뉴욕 썬'의 기자가 내 성인 강좌 시연회에 참여한 뒤 나와 내가 하는 일을 비웃은 적이 있다. 내가 화를 냈을까? 나는 그 일을 개인적인 모욕으로 받아들였다. 나는 뉴욕 썬 임원위원회 의장인 길 호지스에게 전화를 걸어 사실이 아닌 조롱을 기사로 내보내고 있다고 따졌다. 나는 그 기자의 범행에 걸맞은 벌을 주고 싶었다.

지금은 그렇게 행동했다는 걸 부끄럽게 생각한다. 그 신문을 산 사람 중 절반은 그 기사를 읽지도 않았을 것이다. 기사를 읽은 사람 중 절반은 악의 없는 재밋거리라고 생각했을 것이고, 나머지는 아마 고소하게 생각했겠지만 몇 주도 지나지 않아 모두 잊어버렸을 것이다.

이제는 사람들이 다른 사람에 대해 생각하거나 떠도는 이야기에 관심을 가지지 않는다는 것을 깨달았다. 사람들은 아침 식사 전에도, 후에도, 하다못해 잠자리에 들기 10분 전까지도 자신에 대해서만 생각한다. 사람들은 당신과 나의 죽음보다 자신의 가벼운 두통에 1,000배는 많은 관심을 기울일 것이다.

당신과 내가 가장 친한 6명의 친구 중 1명에게 매도와 조롱, 배신을 당하고 뒤통수를 맞은 뒤 강물에 던져진다고 하더라도 자기 연민의 축제를 벌이지 말아야 한다. 하지만 실제로 그런 일이 예수에게 일어났다. 고작 우리 돈으로 19달러밖에 되지 않는 뇌물 때문에, 그의 가장 가까운 12명의 친구 중 한 명이 그를 배신했다. 그리고 또 다른 한 명은 그가 위험에 처했을 때, 예수를 알지도 못한다고 맹세까지 하면서 그를 저버렸다. 6명 중 1명이 그랬다! 다름 아닌 예수에게 말이다. 왜 내게는 그보다 나은 상황이 일어날 것이라고 기대하는가?

나는 몇 년 전, 사람들이 나를 부당하게 비판하는 것을 막을 수는 없지만, 그보다 얼마든지 중요한 일을 할 수 있다는 것을 깨달았다. 나는 그 부당한 비판이 나를 괴롭히게 둘지 말지 결정할 수 있는 것이었다.

한 가지 분명히 해두어야 할 것이 있다. 나는 모든 비판을 무시하라는 말을 하는 것이 결코 아니다. 오직 부당한 비판만을 무시하라는 말을 하는 것이다. 한번은 엘레노어 루스벨트에게 어떻게 부당한 비판에 대처하는지 물어본 적이 있다. 그녀가 그런 비판은 수없이 당했다는 것은 알라신도 알 것이다. 그녀는 백악관을 거쳐 간 그 어떤 여성보다 가장 열렬한 친구와 가장 난폭한 적들을 가진 사람이었다.

그녀는 내게 그녀가 어린 소녀였을 적, 병적으로 부끄럼을 타고 사람들의 시선을 두려워하는 아이였다고 말해주었다. 그녀는 비판을 너무도 두려워한 나머지, 하루는 그녀의 고모인 시어도어 루스벨트의 여동생에게 조언을 구했다. 그녀는 이렇게 말했다.

"바이 고모, 나는 이런저런 일을 하고 싶어요. 하지만 비난을 받을까 두려워요."

그녀의 고모는 조카의 눈을 바라보며 이렇게 말했다.

"사람들이 뭐라고 말하든 절대 신경 쓰지 말렴. 네 마음이 옳다고 생각하는 일이라면 더더욱."

엘레노어 루스벨트는 그 조언이 나중에 백악관에 입성했을 때, 지브롤터 암벽같이 단단한 마음가짐을 가지는 데 도움이 되었다고 말했다. 그리고 그녀는 비판을 피하는 유일한 방법은 선반 위에 놓은 드레스덴 사기그릇처럼 얌전히 있는 것이라고 말했다. 그녀의 충고는 이러했다.

"마음이 옳다고 생각하는 일을 하십시오. 어차피 비난은 따를 것입니다. 해도, 하지 않아도 마찬가지지요."

고인이 된 매슈 브러쉬가 월가 40번지에 있는 아메리칸 인터네셔널 코퍼레이션의 회장으로 있을 때, 나는 그에게 비판에 민감해 본 적이 있냐고 물었다. 그는 이렇게 답했다.

"네. 나는 젊었을 때 비판에 민감한 사람이었습니다. 회사의 모든 직원이 나를 완벽하다고 생각해주었으면 하고 바랐죠. 그렇지 않을 경우에는 걱정했습니다. 나에 대해 마구 불평하는 사람이 있으면 그를 만족시키려 했습니다. 하지만 관계를 개선하기 무섭게 다른 사람의 기분을 망치는 식이었습니다. 그 사람과의 관계를 개선하는 동안에는 또 다른 사람들을 자극하고 말았습니다. 마침내 나는 개인적인 비판에서 벗어나기 위해 타인의 상처 입은 감정을 진정시키고 부드럽게 대하려 할수록, 더 많은 적을 만든다는 것을 깨달았습니다. 그래서 나는 이렇게 결심했습니다.

'돋보이는 사람은 비판을 받을 수밖에 없다. 그러니 그 사실을 받아들이자.'

이 결심은 내게 진정으로 큰 도움이 되었습니다. 그 이후로 나는 최선을 다하되 우산을 들어 비판의 빗줄기에 몸이 젖지 않도록 하고 있습니다."

딤스 테일러는 여기서 한발 더 나아갔다. 그는 비난의 빗줄기가 몸을 적시도록 내버려 두었을 뿐 아니라, 사람들 앞에서 신나게 웃어넘겼다. 그는 뉴욕 필하모니 교향악단의 일요일 오후 라디오 콘서트 휴식 시간 동안 사연을 받고 있었는데, 한 여인이 그를 '거짓말쟁이, 배신자, 독사, 바보 천치'라고 비난하는 편지를 보내왔다.

그다음 주 방송에서, 테일러는 그 편지를 수백만의 청취자들에게 읽어주었다. 심지어 그의 책 '인간과 음악'에 관해 읽어보면, 그로부터 며칠 뒤, 같은 여성이 또 편지를 보내왔으며, 그녀가 '변함없이 내가 거짓말쟁이, 배신자, 독사, 바보 천치라고 비난해왔는데, 아무래도 지난 방송을 크게 좋아하지 않았다는 느낌이 든다.'라고 적혀있다.

그런 식으로 비난을 넘기는 사람을 존경하지 않을 수 없다. 평정심과, 변함없는 침착함, 유머 감각은 정말이지 존경할 만한 것이었다.

찰스 슈와브는 프린스턴에서 학생을 가르치며, 그가 인생에서 얻은 가장 큰 교훈은 자신의 제강 공장에서 일하던 한 나이 든 독일인으로부터 배운 것이라고 고백한 적 있다. 전쟁이 한창이던 시기였다. 독일인 직원은 철강 노동자들과 말싸움에 휘말렸는데, 노동자들이 그를 강에 던져버렸다. 슈와브는 이렇게 말했다.

"그가 진흙과 물로 범벅이 되어 사무실로 돌아왔을 때, 그 사람들에게 뭐라고 했기에 강물에 던져버렸는지 물었더니 그가 이렇게 답하는 것이었습니다. '그냥 웃었지요.'"

슈와브는 그 나이 든 독일인의 말을 자신의 좌우명으로 삼았다고 한다.

"그냥 웃어라."

이 좌우명은 부당한 비판의 피해자가 되었을 때 특별히 도움이 될 것이다. 누군가가 당신의 말에 반론을 제기한다면 당신 역시 그에 대응할 수 있다. 하지만 '그냥 웃어버리는' 사람에게는 아무것도 할 수 있는 게 없다.

링컨이 쏟아지는 맹렬한 비판에 답하려고 시도하는 것이 어리석다는 걸 배우지 못했다면, 그는 아마 부담을 이기지 못하고 무너졌을 것이다. 그는 이렇게 말했다.

"내게 겨눠진 모든 공격에 귀를 기울이거나 답하려고 했다면, 나는 아무 일도 할 수 없게 되었을 것이다. 나는 내가 아는 모든 것을 동원해, 할 수 있는 최선을 다할 뿐이다. 그리고 마지막까지 그렇게 할 예정이다. 그 결과가 좋다면, 내게 겨눠진 비판은 아무 문제가 되지 않을 것이다. 결과가 좋지 않다면, 열 명의 천사가 내가 옳았다고 맹세한다고 해도 달라지는 것은 없을 것이다."

부당한 비판에 대한 걱정을 물리치는 방법 2

최선을 다해라. 그리고 우산을 들어 비판의 빗줄기를 피해라.

제3장

내가 저지른 바보 같은 일들

▶─────── **내 서류 캐비닛**에는 FTD(Fool Things I Have Don)이라고 새겨진, 즉 내가 저지른 바보 같은 일들을 담은 파일이 있다. 그 파일 안에는 내가 범한 바보 같은 일들의 기록이 모여 있다. 가끔은 비서를 시켜서 메모하기도 하지만, 어떨 때는 너무 개인적이고 바보 같은 실수를 도저히 남을 시켜 받아 적게 할 수 없어, 직접 손으로 쓰기도 한다.

나는 아직도 15년 전 FTD 파일에 넣은 데일 카네기에 관한 비판을 기억할 수 있다. 내가 완벽히 정직한 인간이었다면, 아마 캐비닛은 지금쯤 FTD 파일들로 미어터지고 있을 것이다. 사울왕 역시 2,000년 전에 이렇게 말했다.

"나는 바보 같은 짓을 했고 심한 실수를 범하기도 했다."

FTD 파일을 꺼내 직접 쓴 비판을 읽다 보면, 내가 직면한 가장 어려운 문제를 해결하는 데 도움을 얻을 수 있다. 그 문제란 곧 '데일 카네기를 다루는 방법'을 의미한다.

나는 모든 문제를 다른 사람들의 탓으로 돌리고는 했다. 하지만 나이가 들며 현명해지면서 고민해본 결과, 대부분의 불행은 나 때문에 일어났다는 것을 깨닫게 되었다. 많은 사람이 나이를 먹으며 그 사실을 깨닫는다. 나폴레옹은 세인트헬레나에서 이렇게 말했다.

"나의 추락은 그 누구도 아닌 나 자신 때문이다. 나는 나의 주된 적이자 처참한 운명의 원인이었다."

자기평가와 자기관리 방면에서 예술의 경지에 닿은 한 사람의 이야기를 들려주겠다. 그의 이름은 H. P. 하웰로, 1944년 7월 31일 그가 뉴욕의 호텔 앰배서더 약국에서 갑작스러운 죽음을 맞이했을 때 온 뉴스가 미국 전역을 강타할 정도였다. 월가는 충격에 휩싸였다. 그는 56번가에 있는 커머셜 내셔널 뱅크 앤드 트러스트 컴퍼니 이사회 회장이었을뿐더러 여러 기업의 임원으로, 미국 금융을 주도하는 리더였기 때문이다. 그는 많은 교육을 받지 못했으며, 시골 잡화점의 직원으로 사회생활을 시작했다. 훗날 그는 U.S. 스틸의 신용 조사원으로 취직해 차츰 지위와 권력을 손에 쥐게 되었다.

"수년간 나는 매일 있었던 약속을 기록해둔 수첩을 지니고 다녔습니다."
하웰에게 그의 성공 비결을 물었더니 그는 이렇게 말했다.

"가족들은 나를 위해 토요일 저녁에는 약속을 잡지 않았습니다. 내가 토요일 저녁의 일부를 자기반성과 한 주를 돌아보고 평가하는 데 할애한다는 걸 알고 있었기 때문이었죠. 저녁 식사가 끝나면 나는 홀로 남아 약속 수첩을 펼치고 한 주간 있었던 면담, 토론, 회의를 되돌아보는 시간을 가졌습니다. 나는 스스로 이렇게 질문했습니다.

'그때 어떤 실수를 했을까?', '잘한 일은 무엇이고, 더 많은 성과를 내기 위해서는 어떻게 해야 할까?', '그 경험에서는 어떤 교훈을 얻을 수 있을까?'
가끔은 이 주간 평가가 내 기분을 상하게 한다는 것을 느낄 때도 있었고, 직접 저지른 실수에 깜짝 놀랄 때도 있었습니다. 당연히 시간이 흐르며 실수가 줄어들었습니다. 수년간 이어졌던 이 자기평가 시스템은 그동안 시도했던 그 어떤 일보다 내게 큰 도움이 되었습니다."

어쩌면 H. P. 호웰이 벤저민 프랭클린으로부터 아이디어를 얻었을지도 모를 일이다. 다만 프랭클린은 토요일 저녁을 기다리는 대신, 매일 자신을 엄격히 심문하는 시간을 가졌다. 그는 자신에게 13가지 결함이 있다는 사실을 발견했다. 그중에는 시간 낭비, 사소한 일에 마음을 졸이는 것, 그리고 사람들과 언쟁하고 다툰 일이 포함돼 있었다. 현명했던 프랭클린은 이러한 결점들을 해결하지 않는다면, 그 무엇도 이룰 수 없다는 것을 깨달았다. 그래서 그는 일주일 동안 매일 하나의 결점을 골라 최선을 다해 싸웠다. 다음 날이면 다른 결점을 고르고, 글러브를 끼고, 링이 울리면 코너에서 튀어나와 다시 싸웠다. 프랭클린은 그렇게 2년을 반복했다.

그가 미국이 배출한 가장 사랑받고 영향력 있는 인물 중 하나가 된 것도 놀랄 일이 아니다.

엘버트 허바드는 이렇게 말했다.

"모든 사람은 최소 매일 5분 정도 지독한 멍청이가 된다. 지혜란 그 제한선을 넘지 않는 데 있다."

그릇이 작은 사람은 사소한 비판에도 화를 내며 분개하지만, 현명한 사람은 비판과 책망으로부터, 그리고 '외나무다리에서 만난' 사람으로부터 무언가를 배우기를 갈망한다. 월트 휘트먼은 이렇게 말했다.

"당신을 존경하고, 당신에게 잘해주고 당신의 편을 들었던 사람으로부터 교훈을 얻었나요? 당신을 거부하고, 당신에게 맞서고, 싸우고, 길을 가로막은 사람으로부터 위대한 교훈을 얻지는 않았나요?"

당신의 적들이 당신과 당신의 업적을 비판하기를 기다리는 대신, 먼저 자신을 비판하라. 자신의 가장 엄격한 비평가가 되어라. 우리의 약점을 찾고 바로잡아 적들이 한마디도 하지 못하도록 만들어라. 찰스 다윈 역시 그렇게 했다. 그는 자신의 업적을 비판하는 데 15년을 보냈다. 다윈이 불후의 명작인 '종의 기원'의 원고를 완성했을 때, 그는 기원에 관한 그의 혁명적인 개념이 학계와 종교계를 뒤흔들 것을 알고 있었다. 그는 그리하여 스스로 자신의 업적을 비평하는 사람이 되어, 15년을 들여 데이터를 확인하고, 추론에 이의를 제기하고, 결론을 비판하는 데 사용했다.

누군가가 당신을 '지독한 멍청이'라고 모욕한다면, 당신은 어떻게 할 것인가? 화를 낼 것인가? 분개할 것인가? 링컨은 이렇게 했다. 링컨의 육군 장관을 지낸 에드워드 M. 스탠턴은 실제로 링컨을 '지독한 멍청이'라고 불렀다. 스탠턴은 링컨이 자기 일에 간섭한다는 이유로 역정을 냈다. 어떤 이기적인 정치인을 만족시키기 위해, 링컨이 연대의 이동을 명령했기 때문이다. 스탠턴은 링컨의 명령을 이행하는 것을 거부하는 것은 물론, 그런 명령을 내린 그를 멍청하다고 비난했다. 어떤 일이 일어났을까? 그 이야기를 전해 들은 링컨은 침착하게 이렇게 답했다.

"스탠턴이 그렇게 말했다면 내가 지독한 멍청이가 맞을 걸세. 그는 대체로 맞는 말을 하니까. 무슨 일인지 가서 직접 확인해봐야겠네."

링컨은 실제로 스탠턴을 만나러 갔다. 스탠턴은 링컨의 명령이 잘못되었다는 것을 설득하는 데 성공했다. 링컨은 진실하고 유익한 비판이라면 환영했으며 교훈을 얻고 포기할 줄도 알았다.

당신과 나 역시 그러한 비판을 받아들일 줄 알아야 한다. 우리라고 해서 4번 중 3번 이상 맞을 수 없기 때문이다. 시어도어 루스벨트는 백악관에 있는 동안 그 사실을 받아들였다. 지구 역사상 가장 위대한 사상가였던 아인슈타인 역시 자신의 결론 가운데 99%가 틀렸다는 것을 고백했다!

라로슈푸코는 이렇게 말했다.

"적들의 의견은 우리의 것보다 더 진실에 가깝다."

라로슈푸코의 말은 대부분의 경우 옳았다. 누군가가 나를 비판하기 시작할 때, 긴장을 풀고 있다면 우리는 즉각 반사적으로 방어적 태도를 보인다. 비판을 하는 사람이 뭐라고 할지 전혀 알지 모르면서도 말이다. 우리는 비판에 분개하면서도 칭찬은 쉽게 받아들인다. 비판과 칭찬이 충분한 근거를 가졌는지는 중요하지도 않은 것이다. 우리는 그렇게 논리적인 존재가 아니다. 우리는 감성적인 종이다. 우리의 논리는 깊고, 어둡고, 태풍이 몰아치는 감정의 바다에 던져지는 카누 한 척을 닮았다. 우리 중 대다수는 현재의 자신에 대해 제법 후한 의견을 가지고 있다. 하지만 지금으로부터 40년 뒤 현재를 돌아본다면, 우리는 아마 지금의 우리를 보고 웃음을 터트릴 것이다.

'역사상 가장 유명한 소도시 신문 편집장' 윌리엄 앨런 화이트는 50년 전 그의 젊은 시절을 회상하며 '자만하고, 뻔뻔한 바보에다, 거만한 어린 바리새인이며, 현실에 안주하는 반동분자'라고 묘사했다. 지금으로부터 20년 후, 당신과 내가 지금의 우리를 묘사하기 위해 비슷한 표현을 쓰게 될지도 모르는 일이다. 누가 알겠는가?

앞 페이지에서, 나는 부당한 비판을 받았을 때 대처하는 법에 관해 이야기했다. 여기 또 다른 대처 방법이 있다. 부당한 비판을 받았을 때 화가 치솟으려 한다면, 잠시 멈추고 이렇게 생각해보면 어떨까?

'어디 보자. 나는 완벽하지 않아. 아인슈타인이 99%나 틀렸다고 인정했다면, 나 역시 최소한 80%는 틀릴 수 있다는 거잖아. 어쩌면 타당한 비판인지도 몰라. 그렇다면, 그 비판을 감사하게 여기고 교훈을 얻어야겠어.'

펩소던트 컴퍼니의 찰스 럭맨은 밥 호프를 방송에 출연시키기 위해 매년 수백만 달러를 쓴다. 그는 프로그램을 칭찬하는 편지는 읽지 않지만 비판의 편지는 반드시 챙겨본다. 비판으로부터 배울 점이 있다는 걸 알기 때문이다.

포드사는 경영진이나 사업체에 문제를 찾기 위해 직원들을 상대로 설문조사를 진행해 회사를 비판해달라고 부탁했다.

나는 비판을 찾아다녔던 비누 판매원을 한 명 알고 있다. 그가 콜게이트의 비누를 막 팔기 시작했을 당시 주문이 변변치 못했다. 그는 직업을 잃게 될까 걱정했다. 그러던 그는 비누와 가격에 문제가 없다는 걸 알게 되었고, 결국 문제의 원인은 자신에게 있다는 걸 깨달았다. 그가 판매에 실패했을 때, 그는 고객 사무실 주위를 빙빙 돌며 무엇이 문제인지 알아내려 애쓰고는 했다. 너무 멍청하게 굴었나? 열정이 부족해 보였나? 그는 고객에게 돌아가 이렇게 물은 적도 있다.

"비누를 팔러 돌아온 것이 아닙니다. 당신의 충고와 비판이 필요해서입니다. 제가 조금 전 비누를 팔며 실수한 것이 있다면 알려주시지 않겠습니까? 당신은 저보다 훨씬 경험도 많고 성공한 사람입니다. 저를 솔직히, 사정없이 비판해주세요."

그의 태도는 많은 친구와 값을 매길 수 없는 충고를 선물해주었다.

그에게 어떤 일이 일어났을 것 같은가? 오늘날 그는 콜게이트 팔모리브 피트 숍 컴퍼니의 회장이 되었다. 세계에서 가장 큰 비누 제조사인 그 회사가 맞다. 그의 이름은 E. H. 리틀이며, 지난해 그는 24만 141달러를 벌어들였다. 미국에서 그보다 더 많은 수입을 기록한 사람은 고작 14명뿐이었다.

H. P. 하웰, 벤저민 프랭클린, E. H. 리틀처럼 행동하기란 쉬운 일이 아니다. 자, 이제 아무도 보지 않는 곳에서 거울을 들여다보며 한번 질문해보라. 당신도 그들처럼 될 수 있을지 말이다.

부당한 비판에 대한 걱정을 물리치는 방법 3

우리가 저지른 바보 같은 일들을 기록하고 스스로 비판하라. 우리는 완벽할 수 없다. 그러니 E. H. 리틀의 방식을 따라 편파적이지 않고, 유용하고, 건설적인 비판을 찾아 나서라.

제6부 요약

1. 부당한 비판에는 숨겨진 칭찬이 들어있다. 이는 대체로 당신이 질투와 시기심을 불러일으켰음을 의미한다. 그 누구도 죽은 개는 걷어차지 않는다는 것을 잊지 말라.

2. 당신이 할 수 있는 최선을 다해라. 그리고 우산을 들어 비판의 빗줄기를 피해라.

3. 우리가 저지른 바보 같은 일들을 기록하고 스스로 비판하라. 우리는 완벽할 수 없다. 그러니 E. H. 리틀의 방식을 따라 편파적이지 않고, 유용하고, 건설적인 비판을 찾아 나서라.

제7부

피로와 걱정을 예방하고 활력과 의욕을 일으키는 여섯 가지 방법

제1장

하루에 1시간 더 일하는 비결

▶──────── 왜 걱정을 예방하는 방법을 다루는 책에서 피로를 예방하는 내용을 쓰고 있을까? 답은 간단하다. 피로는 종종 걱정을 낳거나 쉽게 걱정에 빠지도록 만들기 때문이다. 어떤 의학도라도 피로가 신체적 저항력을 떨어뜨려 약한 감기는 물론 수백 가지 종류의 질병에 노출시킬 수 있다고 말할 것이다. 그리고 어떤 정신과 의사라도 피로가 감정적 저항력을 떨어뜨려 두려움과 걱정에 노출시킬 수 있다고 말할 것이다. 그렇기에 피로를 예방하는 것은 곧 걱정을 예방하는 것이나 다름없다.

내가 '걱정을 예방하는 법'이라고 했다면, 사실 그건 너무 가벼운 표현이다. 에드먼드 제콥슨은 그보다 더욱 나아갔다. 제콥슨 박사는 시카고 대학 임상 생리학 연구소 소장을 지내며 이완에 관해 두 권의 책을 썼다. '점진적 근육 이완'과 '몸을 이완하라'가 그것이다. 그는 수년간 의술에 이완을 접목시키는 것에 관한 연구를 지휘해왔다. 그는 '완벽한 이완의 상태'에서는 그 어떤 신경적, 감정적 반응도 '존재할 수 없다.'라고 말했다. 그 말은 곧 이완된 상태에서는 걱정하는 것이 불가능하다는 것을 의미한다.

자, 여기 피로와 걱정을 예방하는 첫 번째 규칙이 있다. 자주 쉬어라. 몸이 피로를 느끼기 전에 쉬어야 한다.

휴식이 그토록 중요한 이유는 뭘까? 피로는 놀라운 속도로 쌓인다. 미국 육군은 반복된 실험을 통해 수년간 제대로 군사 훈련을 받은 젊은 청년이라고 할지라도, 1시간마다 10분씩 군장을 내려놓고 쉬었을 때 더 잘 행군하고 더 오래 버틸 수 있다는 것을 발견했다. 그 뒤로 미국 육군은 병사들이 1시간마다 10분씩 쉬도록 하고 있다. 당신의 심장도 육군만큼이나 똑똑하다. 당신의 몸으로 하루 종일 혈액을 내보내는 심장의 노동 정도는 화물기차 한 칸을 채우는 것과 맞먹는다. 심장이 24시간 동안 쓰는 에너지는 석탄 20톤 분량을 1m 높이로 들어 올리는 데 쓰는 에너지와 맞먹는다. 그리고 심장은 그 놀라운 강도의 노동을 50년, 70년 아니 90년이나 계속한다. 그러고도 심장이 버틸 수 있는 이유는 뭘까? 하버드 의대의 월터 B. 캐논은 이렇게 설명했다.

"대다수의 사람들은 심장이 쉼 없이 뛴다고 생각합니다. 하지만 실제로는 심장의 수축 뒤에는 반드시 휴식하는 시간이 뒤따릅니다. 1분에 평균 70회를 뛴다고 하면, 심장은 24시간 중 9시간만 일할 뿐입니다. 심장의 총 휴식 시간을 더해보면 하루에 15시간이 나오지요."

세계 2차 대전 중, 윈스턴 처칠은 60대 후반에서 70대 초반의 나이를 지내면서도 매일 16시간씩 일했다. 해마다 대영 제국의 전쟁을 지휘하면서 말이다. 가히 놀라운 기록이다. 그의 비밀은 무엇이었을까? 그는 매일 아침 11시까지 침대에서 신문기사를 읽고, 명령을 내리고, 전화를 돌리고 중요한 회의를 진행했다. 점심 식사 후 그는 침대로 돌아가 다시 1시간을 잤다. 그리고 8시쯤 저녁 식사를 하기 전 다시 2시간을 잤다. 그는 피로를 회복할 필요가 없었다. 그는 사전에 피로를 예방했다. 그가 자주 쉬었기 때문에, 매번 자정을 지난 늦은 시각까지 생기있고 건강한 모습으로 일할 수 있었다.

창의적이었던 존 D. 록펠러는 두 개의 대단한 기록을 세웠다. 그는 당시 세계에서 가장 많은 부를 쌓으면서도 98세까지 장수했다. 어떻게 가능했을까? 가장 주된 이유는 물론 그가 장수하는 데 필요한 유전자를 물려받았기 때문일 것이다. 또 다른 이유는 매일 정오에 30분간 낮잠을 자는 습관에 있다. 그가 사무실 소파에 누워 낮잠을 청하는 동안에는 미국 대통령이라고 해도 전화를 연결해주지 않았다!

다니엘 W. 조슬린은 그의 훌륭한 저서 '왜 피곤한가'에서 이렇게 말했다.

"휴식은 아무것도 하지 않는 것이 아니다. 휴식은 치유다."

단 5분의 짧은 낮잠에도 사전에 피로를 방지하는 충분한 치유의 힘이 있다! 야구 거장 코니 맥은 오후 경기 전 낮잠을 자지 않는다면 5회쯤이면 이미 지칠 대로 지쳐버린다고 말했다. 하지만 단 5분이라도 낮잠을 잔 뒤라면, 하루에 두 경기를 뛰는 더블헤더의 상황에서도 피로를 느끼지 않는다고 했다.

엘리너 루스벨트에게 어떻게 하면 백악관에서 보낸 12년의 세월 동안 진을 빼는 모든 일정을 소화할 수 있었느냐고 물었을 때, 그녀는 군중 앞에 서거나 연설을 해야 할 때면 의자나 소파에 앉아 눈을 감고 20분간 휴식을 취했다고 알려주었다.

최근에 나는 매디슨 스퀘어 가든 대기실에서 진 오트리를 인터뷰했다. 세계 로데오 챔피언전에서 가장 큰 인기를 끌었던 바로 그 진 오트리다. 그의 대기실에는 야전침대가 마련돼 있었다. 그는 이렇게 말했다.

"매일 오후 저곳에서 공연 중간에 한 시간씩 낮잠을 잡니다. 할리우드에서 영화를 찍을 때는 큰 안락의자에 누워 매일 20분에서 30분씩 휴식을 취하고는 했지요. 그러고 나면 엄청나게 기운이 났습니다."

에디슨은 자신의 엄청난 에너지와 지구력이 언제든 원할 때 잠드는 습관으로부터 나온다고 했다.

나는 헨리 포드가 80세를 맞기 직전에 그를 인터뷰한 적이 있다. 그가 얼마나 생기 있고 건강해 보였는지 깜짝 놀랄 정도였다. 그에게 비결을 묻자 그는 이렇게 말했다.

"나는 앉을 수 있을 때 절대 서 있지 않고, 누울 수 있을 때 절대 앉아있지 않습니다."

'현대 교육의 아버지' 호레이스 만 역시 나이가 들며 같은 습관을 만들었다. 안티오크 대학의 총장을 지내는 동안, 그는 주로 소파에 몸을 뻗고 누워 학생들과 면담했다.

나는 할리우드의 영화감독인 잭 처톡에게도 비슷한 기술을 전파했다. 그리고 그는 이 기술이 기적처럼 효과를 가져왔다고 고백했다. 그는 지금 MGM의 가장 유명한 감독 중 한 명이 되었다. 그가 몇 년 전 처음으로 찾아왔을 때, 그는 영화사의 단편영화 책임자로 일하고 있었다. 그 당시 매우 지쳐있던 그는 강장제, 비타민, 약물 등 모든 걸 시도해보았지만 도움을 받을 수 없었다고 했다. 나는 그에게 매일 휴가를 내라고 말했다. 어떻게? 그의 사무실에서 몸을 뻗고 누워 휴식을 취하며 작가들과 회의를 하라고 말이다.

그로부터 2년 뒤 그를 다시 만났을 때, 그는 이렇게 말했다.

"물리치료사 말에 따르면, 기적이 일어났습니다. 단편영화 아이디어 회의를 할 때면 항상 잔뜩 긴장한 채로 의자에 앉아있고는 했지만, 이제는 회의 중에도 소파에 누워있답니다. 20대 때보다도 더 건강하다는 기분이 듭니다. 지금은 하루에 2시간이나 더 일하고 있지만, 피곤을 느끼는 경우는 거의 없습니다."

어떻게 이 방법을 일상에 적용할 수 있을까? 당신이 속기사라면, 에디슨이나 샘 골드윈처럼 사무실에서 낮잠을 잘 수는 없을 것이다. 당신이 회계사라면, 소파에 누운 채로 상사와 재무제표에 관해 논의할 수 없을 것이다. 하지만 당신이 작은 도시에 살고 점심시간에 집에 들를 수 있다면, 식후 10분 정도는 낮잠을 잘 수 있을지 모른다. 조지 C. 마셜 장군이 바로 그렇게 했다. 전쟁하는 동안 미군을 지휘하느라 바쁜 와중에도, 그는 정오면 휴식 시간을 가졌다.

당신이 50세 이상이 되었고 낮잠을 잘 시간이 전혀 없다고 생각된다면, 가입할 수 있는 모든 생명보험에 가입하라. 요즘 들어 부고가 더 자주, 갑작스럽게 전해지는 데는 이유가 있다. 게다가 당신의 배우자가 당신이 남긴 보험금으로 더 젊은 연인을 만날지도 모르는 일이다.

만일 점심시간에 낮잠을 잘 수 없다면, 최소한 저녁 식사 전에 1시간이라도 누워있는 것도 좋다. 하이볼보다 더 저렴하고, 장기적으로 보았을 때 5,467배 더 효율적인 방안이다. 그렇게 하면 당신이 5시간, 6시간, 아니 7시간을 일한다고 하면 거기에 1시간을 더할 수 있게 된다. 왜일까? 어떻게 그게 가능할까? 저녁 식사 전 1시간 동안 낮잠을 자고, 밤새 6시간을 잔다고 해도 총 7시간을 휴식하는 셈이다. 이 방법은 8시간을 쭉 이어 자는 것보다도 더 효과가 좋다.

육체노동자가 충분한 시간을 휴식한다면, 그는 더 많이 일할 수 있게 된다. 프레데릭 테일러는 베들레헴 스틸 컴퍼니에서 과학적 관리 엔지니어로 일하는 동안 이 사실을 증명해냈다. 그는 노동자 한 명이 하루에 대략 12.5톤의 선철을 적재 화차에 실을 수 있고, 낮 12시면 기력을 다 소진한다는 것을 관찰했다. 그는 곧 피로를 유발하는 모든 요소들에 대한 과학적 연구를 진행한 뒤, 노동자들이 하루에 12.5톤이 아닌 47톤을 옮길 수 있다고 선언했다! 그는 그들이 하루에 4배나 되는 일을 하면서도 피로를 느끼지 못할 것이라고 생각했다. 하지만 어떻게 증명할 수 있을까?

테일러는 슈미츠라는 일꾼을 선별해 그가 스톱워치에 맞춰 일하도록 요구했다. 슈미츠가 일하는 동안 그의 곁에는 시계를 든 사람이 서서 이렇게 말해주었다.

"자, 이제 선철 하나를 들어 올리고 걸어가세요. 지금은 앉아서 휴식을 취하세요. 다시 걸으세요. 이제 쉬세요."

어떤 일이 일어났을까? 슈미츠는 다른 사람들이 12.5톤을 옮기는 동안 혼자서 하루에 47톤을 옮겼다. 그리고 그는 프레데릭 테일러가 베들레헴사에서 머무는 3년 동안 계속해서 똑같은 페이스를 유지했다. 슈미츠가 그렇게 일할 수 있었던 건 그가 피곤해지기 전에 휴식을 취했기 때문이다. 그는 한 시간에 26분을 일하면서 24분을 쉬었다. 일하는 시간보다 휴식 시간이 더 길었음에도 남들보다 더 많이 일했던 것이다! 헛소문은 아닐까? 결코 아니다. 프레데릭 윈슬로우 테일러의 저서 '과학적 경영의 원칙'에서 직접 그 기록을 찾아볼 수 있다.

다시 한번 말하겠다. 미 육군이 그랬던 것처럼 자주 휴식하라. 당신의 심장처럼 피곤해지기 전에 휴식하라. 그러면 매일 하루 1시간을 더 일할 수 있을 것이다.

제2장

피로의 원인과 대처법

▶─────── **여기 믿기 어렵고** 주목할 만한 사실이 하나 있다. 다름이 아닌 정신노동이 당신을 피곤하게 만들지 않는다는 것이다.

지금으로부터 몇 년 전, 과학자들은 사람의 뇌가 얼마나 '노동능력이 감소하지' 않고 일할 수 있는가를 알아내기 위해 애썼다. 노동 능력의 감소는 곧 피로의 과학적 정의라 할 수 있기 때문이다. 과학자들은 놀랍게도 일하는 동안 뇌를 통과한 피에는 피로의 징조가 조금도 나타나지 않는다는 사실을 깨달았다! 만일 육체노동자가 일하는 동안 그의 정맥에서 피를 뽑아본다면 그의 피는 피로 독소와 피로 물질로 가득 차 있을 것이다. 하지만 당신이 하루가 끝나가는 시간쯤 아인슈타인의 뇌에서 피를 한 방울 뽑아본다면, 그 안에는 피로 독소 같은 건 들어있지도 않을 것이다.

게다가 사람의 뇌는 '8시간 혹은 12시간을 일한 뒤라도 다시 처음 일하는 것처럼 신속하게' 일할 수 있다. 뇌는 절대 지치는 법이 없다. 그렇다면 무엇이 당신을 피곤하게 만드는 것일까?

정신의학자들은 대부분의 피로는 우리의 정신적, 감정적 자세로부터 나온다고 말한다. 영국의 가장 유명한 정신과 의사 중 한 명인 J.A. 해드필드는 그의 저서 '힘의 심리학'에서 이렇게 말했다.

"우리가 고통받는 피로의 대부분은 정신 문제에 기반을 둔다. 온전히 육체적 탈진으로 인한 피로는 드물다."

미국의 가장 권위 있는 정신과 의사인 A.A. 브릴 박사는 여기서 더 나아갔다. 그는 이렇게 말했다.

"앉아서 일하는 사람 가운데 건강에 문제가 없는 사람의 피로는 100% 정신적 요인으로부터 발생한다. 정신적 요인이란 곧 감정적 요인을 의미한다."

어떤 감정적 요인이 앉아서 일하는 사람들을 피곤하게 만들까? 기쁨? 만족감? 아니! 절대 아니다! 지루함, 억울함, 인정받지 못한다는 생각, 허무함, 조급함, 불안, 걱정과 같은 감정적 요인이 앉아서 일하는 사람을 탈진하게 만들며, 감기에 노출시키고, 생산량을 감소시키고, 두통을 안고 퇴근하도록 만든다. 맞다. 감정들은 신경을 긴장시키고, 우리는 감정들 때문에 피로를 느낀다.

메트로폴리탄 생명보험사 역시 피로에 관한 전단지에서 같은 핵심을 짚었다. 전단지에는 이런 말이 적혀있었다.

"과로로 인한 피로는 충분한 잠이나 휴식으로 치유될 수 있다. 걱정, 긴장, 감정적 혼란이야말로 피로의 주된 3가지 요인이다. 신체적, 정신적 노동이 피로의 주범으로 의심될 때도 이 3가지 요인을 먼저 떠올려봐야 한다. 긴장한 근육은 곧 노동하는 근육이라는 것을 잊지 마라. 마음을 느긋하게 가져라! 중요한 일을 위해 에너지를 아껴라."

지금 당장, 머물던 자리에서 자신을 점검하라. 이 책을 혹시 노려보고 있지는 않은가? 눈 사이 미간에 힘이 들어가 있지는 않은가? 의자에 편안하게 앉아있는가? 아니면 어깨를 구부정하게 굽히고 있는가? 얼굴의 근육은 긴장하고 있는가? 당신 몸 전체가 오래된 헝겊 인형처럼 축 늘어지고 긴장이 풀려있지 않다면, 당신은 지금 이 순간에도 신경과 근육의 긴장을 만들어내고 있다. 그 말은 곧 당신이 신경의 긴장과 피로를 만들어내고 있음을 의미한다!

왜 우리는 정신노동을 하면서 불필요한 긴장감을 만들어낼까? 조슬린은 이렇게 말했다.

"가장 큰 문제점은 거의 모든 사람들이 노력하는 기분이 들지 않으면 열심히 일한다고 생각하지 않는다는 것에 있다."

우리가 집중할 때 인상을 쓰는 것도 그 이유에서다. 우리는 어깨를 구부린 채 근육에게 노력하는 태도를 취하도록 요구하는 것이다. 하지만 그건 우리의 뇌에 도움이 되지 않는다.

여기 놀랍고도 슬픈 진실이 있다. 수백만 명의 사람들은 돈을 버리는 건 상상도 하지 못하면서, 그들의 에너지를 낭비할 때에는 마치 싱가포르의 술 취한 선원 7명의 무모함을 닮았다는 것이다.

이런 신경성 피로의 답은 무엇일까? 긴장을 풀어라! 풀어라! 풀어라! 일하는 동안 긴장을 푸는 방법을 배워야 한다.

그러나 과연 쉬운 일일까? 절대 그렇지 않다. 당신은 아마 평생 간직해온 습관을 버려야 할지도 모른다. 하지만 그럴만한 가치가 있는 일이며, 당신의 삶에 엄청난 변화를 가져올 것이다! 윌리엄 제임스는 그의 수필 '이완이라는 복음'에서 이렇게 말했다.

"미국인의 과도한 긴장과 경련, 호흡곤란, 격렬함, 표정에서 드러나는 고통은 그저 하나의 나쁜 습관일 뿐이다."

긴장이 습관이라면 이완 역시 습관이다. 우리는 얼마든지 나쁜 습관을 없애고 좋은 습관을 들일 수 있다.

그렇다면 어떻게 이완할 수 있을까? 마음을 먼저 이완해야 할까, 아니면 신경을 먼저 이완해야 할까? 정답은 둘 다 아니다. 가장 먼저 이완해야 할 것은 근육이다!

한번 시도해보자. 먼저 시범을 위해 눈부터 시작해보는 것이다. 이 문단을 끝까지 읽은 다음, 상체를 뒤로 젖히고 눈을 감은 뒤 눈에게 이렇게 조용히 속삭이는 것이다.

"내려놓자. 내려놓자. 안간힘을 쓰지도 말고, 찌푸리지도 말자. 내려놓자. 내려놓자."

그렇게 1분 동안 천천히 반복하도록 한다.

몇 초도 채 지나지 않아 눈 근육이 당신의 명령을 따르는 것을 느끼지 않았는가? 마치 누군가가 당신의 긴장을 씻어주기라도 한 듯 말이다. 놀랍게도 당신은 방금 1분 만에 이완의 열쇠와 비밀을 모두 터득했다. 똑같은 기술을 턱과 얼굴 근육, 목, 어깨, 몸 전체에 적용해볼 수도 있다. 심지어 시카고 대학의 에드먼드 제이컵슨 박사는 우리가 눈 근육을 이완시킬 수 있으면 모든 문제에서 벗어날 수 있다고 말했다! 신경성 긴장을 푸는 데 눈이 그토록 중요한 이유는 안구가 몸이 사용하는 신경 에너지의 4분의 1을 소모하기 때문이다. 그렇기 때문에 완벽한 시력을 가진 사람도 쉽게 '눈의 피로'를 느낀다. 그리고 눈의 피로는 눈의 긴장으로부터 나온다.

저명한 소설가 비키 바움은 그녀가 어렸을 적, 한 노인으로부터 생에 가장 중요한 교훈을 배우게 되었다고 했다. 그녀는 넘어져 무릎이 깨지고 손목을 다쳤다. 노인은 그녀를 일으켜 세웠다. 그는 한때 서커스단에서 광대로 일한 적이 있던 사람이었다. 그녀의 몸에 묻은 먼지를 털어준 노인은 이렇게 말했다.

"네가 다친 이유는 긴장을 푸는 법을 몰라서이기 때문이란다. 낡고 구겨진 양말처럼 축 처져있어야 해. 이리 오렴, 어떻게 하는지 보여줄 테니까."

그 남자는 비키 바움과 다른 아이들에게 낙법과 공중제비를 도는 법을 알려주었다. 그는 언제나 이렇게 강조했다.

"네가 낡고 구겨진 양말이라고 생각하렴. 긴장을 풀어야 해!"

우리는 이상한 상황에서도, 언제 어디서든 이완할 수 있다. 단 노력으로 억지로 이완하려 들어서는 안 된다. 이완은 모든 긴장과 노력이 부재하는 순간에 존재한다. 편안함과 휴식을 떠올려보라. 일단 머릿속으로 눈과 얼굴의 근육이 이완되는 모습을 그려라. 이렇게 하는 것이다.

"놓자…… 놓자…… 놓고 긴장을 풀자."

에너지가 얼굴 근육에서 몸의 중심으로 흘러가는 것을 느껴라. 당신이 아이처럼 긴장으로부터 자유로운 상태라고 믿는 것이다.

위대한 소프라노 갈리 쿠르치 역시 똑같은 방법을 사용했다. 헬렌 젭슨은 공연을 앞둔 갈리 쿠르치가 의자에 앉아 모든 근육을 이완시키고 있는 모습을 보았다고 말했다. 얼마나 편안한 상태였는지 그녀의 아래턱이 축 늘어질 정도였다. 이 훌륭한 습관은 무대에 서기 전 그녀의 긴장을 덜어주고 피로를 예방해주었다.

여기 당신에게 이완하는 법을 알려줄 다섯 가지 제안이 있다.

1. 이 주제를 다루는 가장 훌륭한 책인 데이비드 해럴드 핑크 박사의 '신경성 긴장으로부터 벗어나는 법'을 읽어라.

2. 불편한 상황 속에서도 이완하라. 당신의 몸을 낡은 양말처럼 편안하게 늘어뜨려라. 나는 일하는 동안 책상 위에 낡은 갈색 양말을 올려놓고 이완하는 습관을 잊지 않으려고 한다. 양말이 없다면, 고양이도 좋다. 햇살을 받으며 잠자는 새끼고양이를 본 적 있는가? 잠든 고양이는 물에 젖은 신문지처럼 축 늘어져 있다. 하다못해 인도의 요가 수행자들도 이완의 기술을 습득하고 싶다면, 고양이를 연구하라고 말했다. 나는 한 번도 피곤한 고양이, 신경쇠약에 걸린 고양이, 불면증, 걱정, 위궤양에 시달리는 고양이를 본 적이 없다. 만일 고양이들처럼 이완하는 법을 배운다면 당신 역시 온갖 참사로부터 자유로워질 수 있을지도 모른다.

3. 가능한 가장 편안한 자세로 일하라. 몸의 긴장은 어깨 통증과 신경 피로를 불러일으킨다는 사실을 잊지 마라.

4. 하루에 네다섯 번 스스로를 점검하라.
'내가 지금 하는 일을 필요 이상으로 힘들게 하고 있는 건 아닐까? 내가 하는 일과 아무 관련 없는 근육을 쓰고 있지는 않나?'
이 방법은 당신에게 이완하는 습관을 기르도록 도와줄 것이다. 데이비드 해럴드 핑크 박사는 이렇게 말했다.
"심리학을 잘 아는 사람 가운데 둘 중 하나는 이완하는 습관을 가지고 있다."

5. 하루가 끝나는 시점에 이렇게 물어라.

"나는 얼마나 피곤한가? 만일 피곤하다면, 이는 정신노동 때문이 아닌 일하는 방식 때문이다."

다니엘 W. 조슬린은 이렇게 말했다.

"나는 매일 밤 내가 얼마나 피곤한지가 아닌 얼마나 피곤하지 않은지로 성과를 판단한다. 유난히 피곤함을 느끼거나 신경이 흥분돼 있음을 느끼는 날이면, 그날은 양적으로나 질적으로나 효율적이지 못한 날이었음을 알 수 있다."

만일 모든 사업가가 이런 교훈을 배운다면, '고혈압'으로 인한 사망률은 하루아침에 급격히 감소할 것이다. 그리고 피로와 걱정으로 인해 요양원이나 정신병원에 가는 사람도 줄어들 것이다.

제3장

가정주부가 피로를 피하고 젊음을 유지하는 법

▶─────── 지난가을의 어느 날, 동료 한 명이 세상에서 가장 색다른 의학 수업을 듣기 위해 보스턴까지 날아갔다. 과연 의학 수업이라고 할 수 있을지는 모르겠다. 보스턴 진료소에서 매주 1회 열리는 그 수업을 다니고자 하는 환자들은 등록에 앞서 철저한 정기 검진을 통과해야만 수강 권한이 주어졌다. 사실 그 수업은 심리 치료 과정이었다. 정식 명칭이 '응용심리학'이긴 했지만 말이다. (초기 회원이 제시한 명칭인 '생각 컨트롤 클래스'로 불릴 때도 있었다.)

수업의 주목적은 걱정으로 인해 병을 얻은 사람들을 돕는 것으로, 대다수 환자는 감정적 문제를 겪는 가정주부들이었다.

걱정하는 사람들을 위한 이 수업이 어떻게 시작되었을까?

1930년, 한때 윌리엄 오슬러 경의 학생이었던 조셉 H. 프랫 박사는 어느 날 보스턴 진료소를 찾는 많은 환자들에게 육체적인 문제가 전혀 없다는 사실을 깨닫게 된다. 그런데도 그들은 온갖 병의 증상을 겪고 있었다. 한 여성은 두 손에 '관절염'이 생겨 전혀 제 기능을 할 수 없었다. 다른 환자는 심한 '위암'의 증상을 겪었다. 그 외에도 요통, 두통, 만성피로를 비롯한 애매한 통증을 호소하는 사람들도 있었다. 그리고 그들은 실제로도 통증을 느꼈다. 그러나 자세히 검진을 해보면 이 여성들의 몸에는 아무 문제도 없다고 나왔다. 과거의 의사들은 이런 증상들을 두고 '마음의 문제'로 인한 상상의 병이라고 치부해버렸을 것이다.

그러나 프랫 박사는 환자들에게 '집으로 돌아가서 모두 잊으세요.'라고 하는 것이 아무 소용없는 일이라는 것을 알았다. 박사는 아프고 싶은 사람이 없다는 것도 알았다. 자신의 지병을 잊는 것이 그토록 쉬운 일이었다면 다들 알아서 해결했을 것이다. 그렇다면 무엇을 할 수 있었을까?

그는 의학적 효과를 의심하는 사람들을 무시하고 강좌를 개설했다. 그리고 그 결과는 놀라웠다! 강좌를 진행한 18년 동안, 강좌를 들은 수천 명의 환자가 치유된 것이었다. 일부 환자는 마치 교회 예배에 참석하듯 꾸준히 강좌에 참석했다. 내 동료는 9년 넘게 그 수업을 들으며 결석한 적이 거의 없다는 여성을 만났다고 했다. 처음 진료소를 찾았을 때, 그녀는 신장과 심장에 병이 생겼다고 굳게 믿고 있었다. 그녀는 걱정과 긴장에 사로잡힌 나머지 시력을 잃었을 때도 있었다고 고백했다. 지금의 그녀는 자신감과 생기, 건강을 되찾았으며, 사십 대의 외모로 무릎 위에는 잠든 손주를 앉혀놓고 있었다. 그녀는 이렇게 말했다.

"나는 가족 문제로 지나치게 걱정했어요. 차라리 죽어버렸으면 하는 심정이었죠. 하지만 나는 이 강좌를 통해 걱정의 무의미함을 깨닫게 되었습니다. 나는 걱정을 멈추는 법을 배웠고, 내 인생은 더할 나위 없이 평화로워졌답니다."

이 강좌의 담당 의사인 힐퍼딩 박사는 걱정을 더는 최고의 방법은 '가지고 있는 문제를 믿을 수 있는 사람에게 털어놓으며 카타르시스를 느끼는 것'이라고 말했다. 그녀는 이렇게 덧붙였다.

"이곳에 찾아오는 환자들은 얼마든지 원하는 만큼 속이 시원해질 때까지 자신들이 가진 문제에 관해 이야기할 수 있습니다. 혼자 걱정을 곱씹고 마음에 담아두면 엄청난 신경성 긴장을 초래합니다. 우리는 모두 가지고 있는 문제와 걱정을 나눌 수 있어야 합니다. 세상 어딘가에는 우리의 이야기를 듣고 이해할 수 있는 사람이 있다고 생각할 수 있어야 합니다."

내 동료는 한 여성이 자신이 가진 걱정을 털어놓으며 큰 위로를 받는 순간을 목격하였다. 그녀의 가정에는 문제가 있었는데, 이야기를 시작할 당시 그녀는 용수철처럼 팽팽하게 긴장되어 있었다. 그러다 차츰 이야기를 이어갈수록, 그녀는 진정되기 시작했다. 면담이 끝날 무렵, 그녀의 얼굴에는 웃음이 차올라있었다. 문제가 해결돼서일까? 아니다. 그렇게 간단한 문제가 아니었다. 변화를 일으킨 것은 다른 사람에게 이야기를 털어놓으며 얻은 약간의 조언과 약간의 인간적인 동정이었다. 사실 '말' 속에는 굉장한 치유의 힘이 숨겨져 있다!

정신분석은 말의 치유력에 기인하기도 한다. 프로이트 이후, 정신분석가들은 환자들이 내면의 불안을 털어놓는 것만으로도 위안을 얻을 수 있다는 것을 알게 되었다. 어째서일까? 속마음을 털어놓음으로써, 우리의 문제를 조금 더 이해하게 되고, 더 나은 관점을 가지게 되기 때문일지도 모른다. 사실 완벽한 답은 없다. 하지만 '속을 털어놓는 것'만으로도 즉각적인 위안을 얻을 수 있다는 것은 확실하다.

그러니 감정적 문제가 생긴다면, 문제를 털어놓을 사람을 찾아보면 어떨까? 당연히 눈앞에 지나가는 아무나 붙들고 징징거리며 투덜대며 성가시게 굴라는 말은 아니다. 믿을 수 있는 사람을 골라 약속을 정하자. 그 대상은 가족, 의사, 변호사, 목사나 신부든 누구라도 될 수 있다. 그리고 그 사람을 찾아가 이렇게 말해보자.

"당신의 조언이 필요합니다. 내 문제를 들어주고 충고를 해준다면 좋겠습니다. 당신이 나와는 다른 시각을 가졌을 수도 있으니까요. 조언을 해줄 수 없다면 그냥 내가 떠드는 동안 그곳에 앉아 들어주기만 해도 사실 엄청난 도움이 될 것입니다."

만일 당신이 진정으로 이야기를 털어놓을 만한 사람이 한 명도 없다면, 생명구조연맹이라는 단체를 소개하고 싶다. (보스턴 진료소와는 관련이 없는 단체이다.)

생명구조연맹은 세상에서 가장 특이한 연맹 중 한 곳이다. 원래는 자살자 구조를 위해 설립되었으나, 시간이 흐르며 불행한 사람이나 감정적 결핍이 있는 사람들을 대상으로 한 정신 상담을 지원하며 그 활동 범위를 넓히게 되었다. 나는 상담을 위해 생명구조연맹을 찾는 사람들을 면담하는 로나 B. 보넬과 이야기할 기회가 있었다. 그녀는 이 책의 독자들이 편지를 보내온다면 기쁘게 답하겠다고 약속해주었다. 만일 뉴욕시 5번가 505번지의 생명구조연맹에 편지를 보낸다면, 당신의 이야기는 철저히 비밀에 부쳐질 것이다. 다만 직접 누군가를 만나 이야기할 수 있다면, 그렇게 하는 것을 더 권유하고 싶다. 아마 더 큰 위로를 받을 수 있으리라 생각한다. 하지만 가능하지 않다면, 이 연맹에 연락을 취해보는 건 어떨까?

이야기를 털어놓는 것은 보스턴 진료소 강좌에서 가장 빈번하게 사용하는 치료법이다. 그리고 여기 같은 강좌에서 얻은 가정주부들을 위한 특별한 팁들이 있다. 모두 집안에서 시도해볼 수 있는 것들이다.

1. '영감'을 위한 공책 또는 스크랩북을 만들어라. 개인적으로 마음에 들거나 기분을 전환시켜 주는 모든 시, 짧은 기도문, 인용구를 한데 모으는 것이다. 그러면 마음이 가라앉는 어느 우중충한 오후, 그 안에서 우울한 기분을 떨쳐낼 방법을 찾을 수 있을지도 모른다. 진료소의 많은 환자들은 수년 동안 '영감의 책'을 만들어왔다. 그들은 이 책이 '격려의 책'이라고 말한다.

2. 다른 이들의 단점을 지나치게 곱씹지 마라! 당신의 배우자에게 결점이 있는 것은 사실이다! 하지만 그 사람이 성자였다면 당신과 결혼할 일도 없었을 것이다. 맞는 말이 아닌가? 남편을 꾸짖고, 잔소리를 퍼붓느라 핼쑥해진 한 여성은 '당신의 남편이 죽는다면?'이라는 질문을 듣고 큰 충격을 받아 그 자리에서 남편이 가진 모든 장점을 되짚어보았다고 한다. 그렇게 보니 장점이 한두 개가 아니었다. 당신이 인색한 폭군과 결혼했다고 생각된다면, 같은 방법을 시도해보면 어떨까? 어쩌면 그의 장점을 되짚는 동안 다시 사랑이 싹트지도 모를 일이다!

3. 주변 이웃들에게 관심을 가져라! 같은 골목에 사는 사람들과 친절하고 건강한 관심을 표하라. 한 여성은 자신의 '폐쇄적'인 성향으로 인해 친구를 한 명도 사귀지 못한다며 괴로워했다. 그녀에게는 마주치는 사람을 두고 이야기를 지어보라는 처방이 내려졌다. 그녀는 전차에서 만난 사람들의 배경과 환경을

지어내 보는 것으로 시작했다. 사람들이 어떤 삶을 살고 있을지 상상해보는 것이었다. 지금의 그녀는 어디서나 쉽게 사람들에게 말을 걸 수 있는, 행복하고, 밝고, 자신의 '고통'으로부터 치유된 매력적인 사람으로 거듭났다.

4. 잠자리에 들기 전에 내일의 일을 계획하라. 강좌에서는 많은 가정주부들이 끝나지 않는 집안일 때문에 괴로움을 느낀다는 것이 밝혀졌다. 집안일에는 끝이 없다. 그리고 시간은 언제나 부족하다. 이런 종류의 조급함과 걱정에는 매일 밤 다음 날의 계획을 세우라는 처방이 내려졌다. 그 결과는 어땠을까? 몸을 덜 고단하게 하면서도 더 많은 일을 할 수 있게 되었다. 그리고 휴식을 취할 시간과 스스로를 돌볼 시간도 얻게 되었다.

5. 마지막으로, 긴장과 피로를 피하라. 이완, 이완하라! 긴장과 피로만큼 사람을 나이 들어 보이게 만드는 것도 없다. 긴장과 피로는 외모를 망치고 사람을 시들어 보이게 만든다!

내 동료는 '보스턴 생각 컨트롤 클래스'에서 진료소장인 폴 E. 존슨 교수의 지도에 따라 다른 환자들과 함께 10분간 몸을 이완하는 훈련에 참여했다. 그녀는 의자에 앉은 채로 잠이 들 뻔했다고 말했다. 존슨 교수의 수업에서 다루어진 주된 내용들은 우리가 앞 장에서 다룬 이완의 법칙과 크게 다르지 않았다. 왜 신체의 이완과 스트레스가 연관이 있을까? 진료소와 의료진들은 모두 그 답을 알고 있다. 걱정을 떨치기 위해서는 이완해야 한다는 것을!

가정주부에게는 휴식이 너무도 필요하다! 집에서 일하는 것에 장점이 있다면, 바닥에 누울 수 있다는 것이다! 재미있는 것은 푹신한 매트리스가 깔린 침대가 아닌 저항력이 강한 딱딱한 바닥일수록 이완하기가 더 쉽고, 척추 건강에도 도움이 된다는 것이다.

여기 집에서 따라 할 수 있는 몇 가지 훈련이 있다. 일주일 동안 다음 훈련을 따라 한 뒤 외모와 성격에 일어나는 변화를 확인하라!

1. 피로를 느낄 때마다 바닥에 누워라. 팔다리를 최대한으로 펴라. 원한다면 굴러다니는 것도 좋다. 하루에 두 번 반복하라.

2. 눈을 감아라. 존슨 교수가 추천한 대로, 이렇게 말해보는 것도 방법이 될 수 있다.
"머리 위 태양은 빛나고, 푸른 하늘이 반짝이고 있어. 자연은 평화롭고 세상은 그 아래 놓여있지. 자연의 아이인 나는 우주와 조화를 이루네."
또는 기도문을 외우는 것도 좋다!

3. 오븐 속에서 뭔가가 구워지고 있거나 시간이 없어 자리에 누울 수 없다면, 의자에 앉아서도 똑같은 효과를 얻을 수 있다. 단단하고 허리를 받쳐주는 의자일수록 이완에 도움이 된다. 이집트 석상처럼 허리를 곧게 세우고 의자에 앉아 손바닥을 허벅지 위에 가지런히 올려놓고 휴식을 취하라.

4. 자, 발끝에 힘을 주었다가 다시 힘을 풀어라. 이번에는 다리 근육에 힘을 주었다가 다시 풀어라. 그렇게 몸의 모든 근육을 수축시켰다가 이완하라. 마지막으로 목의 이완을 위해 고개를 돌려라. 머리를 축구공이라고 생각하는 것이다. 앞 장에서 다루었듯, 근육에게 이렇게 주문을 걸어라.
"놓자…… 놓자……."

5. 느리고 규칙적인 호흡으로 신경을 가라앉혀라. 숨을 깊이 쉬어야 한다. 인도의 요가 수행자들은 정답을 알고 있었다. 규칙적인 호흡이야말로 긴장을 완화하는 최고의 방법이라는 것을 말이다.

6. 얼굴이 구겨져 있다면 편안하게 하라. 미간과 입가에 쌓인 긴장을 놓아주어라. 하루에 두 번 이 훈련을 한다면 마사지를 받을 필요가 없어질 것이다. 주름 없이 매끈한 얼굴을 가지게 될 수도 있다!

제4장

피로와 걱정을 예방하는 4가지 좋은 업무 습관

좋은 업무 습관 1
당장 해치워야 하는 일을 제외한 모든 서류를 책상에서 치워라.

시카고 앤 노스웨스턴 레일웨이의 회장인 롤랜드 L. 윌리엄스는 이렇게 말했다.

"책상 위에 쌓아둔 온갖 종류의 서류를 쌓아두고 있다면, 그 가운데 당장 해치워야 하는 문제를 제외하고 모두 치워버려라. 그러면 더 쉽고 정확하게 일을 처리할 수 있을 것이다. 나는 이 행위를 '훌륭한 업무 살림'이라고 부르는데, 이보다 더 업무 효율을 낼 수 있는 방법은 없다."

워싱턴 D.C.의 의회도서관을 방문하면 천장에 다음과 같은 시인 포프가 쓴 문장이 적혀있는 걸 볼 수 있다.

"질서는 천국의 제일 법칙이다."

비즈니스에도 질서는 제일 법칙이 되어야 한다. 하지만 모든 사람들이 이를 따르는 것은 아니다. 평범한 사업가의 책상은 살펴보지 않은 지 몇 주나 된 서류들로 어수선하다. 뉴올리언스 일간지의 발행인은 어느 날 그의 비서가 책상을 치우다 2년 전에 사라진 타자기를 발견한 적도 있다고 고백했다!

답장하지 않은 우편물과 보고서, 메모로 어질러진 책상을 보는 것만으로도 혼란, 긴장과 걱정이 밀려온다. 그보다도 더 끔찍한 부분이 있다. 어질러진 책상은 '해야 할 수만 가지 일과 부족한 시간'을 끊임없이 되새긴다. 여기서 긴장과 피로가 쌓임은 물론 고혈압, 심장병, 위궤양을 우려하는 상황이 올지도 모른다.

펜실베이니아 의과 대학원의 교수이기도 한 존 H. 스토크스 박사는 미국의학협회의 전국 대회에서 '기질성 질환의 합병증으로 인한 기능상의 신경증'이라는 제목의 논문을 발표했다. 이 논문에서 스토크스 교수는 '환자의 정신 상태에서 확인해야 할 11가지 요소'를 열거한다. 그가 첫 번째 요소로 꼽은 것은 '끝없이 불어나는 해야 할 일들로 인한 의무감과 책임 의식'이었다.

하지만 책상을 치우고 결단을 내리는 것처럼 기본적인 행위가 어떻게 고혈압, 의무감 그리고 '끝없이 불어나는 해야 할 일'에 대한 의식에 도움이 되는 것일까? 저명한 심리학자인 윌리엄 L. 새들러 박사는 한 환자에게 이 간단한 장치가 신경쇠약을 방지한다고 말했다. 그 환자는 시카고에 있는 한 기업의 임원으로, 닥터 새들러를 찾아왔을 당시 긴장, 불안, 걱정을 호소하고 있었다. 그는 공황에 빠져들고 있음을 인식하고 있음에도, 일을 그만두지 못했다. 그에게는 도움이 절실했다.

새들러 박사는 이렇게 말했다.

"그 환자가 자신의 이야기를 꺼내는 동안, 전화기가 울렸습니다. 병원에서 온 전화였는데, 나는 곧장 응답해 필요한 결정을 내렸습니다. 나는 가능하다면 그 자리에서 문제를 해결하고는 합니다. 통화를 마치기 무섭게 다시 급한 전화가 왔고, 나는 이번에 시간을 들여 필요한 논의를 했습니다. 세 번째 불청객은 심각한 상태에 놓인 환자 때문에 조언을 구하러 온 동료였습니다. 동료와 이야기를 마친 다음, 환자에게 기다리게 해서 미안하다고 사과를 하는데, 그의 얼굴에 화사한 생기가 돌고 있었습니다. 다른 사람처럼 느껴질 정도였어요."

그는 새들러 박사에게 이렇게 말했다.

"사과하지 마세요, 선생님! 지난 10분 동안, 저는 제 문제가 무엇인지 깨달았답니다. 사무실로 돌아가서 제 업무 습관을 되돌아봐야 할 것 같아요. 하지만 가기 전에, 선생님의 책상을 한번 살펴봐도 될까요?"

새들러 박사는 책상 서랍을 열어 보였다. 몇 가지 용품을 제외하고는 텅 비어있었다. 환자가 다시 물었다.

"끝내지 못한 서류는 어디 보관하시나요?"

새들러가 답했다.

"모두 끝내버렸기 때문에 보관할 필요가 없습니다!"

환자가 물었다.

"답장하지 않은 우편물은요?"

새들러가 답했다.

"모두 답장을 썼기 때문에 없습니다! 나는 답장을 쓰기 전에는 편지를 내려놓는 법이 없거든요. 바로 비서를 시켜 답장을 받아적게 하지요."

그로부터 6주 후, 그 환자는 새들러 박사를 자신의 집무실로 초대했다. 그는 물론 그의 책상은 완전히 바뀌어 있었다. 그는 깨끗해진 책상 서랍을 확인시켜주었다. 그는 이렇게 말했다.

"6주 전만 해도 저는 두 개의 사무실에 세 개의 책상을 두고 일했습니다. 일에 깔려 죽을 지경이었죠. 일은 끝나는 법이 없었습니다. 하지만 선생님과의 대화 후에 이곳에 돌아와 오래된 보고서와 자료를 한 트럭 가까이 정리했습니다. 이제 저는 한 책상에서 근무하고, 순서대로 일을 처리하기 때문에 끊임없이 불어나며 긴장과 걱정을 초래하는 끝내지 않은 일들로부터 해방되었답니다. 무엇보다 가장 놀라운 일은 건강을 완전히 회복했다는 것입니다. 제 건강에는 더는 아무 문제가 없습니다!"

미국 대법원의 수석재판관을 지낸 찰스 에반스 휴즈는 이렇게 말했다.

"과로로 죽는 사람은 없다. 사람들은 에너지의 고갈과 걱정으로 인해 죽는다."

맞는 말이다. 결국 일을 끝내지 못한 데서 걱정과 에너지의 소모가 발생하는 것이다.

좋은 업무 습관 2
중요한 일부터 처리해라.

전국에 지사를 둔 시티즈 서비스 컴퍼니의 창립자인 헨리 L. 도허티는 아무리 많은 급여를 준다고 해도 구하기 어려운 직원이 있는데, 다름 아닌 생각할 수 있는 능력과, 일의 중요도를 아는 능력을 지닌 사람이라고 한다.

바닥에서 시작해 12년 만에 펩소던트사의 회장 자리에 오른 찰스 럭맨은 매년 십만 달러 이상의 연봉을 받으면서 가외로는 백만 달러를 벌어들였다. 그는 헨리 도허티가 결코 찾을 수 없다고 했던 능력을 키운 것이 자신의 성공 비결이라고 고백했다. 찰스 럭맨은 이렇게 말했다.

"아주 오래전 기억을 떠올려보면, 나는 가장 머리가 빨리 돌아가는 시간인 아침 5시에 일어나 일의 중요도에 따라 하루를 계획했습니다."

미국에서 가장 성공한 보험판매원인 프랭클린 베트거는 하루 일정을 짜기 위해 아침 5시까지 기다리지 않았다. 그는 전날 밤, 잠이 들기 전 이미 다음 날의 계획, 즉 얼마나 많은 보험을 팔 것인가에 대해 자신만의 목표를 세우고는 했다. 목표를 이루면 다음 날은 더 높은 목표를 세웠다. 그리고 그는 계속해서 더 높은 목표를 가지게 되었다.

나는 오랜 경험을 통해 사람들이 항상 중요도를 기준으로 일을 처리하지 않는다는 것을 잘 알고 있다. 그리고 제일 중요한 일을 먼저 해치우는 것이 즉흥적으로 일을 처리하는 것보다 형용할 수 없을 만큼 더 낫다는 것도 알고 있다.

만일 조지 버나드 쇼가 가장 중요한 일부터 처리한다는 엄격한 규칙을 만들지 않았다면 그는 작가가 되는 데 실패했을 것이고 평생 은행원으로 살아갔을 것이다. 그는 매일 5장의 원고를 쓰는 것을 원칙으로 삼았다. 계획을 실천하고자 하는 그의 완강한 의지가 그를 구한 것이다. 이 계획은 그가 9년 동안 매일 5장의 원고를 쓰도록 만들었다. 9년 동안 그는 30달러밖에 벌지 못했다. 하루에 1페니에 해당하는 돈이었다.

좋은 업무 습관 3

문제에 직면했을 때 결정에 필요한 사실을 충분히 알고 있다면, 결정을 미루지 마라.

이제는 고인이 된, 한때 나의 제자이기도 했던 H.P. 하웰은 나에게 그가 U.S. 스틸의 임원이었을 당시의 이야기를 들려준 적이 있다.

그 당시 이사회 회의에는 수많은 문제가 거론되었는데, 늘어지는 회의 시간에 비해 결정되는 것은 얼마 되지 않았다. 그 결과, 모든 임원은 퇴근한 뒤에도 보고서 뭉치를 들여다보아야 했다.

하웰은 이사진에게 한 번에 한 가지 안건을 다루고 결정을 내릴 것을 제안하였다. 절대 미루거나 핑계를 찾지 않는 것이 관건이었다. 이때 결정이란 것은 추가적 사실 검토의 요구일 수도, 어떤 조치를 취하거나 취하지 않는 것일 수도 있었다. 하지만 다른 문제로 넘어가기 전에 어떤 결정이든 반드시 내려졌다. 그리고 그 결과, 확연히 눈에 띄는 변화와 확실한 효과를 얻을 수 있었다. 밀려있던 안건은 모두 정리되었다. 회의 일정도 깨끗이 비워졌다. 이사들은 더는 보고서 뭉치를 들고 퇴근길에 오르지 않아도 되었다. 끝나지 않은 문제들에 대한 걱정 역시 그렇게 사라졌다.

이것은 U.S.스틸의 이사진뿐만 아니라 당신과 나에게도 유용할 규칙이다.

좋은 업무 습관 4

업무를 체계화하고, 위임하고, 지도하라.

많은 사업가가 일찍 세상을 떠나는 다른 이유 중 하나는 다른 사람에게 책임을 위임하는 법을 배우지 못하고 모든 것을 직접 해결하려 애쓰는 데 있다. 그 결과 중요하지 않은 일들과 혼란에 압도되고 만다. 그리고 조급함, 걱정, 불안, 긴장에 시달린다.

책임을 위임하는 것을 배우는 건 어려운 일이다. 나 역시 그게 얼마나 끔찍하고 어려운 일인지 알고 있다. 잘못된 사람들에게 권한을 넘겨주었다가 생기는 재앙이라면, 나도 이미 겪었다. 하지만 아무리 어려운 일이라도, 당신이 기업의 임원이라면 걱정과 긴장, 피로를 피하기 위해서라면 반드시 해야 하는 일이다.

큰 사업을 운영하는 사람 가운데 업무를 체계화하고, 위임하고, 지도하는 법을 배우지 못한 경우, 긴장과 걱정으로 인해 50대 또는 60대에 이미 심장 문제를 떠안게 된다. 더 구체적인 예시를 원하는가? 지역 신문의 부고란을 확인하라.

제5장

피로, 걱정, 분노를 일으키는 주범을 몰아내는 방법

▶─────── **피로의** 가장 주된 원인 중 하나는 지루함이다. 예를 들어 보자.

속기사로 일하는 앨리스라는 사람이 당신의 옆집에 살고 있다. 어느 저녁, 그녀는 완전히 지친 상태로 집에 돌아왔다. 그녀는 누가 봐도 피곤해 보였고 실제로도 지쳐있었다. 두통과 요통도 있었기에, 저녁 식사도 거르고 방에 올라가 곧바로 잠자리에 들고 싶을 지경이었다. 하지만 어머니의 부름에 어쩔 수 없이 식탁에 앉았다.

그때, 전화가 울렸다. 그녀의 남자친구였다! 춤을 추러 가자고? 그녀의 두 눈이 반짝였고 기분도 들뜨기 시작했다. 그녀는 서둘러 방으로 올라가 파란색 드레스로 갈아입은 뒤, 새벽 3시까지 춤을 추고 놀았다. 다시 집에 돌아왔을 때, 그녀는 조금의 피로도 느끼지 않았다. 오히려 너무 들뜬 나머지 잠이 들 수 없을 정도였다.

거슬러 올라가 8시간 전에 앨리스는 정말 피곤한 게 맞았을까? 아마 그럴 것이다. 지루한 업무로 인해, 아니면 따분한 일상으로 인해 잔뜩 지쳐있었을 것이다.

세상에는 수백만 명의 앨리스가 있다. 당신도 어쩌면 그녀와 같은 처지에 있을지도 모른다.

정신적 태도가 신체적 행동보다 더 큰 피로를 낳는다는 것은 이미 잘 알려진 사실이다. 지금으로부터 몇 년 전, 조셉 E. 바맥 박사는 '심리학 자료집'에서 어떻게 지루함이 피로를 만들어내는지를 보여주는 실험에 관한 보고서를 발표했다. 바맥 박사는 학생들을 상대로 그들의 관심사와 거리가 먼 일련의 테스트를 진행했다. 그 결과는 어땠을까? 학생들은 피로감과 졸음을 느꼈고, 두통과 눈의 피로 그리고 짜증을 호소했다. 일부의 경우, 배가 아프다고 하기까지 했다. 과연 이게 단순한 '상상 속의' 반응일까? 학생들의 신진대사를 검사해본 결과, 아니었다. 사람이 지루함을 느낄 때, 혈압과 산소 소모량이 줄어들었고, 하는 일로부터 흥미와 재미를 느끼는 즉시 대사가 다시 활발해졌다!

신나고 재미있는 일을 할 때 피곤함을 느끼는 건 극히 드물다. 예를 들어, 나는 최근에 캐나다 로키산맥에 자리한 루이즈호로 휴가를 떠났다. 며칠 동안은 코럴 크릭에서 송어 낚시를 했다. 8시간 동안이나 키보다 높은 덤불을 헤치고, 나무둥치에 발이 걸리고, 넘어진 나무들 사이로 힘겹게 나아가는 동안 나는 피로를 느끼지 않았다. 왜였을까? 너무도 신나있었기 때문이다. 게다가 송어를 6마리나 잡으며 높은 성취감을 느꼈다. 만일 내가 낚시에 지루함을 느꼈다고 해도 그럴 수 있었을까? 아마 해발 2,100m 높이에서의 격렬한 활동에 완전히 지쳐버렸을 것이다.

등산처럼 진을 빼는 활동이 만드는 피로는, 지루함이 만드는 피로를 능가하지 못한다. 미니애폴리스의 농공저축은행 은행장인 S. H. 킹맨은 이 주장을 뒷받침하는 완벽한 예시를 들어주었다.

1943년, 캐나다 정부는 캐나다 등산 클럽에게 영국 왕세자 친위대의 등반 훈련을 지원해줄 것을 요청하였다. 가이드인 킹맨과 다른 가이드들은 42세에서 59세 사이의 남자들이었다. 그들은 젊은 친위대원들을 데리고 빙하와 눈밭을 가로질러 긴 하이킹 길에 올랐다. 밧줄에 의지하고, 손과 발을 겨우 넣을 수 있을 법한 좁고 위태로운 틈을 이용하여 12m 높이의 벼랑을 오르기도 하였다. 그들은 그렇게 로키산맥에서 두 번째로 높은 마이클 봉우리를 비롯한 리틀 요호 계곡의 여러 봉우리에 올랐다. 15시간의 등산 이후, 그 젊은 청년들은 완전히 지쳐버렸다. 등산에 앞서 6주 동안이나 유격훈련을 완수할 정도로 건

장했음에도 말이다.

유격훈련에서 사용하지 않는 근육을 써서 생긴 피로였을까? 그건 유격훈련이 어떻게 진행되는지 몰라서 하는 이야기다. 그들이 지친 이유는 단지 등산이 지루했기 때문이다. 그들 중 대다수는 식사도 건너뛴 채 잠들어버렸다. 하지만 그 장병들보다 두 배, 세 배는 더 나이 든 가이드들은 어땠을까? 그들 역시 피로를 느꼈으나 탈진할 정도는 아니었다. 그들은 저녁 식사를 하고, 그날 있었던 일들을 두고 여러 시간을 떠들다 잠자리에 들었다. 그들이 탈진하지 않은 것은 좋아하는 일을 했기 때문이다.

컬럼비아의 에드워드 손다이크 박사가 피로에 관한 실험을 진행할 때, 그는 젊은 청년들에게 계속해서 재밋거리를 던져주며 일주일 가까이 깨어있는 상태를 유지한 적이 있다. 실험이 끝난 뒤 손다이크 박사는 이렇게 말했다.

"일의 능률을 떨어뜨리는 가장 큰 원인은 지루함입니다."

당신이 정신노동자라면, 노동의 양이 당신을 피곤하게 하는 일은 극히 드물 것이다. 피로의 원인은, 노동이 아닌 다른 것에서 올 수도 있다. 예를 들어, 계속해서 장벽에 부딪혔던 지난주를 떠올려보자. 오지 않는 답장과 깨진 약속같이 여러 문제들이 여기저기에서 터졌던 그날에는 마음대로 되는 것이 하나도 없었다. 그날 당신은 완전히 지친 채로 깨질 듯한 두통을 달고 집에 돌아왔다.

하지만 다음 날에는 모든 것이 착착 진행되었다. 당신은 그 전날보다 40배나 많은 일을 해치웠다. 그리고 산뜻한 기분으로 집에 돌아왔다. 다들 비슷한 경험이 있을 것이다. 나 역시 그렇다.

여기서 얻을 수 있는 교훈은 무엇일까? 바로 우리가 느끼는 피로가 노동이 아닌 걱정, 좌절감, 분노로부터 생긴다는 것이다.

이 장을 쓰는 동안, 나는 제롬 컨의 사랑스러운 뮤지컬 '쇼 보트'의 재공연을 보러 갔다. 코튼 블라섬의 선장 앤디는 한 노래에서 이런 철학적인 이야기를 들려주었다.

"운이 좋은 사람은 자신이 하는 일을 좋아하는 사람이네."

자신이 좋아하는 일을 하는 사람은 더 많은 에너지와 행복감을 가지고 살아간다. 그리고 걱정과 피로에 덜 시달린다. 당신의 에너지는 좋아하는 일을 향한다. 잔소리를 퍼붓는 상대와 열 걸음을 걷는 것이, 사랑하는 상대와 16km를 걷는 것보다 더 피곤한 법이다.

그렇다면 무엇을 해야 할까? 여기 어느 속기사의 이야기가 있다.

그녀는 오클라호마주 털사의 한 정유회사에서 일하고 있었다. 그녀는 한 달에 한 번, 상상할 수 있는 업무 중 가장 따분한 일을 해야 했는데, 다름 아닌 출력한 임대 계약서 양식에 수치와 통계 자료를 채워 넣는 일로, 이 일은 며칠이나 걸렸다. 그 업무가 너무도 지루했던 나머지, 그녀는 그 일을 재미있는 것으로 바꾸어보았다. 어떻게 그게 가능했을까?

그녀는 매일 자신과 경쟁을 벌였다. 매일 아침 채운 양식 칸의 숫자를 센 뒤, 그날 오후에는 그 기록을 뛰어넘어보려 했다. 그리고 다음 날에는, 전날 세운 기록을 다시 뛰어넘으려 했다. 그 결과, 그녀는 그 어떤 속기사보다 빠르게 양식을 채울 수 있게 되었다. 그런 그녀에게 어떤 보상이 내려졌을까? 그녀는 승진하게 되었을까? 아니면 급여가 인상되었을까? 전혀 아니었다. 다만 그녀는 지루함으로 인한 피로를 예방할 수 있었다. 그리고 정신적으로도 좋은 자극이 되어주었다. 따분한 일을 재미있는 것으로 만들며, 그녀는 더 많은 에너지, 열정을 얻은 것은 물론 여가에도 더 큰 행복을 누릴 수 있게 되었다. 이 이야기가 실화임을 입증할 수 있다. 왜냐하면 내가 그 속기사와 결혼했기 때문이다.

여기 자신의 일이 흥미로운 것처럼 받아들이는 것이 도움이 된다는 사실을 발견한 또 다른 속기사의 이야기도 있다. 그녀에게 일은 투쟁 그 이상도 이하도 아니었다. 일리노이주 앨머스트 사우스 케닐워스가 473번지에 사는 밸리 G. 골든의 이야기다.

우리 사무실에는 네 명의 속기사가 있었고, 각자 맡은 직원들의 편지를 작성하는 업무를 수행하고 있습니다. 업무량이 많아서 밀리는 경우도 종종 있을 만큼 바쁜 날들을 보냈습니다. 그러던 어느 날, 상사 한 명이 내게 긴 편지를 다시 작성해오라고 시켰습니다. 나는 간단한 수정이면 문제를 해결할 수 있다고 반박했지만 소용없었습니다. 그는 내가 처음부터 일을 다시 해오지 않는다면, 다른 사람을 고용하겠다고 쏘아붙이기까지 했습니다.

나는 완전히 열이 올라 씩씩댔습니다. 하지만 다시 편지를 작성하기 시작했을 때, 불현듯 이런 생각이 들었습니다. 사실 기회만 주어진다면 내 자리를 넘볼 사람이 아주 많다는 것이었습니다. 게다가 나는 심지어 이 일을 하는 대가로 급여까지 지급받고 있었습니다. 그렇게 생각하니 기분이 한결 나아졌습니다. 그리고 실제로는 끔찍하게 여기는 업무도 즐거운 일처럼 받아들이도록 마음을 고쳐먹게 되었습니다. 그렇게 깨달은 사실은 마치 즐거운 일을 하듯 업무를 본다면, 실제로도 일을 즐기게 될 뿐만 아니라 작업 속도도 훨씬 빨라진다는 것이었습니다.

그렇게 초과 근무를 서는 일이 거의 없어졌습니다. 새로운 마음가짐으로 인해 나는 사내에서 일을 잘하는 직원이라는 명성을 얻게 되었고, 부서장 중 한 명이 개인 비서가 필요해졌을 때, 그 자리를 제안받을 수 있었습니다. 그는 내가 초과 근무에도 투덜대지 않을 사람이라고 생각했다고 합니다. 그렇게 나는 마음가짐을 바꾸는 것이 얼마나 중요한 일인지 깨닫게 되었고, 기적 같은 일들을 경험했습니다!

윌리엄 제임스는 만일 우리가 '용감한 것처럼' 행동한다면 용감해질 것이고, 우리가 '행복한 것처럼' 행동한다면 행복해질 것이라고 했다. 밸리 골든은 사실 이미 오래된 이 철학을 적용한 것이다.

'당신의 일이 즐거운 것처럼' 행동하라. 그러면 실제로도 즐겁게 일을 할 수 있게 될 것이다. 그리고 피로, 긴장과 걱정도 완화시켜줄 것이다.

지금으로부터 몇 년 전, 할런 A. 하워드는 그의 인생을 완전히 뒤바꿀 결정을 내렸다. 바로 그가 하던 지루한 일을 재미있는 것으로 바꿀 결심을 한 것이었다. 그는 실제로 지루한 일을 하고 있었다. 바로 고등학교 급식소에서 그릇을 닦고, 카운터를 치우고, 아이스크림을 퍼담는 것이었다. 그것도 다른 남자

아이들이 공을 차고 놀거나 여자아이들과 농담을 던지는 동안 말이다.

할런 하워드는 그의 일을 경멸하였지만, 마음가짐을 고쳐먹은 이후로는 어떻게 아이스크림이 만들어지는지, 어떤 재료가 들어가는지, 좋은 아이스크림의 특별함은 무엇인지 공부하기 시작했다. 그렇게 아이스크림의 화학 작용을 공부한 그는, 고등학교 화학 과정을 통달하게 되었다. 그렇게 식품 화학에 눈을 뜨게 된 그는 매사추세츠 주립대학에 입학했고, 식품공학을 전공하였다. 뉴욕 코코아 익스체인지가 대학생들을 상대로 코코아와 초콜릿의 소비에 관한 논문 대회를 열었을 때, 누가 100달러의 상금을 탔을까? 맞다. 바로 할런 하워드였다.

취업이 어려워졌을 때, 그는 매사추세츠주 암허스트 노스 플레전트가 750번지에 있는 자신의 집 지하실에서 개인 연구실을 만들었다. 그로부터 얼마 지나지 않아 새 법이 개정되었다. 다름 아닌 우유 속의 박테리아 수를 밝혀야 한다는 법이었다. 할런 A. 하워드는 2명의 조수를 고용하고 14곳 우유 회사의 박테리아 수를 세는 일을 맡게 되었다.

25년 뒤 그는 무엇을 하고 있을까? 지금 식품화학 업계를 주도하는 사람들은 그때가 되면 은퇴를 했거나 세상을 떠났을 것이다. 그리고 적극적이고 열정적인 청년들이 그들의 자리를 차지할 것이지만, 아마 할런 A. 하워드는 업계의 선두주자 중 한 명이 되어있을지도 모른다. 반면 그가 아이스크림을 팔았던 다른 남자아이들은 취업에 실패하고, 정부를 저주하며 자신들에게 기회가 주어지지 않았음을 불평했을 것이다. 하워드가 지루한 일을 재미있는 일로 만들겠다는 결심을 하지 않았다면 그는 그 같은 기회를 얻지 못했을 것이다.

몇 년 전, 또 다른 청년 하나가 볼트 제조공장의 선반 앞에 서서 같은 고민을 하고 있었다. 샘은 자신의 일을 지루하다고 생각했다. 샘은 일을 관두고 싶었지만, 다른 일자리를 찾지 못할까 봐 두려웠다. 결국 지루한 일을 해내야만 하는 상황에서, 그는 피할 수 없다면 즐기기로 마음을 먹었다. 그는 그렇게 옆자리의 정비공과 경쟁을 시작했다. 둘 중 한 명이 기계로 볼트의 우둘투둘한

표면을 다듬으면, 다른 한 명이 볼트를 알맞은 크기로 손질하는 것이었다. 가끔은 서로 자리를 바꾸어 누가 더 많은 볼트를 다듬을 수 있는지 확인해보고는 했다.

샘의 속도와 정확함에 놀란 작업감독은 그에게 더 나은 업무를 맡기게 되었는데, 그가 승승장구하게 된 이야기의 시작일 뿐이었다. 그로부터 30년 뒤, 샘(새무얼 보클레인)은 볼드윈 로코모티브 웍스의 회장이 되었다. 하지만 그가 지루한 일을 재미있는 것으로 만들 결심을 세우지 못했다면, 그는 평범한 정비공으로 남게 되었을 것이다.

저명한 라디오 시사해설가인 H. V. 칼텐본 역시 그가 지루한 일을 재미있는 일로 만든 방법을 들려주었다.

그가 23살이었을 때, 그는 가축 수송선에서 소에게 먹이를 주는 일을 하며 대서양을 건넜다. 영국에서 자전거 여행을 한 뒤 파리에 도착했을 때, 그는 배고픈 빈털터리가 되어있었다. 가지고 있던 카메라를 전당포에 맡기고 5달러를 받은 그는 뉴욕 헤럴드 파리판에 구직광고를 내었다. 그리고 입체경을 파는 일을 구했다. 당신이 충분히 나이가 많다면, 아마 두 개의 똑같은 그림을 하나의 그림으로 볼 수 있도록 해주는 구식 입체경을 기억할지도 모르겠다. 안경을 끼고 그림을 들여다보면 신기한 일이 벌어졌다. 두 개의 그림이 하나로 합쳐지며 입체감과 거리감은 물론 놀라운 원근감이 생기는 것이었다.

그러니까, 칼텐본은 파리의 가정집 현관을 두드리며 입체경을 팔게 되었다. 그는 프랑스어라고는 한 마디도 할 줄 몰랐다. 하지만 그 해에만 그는 판매 수수료로 5천 달러를 벌었고, 프랑스에서 가장 높은 임금을 받은 세일즈맨이 되었다.

칼텐본은 이 경험이 하버드에서 보낸 1년보다 성공에 필요한 더 많은 자질을 갖추게 도와주었다고 고했다. 그리고 그 경험 이후 프랑스의 주부들에게 연방 의회 의사록을 팔 수 있을 것처럼 자신감이 생겼다고 한다.

이 경험은 그에게 프랑스인들의 삶을 깊이 이해할 수 있게 해주었으며, 훗날 그가 유럽의 사건들을 해결하는 데 매우 유용하게 쓰였다.

그는 어떻게 프랑스어를 구사하지도 못하면서 전문 세일즈맨이 되었을까? 그는 고용주가 써준 프랑스어 영업 문구를 달달 외우고 있었다. 초인종을 누른 뒤 고객이 나오면 칼텐본은 그가 외우고 있던 영업 문구를 줄줄 읊는다. 그의 끔찍한 프랑스어 억양에 고객은 웃음을 터트린다. 그럼 칼텐본은 가지고 있던 사진 몇 장을 보여준다. 고객이 질문을 하면 어깨를 한번 으쓱한 다음에 '미국인…… 미국인.'이라고 어물쩍 넘어간다. 그리고 모자를 벗어 안쪽에 붙여둔 프랑스어 영업 문구를 보여준다. 그걸 본 고객이 웃으면, 그가 따라 웃고, 또다시 사진을 보여준다.

칼텐본은 내게 이 이야기를 들려주면서 결코 쉽지 않은 일이었다고 고백했다. 그가 버틸 수 있었던 것은, 맡은 일을 어떻게든 즐겁게 해내고자 하는 의지가 있었기 때문이었다. 매일 아침 그는 거울 앞에 서서 이렇게 말했다.

"칼텐본, 밥을 굶고 싶지 않으면 이 일을 해야 할 거야. 그리고 어차피 해야 하는 일이라면, 즐겁게 해보는 건 어때? 초인종을 누를 때마다, 무대 위에 선 배우라고 생각하고, 관객들이 지켜보고 있다고 생각하는 거지. 사실 지금 하는 것도 연극과 다를 건 없어. 그만큼 재미있는 일이야. 그러니 더 많은 열의와 열정을 가져보는 건 어때?"

칼텐본은 매일 아침 거울 앞에서 읊던 격려의 말이 한때 싫어하던 일을 좋아하게 해주었을 뿐 아니라 매우 알찬 모험으로 바꾸어주었다고 말했다.

내가 칼텐본에게 성공을 바라는 미국의 젊은 청년에게 아무 조언이나 해줄 수 있겠냐고 묻자, 그는 이렇게 답했다.

"매일 아침 자신하게 응원을 보내세요. 우리는 잠을 깨우기 위해 몸을 움직이는 것이 중요하다고 말하지만 사실 우리에게 필요한 건 매일 아침 우리를 행동으로 떠밀어줄 정신적 훈련입니다. 매일매일 자신을 격려하세요."

매일 자신을 응원하는 말을 하는 것이 바보 같고, 가볍고, 유치한 것처럼 느껴지는가? 아니다. 이는 정통 심리학의 정수로부터 나온 조언이다.

"삶을 만드는 것은 우리의 생각이다."

마르쿠스 아우렐리우스가 18세기 전에 그의 저서 "명상록"을 통해 남긴 이 말은 그때나 지금이나 여전히 진실을 말하고 있다.

"삶을 만드는 것은 우리의 생각이다."

매시간 자신을 격려하며, 우리는 용기, 행복, 힘과 평화의 생각을 품도록 자신을 지휘할 수 있다. 또 감사할 것들을 떠올리며, 온 마음을 기운을 북돋는 노랫말로 채울 수도 있다.

올바른 생각을 한다면, 그 어떤 일도 덜 불쾌한 것으로 만들 수 있다. 당신의 상사는 더 많은 돈을 벌기 위해 당신이 하는 일을 재미있게 느끼기를 원할 것이다. 하지만 상사의 바람 따위는 잊어버리자. 일을 재미있게 했을 때 당신이 얻을 수 있는 것만을 생각하는 것이다.

당신은 삶에서 두 배의 행복을 누릴 수도 있다. 깨어있는 시간의 절반을 직장에서 보내는데, 일을 하며 행복을 느끼지 못한다면 그 어느 곳에서도 행복할 수 없을 것이다. 일을 즐거운 것으로 만든다면, 마음에서 걱정이 사라질 것이라는 걸 잊지 말라. 그리고 장기적으로 보았을 때, 더 많은 승진과 더 많은 급여를 안겨줄 수도 있을 것이다. 설사 그렇지 않더라도, 당신의 피로를 막아 여가를 더 즐길 수 있도록 만들어줄 것이다.

제6장

불면증을 걱정하지 않는 방법

▶─────── 잠을 잘 자지 못해 걱정하는가? 그렇다면 유명한 국제변호사 새뮤얼 운테마이어의 이야기가 흥미롭게 느껴질 것이다. 그는 살면서 단 하룻밤도 온전히 잠든 적이 없다.

운테마이어가 대학에 다니던 시절, 그에게는 두 가지 고통스러운 문제가 있었는데, 천식과 불면증이 그것이었다. 그중 무엇도 고칠 수 없다는 걸 알았을 때, 그는 최고의 선택을 내렸다. 바로 깨어있는 시간을 최대한 누리기로 한 것이다. 신경쇠약에 걸릴 때까지 침대 위에서 뒤척이기보다는, 일어나 공부하는 것을 택했다. 그 결과는 어땠을까? 그는 모든 과목에서 수석을 하였고, 뉴욕시립대학의 천재로 거듭나게 되었다.

법조계에 들어선 이후에도, 그의 불면증은 계속되었다. 하지만 운테마이어는 걱정하지 않았다. 그는 이렇게 말하고는 했다.

"자연이 나를 보살펴 줄 것이다."

그리고 과연 자연은 그를 보살폈다. 그가 아주 조금의 수면을 취했음에도, 그는 뉴욕의 젊은 변호사들처럼 일할 수 있었다. 아니, 그보다 더 많은 일을 할 수 있었다. 그들이 잠든 동안에도 그는 계속해서 일했기 때문이다!

21살이 되었을 때, 운테마이어의 연봉은 이미 7만 5천 달러에 달했다. 다른 젊은 변호사들은 그의 비밀을 배우기 위해 법정 앞에 줄을 섰다. 그러던 1931

년, 그는 아마 역사상 가장 높은 변호사비였을 백만 달러의 수임료를 현찰로 받는 기록을 세우게 된다.

하지만 불면증은 계속되었다. 그는 밤새 책을 읽었고, 새벽 5시면 편지를 쓰기 시작했다. 그리고 다른 사람들이 출근을 시작할 시간에 이미 그날 업무의 절반을 해치웠다.

그는 81세까지 살았다. 하룻밤도 제대로 자본 적이 없었음에도 말이다. 그는 결코 불면증으로 인해 조바심을 내거나 걱정하지 않았다. 그랬다면 그는 아마 인생을 망쳐버렸을지도 모른다.

우리는 인생의 3분의 1을 잠을 자는 데 쓴다. 하지만 아직 그 누구도 잠이 정확히 무엇인지 밝혀내지 못했다. 그것이 하나의 습관이자 휴식의 상태라는 것은 알고 있다. 자연이 낡은 소매를 기워주듯, 우리를 회복시키는 것이다. 하지만 한 사람에게 몇 시간의 수면이 필요한지는 모른다. 하다못해 수면이 정말 필요한 것인지도 알 수 없다!

1차 세계대전 당시, 폴 컨이라는 한 헝가리 군인은 전두엽에 총을 맞는 부상을 당했다. 그는 부상에서 회복했으나, 신기하게도 잠이 들 수 없게 되었다. 의사들은 모든 종류의 진정제와 마약은 물론 최면술까지 동원해보았지만, 소용없는 짓이었다. 그 무엇도 폴 컨을 재울 수 없었다. 심지어 졸린다는 말조차 하지 않았다.

의사들은 그가 오래 살지 못할 것이라고 말했다. 하지만 바보 같은 소리였다. 그는 일을 구했으며, 아주 건강한 상태로 한참을 더 살았다. 그는 눈을 감고 누워 휴식을 취할 수는 있지만 잠이 드는 일은 결코 없었다. 그렇게 의료계의 미스터리로 남은 그의 일화는 잠에 대한 우리의 신념을 파괴하였다.

어떤 사람들은 다른 사람들보다 더 많은 수면을 필요로 한다. 토스카니니는 5시간만 자면 되었으나, 캘빈 쿨리지는 그보다 두 배는 자야 했다. 쿨리지는 24시간 중 11시간을 잠으로 보냈다. 토스카니니가 그의 인생 중 5분의 1을 잠 자는 데 썼다면, 쿨리지는 인생의 거의 절반에 가까운 시간을 잠에 쏟아부은 셈이다.

불면증에 대한 걱정은 불면증 자체보다 더 많은 문제를 가져온다. 내 학생 중 한 명인 아이라 샌드너의 이야기를 예시로 들어보겠다. 뉴저지주 리지필드 파크 오버펙가 173번지에 사는 그녀는 만성 불면증으로 인해 자살을 생각할 정도였다.

그녀는 이렇게 말했다.

내가 미쳐가고 있다고 생각할 정도였습니다. 애초에 문제는, 내가 너무 깊게 잔다는 것이었어요. 나는 알람 소리를 듣지 못했고 아침마다 지각했습니다. 상사가 제시간에 출근하라고 경고했을 때, 계속해서 아침에 깨어나지 못한다면 직장을 잃게 되리라는 걸 알았습니다. 친구들에게 그 이야기를 했더니, 잠들기 전에 알람 소리에 온 신경을 집중해보라는 조언을 들었습니다. 불면증은 그곳에서 시작되었습니다! 초침이 굴러가는 소리에 강박감이 생기게 된 것이었습니다.

나는 밤새 깨어있는 채로 몸을 뒤척였습니다. 아침쯤에는 몸이 아플 지경이었지요. 나는 피로와 걱정으로 병이 나고 말았습니다. 그 상태가 8주나 이어졌을 때, 내가 받은 고통은 이루 말할 수 없는 것이었습니다. 나는 내가 미쳐가고 있다고 생각하게 되었습니다. 가끔은 몇 시간이나 집을 돌아다녔는데, 솔직히 말하면 창문 밖으로 몸을 던져 모든 것을 끝내버리고 싶은 심정이었습니다!

그러던 중 오랫동안 알고 지내던 의사를 찾아갔습니다. 그는 나에게 이렇게 말해주었습니다.

"아이라, 당신을 도울 수가 없어요. 그 누구도 도울 수 없지요. 이 모든 일을 초래한 건 당신이니까요. 밤에 잠이 오지 않는다면, 그냥 잊어버리세요. 잠을 잘 수 없어도 '상관없어! 아침까지 깨어있으면 뭐 어때?'라고 생각하는 겁니다. 눈을 감고 이렇게 생각하세요. '가만히 누워 걱정하지 않는다면, 그게 곧 휴식을 취하는 거야.'"

나는 그의 말대로 했고, 2주 뒤에는 실제로 잠이 들 수 있었습니다. 그리고 한 달도 채 되지 않아, 나는 다시 매일 8시간을 자게 되었어요. 내 신경은 다시 정상으로 돌아왔습니다.

아이라 샌드너를 죽이고 있던 것은 불면증이 아닌, 그에 대한 걱정이었다.

시카고 대학교 교수 내서니얼 클라이트먼은 전 세계에서 잠에 관해 그 누구보다 많은 연구를 한 사람으로, 수면에 관해서는 전문가라고 할 수 있다. 그는 불면증으로 죽은 사람은 단 한 명도 보지 못했다고 말한다. 정확히는, 불면으로 인해 활력을 잃고 병균에 감염되어 사망할 수는 있다. 하지만 정작 그런 상해를 입히는 것은 불면증이 아닌 걱정이다.

더불어 클라이트먼 박사는 불면증으로 걱정하는 사람도 실제로는 자신이 생각하는 것보다 오랜 시간 동안 잠을 잔다고 말했다. "지난밤 한숨도 못 잤어."라고 하는 사람도 자신이 모르는 사이에 몇 시간은 자게 된다는 것이다. 예를 들어 19세기의 가장 학식이 깊은 사상가 중 한 명이었던 허버트 스펜서는 고령에도 혼자서 하숙집에 생활하고 있었다. 그는 항상 자신의 불면증에 대해 떠들며 사람들을 귀찮게 하고는 했다. 그는 소음을 차단하고 신경을 안정시키기 위해 귀마개를 끼거나 잠을 청하기 위해 아편을 쓰기도 했다.

어느 날, 그와 옥스퍼드 대학교의 세이스 교수는 같은 호텔 방을 쓰게 되었다. 다음 날 아침 스펜서는 밤새 한숨도 자지 못했다고 말했지만 정작 잠을 자지 못한 건 세이스 교수였다. 스펜서의 코 고는 소리에 밤새 깨어있어야 했던 것이다.

좋은 잠을 위한 첫 번째 준비물은 안전하다는 감각이다. 우리는 우리보다 더 강한 힘이 아침까지 우리를 지켜줄 것으로 생각할 수 있어야 한다. 그레이트 웨스트 라이딩 정신병원의 토머스 히슬롭 박사는 영국의료연합을 대상으로 한 연설에서 같은 부분을 강조했다.

"수년간의 연구를 통해 알게 된 것은, 수면을 유도하는 최고의 요소가 다름 아닌 기도라는 것입니다. 그리고 이것은 종교인이 아닌 의사로서 하는 이야기가 맞습니다. 습관적인 기도의 행위에는 신경과 마음의 안정제만큼이나 적절하고 정상적인 효과가 있습니다."

"모두 놓고 신에게 맡겨라."

자넷 맥도널드는 불안과 우울로 인해 쉽게 잠이 들지 못할 때면 시편 제23편을 외우며 '안전하다는 감정'을 되새긴다고 말했다.
"여호와는 나의 목자시니 내게 부족함이 없으리로다. 그가 나를 푸른 풀밭에 누이시며 쉴 만한 물가로 인도하시는도다."
만일 당신이 종교가 없고, 어려운 상황을 헤쳐가야 한다면, 신체 활동을 통해 이완하는 방법을 배워라. '신경성 긴장으로부터 벗어나는 법'을 저술한 데이비드 헤럴드 핑크 박사는 최고의 방법은 자신의 몸에게 말을 거는 것이라고 말했다. 그에 따르면, 말은 모든 종류의 최면에 있어 가장 중요한 도구이다. 만일 계속되는 불면에 시달리고 있다면, 그건 당신이 자신에게 불면을 유도하는 주문을 걸었기 때문이다. 불면에서 깨어나는 유일한 방법은 몸에게 이렇게 말하는 것이다.
"놓아라. 긴장을 풀고 이완하라."
우리는 근육이 긴장한 상태에서는 마음과 신경이 이완될 수 없다는 것을 이미 알고 있다. 핑크 박사는 다리의 긴장을 풀기 위해 무릎 뒤에 베개를 받치는 것처럼, 같은 효과를 위해 팔 아래에도 작은 베개를 놓아둔다. 그런 뒤, 아래턱, 눈, 팔, 다리에게 차례로 말을 거는 것이다.
"놓아라. 긴장을 풀고 이완하라."
아마 언제 잠이 든지 모르게 잠들게 될 것이다. 내 경우 그랬다. 숙면을 하는 데 문제가 있다면, 앞 장에서 언급한 대로 핑크 박사의 책 '신경성 긴장으로부터 벗어나는 법'을 읽어라. 흥미로운 독서 거리이자 불면증의 특효약이니까 말이다.
불면을 위한 최상의 치료법은 정원일, 수영, 테니스, 골프, 스키와 같은 고단한 활동을 통해 몸을 피곤하게 만드는 것이다. 이것은 시어도어 드라이저가 사용한 방법이기도 했다. 어려웠던 젊은 작가 시절, 그는 불면증을 앓았다. 그는 해결책으로 뉴욕 센트럴 레일웨이에 보선 작업원으로 취직하였는데, 종일 못질을 하고 자갈을 나르고 난 뒤에는 식사할 힘도 없이 쓰러져 잠이 들었다.

몸이 너무 피곤하면, 걷는 도중에도 잠이 들 수 있다.

내가 13살이던 때, 아버지는 살이 오른 돼지를 한 차 가득 싣고 미주리주 세인트 조로 향했다. 두 장의 기차 탑승권이 있었던 그는 나를 데리고 나섰다. 그때까지, 나는 한 번도 인구가 4천 명이 넘는 도시를 방문해본 적이 없었다. 6천 명의 사람이 살고 있는 세인트 조에 도착했을 때, 나는 잔뜩 흥분했다. 6층이 넘는 고층 건물과 꿈에 그리던 전차를 보았기 때문이었다. 아직도 눈을 감으면 전차의 모습과 소리를 선명히 그릴 수 있다.

인생에서 가장 짜릿하고 신난 하루를 보낸 나는 미주리주 레이본우드로 향하는 기차에 올랐다. 역에 도착했을 때는 새벽 2시가 다 된 시간이었고, 우리는 농장까지 6km나 걸어가야 했다. 드디어 이 이야기를 꺼낸 이유가 나온다. 나는 너무도 피곤했던 나머지 걸으면서 잠을 자고 꿈까지 꾸었다. 나는 말 위에서도 그렇게 종종 잠들고는 했다. 이는 살아있는 사람의 증언이다!

몸이 완전히 지쳤다면, 번개가 치고 전쟁의 공포와 위험이 도사리는 도중에도 잠을 잔다. 저명한 신경학자인 포스터 케네디 박사는 1918년 영국군 제5부대가 퇴각할 당시 병사들은 너무도 지친 나머지 코마에 빠진 사람들처럼 길바닥에서 잠이 들었다고 말했다. 병사들은 그가 손가락으로 눈꺼풀을 들어 올려도 잠에서 깨지 않았다. 그때, 그는 모든 병사들의 눈동자가 위쪽으로 말려 올라가 있는 것을 보았다. 케네디 박사는 말했다.

"저는 잠이 오지 않을 때마다 눈동자 위치를 올립니다. 그러면 몇 초도 채 지나지 않아 하품이 나면서 잠에 빠지는 것입니다. 마치 제어되지 않는 자동반사처럼요."

그 누구도 잠을 거부하는 방법으로 자살하지 않았고, 앞으로도 그럴 일은 없을 것이다. 사람은 결국에는 잠에 굴복하게 되어있다. 음식이나 물을 섭취하지 않고 버틸 수 있는 시간보다 잠을 자지 않고 버틸 수 있는 시간이 월등히

짧다.

자살 이야기가 나와서 말인데, 사이콜로지컬 코퍼레이션의 부회장인 헨리 C. 링크 박사는 '인간의 재발견'이라는 책을 저술했다. 그는 수많은 우울증 환자와 걱정에 빠진 사람들을 상담한 경력이 있다. 해당 저서의 '두려움과 걱정을 이겨내는 법'이라는 장에서 그는 자살을 시도했던 한 환자의 이야기를 다룬다. 링크 박사는 언쟁이 상황을 악화시킬 뿐이라는 것을 알고 있었다. 그는 환자에게 이렇게 말했다.

"자살을 하고 싶다면 기왕이면 용감한 방법을 시도해보는 것은 어떻습니까? 죽을 때까지 동네를 뛰는 겁니다."

환자는 그렇게 죽을 때까지 달리기 시작했다. 하지만 여러 번의 시도 끝에도 그는 죽지 않았다. 그리고 매번 근육이 비명을 지르는 와중에도 마음만큼은 편안해졌다. 그렇게 세 번째 날, 그는 링크 박사의 의도를 알아차렸다. 몸이 너무도 피곤하고 이완되었던 나머지, 그는 통나무처럼 쓰러져 잠이 들었던 것이다. 훗날 그는 육상 클럽에 가입해 스포츠 경기에도 참여하게 되었다. 너무도 마음이 편했던 나머지 영원히 살고 싶을 정도였다!

불면에 대한 걱정을 없애는 5가지 규칙

1. 잠이 오지 않는다면, 새뮤얼 운터마이어처럼 해라. 잠이 올 때까지 자리에서 일어나 일을 하거나 책을 읽어라.

2. 세상에 수면이 부족해서 죽은 사람은 없다는 걸 기억해라. 불면에 대한 걱정은 수면 부족보다 더 건강에 해롭다.

3. 기도하거나 자넷 맥도널드처럼 시편 제23장을 외워라.

4. 몸을 이완하라. '신경성 긴장으로부터 벗어나는 법'을 읽어라.

5. 운동하라. 깨어있을 수 없을 정도로 몸을 피곤하게 만들어라.

제7부 요약

1. 피곤을 느끼기 전에 쉬어라.

2. 업무 중 이완하는 법을 배워라.

3. 당신이 가정주부라면 휴식하는 법을 배움으로써 건강을 유지하라.

4. 다음의 좋은 업무 습관을 적용하라.

   ① 당장 처리해야 하는 일을 제외한 모든 서류를 책상에서 치워라.
   ② 중요한 순서대로 일을 처리하라.
   ③ 문제에 직면했을 때 결정을 내리는 데 필요한 사실을 확인할 수 있는 상황이라면 미루지 말고 결정을 내려라.
   ④ 업무를 체계화하고, 위임하고, 지도하라.

5. 걱정과 피로를 예방하기 위해 일에 열정을 불어넣어라.

6. 수면이 부족해서 죽은 사람은 없다. 건강을 해치는 건 불면증이 아닌 불면을 걱정하는 마음이다.

제8부

행복하고 성공적인 삶을 위한 직업을 찾는 법

제1장

인생의 가장 중대한 결정

▶─────── 이 장은 아직 일자리를 찾지 못한 청년들을 위해 쓰였다. 당신의 상황이 여기에 해당한다면, 앞으로의 삶에 큰 영향을 미치리라 생각한다.

당신이 아직 미성년자라면, 인생에서 가장 중요한 두 개의 결정을 앞두고 있을 것이다. 각 결정은 앞으로의 삶을 완전히 변화시키고, 당신의 행복, 수입, 건강에 막대한 영향을 미칠 것이며, 당신을 성장시키거나 무너트릴 것이다.

그래서 이 두 개의 중대한 결정이 무엇일까?

첫째, 어떻게 먹고살 것인가? 농부, 우체부, 화학자, 삼림 감시원, 속기사, 말 장수, 대학교수가 될 것인가? 아니면 길거리 토스트집을 운영하고자 하는가?

둘째, 당신의 자식을 키울 배우자로 누굴 선택하려고 하는가?

보통 이 두 개의 중대한 결정은 도박으로 선택된다. 해리 에머슨 포스딕은 그의 저서 '관철의 힘'에서 이렇게 말했다.

"누구든 직업을 고를 때는 도박꾼이 된다. 인생을 걸어야만 하는 것이다."

직업을 선택할 때 안전한 도박을 하는 방법이 있을까? 이 장을 읽고 나면 도움이 될 것이다.

첫째, 가능하다면, 당신을 즐겁게 만드는 일을 찾도록 노력하라.

나는 타이어 생산 회사인 B. F. 굿리치 컴퍼니의 회장인 데이비드 M. 굿리치에게 성공에 가장 필요한 게 무엇인지 물은 적이 있다. 그는 이렇게 답했다.

"일터에서 좋은 시간을 보내는 것입니다. 당신이 하고 있는 일을 즐긴다면, 오랜 시간을 일해도 일하는 것처럼 느껴지지 않고 마치 놀이처럼 생각될 겁니다."

에디슨이 떠오르는 말이다. 미국 산업의 생태를 바꾸어 놓은, 학교도 다니지 못하고 신문 배달을 했던 그 에디슨은, 매일 18시간이나 작업실에 갇혀 먹고 자며 연구에 매진했다. 하지만 그가 악착같은 생활을 한 것은 아니다. 그는 이렇게 선언한 적이 있다.

"나는 인생의 단 하루도 일한 적이 없습니다. 모든 것이 재밌었으니까요."

그가 성공한 것이 놀랍지 않다!

나는 언젠가 찰스 슈와브도 비슷한 이야기를 하는 것을 들은 적이 있다. 그는 이렇게 말했다.

"한계가 없는 열정을 가진 사람은 무엇이든 성공할 수 있다."

하지만 무엇을 하고 싶은지 아무런 감도 잡지 못하는 상태라면, 어떻게 특정 직업에 대해 열정을 가질 수 있겠는가? 뒤퐁 컴퍼니에서 수천 명의 직원을 고용했으며, 지금은 아메리칸 홈 프로덕츠 컴퍼니에서 노사관계 부책임자로 있는 에드나 커는 이렇게 말했다.

"내가 아는 최악의 비극은 너무도 많은 청년들이 뭘 하고 싶은지 알지 못한다는 것에 있습니다. 월급을 제외하고 일터에서 아무것도 얻어가지 못하는 사람만큼 가여운 사람도 없지요."

에드나 커는 대학 졸업생들이 그녀를 찾아와 이렇게 이야기할 때도 있다고 했다.

"저는 다트머스에서 문학 학사 학위를 취득했는데요 (또는 콘웰에서 문학 석사를 취득했는데요), 당신 회사에서 제가 할 수 있는 일이 있을까요?"

그들은 자신이 뭘 할 수 있는지, 그것도 아니면 최소한 뭘 하고 싶은지조차 모르고 있다. 많은 사람이 열의와 장밋빛 꿈을 안고 사회생활을 시작했다가도, 40대에 접어들며 완전한 좌절과 신경쇠약을 경험하는 이유가 있는 것이다. 실제로, 적합한 직업을 찾는 것은 건강에 있어서도 중요한 과제다. 존스 홉킨스 병원의 레이먼드 펄 박사는 일부 보험사와 함께 진행한 연구에서 장수에 도움이 되는 요인들을 발견했다. 그 요인들 가운데 '잘 맞는 직업'은 리스트의 상위 자리를 차지했다. 펄 박사는 토머스 칼라일의 말을 입증해낸 것이다.

"천직을 찾은 사람은 진정으로 축복받은 사람입니다. 그 이상의 축복을 바라는 건 옳지 않습니다."

최근에 나는 소코니 배큐엄 오일 컴퍼니에서 고용 감독관으로 있는 폴 W. 보인턴과 저녁 시간을 함께한 적이 있다. 지난 20년 동안 그는 일자리를 구하던 7만 5천 명의 면접을 봤으며, '직업을 찾는 6가지 방법'이라는 제목의 책을 썼다. 나는 그에게 이렇게 물었다.

"청년들이 일자리를 구할 때 저지르는 가장 큰 실수는 무엇입니까?"

그의 답은 이러했다.

"그들이 자신이 뭘 원하는지 모른다는 것입니다. 몇 년이면 해질 옷 한 벌을 고를 때보다 자신의 미래, 행복, 마음의 평화가 달린 커리어를 고를 때 덜 고심한다는 건 정말 말이 안 되는 일입니다."

그래서 어떻게 하면 좋을까? 당신은 직업상담가라는 새로운 직업의 도움을 받을 수 있다. 당신이 상담을 요청한 상담가의 능력과 성격에 따라, 당신은 도움을 받거나, 피해를 보게 되겠지만 말이다. 이 새로운 직종은 아직 완전함을 갖추지 못했으며, 개발 단계에 있다고 해도 과언이 아니다. 하지만 앞으로는 많은 것들이 달라질 것이다. 이 새로운 직종을 어떻게 활용해야 할까? 당신이 속한 공동체에서 상담원을 찾고, 적성 검사와 상담을 받도록 하라.

하지만 이 같은 조언은 단순한 제안일 뿐이며, 선택은 당신의 몫이다. 상담가 역시 잘못된 판단을 할 수도, 서로 다른 의견을 가질 수도 있다. 가끔은 어이없는 실수를 저지르기도 한다. 예를 들어 어떤 진로 상담가는 내 학생 중 한 명에게 그녀가 단어를 많이 알고 있다는 이유로 작가가 되는 것을 권유했다. 당치 않는 소리다! 진로 결정은 그렇게 간단한 일이 아니다. 좋은 글은 자기 생각과 감정을 독자에게 전달하는 글이다. 그런 글을 쓰기 위해서는 풍부한 어휘가 필요한 것이 아니라, 아이디어, 경험, 믿음, 예시와 자극이 필요하다. 그 상담은 얼마 전까지 행복하게 지내고 있던 속기사를 좌절감을 느끼는 소설가 지망생으로 바꾸어놓았을 뿐이다.

내가 하고자 하는 말은, 전문 직업상담가나, 당신이나 나, 누구든 틀릴 수 있다는 것이다. 아마 여러 명의 상담가를 만나본 뒤 그들의 판단이 상식에 맞는 것인지 확인해보는 과정이 필요할지도 모른다.

당신은 내가 걱정에 관한 책에 이런 내용을 담는 것이 이상하다고 여길지도 모른다. 하지만 얼마나 많은 걱정과 후회, 좌절감이 우리가 경멸하는 일로부터 시작되는지 이해한다면, 조금도 이상할 게 없다. 부모님께, 혹은 이웃이나 상사에게 물어보라. 위대한 지식인인 존 스튜어트 밀은 자신과 맞지 않는 직업을 가진 사람이 '사회의 가장 큰 손실에 속한다.'고 말했다. 맞는 말이다. 그리고 지구에서 가장 불행한 사람들 역시, 매일 나가는 직장을 혐오하는 바로 그 사람들이다.

언제 군대의 장병들이 '무너지게 되는지' 알고 있는가? 바로 잘못 배치되었을 때다! 예컨대 나는 전투에서 생긴 사고를 말하는 것이 아닌, 일반 복무에서 일어나는 사고를 말한다. 현시대의 가장 저명한 정신의학자인 윌리엄 메닝거 박사는 전쟁하는 동안 군대의 신경정신과에서 근무했다. 그는 이렇게 말했다.

"우리는 군에 있으며 선별과 배치의 중요성을 배웠습니다. 올바른 사람에게 올바른 직무를 맡기는 것이지요. (……) 장병들이 자신이 중요한 임무를 배정받았다고 믿는 것 역시 아주 중요한 문제였습니다. 만일 임무에 그 어떤 관심도 없고, 잘못된 곳에 배치되었으며 자신의 진가를 알아봐 주지 않는다고 느낄 때, 그리고 자신의 재능이 남용되었다고 믿을 때, 우리는 언제나 잠재적인, 혹은 실재하는 정신적 부상을 마주하게 되는 것입니다."

맞는 말이다. 그리고 군대가 아닌 일반 직장에서도, 사람들은 같은 이유로 인해 '무너지게 된다.' 자기 일을 경멸하는 사람은, 결국 바닥을 볼 수밖에 없는 것이다.

필 존슨의 예를 살펴보자. 필 존슨의 아버지는 세탁소를 운영하고 있었다. 그는 아들에게 자신의 사업장을 물려줄 생각을 하고 있었다. 하지만 필은 세탁업을 싫어했기에, 그는 매사 꾸물거리고, 빈둥거렸으며, 해야 할 일 외에는 어떤 일도 하지 않았다. 어떤 날에는 가게에 붙어있지도 않았다. 그의 아버지는 꿈도 야망도 없는 자식 때문에 상처를 받았으며, 실제로 직원들 앞에서 그를 부끄러워하기도 했다.

어느 날 필 존슨은 그의 아버지에게 기계 공장의 정비공이 되고 싶다고 알렸다. '다시 작업복을 입겠다고?' 그의 아버지는 충격을 받았다. 하지만 필은 자신의 길을 걸었다. 그는 기름투성이 작업복을 입고, 세탁 일보다 훨씬 힘든 노동에 뛰어들었다. 그는 더 오랜 시간을 일하면서도 휘파람을 불며 다녔다! 그는 공학 수업을 듣고, 엔진에 대해 배우고, 언제나 기계를 만지작거렸다.

필 존슨이 1944년 작고했을 때, 그는 보잉사의 회장이었으며, 전쟁을 승리로 이끈 플라인 포트리스를 개발하고 있었다! 만일 그가 세탁소에 갇혀 일생을 보냈다면 어땠을까? 아버지가 돌아가신 뒤에 아마 사업을 말아먹고 길거리에 나앉았을지도 모른다.

가족과 싸움을 무릅쓰고라도, 나는 청년들에게 이런 말을 전하고 싶다. 가족이 원한다고 해서 억지로 특정 직업이나 사업에 뛰어들지 마라! 하고 싶은 마음이 들지 않는다면 그 직업을 택하지 마라! 그래도 부모님의 조언은 신중하게 듣는 게 좋다. 당신보다 아마 두 배나 되는 시간을 살았으니, 많은 경험과 오랜 시간을 통해서만 얻을 수 있는 지혜를 가지고 있을 것이다. 하지만 최종 결정을 내리는 건 언제나 당신의 몫이다. 일터에서 행복하거나 불행한 것도, 결국 당신의 선택이다.

자, 이 이야기를 했으니, 이제는 직업을 구하는 데 필요한 몇 가지 제안과 경고를 할 차례다.

1. 다음의 5가지 제안을 꼼꼼하게 살펴본 뒤 직업상담가를 선택하라. 전문가의 검증을 받은 확실한 내용이니 따라도 좋을 것이다. 미국에서 가장 뛰어난 직업상담가 중 한 명인, 컬럼비아 대학의 해리 덱스터 킷슨이 쓴 것이다.

① 당신의 '직업 적성'을 알려줄 마법의 시스템이 있다고 하는 사람은 무시

해라. 여기에는 골상학자, 점성술사, 성격 분석가와 필적분석가 같은 사람들이 해당한다. 그들의 '시스템'은 엉터리다.

② 어떤 직업을 선택할지 검사를 통해 알려주겠다는 사람은 무시하라. 그런 사람은 당신의 신체적, 사회적, 경제적 상황을 상담에 고려해야 하는 상담가의 원칙을 위반한 사람이다. 직업상담가는 당신에게 열려있는 다양한 직업적 기회를 참고하여 상담을 제공해야 한다.

③ 직업에 관한 충분한 데이터를 갖추었으며, 상담에 이를 적극적으로 활용하는 상담가를 찾아라.

④ 직업상담에는 1회 이상의 면담이 필요하다.

⑤ 절대 메일이나 우편을 통해 상담하지 마라.

2. 이미 사람이 넘치는 사업이나 직업은 피하라! 세상에는 무수히 많은 직업이 있다. 하지만 과연 젊은 청년들이 그 사실을 알기나 할까? 점쟁이를 고용해 수정 구슬 안을 들여다보기 전에는 어림없을 것이다. 그 결과는 어떨까? 한 학교에서, 남자아이의 3분의 2는 2만 개의 직종을 두고도 단 5개의 직종을 장래 희망으로 꼽았다. 여자아이의 경우, 5분의 4가 같은 선택을 했다. 그러니 일부 직업에 사람들이 몰려드는 것도, 왜 화이트칼라 군단에 불안감, 걱정, 불안신경증이 걷잡을 수 없을 정도로 늘어가는 것도 놀랄 일이 아니다. 법률, 저널리즘, 라디오, 영화 그리고 '화려한 직업'처럼 경쟁이 심한 직종에 억지로 몸을 밀어 넣고 있는 것은 아닌지 주의해야 할 것이다.

3. 밥벌이를 할 수 있을 가능성이 10분의 1밖에 되지 않는 활동을 피하라. 그 예로 생명보험 판매원을 들 수 있다. 해마다 수천 명의 직업을 잃은 사람들이 무슨 일을 하는지 이해하지 못한 채 생명보험 판매업에 뛰어든다. 여기서 대략적으로나마 어떤 일이 벌어질 수 있는지 알려주도록 하겠다. 필라델피아주 리얼 에스테이트 트러스트 빌딩에서 근무하는 프랭클린 L. 베트거가 알려준 사실이다. 베트거는 지난 20년간 미국 전역에서 가장 성

공적인 보험 판매원 중 한 명이었다. 그는 생명보험 판매를 시작한 사람 중 90%가 용기를 잃고 상심하여, 1년 내 일을 그만둔다고 말한다. 그렇게 남은 10명 가운데 1명이 90%의 거래를 성사하며, 나머지 9명은 10%의 거래를 나누어 가진다는 것이다. 다른 말로 설명하자면, 당신이 12개월 내에 생명보험 판매 사업에 실패할 확률은 90%에 달하며, 1만 달러 이상의 연봉을 벌게 될 가능성은 단 1%에 불과하다는 것이다. 당신이 그곳에서 버텨냈다고 한들, 근근이 먹고 사는 것 이상으로 돈을 벌게 될 가능성은 10분의 1 정도밖에 되지 않는 것이다.

4. 인생을 걸기 전에, 필요하다면 몇 주, 아니 몇 달에 걸쳐서라도 직업을 찾는 데 투자하라. 10년, 20년 아니 40년씩 그 일에 종사한 사람을 면담하라. 이 면담들은 당신의 미래에 지대한 영향을 미칠 것이다. 나 역시 경험한 일이기에 자신 있게 말할 수 있다. 내가 20대 초반이었을 때, 나는 2명의 노신사에게 직업적 충고를 얻었다. 이제 와 돌아보면, 그 면담들은 내 경력의 터닝포인트가 되어주었다. 실제로 그 면담들이 없었다면 어떻게 되었을지, 지금으로는 상상조차 하기 힘들다.

자, 그럼 어떻게 직업상담 면담을 할 수 있을까? 예시를 위해, 당신이 건축가가 되기 위해 공부를 하고자 한다고 가정해보자. 결정을 내리기 전에, 당신이 사는 도시와 인근 도시의 건축가를 면담하는 데 몇 주 정도의 시간을 투자하는 게 좋다. 그들의 이름과 주소를 수집한 뒤, 사무실에 전화를 걸어라. 사전에 약속을 잡고 싶다면, 다음과 같이 메일이나 우편을 보내도 좋다.

부탁드릴 일이 있어 연락드렸습니다. 당신의 조언이 필요한 상황입니다. 저는 18살이고 건축가가 되기 위한 공부를 하고 싶습니다. 마음을 정하기 전에, 몇 가지 조언을 구하고 싶습니다. 만일 사무실에서 만날 시간이 없다고 하시면, 30분이라도 좋으니 다른 곳에서 찾아뵐 수 있게 해주시겠습니까? 여기 제가 여쭙고 싶은 질문의 리스트가 있습니다.

① 다시 태어나도 건축가라는 직업을 선택하시겠습니까?
② 저라는 학생을 평가한 뒤에, 제가 성공한 건축가가 될 수 있을 것 같은지 알려주실 수 있을까요?
③ 건축가는 경쟁이 심한 직종입니까?
④ 4년 동안 건축학을 공부한다면 취업이 어려울까요? 처음에는 어떤 직업을 가지는 게 도움이 될까요?
⑤ 만일 제가 평균 정도의 능력을 갖추었다고 하면, 첫 5년 동안 얼마 정도의 수입을 얻을 수 있을까요?
⑥ 건축가의 장단점은 무엇입니까?
⑦ 제가 만일 당신의 자식이라면, 건축가가 되는 것을 권하시겠습니까?

만일 당신이 수줍은 성격이라 업계의 '거물'을 혼자 마주하기 두렵다면, 다음의 2가지 제안에 따르면 도움이 될 것이다.

첫째, 비슷한 또래의 친구와 동행하라. 서로 자신감을 북돋아 줄 수 있을 것이다. 만일 같이 가줄 수 있는 또래의 친구가 없다면, 부모님께 도움을 청해라.

둘째, 조언을 구한다는 것은 그 사람을 인정하고 칭찬한다는 것을 의미한다. 면담을 제안받은 사람은 아마 어깨가 올라갔을 것이다. 어른들은 청년들에게 조언하는 것을 좋아한다는 것을 기억하라. 그 건축가가 면담을 즐길지도 모르는 일이다.

면담을 요청하는 편지를 쓰기가 부담스럽다면, 곧장 사무실로 가서 약간의 조언으로도 아주 감사할 것이라고 말하고 도움을 청하라.

만일 5명의 건축가에게 전화를 걸었지만 면담이 성사되지 않았다면(그럴 일은 거의 없겠지만), 다른 5명의 건축가에게 다시 전화를 걸어라. 누가 되었든 당신에게 값을 매길 수 없는 조언을 줄 것이고, 그 조언은 수년 치 눈물과 상실감으로부터 당신을 구할 것이다.

당신이 삶에 있어 가장 중요하고 막대한 영향을 미칠 결정을 앞두고 있다는 걸 잊지 마라. 그러니 행동으로 옮기기 전에 사실을 확인해야 할 것이다. 그렇지 않으면 남은 삶을 후회로 보내게 될지도 모른다.

그리고 만일 형편이 허락한다면, 귀한 시간을 허락한 그 사람에게 사례하라.

5. 당신이 한 가지 직종에만 적합한 사람이라는 헛된 믿음은 잊어라! 정상적인 사람이라면 누구나 여러 가지 일을 성공적으로 해낼 수 있고, 또 여러 가지 일에서 실패할 수 있다. 나 같은 경우 농장, 과수원이나 과학 농업, 의학, 판매업, 광고, 지역 신문 편집, 교직, 삼림 관리에 종사하였다면 일을 즐기면서도 나름 성공한 사람이 되었을 것이다. 반면 내가 부기, 회계, 공학, 호텔이나 공장 운영 또는 기계를 다루는 일을 했다면 불행하고 실패한 삶을 살았을 것이다.

제9부

돈 걱정을 줄이는 법

제1장

걱정의 70%는 돈 문제이다

▶─────── **내가 모든 사람**의 경제적 문제를 해결할 방법이 있었다면, 이 책을 쓰고 있을 것이 아니라, 백악관에서 대통령 옆에 앉아있었을 것이다. 하지만 한 가지는 할 수 있다. 이 주제에 관한 권위자들의 이야기를 인용하여 아주 실용적인 제안을 하고, 부수적인 도움을 위해 책과 팸플릿을 얻을 수 있는 곳을 소개할 수는 있다.

레이디스 홈 저널에서 진행한 한 설문 조사에 따르면 우리가 하는 걱정의 70%는 금전 문제에 해당한다고 한다. 갤럽 폴의 설립자인 조지 갤럽은 연구를 통해 대다수의 사람들이 10% 증가한 수입을 얻는다면, 더는 재정 문제를 겪지 않을 것이라고 말했다. 그럴 수도 있지만, 놀랍게도 실제로는 그렇지 않은 경우도 허다하다. 예를 들어 이 장을 쓰는 동안, 나는 예산 전문가이자 뉴욕의 워너메이커와 짐벨스에서 고객과 직원들을 대상으로 투자 자문을 하고 있는 엘시 스테이플런을 인터뷰했다.

그녀는 개인 자문으로 수년을 일하며 자금난에 시달리는 사람들을 도우려 애썼다. 그녀는 다양한 수입을 얻는 사람들을 대상으로 했고 그중에는 1년에 천 달러도 벌지 못하는 짐꾼부터 연봉이 만 달러가 되는 회사 경영인도 있었다. 그녀는 이렇게 말했다.

"대다수의 사람들에게 있어 더 많은 수입이 재정적 근심을 해결하는 방안은 아닙니다. 실제로, 더 많은 돈을 벌수록 지출 역시 늘어나기 때문에, 두통도 함께 늘어날 수 있습니다. 그리고 다시 걱정으로 이어지는 것입니다. 돈이 충분하지 않기 때문이 아니라, 돈을 쓰는 방법을 모른다는 것이 문제입니다!" (당신은 마지막 문장에서 코웃음을 쳤을 수도 있다. 당신이 또다시 코웃음을 치기 전에, 스테이플런이 한 말을 제대로 이해할 필요가 있다. 그녀는 모든 사람이 아닌 '대다수의 사람'을 가리켰다. 그녀가 당신을 지목한 것은 아니다. 대신에 당신의 여동생과 사촌들과 같은, 당신이 방금 떠올린 여러 사람들을 가리켰다고 생각하면 된다.)

많은 독자들은 이렇게 생각할 것이다.

'이 카네기라는 작자에게 내 일주일 치 급여를 쥐여주고 내가 가진 청구서와 빚을 처리해보라고 하고 싶군. 내 처지가 되어보면 그런 소리를 할 수 없을 텐데.'

나 역시 경제적 문제를 경험해보았다. 나는 미주리주 옥수수 농장과 건초 헛간에서 매일 10시간의 극한 신체 노동을 하며 살았고, 육체적 탈진에서 오는 고통에서 벗어나는 것이 가장 큰 소망이던 시절이 있었다. 사람을 녹초로 만드는 그 노동을 하면서 나는 한 시간에 1달러는커녕 50센트도 아닌 10센트도 받지 못했다. 하루에 10시간을 일하면서 고작 5센트를 받았을 뿐이었다.

화장실이 없고 수도가 나오지 않는 집에서 20년을 산다는 것이 어떤 것인지 알고 있다. 영하 15도까지 내려가는 침실에서 잔다는 것이 어떤 것인지도 알고 있다. 5센트를 아끼기 위해 밑창에 구멍이 뚫린 신발을 신고 헝겊 조각을 덧댄 바지를 입고 먼 거리를 걷는 것이 어떤 것인지도, 식당 메뉴판에서 가장 싼 음식을 고르는 기분도, 다림질을 맡길 여유가 없어 정장 바지를 매트리스 아래에 깔고 자는 것이 무엇을 의미하는지도 잘 알고 있다.

하지만 그 시절에도, 나는 10센트나 25센트 동전이라도 저축하는 습관이 있었다. 그러지도 못하는 날이 올까 두려웠기 때문이었다. 그 경험으로 인해 나는 빚과 경제적 걱정을 피하고자 큰 기업들이 하는 일을 따라 해야 한다는 것을 배웠다.

우리는 돈의 지출 계획을 세워야 하고, 계획에 따라 돈을 지출해야 한다. 하지만 우리 대다수는 그러지 않는다. 예를 들어, 나의 좋은 친구이며 이 책을 맡을 출판사의 편집장인 레온 심스킨은 많은 사람들이 돈에 관해 신기할 정도로 무지한 부분을 두고 이런 지적을 했다. 그가 아는 어느 한 경리직원은 회사의 재정에 관해서는 더할 나위 없는 귀재이지만, 개인적인 재정 문제에서는 형편없는 실적이라는 것이었다. 만일 그가 금요일 정오에 급여를 받았다고 치자. 그는 그날 길을 걷다 한 상점의 쇼윈도에 걸려있는 코트를 보고 반해버려, 통장에서 머지않아 빠져나갈 집세, 전기세와 같은 '고정 지출'에 관해서는 단 한 순간도 생각하지 않은 채 코트값을 결제하는 것이다. 그는 주머니 속의 현금만을 생각하였다. 하지만 그 역시 회사가 그런 식으로 한순간의 기분에 따라 경영된다면, 파산을 맞이할 수밖에 없다는 사실을 알고 있었다.

당신의 돈에 관해서는 당신이 사업의 주체다. 그리고 당신이 당신의 돈으로 하는 일은 말 그대로 '당신에게 달려 있다'.

하지만 돈 관리 원칙이란 무엇일까? 어떻게 예산과 계획을 짜야 할까? 여기 11가지 규칙이 있다.

규칙 1 종이에 사실을 적어라.

아놀드 베넷이 지금으로부터 50년 전, 런던에서 처음으로 소설가의 길을 걷고자 했을 때, 그는 가난에 쪼들리고 있었다. 그래서 그는 6펜스를 지출할 때마다 가계부를 썼다. 그가 과연 어디로 돈이 나가는지 몰라서 그런 행동을 했을까? 아니다. 그는 잘 알고 있었다. 다만 그는 가계부를 쓴다는 것이 마음에 든 나머지 세계가 알아주는 부자가 되어 요트를 타고 다니면서도 계속해서 가계부를 썼다.

존 록펠러 역시 회계장부를 지니고 다녔다. 그는 취침 전 기도를 올리기 전에 동전 한 푼도 잊지 않고 지출을 기록했다.

당신과 나 역시 공책을 꺼내 지출을 기록하기 시작해야 한다. 평생 그래야 할까? 그럴 필요는 없다. 예산 전문가들은 최소 1개월에서 가능하다면 3개월 정도 동전 한 닢도 빼먹지 않고 자세히 가계부를 쓸 것을 권장한다. 그리하면 돈이 어디로 흐르는지 정확히 기록할 수 있으며, 예산을 세울 수 있다는 것이다.

돈이 어디로 사라지는지 알고 있는가? 그렇다면 당신은 0.1%에 속한다! 스테이플런은 남자든 여자든 종이 위에 지출 내역을 적어 보라고 하면서 "내 돈이 이렇게 빠져나갔다고요?" 하고 놀라는 경우가 허다하다고 말했다. 그들은 돈이 그런 식으로 사라진다는 걸 좀처럼 믿지 못한다. 당신도 그러한가? 그럴지도 모른다.

규칙 2 필요에 꼭 맞는 예산을 짜라.

스테이플런은 똑같은 지역의 똑같은 조건의 집에 살며 똑같은 자녀의 수를 가졌으며 똑같은 돈을 버는 가족이라 할지라도 그들의 예산은 전적으로 다를 수 있다고 설명했다. 왜냐? 그 구성원이 다르기 때문이다. 예산은 개인에 맞추어 짜야 한다고 조언했다.

예산이라는 것이 삶의 기쁨을 쥐어짜 만드는 것만은 아니다. 예산은 물질적 보증이라는 개념을 선물한다. 대다수의 경우 물질적 보증은 곧 감정적 보증과 함께 걱정에서 벗어날 수 있음을 의미한다. 스테이플런은 이렇게 말했다.

"예산에 따라 사는 사람이 더 행복하다."

하지만 어떻게 해야 할까? 우선, 앞서 말했듯 지출을 기록하는 것으로 시작해야 한다. 그리고 전문가의 조언을 구해야 한다. 인구가 2만 명 이상의 도시에서는 가족 복지 기관이 마련되어 있기에 재정 문제에 관해 무료 자문을 하는 것이 가능하다. 이 기관들은 당신의 수입에 맞는 예산을 정하는 것을 도와줄 것이다.

규칙 3 현명한 소비를 배워라.

이는 곧 가진 돈의 최대한으로 이용하는 법을 배우라는 말이다. 모든 큰 회사들은 전문 구매자나 구매 전담 직원을 고용하여 회사를 위한 가장 효율적인 소비를 계획한다. 여러분도 개인자산을 관리하는 사람으로서 왜 똑같이 하지 않는가?

규칙 4 수입이 늘었다고 두통까지 늘려서는 안 된다.

스테이플런은 상담하기 가장 어려운 예산은 연간 오천 달러를 버는 가족의 예산이라고 말했다. 내가 왜 그러냐고 묻자, 그녀는 이렇게 답했다.

"왜냐하면, 대다수의 미국 가족들이 오천 달러를 버는 것을 목표로 삼기 때문입니다. 처음에는 합리적이고 분별력 있게 행동하다가도, 오천 달러라는 목표를 달성하면 소비가 폭발하게 됩니다. 월셋집에 사는 것보다 저렴하다는 이유로 외곽에 집을 사고, 차를 사고, 새로운 가구와 옷을 삽니다. 그러다 결국 통장은 마이너스가 됩니다. 그리고 많아진 수익을 너무 과대평가한 나머지 그 전보다 덜 행복한 삶을 살게 되는 것입니다."

이건 자연스러운 현상이다. 우리는 모두 더 많은 것들을 누리고자 한다. 하지만 장기적으로 보았을 때, 과연 무엇이 더 행복할까? 적은 예산 안에서 허리띠를 졸라매는 것과, 독촉장이 쌓인 우편함과 문 앞에 줄을 선 빚쟁이들을 상대하는 것 가운데 말이다.

규칙 5 대출이 필요한 상황을 대비해 신용을 구축해라.

당신이 비상 상황에 있고 돈을 빌려야 한다면, 생명보험 서류, 채권과 예금 증서가 곧 지갑이 되어줄 것이다. 이때, 보험을 예금으로 전환하는 게 가능한지 알아두어야 한다. 이는 곧 보험을 현금으로 쓸 수 있는 여부를 의미한다. 일부 보험은 '기간제 보험'이라고 하여 예금이 아닌 특정 기간에 한하여 당신을 보호해줄 뿐이다. 이 경우 보험을 이용해 돈을 빌리는 것은 불가능하다. 그러니 보험사에 문의하라! 보험에 가입하기에 앞서, 돈이 필요할 시에 현금으로 사용할 수 있는지 약정을 확인하라.

자, 이번에는 돈을 빌릴 수 있는 보험이나 보유한 채권이 없다고 가정하자. 하지만 당신에게 집이나 차, 또는 다른 담보물이 있다면 어디로 가야 할까? 바로 은행이다! 이 나라의 은행은 엄격한 규정을 통해 관리된다. 그리고 은행에서는 우리 사회에서 지켜야 할 평판이 있다. 은행이 부여할 수 있는 이자는 법으로 엄격하게 정해져 있다. 그들은 당신과 공정하게 거래할 것이다. 그리고 당신에게 재정적 문제가 생겼다면, 은행은 기꺼이 그 문제를 함께 논의하고, 계획을 세우고, 당신을 걱정과 부채로부터 구하기 위해 도움의 손길을 건넬 것이다. 반복해서 말하지만, 담보물이 있다면 은행으로 가라!

만일 당신이 수많은 사람들과 마찬가지로, 담보물이나 그 어떤 재산도 소유한 것이 없고, 월급 외에는 맡길 수 있는 게 없다면 어떻게 해야 할까?

자, 지금부터 하는 경고를 평생 마음에 새기도록 해라! 절대 광고에서 보이는 '대부 업체'에 손을 벌리지 말라! 광고에서 그들은 산타클로스라도 되는 것처럼 보인다. 그것에 속아서는 안 된다! 물론 도덕적이고, 정직하고, 법을 엄격히 지키는 곳도 있을 것이다. 하지만 질병이나 위급한 상황에 부닥친 사람들을 위해 돈을 빌려주는 업체라고 해도 은행보다 훨씬 이자율이 높다. 왜냐하면 그들은 더 높은 위험과 회수 비용을 감수해야 하기 때문이다. 하지만 그 어떤 대부 업체라도 거래를 하기 전에, 은행부터 찾아라. 상담을 요청하고 혹시 소개해줄 수 있는 업체가 있는지 물어라. 그렇지 않으면, 당신에게 겁을 주려는 건 아니지만, 다음과 같은 일이 생길 수도 있다.

미니애폴리스의 한 신문사는 러셀세이지 재단이 도입한 엄격한 규정에 따르는 대부 업체들을 대상으로 조사를 펼쳤다. 나는 그 조사팀에서 일하던 더글러스 러튼이라는 사람을 알았다. 그는 지금 유어라이프 잡지의 편집자로 일하고 있다. 러튼은 가난한 채무자들을 대상으로 펼쳐진 남용 사례를 말해주었다. 당신의 머리털을 쭈뼛 세울만한 이야기이다.

처음 빌릴 때 50달러에 불과했던 빚은 상환할 때쯤이면 300에서 400달러가 되어있다. 급여를 압류당하며 직장으로부터는 해고를 당한다. 상환이 불가한 경우 고리대금업자들은 감정사를 집으로 보내 가구들을 '감정'한 다음, 모조리 쓸어간다. 소액의 돈을 빌린 사람들이 원금을 갚지 못해 5년 내내 이자를 내기도 한다! 과연 흔치 않은 일일까? 런튼은 이렇게 말했다.

"캠페인을 하는 동안 법원에는 관련 소송이 넘쳐나게 되었습니다. 판사들이 제발 그만하라고 할 만큼 수없이 기소했고 결국 신문사에서도 직접 수백 건의 소송 사건을 처리하게 되었죠."

어떻게 이런 일이 가능했을까? 숨겨진 가외의 "합법적인 수수료" 때문이었다. 대부 업체와 거래할 때 지켜야 할 규칙이 있다. 빨리 돈을 갚을 수 있다는 절대적인 확신이 있다면 돈을 빌리고, 최대한 빨리 갚아라. 그러면 가장 적고 합리적인 이자만을 내면 된다. 하지만 상환을 연장하고 또 연장한다면, 아인슈타인도 현기증을 느낄 정도로 상환액이 불어날 것이다. 런튼은 부과금이 원금의 2,000% 이상으로 불어나거나 은행의 이자율보다 500배가량 많아지는 경우도 있다고 말했다!

규칙 6 · 질병, 화재, 긴급지출로부터 당신을 보호하라.

보험은 적은 금액으로 모든 종류의 사고, 불행, 그리고 긴급 상황을 대비해 준다. 욕조에서 미끄러지거나 풍진에 걸리는 것까지 대비하라는 말은 아니다. 적은 돈을 투자하여 큰 재난에 대비하라는 조언을 하는 것이다. 걱정을 덜어 준다는 점에서, 그 비용은 아주 저렴하다고 할 수 있다.

예를 들어, 나는 작년에 병원에서 열흘 동안 입원해야 했던 한 여성을 알고 있다. 그녀가 퇴원했을 때 받은 청구서에는 단돈 8달러가 적혀있었다. 비결은 무엇이었을까? 바로 건강보험에 있다!

규칙 7 · 혼자 남겨진 배우자가 생명보험금을 일시에 받지 못하도록 하라.

만일 당신이 남겨질 가족을 걱정해 생명보험에 가입했다면, 간곡히 청하건대, 절대 생명보험금을 한 번에 받지 못하도록 하라.

'없던 돈이 생긴 유족'에게는 무슨 일이 일어날까? 메리언 S. 에벌리는 이 질문에 대한 답을 가지고 있었다. 그녀는 생명보험협회 여성과의 책임자로, 뉴욕 이스트 42번가 60번지에 살고 있다. 그녀는 미국 전역을 다니며 여성클럽을 대상으로 생명보험을 현찰로 받는 대신 수입 형식으로 받는 지혜를 전파하고 있다. 그녀는 남편이 죽은 뒤 받은 생명보험금 2만 달러를 자동차 부품 사업을 시작하는 아들에게 빌려준 한 여성의 이야기를 들려주었다. 사업은 실패했고, 그녀는 극빈해졌다.

또 한 명의 여성은 부동산 중개인의 번지르르한 말에 속아 넘어가 보험금 대부분을 공지를 매입하는 데 썼다. '일 년 안에 두 배로 오를 것'이라는 말에 넘어간 것이었다. 그로부터 3년 뒤, 그녀는 매입 당시 금액의 10분의 1밖에 되지 않는 돈을 받고 땅을 팔았다.

또 다른 여성은 보험금으로 만오천 달러를 받은 지 12개월도 되지 않아서 자식들을 위해 어린이보호연대에 도움을 요청하는 신세에 처하고 말았다. 이런 비극을 예로 들자면 수천 개도 들 수 있다.

뉴욕포스트의 경제란 담당기자 실비아 S. 포터가는 레이디스 홈 저널을 통해 이렇게 말했다.

"여성의 손에 남겨진 2만5천 달러의 평균 수명은 7년도 채 되지 않는다."

지금으로부터 몇 년 전, 세터에이 이브닝 포스트는 한 사설을 통해 이런 이야기를 했다.

"사업에 필요한 교육을 받지 않았고, 조언을 구할 은행원을 알지 못하는 평범한 여성 유가족의 경우, 가장 먼저 접근한 영업사원의 번지르르한 말에 넘어가 무모한 투자에 남편의 생명보험금을 날릴 수 있다. 어떤 변호사나 은행원을 붙잡고 물어도 수두룩한 예를 들어줄 것이다. 아내나 남겨진 아이가 사기꾼의 말을 믿었다가 한 사람이 평생에 걸쳐 희생과 절약 정신으로 알뜰살뜰 모은 돈을 모두 날리고 살길을 잃게 되는 것이다."

만일 남겨질 아내와 아이들을 보호하고 싶다면, 역사상 가장 현명한 금융가였던 J. P. 모건의 방법을 따라 해 보는 건 어떨까? 그는 총 16명에게 재산을 남겼다. 그중 12명은 여성이었다. 그가 과연 현금을 남겼을까? 아니다. 그는 그 여성들이 평생 매월 돈을 받을 수 있도록 자금을 신탁하였다.

규칙 8 ▶ 아이들에게 책임감 있게 돈을 다루는 태도를 가르쳐라.

유어 라이프 잡지에서 언젠가 읽은 적이 있던 이 이야기를 결코 잊지 못할 것이다. 글을 기고한 스텔라 웨스튼 터틀은 어린 딸에게 돈에 대한 책임감을 길러준 일화를 나누었다. 그녀는 은행에서 여분의 수표책을 받아와 9살짜리 딸아이에게 주었다. 아이는 매주 용돈을 받았고, 받은 용돈을 은행에 예금하듯 엄마에게 맡겼다. 그리고 몇 푼이 되었든 돈이 필요할 때마다 '수표를 써서' 돈을 찾아야 했다. 그리고 잔고가 얼마나 남았는지도 확인해야 했다. 딸아이는 그 과정에서 재미를 느꼈을 뿐 아니라 돈을 다룰 때 생기는 책임감에 대해서도 배우게 되었다.

만일 당신에게 학교에 들어간 자식이 있고, 돈을 잘 다루는 법을 가르쳐주고 싶다면 이 환상적인 방법을 강력히 추천한다.

규칙 9 ▶ 필요하다면 부엌에서 부업을 시작하라.

만일 현명하게 소비에 대한 예산을 짠 뒤에도 돈이 부족하다면, 두 가지 방법이 있다.

첫째, 야단을 치거나, 조바심을 내거나, 걱정하거나, 불평하는 것이다.

둘째, 가외로 부수적인 수입을 낼 수 있다. 어떻게 그게 가능하냐고? 뉴욕 잭슨 하이츠 83번가 37-09번지에 사는 넬리 스피어는 틈새시장을 공략했다. 1932년, 그녀는 혼자서 방이 3개인 아파트에서 살고 있었다. 그녀의 남편이 세상을 떠나고, 두 명의 자식들은 결혼했다. 어느 날, 약국과 소다수 판매점을 겸하는 한 상점에서 아이스크림을 사 먹는데, 눈물겨울 정도로 형편없는 파이가 눈에 들어왔다. 그녀는 상점 주인에게 자신이 집에서 직접 만든 진짜 파이를 살 생각이 있느냐고 물었다. 스피어는 이렇게 회상했다.

요리를 잘하는 건 사실이지만, 조지아에 살 때만 해도 항상 하인을 고용했었기에 파이를 열몇 개씩 구워본 적은 없었습니다. 파이 두 개를 구워달라는 주문을 받은 뒤, 나는 이웃 여자에게 어떻게 사과 파이를 굽는지 물었습니다. 나는 그렇게 사과 파이 하나와 레몬 파이 하나를 구워 납품했고, 상점의 고객들은 몹시 좋아했습니다. 상점은 다음 날 파이를 다섯 개나 주문했습니다. 그리고 다른 상점들과 작은 식당들에서도 점점 주문이 들어오기 시작했습니다. 2년도 되지 않아 나는 일 년에 오천 개나 되는 파이를 굽게 되었습니다. 그것도 우리 집 부엌에서 혼자서 말이지요. 나는 돈 한 푼 들이지 않고 일 년에 수천 달러를 벌게 되었습니다.

스피어의 파이 주문은 그렇게 점점 늘어나 그녀는 결국 가게를 차려 여직원 두 명을 고용하게 되었다. 그녀는 파이와 케이크, 빵과 롤을 만들었다. 전쟁하는 동안 사람들은 한 시간씩 가게 앞에 줄을 서 그녀가 만든 음식을 사갔다.
그녀는 이렇게 말했다.

제 삶에 이런 일이 일어날 줄 몰랐어요. 매일 12시간에서 14시간 정도 가게에서 일했지만 피곤한 줄을 몰랐습니다. 일한다고 느껴지지 않았거든요. 마치 모험하는 것 같았습니다. 사람들을 행복하게 만들기 위해 할 수 있는 일을 하고 있습니다. 외로움을 느끼거나 걱정을 하기에는 너무 바쁩니다. 어머니와 남편 그리고 집을 잃은 빈자리를 일이 대신 채워준 것이지요.

스피어에게 요리를 잘하는 다른 여성들 가운데 작은 마을에 사는 사람들도 유사한 방법으로 돈을 벌 수 있느냐고 물었을 때, 그녀는 이렇게 답했다.
"당연히 할 수 있습니다!"

오라 스나이더 부인 역시 똑같은 말을 할 것이다. 그녀는 일리노이주에 있는 메이우드라는 인구 3천 명의 도시에 살았다. 그녀 역시 자신의 부엌에서 재료비 10센트로 사업을 시작했다. 남편이 병이 들어 돈을 벌어야 했다. 하지만 어떻게 돈을 벌 수 있었을까? 그녀는 경험도 기술도 없는 가정주부였다. 자본도 물론 없었다. 그녀는 부엌 한쪽 구석에서 달걀흰자와 설탕으로 사탕을 만들었다. 그리고 학교 근처로 가서 아이들에게 사탕 하나에 1페니를 받고 팔았다. 그리고 아이들에게 이렇게 외쳤다.

"매일 집에서 만든 사탕을 들고 여기 있을 테니 내일도 동전을 가져오렴!"

첫 주에 그녀는 수익을 냈을 뿐 아니라 삶의 새로운 열정을 얻었다. 그녀는, 자신은 물론 아이들도 행복하게 만들어 주었다. 걱정할 시간은 없었다.

메이우드 출신의 차분하고 자그마한 가정주부였던 스나이더 부인은 겁도 없이 시카고라는 큰 도시에 가서 자신이 만든 사탕을 팔겠다는 야망을 키웠다. 그녀는 길에서 땅콩을 팔고 있던 이탈리아인에게 조심스럽게 다가갔다. 그는 어깨를 한번 으쓱일 뿐이었다. 그러나저러나 그의 고객들은 사탕이 아닌 땅콩을 원할 것이니 말이다. 그녀는 그에게 사탕을 맛보여주었다. 그는 좋아하며 그녀가 만든 사탕을 팔기 시작했고, 첫날부터 스나이더에게 돈을 벌어다 주었다. 그로부터 4년 후, 그녀는 시카고에서 첫 가게를 시작했다. 너비가 2.5m밖에 되지 않는 작은 가게였다. 그녀는 밤이면 사탕을 만들고, 낮이면 장사를 했다. 자신의 집 부엌에서 사탕 공장을 열었던 이 수줍은 많은 여성은, 오늘날 총 17개의 상점을 운영하고 있으며, 그중 15개는 번잡한 시카고 루프가에 자리를 잡았다.

내가 전하고자 하는 요점은 이렇다. 뉴욕 잭슨 헤이츠의 넬리 스피어나, 일리노이 메이우드의 오라 스나이더는 재정 문제를 걱정하기보다는 무언가 긍정적인 일을 했다. 돈을 벌기 위한 아주 작은 수단으로 자신의 부엌에서 임대료나 홍보비, 급료도 없이 시작했다. 이렇게 한다면 돈 문제로 골치 아픈 일은 없을 것이다.

주위를 둘러보라. 어딘가 벌어진 틈이 분명히 있을 것이다. 예를 들어, 열심히 요리를 연습한다면 집 부엌에서 어린아이들을 위한 요리 교실을 열 수 있을지도 모른다. 전단지를 붙여 홍보해보라.

남는 시간에 돈을 버는 법을 다루는 책들이 있다. 가까운 공공도서관에 문의하라. 성별에 상관없이 기회를 찾을 수 있을 것이다. 단 한 가지 경고할 것이 있다. 영업에 특별한 재능을 타고난 것이 아니라면 방문 판매는 시도하지 마라. 대다수의 사람들은 방문 판매를 싫어하고 또 방문 판매에 실패한다.

규칙 10 절대 도박하지 마라.

나는 경마나 슬롯머신을 통해 돈을 벌겠다는 사람들을 항상 신기하게 여겼다. 나는 바로 그 슬롯머신을 놓아 돈을 버는 사람을 알고 있다. 그리고 그는 조작된 기계를 상대로 돈을 벌 수 있다고 생각하는 순진한 사람들을 경멸한다.

나는 미국에서 가장 잘 알려진 마권 업자 한 명도 알고 있다. 그는 내 수업의 학생이기도 했다. 그는 경마에 관해 모르는 게 없음에도, 베팅으로 돈을 벌 수 없었다고 말했다. 하지만 현실은 매년 어리석은 사람들이 60억 달러를 경마에 바친다는 것이다. 이건 1910년 당시 국가 부채의 여섯 배에 달하는 액수다. 그 업자는 경멸하는 원수가 있다면, 경마에 끌어들이는 것만큼 좋은 방법이 또 없다고 말해주기도 했다. 경마 정보지에 따라 베팅을 하면 어떻게 되냐고 물었더니, 그는 이렇게 답했다.

"그런 식으로 베팅했다가는 조폐국의 돈을 다 잃어도 보자랄 것이다."

만일 도박해야만 한다면, 최소한 똑똑하게 굴자. 확률이 어떤지 먼저 알아보는 것이다. 어떻게 하느냐고? 오스왈드 자코비의 '확률을 알아내는 법'을 읽으면 된다. 그는 브리지와 포커의 권위자이자, 최고 수준의 수학자, 통계 전문가이자 보험계리사이다. 이 책은 215장에 걸쳐 경마, 룰렛, 크랩스, 슬롯머신, 드로 포커, 스터드 포커, 콘트랙트 브리지, 옥션 피너클 그리고 주식에서의 과학적, 수학적 승률을 알려준다. 이 책은 도박으로 돈을 버는 법을 알려주지 않는다. 작가에게는 어떤 반감도 없다. 그는 단지 모든 도박에서 당신의 승산이 어느 정도인지 알려줄 뿐이다. 그리고 그 수치를 본다면, 힘들게 번 돈을 경마나 카드, 주사위나 슬롯머신에 가져다 바치고 있는 가여운 사람들을 동정하게 될 것이다. 만일 당신이 크랩스나 포커, 경마에 뛰어들 예정이라면 이 책은 백 번이고 천 번이고 그 값어치를 할 것이다.

규칙 11 재정 상황을 개선할 수 없더라도 자신을 소중히 대하고 바꿀 수 없는 일을 불평하지 마라.

만일 재정 상황을 개선할 수 없다고 해도, 우리는 마음가짐을 바꿀 수는 있다. 다른 사람들 역시 재정 문제로 걱정한다는 사실을 기억하자. 이웃들처럼 살지 못한다고 걱정하고 있지만, 이웃들은 부자들처럼 살지 못함을 걱정할지도 모르는 일이다. 그리고 부자들은 귀족들처럼 살지 못해서 아쉬워할지도 모른다.

미국 역사상 가장 유명한 사람들 중 일부 역시 그들만의 재정 문제를 겪었다. 하다못해 링컨과 워싱턴 역시 대통령 선거를 위해 돈을 빌려야 했다.

우리가 원하는 모든 걸 가질 수 없다면, 일상을 해치고 걱정과 비통함으로 우리의 처지를 씁쓸하게 만들지는 말자. 자신을 소중히 대하자. 냉철한 태도를 지니자. 로마의 위대한 철학자 세네카는 이렇게 말했다.

"무언가 부족하다는 생각이 들면 세상을 다 가졌다고 해도 불행하다고 느낄 것이다."

이 말을 기억하자. 우리가 미국을 통째로 소유한다고 해도 우리는 하루에 세 끼만 먹을 수 있고 한 번에 한 곳의 침대에서만 잘 수 있다.

돈 문제를 줄이기 위한 열한 가지 규칙

1. 종이에 사실을 적어라.

2. 필요에 꼭 맞는 예산을 짜라.

3. 현명한 소비를 배워라.

4. 수입이 늘었다고 두통까지 늘려서는 안 된다.

5. 대출이 필요한 상황을 대비해 신용을 구축해라.

6. 질병, 화재, 긴급지출로부터 당신을 보호하라.

7. 혼자 남겨진 배우자가 생명보험금을 일시에 받지 못하도록 하라.

8. 아이들에게 책임감 있게 돈을 다루는 태도를 가르쳐라.

9. 필요하다면, 부엌에서 부업을 시작하라.

10. 절대 도박하지 마라.

11. 재정 상황을 개선할 수 없더라도 자신을 소중히 대하고 바꿀 수 없는 일을 불평하지 마라.

> 이 책을 여러 번에 걸쳐 읽을 것을 제안하고 싶다.
>
> 침대맡에 책을 두어라.
>
> 당신이 가진 문제에 적용할 수 있는 내용에 밑줄을 그어라.
>
> 공부하고, 적용해라.
>
> 이 책은 단순한 '독서 거리'가 아니다.
>
> 이 책은 새로운 삶의 방식을 위한 '안내서'이다.

제10부
나는 이렇게 걱정을 물리쳤다
32편의 실제 이야기

1
한 번에 들이닥친 여섯 가지 불행

▶ C.I. 블랙우드, 블랙우드 – 데이브스 상업 전문학교 이사장, 오클라호마주 오클라호마시티

1943년 여름, 이 세상에 존재하는 걱정의 절반이 내 어깨에 내려앉은 듯했다.

40년이 넘는 시간 동안, 나는 정상적이고 걱정 없는 삶을 살았다. 내가 겪은 문제라고는 남편, 아버지 그리고 사업가라면 누구나 겪는 그런 종류의 것들이었고, 나는 그것들을 쉽게 해결하고는 했다. 그런데 갑자기 여섯 개의 중대한 문제가 한 번에 콰르릉쿵쾅 들이닥친 것이었다.

나는 밤새도록 뒤척이며 잠을 이루지 못했고, 문제를 마주할 걱정에 날이 밝아오는 게 너무나도 두려웠다.

1. 내가 운영하는 상업 전문학교는 금전적 위기의 갈림길에 서 있었다. 왜냐하면 남자아이들은 전쟁터로 떠났고, 대다수의 여자아이들은 군수공장에 나가 돈을 벌었다. 군수공장에서 일하는 것이 상업학교 졸업생보다 더 많은 돈을 주었기 때문이다.
2. 장남이 군에 입대했다. 그리고 나는 아들을 전쟁터에 보낸 모든 부모의 마음처럼 망연자실했다.
3. 오클라호마시티는 공항 건설을 위한 넓은 토지를 만들기 위해 여러 절차를 밟고 있었다. 그리고 내 집이자 아버지의 집인 이곳은 공항 부지 한복판에 자리했다. 그들이 이 집을 사들인다면 나는 본래 가치의 10분의 1 값밖에 받지 못할 것이다. 그보다 더 심각한 것은, 이 집을 잃게 된다는 것이었다. 그리고 주택난 때문에, 6명의 식구가 살 수 있는 또 다른 보금자리를 얻을 수 있다는 보장도 없었다. 나는 이러다 우리가 천막 속에서 살게 되지 않을까 두려워졌다. 물론 천막을 살 돈이라도 있다는 가정하에

말이다.

4. 집에 있는 우물이 인근 배수로 공사로 말라버렸다. 새로운 우물을 파는 데는 500달러가 들었다. 하지만 집이 정부로 넘어가 버린다면 쓸모없는 짓이 될 것이다. 나는 2달 동안 매일 아침 양동이에 가축에게 먹일 물을 길어왔다. 나는 전쟁 내내 그 짓을 하게 될까 봐 두려웠다.

5. 나는 상업학교에서 16km 떨어진 곳에 살았다. 내게는 B급 차량카드가 있었는데, 그건 곧 내가 새로운 타이어를 교체할 수 없다는 걸 의미하기도 했다. 나는 낡은 포드의 타이어가 운명을 다할 경우, 어떻게 출근해야 할지 걱정했다.

6. 큰딸아이가 예정보다 1년 먼저 학교를 졸업하게 되었다. 딸아이는 대학에 가는 것으로 마음을 먹은 듯하지만, 내게는 등록금을 내줄만한 여유가 없다. 딸아이는 마음을 크게 다치고 말 것이다.

하루는 사무실에 앉아서 한참 걱정하고 있던 나는 그것들을 종이에 옮겨 적어보기로 했다. 그리고 나니 세상에 나만큼 걱정이 많은 사람도 없는 것처럼 보였다. 나는 이길 승산이 있는 걱정거리와 씨름하는 것을 두려워하지 않았다. 하지만 그 당시 가졌던 문제들은 내 통제를 완전히 벗어난 것처럼 보였다. 내게는 그 문제들을 해결할 능력이 없었다. 그래서 나는 그저 그것들을 종이에 옮겨놓고는, 몇 달 후에 그런 종이가 있었다는 것조차 잃어버리게 되었다. 그로부터 18개월 후, 서류철을 옮기던 나는 당시 내 긴강을 위협하던 여섯 가지 중대한 문제가 적힌 그 종이를 발견하게 되었다. 나는 그것을 아주 흥미롭게 읽었고, 교훈을 얻었다. 나중에 보니 그 어떤 문제도 실제로 일어나지는 않았던 것이었다.

여섯 가지 문제들은 다음과 같이 끝났다.

1. 학교 문을 닫게 될까 우려했던 걱정은 쓸데없는 짓이었다. 정부는 재향 군인들의 위탁교육을 위해 상업 전문학교에 보조금을 지원하기 시작했고, 얼마 지나지 않아 학교의 정원이 모두 차버렸다.

2. 아들에 대한 내 모든 걱정 역시 쓸데없는 짓이었다. 아들은 상처 하나 없이 집에 돌아왔다.
3. 땅이 공항 부지에 넘어가는 걱정 역시 쓸데없었다. 우리 농장에서 1.6km도 되지 않는 곳에서 유전이 발견돼 땅값이 올랐고, 공항을 건설하기에 너무 많은 비용이 들자 정부는 매입 절차를 포기해버렸다.
4. 우물이 말라버렸다는 걱정도 기우였다. 집을 팔지 않아도 된다는 걸 알았을 때, 나는 걱정 없이 돈을 투자해 새로운 우물을 팠고 물 부족에 시달릴 일이 없어졌다.
5. 타이어를 못 쓰게 되는 상황 역시 일어나지 않았다. 타이어를 수리하여 조심스럽게 운행한 결과, 타이어는 살아남았던 것이다.
6. 딸아이의 교육과 관련된 걱정 역시 쓸데없었다. 대학 입학처로부터 2개월 전, 나는 기적처럼 학교 근무시간 외에 할 수 있는 감사직을 얻게 되었다. 그 일자리를 통해 아이의 등록금을 낼 수 있게 되었다.

나는 종종 사람들이 우리가 마음을 졸이고 조바심을 냈던 걱정들의 99%는 일어나지 않는 일들이라고 말하는 것을 들은 적이 있다. 하지만 18개월 전 어느 오후에 처량하게 앉아 걱정 리스트를 작성하지 않았다면, 나는 결코 그 말을 믿지 않았을 것이다.

나는 그 여섯 가지 문제를 두고 쓸모없는 씨름을 했던 것이 감사할 지경이다. 그 경험은 평생 잊지 못할 교훈을 남겨주었다. 바로 아직 일어나지 않았거나, 우리의 통제를 벗어난 일이거나, 앞으로도 일어나지 않을 일들로 바보처럼 마음을 졸이고 비극을 맞이하는 결과를 알려주었기 때문이다.

오늘은 다름 아닌 어제의 당신이 걱정하던 내일임을 잊지 말아야 한다. 지금 걱정하는 일이 실제로 일어난다는 걸 어떻게 알 수 있을지 스스로 자문해보라.

2
1시간 만에 확실한 낙천주의자가 되는 법

▶ **로저 W. 밥슨** – 유명한 경제학자, 매사추세츠주 웨즐리 힐즈 밥슨 파크

내가 지금 처한 상황 속에서 우울함을 느낀다는 걸 확인했을 때, 나는 1시간 만에 걱정을 떨쳐내고 확실한 낙천주의자로 변신할 수 있다.

내 방식은 이러하다. 나는 눈을 감은 채로 서재로 들어가 오직 역사책만을 전시해둔 선반을 찾는다. 그리고 여전히 두 눈을 꼭 감은 채, 책 한 권을 집어 든다. 이때, 프레스콧의 '멕시코 정복'을 꺼내 드는지 수에토니우스의 '황제열전'을 꺼내 드는지 알 길이 없다. 그리고 절대 눈을 뜨지 않은 채, 아무 페이지나 펼치는 것이다. 그런 뒤에 눈을 뜨고 한 시간 동안 독서를 이어간다. 계속해서 역사책을 읽을수록, 나는 세상은 언제나 극심한 고통 속에 있었고, 문명은 벼랑 끝에서 비틀대왔다는 걸 그 어느 때보다 선명하게 절감할 수 있다.

역사책은 전쟁, 기아, 가난, 역병 그리고 인간의 비인간적 행위에 관한 비극적인 이야기를 정직하게 고발한다. 역사책을 한 시간가량 읽고 난 뒤면, 지금 처한 나쁜 상황은 과거에 비해 나쁜 축에도 끼지 못한다는 사실을 알 수 있게 된다. 그러면 나는 현재 내가 처한 문제들을 올바른 관점에서 바라보고 또 직면할 수 있게 되는 것이다. 세상은 계속해서 더 나은 곳이 되어왔기 때문이다.

이것은 한 장 전체를 투자해도 좋을 만한 비법이다. 역사책을 읽어라! 1만 년의 역사적 관점에서 문제를 바라보고, 그것이 얼마나 하찮은 것인지 확인하라.

3
열등감에서 벗어난 방법

▶ **엘머 토머스** – 오클라호마 출신 미국 상원의원

내가 15살이었을 때, 나는 걱정과 근심 그리고 타인에 대한 의식으로 인해 지속적으로 고통받고 있었다. 나는 나이에 비해 지나치게 키가 컸고 말랐기에 꼬챙이를 보는 것 같았다. 키는 188cm였는데 몸무게는 53kg에 불과했다. 그리고 큰 키에도 불구하고 힘이 없었기에 다른 남자아이들과 야구나 달리기경기를 하는 것은 상상도 할 수 없었다. 그들은 나를 조롱하며 '뾰족한 얼굴'이라고 놀려댔다.

나는 지나치게 걱정하고 타인을 의식한 나머지 사람들을 만나는 것을 두려워하게 되었고, 실제로도 사람들을 피하며 지냈다. 내가 살던 농가는 공공도로에서 떨어져 있었으며 빽빽한 원시림 같은 숲에 둘러싸여 있었다. 고속도로로부터 800m 정도 떨어진 곳이었는데, 때로는 어머니, 아버지 그리고 형제자매들을 제외하고는 1주일 내내 사람 구경을 하지 못할 때도 많았다.

그 당시의 걱정과 두려움이 나를 집어삼키게 두었다면, 나는 결국 실패한 인생을 살았을 것이다. 나는 매시간 빼빼 마르고, 길쭉하고, 약한 몸을 곱씹으며 보냈다. 그 외에는 떠올리는 게 없을 지경이었다. 창피함과 두려움이 얼마나 컸던지 말로 설명할 수가 없을 지경이다. 어머니는 그런 나의 마음을 이해하고 계셨다. 그녀는 학교 선생님이었는데, 어느 날 내게 이렇게 말했다.

"아들아, 너는 교육을 받아야 하고, 머리로 먹고살아야 한다. 네 몸은 언제든 걸림돌이 될 수 있어."

부모님이 대학에 보내줄 형편이 되지 않았기에, 나는 내가 직접 벌어서 대학에 가야 한다고 생각했다. 따라서 나는 겨울 동안 주머니쥐, 스컹크, 밍크, 너구리를 사냥했고 봄을 기다렸다가 그 가죽을 4달러에 팔았다. 그렇게 번 돈

으로 새끼 돼지 두 마리를 샀다.

돼지는 음식물 찌꺼기와 철 지난 옥수수를 먹여 키웠고, 다음 해 가을, 40달러에 돼지를 팔았다. 그렇게 해서 번 돈으로 나는 인디애나주 댄빌에 위치한 센트럴 사범대학에 갈 수 있었다.

그러나 한 주의 식비로 1달러 40센트가 들었고, 방세는 50센트나 들었다. 나는 어머니가 만들어주신 갈색 셔츠를 입고 다녔다. (아마 셔츠를 더럽혀도 크게 티가 나지 않기 때문에 갈색을 선택했던 것 같다) 그리고 나는 한때 아버지가 입었던 낡은 옷들을 물려받았다. 그 옷들은 전혀 몸에 맞지 않았고 그의 목이 긴 구두도 마찬가지였다. 그 신발은 착용을 편하게 하기 위해 옆에 고무줄이 달려 있었는데 이제 낡아서 신축성이 없어 걸을 때마다 신발이 벗겨질 지경이었다. 나는 다른 학생들과 어울리는 것이 너무도 창피했던 나머지 혼자 방에 처박혀 공부만 했다. 당시 내가 가장 소망했던 것은 창피하지 않게 몸에 딱 맞는 옷 한 벌을 상점에서 사 입는 것이었다.

얼마 되지 않아 나는 걱정과 열등감을 이겨내게 된 일련의 사건들을 마주하게 된다. 그중 한 사건은 내게 용기와 희망, 자신감을 가질 수 있도록 해주었고 나의 인생을 송두리째 바꾸어 놓았다. 그 사건들을 간단히 적어보겠다.

첫째, 8주간 학교에 다니던 나는 시험을 봐서 시골 공립학교에서 아이들을 가르칠 수 있는 3급 자격증을 취득했다. 그 자격증은 6개월만 사용할 수 있는 것이었지만, 누군가가 나를 믿어준다는 증거가 되었다. 그때까지만 해도 어머니를 제외한 다른 사람이 나를 신뢰해준 것은 처음 있는 일이었다.

둘째, 해피 할로우라는 이름의 작은 학교가 나를 고용했다. 나는 하루에 2달러의 임금을 받고 교사로 일했다. 그렇게 누군가가 나를 신뢰한다는 증거가 추가되었다.

셋째, 첫 월급을 받자마자 나는 입어도 창피하지 않은 옷을 사러 갔다. 만일 지금 누군가 백만 달러를 준다고 해도, 그 당시 고작 몇 달러를 지불하고 옷을 구매하던 순간만큼 기쁘지는 않을 것이다.

넷째, 내 인생의 진정한 터닝포인트이자, 창피함과 열등의식을 물리치게 된 최초의 경험은 인디애나주 베인브리지에서 매년 열리는 푸트남 카운티 축제 행사에서 일어났다. 어머니는 내가 축제의 웅변대회에 나가는 것을 권했다. 당시에는 말이 되지 않는 소리라고 생각했다. 나는 한 명 앞에서도 말하는 것을 두려워했는데, 군중 앞에서 연설한다는 것이 가능할 리가 없었다. 하지만 나에 대한 어머니의 신뢰는 애처로운 수준이었다. 그녀는 내 미래를 두고 멋진 꿈들을 꾸고는 했다.

결국 나는 어머니의 기대를 저버리지 못해 대회에 참가하게 되었다. 내가 정한 주제는 '미국의 미술과 인문학'으로, 나와 아무런 관련이 없는 내용이었다. 솔직히 말하면 연설문을 준비하기 전까지 나는 인문학이 무엇인지조차 알지 못했다. 하지만 청중도 마찬가지일 것이라고 생각했기 때문에, 굳이 문제 삼지 않았다.

나는 연설문을 외우고 나무와 소들을 청중 삼아 수백 번 연습했다. 나는 어머니 앞에서 연설을 잘해 보이고 싶었기에, 자연스럽게 연설에 감정이 실리게 되었다. 그렇게 나는 1등을 했다. 믿을 수 없는 결과였다. 군중은 박수를 보냈다. 나를 '뾰족한 얼굴'이라 부르며 놀리고 조롱했던 아이들은 내 등을 두드리며 이렇게 말했다.

"네가 해낼 줄 알았어, 엘머."

어머니는 나를 끌어안으며 흐느껴 울었다. 그 웅변대회는 내 인생을 바꾸어 놓았다. 지역 신문들은 1면 기사에 내 이야기를 실었고 나를 미래의 유망주처럼 묘사했다. 그 대회는 내게 유명세를 가지게 해주었고 선망을 얻도록 만들어주었다. 그리고 무엇보다, 내 자신감을 100배쯤 올려놓았다. 만일 그 대회에서 1등을 하지 못했다면, 나는 절대 미국 상원의원이 되지 못했을 것이다. 그 대회는 내 시야와 견문을 넓혀주었고, 내게 꿈꿔본 적도 없는 가능성들이 내재되어 있다는 사실을 알려주었다. 그리고 심지어, 웅변대회에서 1등을 한 학생은 센트럴 사범대학에서 1년간 장학금을 받을 수 있었다.

나는 더 많은 배움을 갈망했다. 그렇게 몇 년 동안 나는 교사 일과 공부를 병행했다. 드퍼 대학교 학비를 대기 위해 나는 웨이터, 보일러공, 잔디깎이,

사서로 일하는 것은 물론 여름에는 밀밭과 옥수수밭에서 일하기도 하고, 공공도로 건설 현장에서 자갈을 나르기도 했다.

1896년, 내가 고작 19살이 되었을 때, 나는 윌리엄 제닝스 브라이언의 대통령 선거 유세 현장에서 28번의 연설을 했다. 그를 위해 연설을 하는 동안 나는 정치에 대한 꿈을 키우게 되었다. 나는 그렇게 드퍼 대학에 들어가 대중연설과 법을 공부했다. 1899년, 나는 인디애나폴리스에서 열린 버틀러 대학교의 공개 토론회에 학교 대표로 참석해 '미국 상원의원을 일반 투표로 뽑아야 함'이라는 주제로 토론했다. 그 외에도 나는 다수의 웅변대회에서 상을 받았으며 1900년 대학 연보 '더 미라지'와 대학 신문 '더 팔라디움'의 편집장을 맡기도 했다.

드퍼에서 학사 학위를 받은 뒤, 나는 호레이스 그릴리의 충고를 받아들였다. 단 서부는 아니고 남서부의 새로운 도시, 오클라호마로 향했다. 카이오와, 코만치 그리고 아파치 인디언 보호구역이 생겨났을 때, 나는 농가를 얻어 로턴이라는 도시에 변호사 사무실을 개업했다. 나는 13년 동안 오클라호마주 상원의원으로 지냈고, 4년 동안은 하원의원으로 지냈다.

내가 50세가 되었을 때 나는 일생의 꿈을 이루었다. 드디어 미국 상원의원이 된 것이었다. 1927년 3월 4일 이후 계속해서 상원의원을 지내고 있다. 오클라호마와 인디언 보호구역이 하나의 주로 합쳐지게 된 1907년 11월 16일 이후로, 나는 계속해서 민주당의 선택을 받았다.

내가 이 이야기를 하는 것은 나의 성공담을 떠벌리려는 것은 아니다. 이런 이야기에 관심을 가질 사람은 없다고 본다. 다만 내가 아버지의 낡은 옷과 걸을 때마다 벗겨지던 신발을 신으며 느꼈던 걱정, 수줍음, 열등감과 똑같은 문제를 겪고 있을 어린 친구가 있다면, 부디 용기와 자신감을 얻었으면 하는 마음에서 이 글을 적었다.

편집자 주: 어린 시절 몸에 맞지 않는 낡은 옷 때문에 창피를 겪었던 엘머 토머스는 결국 훗날 미국 상원에서 베스트 드레서로 선정되기도 했다.

4
알라의 정원에서 살았다

▶ R.V.C. 보들리 – 옥스퍼드 보들리안 도서관 설립자 토머스 보들리 경의 후손, '사하라 사막의 바람', '더 메신저' 외 14권의 저자

1918년, 나는 내가 살던 세상을 등지고 아프리카 북서쪽을 향해 떠났다. 나는 아랍인들과 함께 알라의 정원이라고 불리는 사하라 사막에서 7년간 살게 되었다. 나는 유목민의 언어를 배웠고, 그들의 옷을 입었으며, 그들의 음식을 먹고, 지난 20년간 거의 변화가 없다시피 했던 그들의 생활 방식을 흡수했다. 나는 양 한 마리를 소유했고 아랍인들의 천막 속 맨땅 위에서 잠을 잤다. 나는 그들의 종교에 관해서도 상세한 연구를 펼쳤다. 그렇게 나는 마호메트에 관한 '더 메신저'라는 글을 쓰게 되었다.

사하라에서 방랑하는 양치기들과 함께 보낸 7년은 내 인생에서 가장 평화롭고 만족스러운 시간이었다.

그전에도 나는 다양하고 값진 경험을 했었다. 영국인 부모님 슬하에서 자란 나는 파리에서 태어나 9살까지 프랑스에서 살았다. 그 뒤 영국의 이튼에서 공부한 나는 샌드허스트 육군 사관학교에 들어갔다. 그리고 6년간 인도에서 육군 장교로 복무한 나는 그곳에서 폴로와 사냥, 히말라야산맥을 탐사하기도 했다. 그러다가 1차 세계대전에 참전했으며, 종전 당시 파리 강화회의에 담당 보좌관으로 참석하기도 했다. 하지만 그곳에서 본 것은 가히 충격적이었고 실망하지 않을 수 없었다.

나는 우리가 문명을 지키기 위해 싸운다고 믿었다. 하지만 파리 강화회의에는 이기적인 정치인들이 이미 2차 대전을 위한 초석을 마련하기 위해 기회를 엿보고 있을 뿐이었고, 국가 간 적대 감정을 만들고 비밀 외교의 음모에 불을 지피고 있었다.

나는 전쟁과 군대, 사회에 환멸을 느꼈다. 군인이 되고 나서 처음으로, 나는 불면의 밤을 보내며 무엇을 하며 살아야 할지 고민하기 시작했다.

로이드 조지는 내게 정치를 하라고 권했다. 그의 조언을 받아들이려고 했을 때, 이상한 일이 일어나 그 이후의 7년을 결정 지어버렸다. 그 사건은 고작 200초 만에서 일어났을 뿐이다. 나는 '아라비아의 로렌스'의 그 테드 로렌스와 200초 동안 대화할 기회가 있었다. 1차 대전의 가장 화려하고 로맨틱한 인물로 잘 알려진 바로 그 로렌스 말이다! 그는 아랍인들과 사막에서 생활했는데, 내게 같은 경험을 해볼 것을 조언해주었다. 처음에 나는 그것이 불가능한 제안이라고 생각했다.

그러나 이미 군대를 떠나기로 마음먹은 이상, 일거리를 찾아야 했다.

민간 고용주들은 나와 같은 사람, 즉 상비군의 장교를 지낸 사람을 고용하고 싶지 않아 했다. 노동 시장이 이미 수백만의 실업자로 북적이고 있었기 때문이다. 그리하여 나는 로렌스의 제안에 따라 아랍인들과 함께 살기 위해 떠났다. 그리고 그런 결정을 내린 것에 만족한다.

아랍인들은 내게 걱정을 정복하는 법을 알려주었다. 신앙심이 깊은 모든 무슬림과 마찬가지로, 그들은 운명론자였다. 그들은 마호메트가 코란에 적은 모든 글이 알라의 신성한 계시라고 믿었다. 그렇기에 코란에 적혀있는 '신은 너와 너의 모든 행동을 창조했다.'라는 구절을 그대로 믿었다. 그리하여 그들은 인생을 차분하게 받아들이며 결코 서두르거나 일이 잘못 흘러갈 때도 쓸모없이 화내는 일이 없었다. 그들은 이미 정해진 것은 정해진 것이라고 생각했다. 그리고 신이 아니면 이미 정해진 일은 바꿀 수가 없는 것이었다. 하지만 그렇다고 고난이 닥쳤을 때 자리에 가만히 앉아 아무것도 하지 않는 것은 아니었다. 예를 들어보겠다.

사하라에 사는 동안 나는 몹시 사납고 뜨거운 열풍을 경험한 적이 있다. 열풍은 3일 밤낮을 울부짖었다. 그 강도가 어찌나 세고 험악했던지, 사하라의 모래가 지중해를 건너 프랑스의 론강에 흩뿌려질 정도였다. 너무 뜨거웠던 바람에 나는 머리카락이 그슬리는 것 같았다. 목은 바싹 말랐으며 눈은 타들어 갔다. 치아 사이로는 모래가 잔뜩 씹혔다. 마치 유리 공장의 용암로 앞에 서 있는 것만 같았다. 나는 거의 반쯤 미쳐 정신만 간신히 붙들고 있었다. 하지만 아랍인들은 불평하지 않았다. 그들은 어깨를 으쓱한 뒤 '이미 정해진 일이다.'라고 말하는 것이 전부였다.

하지만 열풍이 끝나기 무섭게, 그들은 즉각 행동에 돌입했다. 그들은 이미 죽을 게 뻔한 어린 양을 모두 도살했다. 새끼 양들을 죽임으로써, 어미 양들을 살린 것이었다. 그런 뒤, 그들은 물을 찾기 위해 남쪽으로 양떼를 몰았다. 모든 것은 차분하게, 걱정이나 불평, 비통한 기색도 없이 이루어졌다. 부족장은 이렇게 말했다.

"그리 나쁘지만은 않아. 모든 것을 잃을 수도 있었어. 하지만 신의 은총으로, 아직 40%나 되는 양이 남아있고 다시 시작할 수 있어."

차를 몰고 사막을 건널 때의 일이다. 타이어 하나가 터지는 사건이 발생했다. 엎친 데 덮친 격으로 운전기사가 비상용 타이어를 싣는 것을 잊어버렸다. 우리에게는 고작 3개의 타이어가 있을 뿐이었다.

나는 화를 내며 담배를 피웠고, 흥분하며 아랍인들에게 어떻게 할 것인지 물었다. 그들은 흥분하는 것은 도움이 되기는커녕 더위만 키울 것이라고 말했다. 타이어가 터진 것은 알라의 뜻이고, 아무것도 할 수 있는 게 없다는 것이다. 그렇게 우리는 휠만 남겨진 차를 끌고 기어가다시피 가기 시작했다. 그러자 이번에는 차가 소리를 내며 멈추어 섰다. 기름이 떨어진 것이었다! 부족장은 다시 이렇게 말했다.

"이미 정해진 일이다!"

그리고 운전기사에게 왜 충분히 기름을 넣지 않았냐고 화를 내는 대신, 모든 이가 침착하게 목적지를 향해 걷기 시작했다. 심지어 그들은 노래를 부르기도 했다.

아랍인들과 함께 보낸 7년은 내게 미국과 유럽에서 볼 수 있는 신경증, 정신병, 알코올 중독이 우리가 문명이라고 부르는 바쁘고 지친 삶의 결과라는 것을 깨닫게 해주었다.

사하라에서 사는 동안 나는 아무런 걱정이 없었다. 나는 알라의 정원에서, 모두가 긴장과 절망 속에서 그토록 찾아 헤매던 고요한 만족감과 육체의 건강을 찾았다.

많은 사람들은 운명론을 비웃는다. 그리고 그들이 맞을지도 모른다. 누가 아는가? 하지만 우리는 모두 어떻게 우리의 운명이 우리를 위해 결정되는지 알아볼 수 있어야 한다. 예를 들어, 내가 로렌스와 무더웠던 1919년 8월의 어느 날, 3분 동안 이야기를 나누지 않았다면, 모든 것은 완전히 다르게 흘러갔을 것이다.

지난 삶을 돌아보았을 때, 내가 통제할 수 없는 사건들이 얼마나 많은 영향을 미치는지 알 수 있었다. 아랍인들은 그것을 알라의 의지라고 부른다. 당신이 그것을 어떻게 부르는지는 중요하지 않다. 하지만 분명 당신의 삶에 지대한 영향을 미칠 것이다. 나는 사하라를 떠난 날로부터 17년이 흐른 지금까지도, 아랍인들에게 배웠던 피할 수 없는 것을 기쁘게 받아들이는 태도를 유지하고 있다. 그들의 철학은 신경을 가라앉히는 데 진정제 천 알보다도 더 큰 효력이 있었다.

우리는 회교도가 아니다. 우리는 운명론자가 되고 싶지 않다. 하지만 만일 우리의 삶에 뜨겁고 매서운 모래바람이 들이닥치고, 그것을 피할 수 없다면 받아들이자. 그리고 바쁘게 움직여 일상을 되찾도록 하자.

5
걱정을 물리치기 위한 다섯 가지 방법

▶ 윌리엄 라이온 펠프스 교수

내가 24살이었을 때, 갑자기 눈에 문제가 생겼다. 3분에서 4분 정도 글을 읽고 나면, 두 눈이 찌르듯이 아팠다. 그리고 글을 읽지 않을 때도, 눈이 너무 예민해져 창문조차 쳐다볼 수 없을 정도였다. 나는 뉴헤이븐과 뉴욕에서 제일가는 안과 의사들을 찾아갔지만 아무런 도움을 받지 못했다. 오후 4시가 되면, 나는 방에서 가장 어두운 구석에 의자를 놓고 앉아 취침 시간이 되기를 기다렸다. 나는 겁에 질렸다. 교사직을 내려놓고 서부로 가서 벌목 일을 해야 하는 건 아닌지 고민했다.

그즈음 놀라운 사건이 찾아와 정신이 육신을 이기는 경험을 하게 되었다. 그해 겨울, 최악의 눈 상태를 맞이했을 때, 나는 학부생들 앞에서 연설해달라는 제안을 받게 되었다.

1. 연설을 진행하게 될 홀에는 거대한 고리 모양의 가스등이 천장에 매달려 있었다. 그 빛은 내 눈에 심한 통증을 주었기에 대기하는 동안 나는 바닥만 내려다보고 있었다. 하지만 30분간 이어진 연설 동안에는 그 어떤 고통도 느껴지지 않았고, 나는 가스등 불빛을 똑바로 주시하면서도 눈 한번 깜빡이지 않았다. 그리고 행사가 끝났을 때, 눈의 통증이 다시 찾아왔다.

그렇게 나는 30분이 아닌 1주일간 무언가에 정신을 강하게 집중시킬 수 있다면, 병을 고칠 수 있을지 모른다고 생각하게 되었다. 분명 정신적 흥분이 몸의 질병을 이긴 사례였다.

나는 훗날 대양을 건너던 중 비슷한 경험을 했다. 그 당시 너무 극심한 요통이 찾아와 걸을 수가 없었다. 똑바로 서 있으려 할 때마다 나는 끔찍한 고통에 시달려야 했다. 그러던 중, 나는 선상에서 강연해달라는 요청을 받았다. 내가 말을 하기 시작했을 때, 모든 고통의 흔적과 뻐근함이 순식간에 사라졌다. 나는 똑바로 서서 유연해진 몸을 움직이며 한 시간 동안 강연을 했다. 강의가 끝난 뒤에도 나는 객실까지 어려움 없이 걸어서 돌아갔다. 잠깐이나마 요통이 치유되었다. 하지만 일시적인 현상이었고, 요통은 다시 찾아왔다.

이러한 경험은 마음가짐의 중요성을 보여주는 사례가 되었다. 나는 그렇게 삶을 즐길 수 있을 때 즐겨야 한다는 교훈을 얻었다. 나는 매일이 처음이자 마지막 날인 것처럼 살아가게 되었다. 나는 매일의 모험이 기다려지고, 그런 상태를 유지하는 사람은 결코 걱정으로 인해 심각한 문제를 겪을 일이 없다. 나는 교사로서 지내는 일상을 사랑한다.

나는 '가르침의 즐거움'이라는 책을 펴내기도 했다. 가르치는 일은 내게 있어 단순한 기술이나 직업이 아닌 열정이다. 나는 그림을 사랑하는 화가나 노래를 사랑하는 가수처럼 가르치는 것을 좋아한다. 매일 아침 침대에서 일어나기 전, 나는 1교시 수업에 참여하는 학생들을 떠올리며 기쁨을 느낀다. 나는 언제나 성공의 가장 큰 비결은 열정에 있다고 느껴왔다.

2. 나는 몰입력이 좋은 책을 읽음으로써 머릿속에서 걱정을 밀어낼 수 있다는 걸 발견했다. 59살에 나는 한참 동안 신경 쇠약을 앓았었다. 그 시기에 나는 데이비드 알렉 윌슨의 기념비적 작품인 '칼라일의 일생'을 읽기 시작했다. 나는 독서에 푹 빠진 나머지 허탈감을 느낄 새가 없었고, 결국 회복되었다.

3. 심각한 우울감을 느끼던 시기에, 나는 억지로라도 거의 매시간에 한 번씩 신체 활동을 하려고 노력했다. 나는 매일 아침 격렬한 테니스 게임을 다섯 세트에서 여섯 세트 정도 한 뒤, 샤워하고, 점심을 먹고, 오후가 되면 골프장에 가서 18홀을 모두 돌았다. 금요일 밤이면 새벽 1시까지 춤을 추었다. 나는 땀을 쏟는 행위에 대한 믿음이 있었다. 나는 우울감과 걱정이 땀과 함께 빠져나간다는 것을 알았다.

4. 나는 오래전에 서두름, 조급함, 그리고 긴장 속에서 일하는 어리석은 짓을 피하는 법을 배웠다. 나는 항상 윌버 크로스의 철학을 적용하려 애썼다. 그가 코네티컷의 주지사로 있을 때, 내게 이렇게 말한 적 있다.

"가끔 한 번에 해야 할 일이 너무 많을 때, 나는 자리에 앉아 긴장을 풀고 한 시간 정도 담배나 피우며 아무것도 하지 않습니다."

5. 나는 참을성과 시간이 문제를 해결하는 하나의 방식이라는 것을 배웠다. 무언가가 걱정될 때면, 나는 제대로 된 관점에서 문제들을 직시하려고 노력한다. 나는 이렇게 자신에게 말한다.

"지금으로부터 2개월 후 나는 이 불행한 일에 대해 걱정하지 않을 거야. 근데 왜 지금은 그래야 하지? 2개월 후의 마음가짐을 지금 가지면 안 되는 걸까?"

▶ 걱정을 물리치는 다섯 가지 방법을 요약하자면 다음과 같다.

1. 열정과 열의를 가지고 살아라.
   나는 매일 처음이자 마지막 날인 것처럼 살아간다.

2. 재미있는 책을 읽어라.
   나는 한참 동안 신경 쇠약을 앓았었다. 그 시기에 나는 데이비드 알렉 윌슨의 기념비적 작품인 '칼라일의 일생'을 읽기 시작했다. 나는 독서에 푹 빠진 나머지 허탈감을 잊어버릴 정도였다.

3. 운동하라.
   심각한 우울감을 느끼던 시기에, 나는 억지로라도 거의 매시간에 한 번씩 신체 활동을 하려고 노력했다.

4. 긴장을 풀고 일해라.
   나는 오래전에 서두름, 조급함, 그리고 긴장 속에서 일하는 어리석은 짓을 피하는 법을 배웠다.

5. 무언가가 걱정될 때면, 나는 제대로 된 관점에서 문제들을 직시하려고 노력한다. 나는 이렇게 스스로 말한다.

"지금으로부터 2개월 후 나는 이 불행한 일에 대해 걱정하지 않을 거야. 근데 왜 지금은 그래야 하지? 2개월 후의 마음가짐을 지금 가지면 안 되는 걸까?"

6
어제를 버텼다면 오늘도 버틸 수 있다

▶ 도로시 딕스

나는 가난과 질병의 깊은 수렁에 빠져 살아왔다. 사람들이 어떻게 삶의 역경을 이겨냈냐고 물을 때마다 나는 반복해서 이렇게 대답한다.

"어제를 버텼다면 오늘도 버틸 수 있습니다. 그리고 나는 내일에 대해 생각하지 않습니다."

나는 결핍, 투쟁, 불안, 절망을 겪었다. 나는 내 능력의 한계를 넘어서야 했다. 지난 삶을 돌아보면, 짓이겨진 꿈들, 깨진 희망들 그리고 산산이 부서진 환상들의 잔해가 전쟁터처럼 흩뿌려져 있는 것만 같다. 그 전투에서 나는 역경과 맞서 싸워야 했다. 그 싸움은 나를 겁먹게 하고, 멍들게 하고, 불구로 만들고, 더 빨리 늙게 했다.

하지만 나는 자기연민을 가지지 않는다. 과거와 지나간 슬픔을 위한 눈물은 없다. 내가 겪은 일을 겪지 않은 여자들을 부러워하지도 않는다. 그들이 그저 존재했다면 나는 살아남았기 때문이다. 다른 여자들이 거품을 홀짝이는 동안 나는 찌꺼기도 남기지 않고 삶을 들이켰다. 나는 그들이 절대 모를만한 것들을 알고 있다. 나는 그들이 볼 수 없는 것들을 본다. 눈물로 씻어낸 깨끗한 눈으로만 볼 수 있는 것들이다.

나는 고난이라는 대학에서 쉬운 인생을 산 여자들이 결코 습득할 수 없는 것을 배웠다. 나는 내일을 두려워하며 미리 걱정하는 대신 매일을 사는 법을 배웠다. 어두운 미래는 우리를 겁쟁이로 만든다. 삶의 경험을 통해 어떤 어려움이 닥쳐도 그 순간이 되면 힘과 지혜가 솟아난다는 것을 알게 되었다. 사소한 골칫거리들은 더는 내게 영향을 미치지 않는다. 당신이 쌓은 행복의 성이 무너지고 파괴되는 것을 본 뒤라면, 가정부가 핑거볼 아래 받침을 까는 것을 잊어먹거나, 요리사가 수프를 쏟았다고 해서 화내는 일은 없을 것이다.

나는 사람들에게 많은 것을 기대하지 않는 법을 배웠다. 그러다 보니 나는 솔직하지 않은 친구나 소문을 퍼트리는 지인에게서도 행복감을 느낀다. 그리고 무엇보다 눈물을 흘리고 미소 짓는 일을 수없이 반복하며 유머 감각을 가지게 됐다. 어떤 문제를 두고 히스테리를 부리기보다 농담을 던질 수 있는 여자라면, 그녀는 결코 상처를 입지 않을 것이다.

나는 내가 겪은 고통을 후회하지 않는다. 그 고통으로 인해 나는 더 충만한 삶을 살았기 때문이다. 그것은 충분한 가치가 있는 삶이었다.

도로시 딕스는 '매일 충실한' 삶을 살며 걱정을 물리쳤다.

7
아무것도 걱정하지 말아라

▶ J.C. 페니

   1902년 4월 14일, 현금으로 500달러를 가졌을 뿐이지만 의지만큼은 백만 달러를 가졌던 한 젊은이가 와이오밍주 케머러의 천 명 남짓한 인구가 사는 자그마한 광산촌에 포목점을 열었다. 광산촌은 루이스 클라크 탐험 때 설치했던 오래된 유개화차 길에 있었다. 젊은이와 그의 아내는 점포의 다락방에서 생활했으며, 커다란 빈 상자를 테이블로, 작은 빈 상자를 의자로 사용했다. 젊은 아내는 아이를 담요에 싸서 남편을 도와 손님을 맞이하는 동안 카운터 밑에서 재웠다.

   오늘날 현존하는 가장 큰 체인 포목점은 그 남편의 이름을 따 J.C. 페니 스토어로 불린다. 그리고 미국 전역에 약 1,600개의 점포가 퍼져있다. 나는 최근에 페니와 저녁 식사를 한 적이 있는데, 그는 자신의 인생에서 가장 극적이었던 순간의 이야기를 들려주었다.

   수년 전, 나는 인생에서 가장 괴로운 사건을 겪었다. 나는 J.C. 페니 스토어와는 관련이 없는 문제로 걱정에 빠져있었고, 절망적이었다. 사업은 탄탄하게 번창하고 있었지만, 나는 개인적으로 어리석은 실수를 저질렀다. 때는 1929년의 대공황이 벌어지기 직전이었다. 나는 걱정으로 너무도 지친 나머지 잠도 자지 못했으며 대상포진이라는 끔찍한 병에 걸렸다. 몸에는 붉은 반점과 피부 발진이 돋아났다. 나는 미주리주 해밀턴에서 함께 고등학교에 다녔던 의사 친구인 엘머 에글스턴 박사를 보러 갔다. 그는 배틀크리크의 요양원에서 의사로 근무하고 있었다.

   에글스턴은 나를 침대에 눕힌 뒤 내 상태가 몹시 나쁘다고 말해주었다. 그렇게 엄격한 처방이 내려졌지만 도움이 되지는 않았다. 나는 하루가 멀다고 약해졌다. 나는 정신적으로나 육체적으로나 망가져 갔고 절망으로 가득 찼으며 한 줄기 희망조차 발견하지 못했다. 살아야 할 이유가 없었다. 마치 세상에 친구 한 명 없이 버려진 기분이었다. 가족들마저도 나를 버린 듯했다.

어느 날 밤, 이글스턴이 진정제를 처방해주었지만, 효력이 오래가지 않았다. 그러다 문득, 그날이 내 생에 마지막 날이 될 것이라는 강력한 확신이 들었다. 나는 침대에서 내려와 아내와 아들에게 작별의 편지를 썼다. 내가 아마 새벽을 보지 못할 것이라는 내용이 적힌 편지였다.

그리고 다음 날 아침, 잠에서 깨어났을 때, 나는 내가 여전히 살아있다는 데 놀라지 않을 수 없었다. 아래층으로 내려가 보니, 작은 예배실에서 아침 예배가 한창 진행 중이었다. 그들이 부르던 찬송가를 아직도 기억하고 있다.

"너, 근심 걱정하지 말아라."

예배실 안으로 들어간 나는 지친 마음으로 찬송가를 듣고, 성경 구절의 낭독을 듣고, 기도를 들었다. 그러자 갑작스럽게 설명할 수 없는 무언가가 이루어졌다. 기적이라고밖에 할 수 없는 일이었다. 나는 순식간에 어두운 지하 감옥에서 구조되어, 따뜻하고 밝은 빛이 드는 세상에 나온 기분이 들었다. 마치 지옥에서 천국으로 이동한 것 같았다.

나는 한 번도 느껴본 적 없던 신의 힘을 느꼈다. 그리고 나는 내가 겪은 문제들의 원인이 전적으로 내게 있었다는 사실을 깨달았다. 나는 주님과 그의 사랑이 나를 돕기 위해 항상 그곳에 있다는 걸 알고 있었다. 그날 이후, 나는 걱정 없는 삶을 살게 되었다. 71세가 된 지금까지도, 그날 아침 예배실에서 겪은 20분은 내가 경험한 가장 극적이고 영광스러웠던 시간으로 남아있다.

"너, 근심 걱정하지 말아라."

J.C. 페니는 완벽한 치유법을 찾았기 때문에 걱정을 극복할 수 있었다.

8
체육관에 가서 복싱하거나 하이킹한다

▶ **에디 이건 대령** – 뉴욕시 변호사, 로즈 장학금 의장, 뉴욕주 육상위원회 설립자, 라이트헤비급 올림픽 세계 챔피언

나는 걱정에 빠져 이집트에서 물레방아를 돌리는 낙타처럼 제자리를 빙빙 돌 때면, 제대로 된 신체 활동 한 번이면 '우울감'을 날려버릴 수 있다는 걸 알고 있다. 조깅이나 시골에서의 장거리 하이킹도 좋다. 또는 체육관에 가서 30분간 펀치백을 치거나 스쿼시를 치는 것도 방법이 될 수 있다. 뭐가 됐든, 신체 활동은 정신을 깨끗하게 비워준다.

주말이면 나는 골프 코스를 따라 조깅을 한다거나, 패들테니스 경기를 한다거나, 애디론댁산맥에서 스키를 타는 등 많은 운동을 한다. 육체적으로는 피곤할지라도, 마음만은 모든 일과 관련된 문제에서 벗어날 수 있게 해준다. 그렇게 다시 출근할 때는 마음에 새로운 열정과 힘이 솟아나는 것이다.

뉴욕에서 일하다 보니 종종 예일 클럽 체육관에서 한 시간씩 보낼 기회가 생긴다. 세상 그 누구도 스쿼시를 치거나 스키를 타는 동안은 걱정을 할 수 없다. 너무 바쁘기 때문이다. 문제라는 높은 산맥은 자그마한 모래성이 되어 새로운 아이디어와 행동에 무너지는 것이다.

나는 걱정을 위한 최고의 해독제가 운동이라고 생각한다. 걱정에 빠졌을 때는 근육을 더 많이 움직이고 뇌는 적게 움직여야 한다. 당신은 아마 그 결과에 놀랄 것이다. 적어도 나는 그랬다. 걱정은 운동을 시작하기 무섭게 사라지고는 한다.

9
원인을 파악하고 현실적으로 대처해야 한다

▶ **짐 버즈올** – C.F. 뮐러 컴퍼니 공장 관리자, 뉴저지주, 저지 시티, 볼드윈가 180번지

지금으로부터 17년 전, 내가 버지니아주 블랙스버그 사관 학교를 다닐 때, 나는 '버지니아 테크의 걱정쟁이'라고 불렸다. 나는 극심한 걱정에 시달린 나머지 자주 아팠다. 너무도 자주 아팠던 나머지 양호실에 전용 침대가 있을 정도였다. 간호사는 내가 문을 열고 들어오는 걸 보자마자 달려와 주사를 놓고는 했다.

나는 모든 것을 걱정했다. 가끔은 뭘 걱정하는지 잊어버릴 정도였다. 낮은 성적 때문에 학교에서 퇴학당하지 않을까 하는 두려움에 휩싸이기도 했다. 나는 물리를 비롯한 다른 과목의 시험에서 낙제했다. 75~84점 사이의 점수를 유지했어야 했는데 그러지 못했다. 건강도 문제였다. 나는 급성 소화불량에 시달렸고, 불면증을 염려했다. 그리고 경제적 문제도 있었다. 좋아하는 여자아이에게 사탕을 사주거나 함께 춤을 추러 가고 싶어도 그러지 못해 마음이 쓰라렸다. 그녀가 다른 학생과 결혼해버리면 어쩌나 싶었다. 나는 그렇게 낮과 밤을 가리지 않고 무수한 문제들을 두고 초조한 상태로 지냈다.

그러던 어느 날, 나는 자포자기하는 심정으로 경영학 교수인 듀코 베어드를 찾아가 모든 것을 털어놓았다.

베어드 교수와 보낸 15분은 내가 대학에서 보낸 4년의 시간을 합친 것보다 내 건강과 행복에 영향을 미쳤다. 그는 이렇게 말했다.

"짐, 똑바로 앉아서 현실을 직시하렴. 걱정할 시간과 에너지의 절반이라도 문제를 해결하는 데 사용하면 걱정할 일이 없단다. 걱정은 네가 습득한 습관의 악순환일 뿐이야."

그는 걱정하는 습관을 깨는 데 필요한 세 가지 규칙을 알려주었다.

규칙 1. 걱정하고 있는 문제를 정확히 파악하라.
규칙 2. 문제의 원인을 찾아라.
규칙 3. 문제를 해결하기 위해 건설적인 일을 하라.

면담이 끝난 후, 나는 건설적인 계획을 세웠다. 물리 시험에서 낙제한 걸로 걱정하고 있는 대신, 왜 시험에 떨어졌는지 되짚어본 것이다. 내가 시험에 떨어진 것은 멍청해서가 아니었다. 나는 '더 버지니아 테크 엔지니어'의 편집장으로 일하고 있었다.

나는 곧 내가 물리 시험에서 낙제한 것은 그 과목에 관심이 없어서라는 사실을 깨달았다. 생산 공학자로서 일하게 되었을 때 그 과목이 어떻게 쓸모가 있을지 납득할 수 없었기 때문이다. 하지만 나는 마음을 고쳐먹고 이렇게 다짐했다.

'학교에서 물리 시험을 통과해야만 학위를 준다는데, 내가 뭐라고 그들의 뜻에 따르지 않겠어?'

그렇게 나는 물리 과목을 재수강했다. 이번에는 억울해하거나 과목이 어렵다고 걱정하는 대신 부지런히 공부해 학점을 따냈다.

나는 학교 댄스파티에서 칵테일을 파는 등 부수입을 위해 일을 시작했고, 아버지에게도 돈을 빌려 경제적 문제를 해결했다. 빌린 돈은 졸업하는 즉시 갚았다.

다른 학생과 결혼하면 어쩌나 걱정했던 여자아이에게 프리포즈하기도 했다. 그녀는 이제 미세스 짐 버즈올이라고 불린다.

과거를 돌아보면, 내 문제들은 원인을 파악하고 현실적으로 대처하고자 하는 열의가 부족했던 것에서 생긴 혼란이었다.

짐 버즈올은 문제를 분석하는 것으로 고민을 멈출 수 있었다. 그는 '걱정을 분석하는 기본적인 기술'에서 다른 원칙을 매우 잘 사용할 줄 알았던 것이다.

10
나를 살게 한 문장

▶ **조셉 시주 박사** — 뉴브런즈윅 신학교 총장(1784년 설립된 미국에서 가장 오래된 신학교)

몇 년 전, 불확실성과 환멸로 가득했던 나의 삶은 내가 통제할 수 없는 어떤 힘에 압도된 것 같았다. 어느 아침, 무심하게 성경을 펼친 나는 어느 한 문장에 눈길이 갔다.

"나를 보내신 이가 나와 함께 하시도다. …… 나를 혼자 두지 아니하셨느니라."

그 시간 이후 내 인생은 완전히 달라졌다. 모든 것이 바뀌게 된 것이었다. 나는 그날 이후, 단 하루도 그 문장을 되새기지 않고 지나간 적이 없다. 지난 몇 년간, 많은 사람들이 상담을 받기 위해 나를 찾았다. 그리고 나는 언제든 그들에게 이 힘이 되는 문장을 알려주었다. 내가 이 문장을 읽은 날부터, 나는 이 문장으로 인해 살았다. 나는 언제나 이 문장과 함께였고, 그 안에서 평화와 힘을 얻었다. 내게 있어 이 문장은 곧 종교의 본질이었다. 이 문장은 모든 것의 초석을 이루며 인생을 살만한 가치가 있는 것으로 만들어준, 나의 교훈 책이 되었다.

11
바닥을 치고 살아남다

▶ **테드 에릭센** — 내셔널 에나멜링 앤 스탬핑 컴퍼니 남부 캘리포니아 대표, 캘리포니아주 베플라워 사우스 코누타가 16237번지

나는 끔찍한 '걱정쟁이' 그 이상도 이하도 아니었다.

1942년 여름, 나는 내 인생의 모든 걱정을 씻어낸 경험을 하게 된다. 그 경험으로 인해 나는 다른 문제들을 사소한 것으로 여기게 되었다.

오랫동안 나는 알래스카 어선을 타고 여름을 보내고 싶어 했다. 1942년, 나는 알래스카의 코디악에서 출항하는 10m 정도의 연어잡이 선박과 계약을 맺었다. 그 정도 배의 경우 보통 세 명의 선원이 출항한다. 그중 한 명은 모든 일을 감독하는 선장이고, 또 한 명은 선장을 보조하는 사람이다. 그리고 마지막 한 명은 보통 잡부처럼 일하는 스칸디나비아인인데, 내가 다름 아닌 그 스칸디나비아인이었다.

연어잡이는 조수의 영향을 받는 만큼, 나는 하루에 20시간 가까이 일할 때가 많았다. 그런 일정을 일주일 내내 유지하기도 했다. 나는 다른 선원들이 하기 싫어하는 모든 일을 했다. 선박을 청소하고, 장비를 치우고, 작은 선실에 딸린 부엌에서 요리했다. 그럴 때면 엔진에서 나온 열기와 연기에 거의 앓아 누울 지경이었다. 나는 설거지를 했고, 보트를 고쳤고, 통조림 공장으로 생선을 조달하는 수송선이 오면 연어를 던지기도 했다.

고무장화를 신고 있는 두 발은 언제나 젖어있었다. 장화에는 항상 물이 차 있었는데, 물을 비울 시간이 없었다. 하지만 가장 고된 일은 따로 있었다. 바로 '코르크 라인'이라는 그물줄을 당기는 일이었다. 일은 간단했다. 선박을 밟고 서서 그물의 줄을 당기기만 하면 되는 것이다. 다만 젖은 그물은 너무도 무거워서, 아무리 세게 당겨도 웬만해서는 꼼짝도 하지 않았다. 코르크 라인을

당길 때마다 보트가 그물을 향해 끌려갈 정도였으니 말이다.

나는 온갖 힘을 다해 줄을 끌어당겨 보았지만, 그물은 여전히 제자리였다. 나는 그 일을 몇 주나 계속했다. 그리고는 최후를 맞이할 뻔했다. 나는 온몸이 끔찍하게 아팠다. 여러 달을 앓아눕고 말았다.

마침내 휴식을 취할 수 있게 되었을 때, 나는 탕비실의 축축하고 울퉁불퉁한 매트리스 더미 위에서 잠이 들고는 했다. 매트리스 중 하나는 둘둘 말아 가장 통증이 심했던 허리 사이에 끼우고 녹초가 되어 잠을 청했다. 완전히 기진맥진한 상태로 말이다.

그리고 지금은 내가 그 고통스럽고 고단한 경험을 견뎌낸 것을 기쁘게 생각한다. 나는, 더는 걱정이란 걸 하지 않게 되었기 때문이다. 어떤 문제에 맞닥뜨렸을 때, 걱정하기보다는 이렇게 질문하게 되었다.

"에릭센, 이게 코르크 라인을 당기는 것만큼 끔찍할 수 있어?"

그리고 정답은 변함이 없었다.

"아니, 세상에 그렇게 끔찍한 일은 없지!"

그렇게 나는 기운을 차리고 다시 용기를 내어 문제에 맞서는 것이다. 가끔은 고통스러운 경험을 참는 것도 좋을 수 있다. 우리가 바닥을 치고 살아남았다는 것을 안다면, 우리의 일상적인 문제들은 하나같이 시시해 보일 것이다.

12
나는 세상에서 제일가는 멍청이였다

▶ **퍼시 H. 화이팅** — 데일카네기 앤 컴퍼니 상무이사, 뉴욕주 뉴욕 이스트 42번가 50번지

나는 살아 있거나 이미 죽은 사람, 혹은 반쯤 죽은 사람도 나처럼 온갖 질병에 걸려 죽음의 문턱까지 가본 사람은 별로 없을 것이다.

나는 평범한 건강염려증 환자가 아니었다. 내 아버지는 약국을 운영했으며 나는 그 속에서 자랐다. 나는 매일같이 의사들, 간호사들과 얘기했으며, 어떤 비전문가보다 질병의 이름과 증상에 대해 많이 알고 있었다. 내가 평범한 건강염려증 환자가 아니었던 것은, 내게는 정말 증상들이 있었기 때문이다! 특정 질병에 대해 한두 시간 걱정하고 나면 정말 그 병을 앓는 사람처럼 증상들이 튀어나왔다. 한번은 내가 살고 있던 매사추세츠주 그레이트 배링턴에서 심각한 디프테리아가 돌았던 적이 있다. 아버지의 약국에는 매일같이 집에서 감염된 사람들이 찾아와 약을 사 갔다. 그리고 나 역시 결국에는 디프테리아에 감염되었다. 아니, 나는 내가 감염되었다고 확신했다. 침대에 누워 증상들을 떠올리고 있으니, 의사가 찾아왔다. 그는 나를 살펴본 뒤 이렇게 말했다.

"그래, 퍼시. 결국 걸렸구나."

나는 어쩐지 마음이 편안해졌다. 나는 일단 어떤 병에 걸리고 나면 절대 두려워하는 일이 없었다. 나는 다시 누워 잠을 청했다. 그리고 다음 날 완벽히 건강한 상태로 깨어났다.

나는 오랫동안 특이하고 기상천외한 병에 걸려 많은 사람들의 관심과 동정을 받았다. 파상풍과 공수병으로도 여러 번 죽고 살아남았다. 그 뒤로는 보다 평범한 질병으로 돌아와 암이나 결핵에 걸렸다.

지금은 웃으며 말할 수 있지만 당시에는 그만한 비극도 없었다. 나는 꽤 긴 시간 동안 실제로 죽음의 문턱에 있는 것처럼 느꼈다. 봄옷을 사려고 할 때면

'이걸 입을 수도 없을 텐데, 돈을 낭비하는 건 아닐까?' 하고 생각할 정도였다.

그러나 기쁘게도, 지난 10년간 나는 한 번도 죽은 적이 없다.

나는 어떻게 죽는 것을 멈추었을까? 내 한심한 상상을 비웃는 데서 시작했다. 끔찍한 증상들이 찾아올 때마다 나는 웃으며 내게 이렇게 말했다.

"자, 봐. 벌써 20년째 심각한 질병에 걸렸다고 생각해왔지만 너는 이렇게 건강하잖아. 심지어 보험회사에서 더 많은 보험에 드는 걸 허락하기까지 했다고. 이제는 네가 얼마나 멍청한지 비웃을 때야!"

그리고 나는 자신을 비웃음과 동시에 걱정하는 게 가능하지 않다는 걸 발견했다. 그 뒤로는 걱정이 들 때면 나를 비웃는다.

이 이야기의 핵심은 너무 심각하게 받아들이지 말라는 것이다. 바보 같은 걱정에는 그저 '웃어라!'

13
나는 항상 병참로를 열어두었다

▶ **진 오트리** – 세상에서 가장 유명하고 사랑받는 노래하는 카우보이

나는 대다수의 문제들이 가족 문제와 돈 문제에 기인한다는 걸 알게 되었다. 운이 좋게도 나는 비슷한 환경에서 자라고 같은 것을 좋아하는 오클라호마주 작은 마을 출신의 여자와 결혼하였다. 우리 두 사람은 황금률을 지키려 노력했기에 가족 문제를 최소한으로 유지할 수 있었다.

재정 문제를 최소화하는 방법은 두 가지이다.

첫째는 어떤 경우에서도 반드시 지키는 절대적인 규칙인데, 바로 돈을 빌리면 동전 한 닢까지 모두 갚는 것이다. 정직하지 않은 것보다 더 많은 걱정을 끼치는 것은 그리 많지 않다.

두 번째는, 새로운 모험을 시작할 때 나는 항상 에이스 카드를 덮어두는 편이다. 군 전문가들은 전투의 첫 번째 규칙이 병참로를 열어두는 것이라고 말한다. 나는 그 규칙이 전쟁뿐 아니라 개인의 삶에도 적용된다는 것을 알고 있다.

텍사스와 오클라호마 출신의 청년으로서, 나는 가뭄이 닥쳤을 당시 가난함의 민낯을 보게 되었다. 당시 가세가 크게 기울었고, 우리 가족은 말이 직접 끄는 포장마차로 장소를 옮겨 다니며 생계를 유지했다. 그보다 안정적인 삶을 원했던 나는 철도역에 취직하였고, 남는 시간에는 전신술을 배웠다. 그리고 나중에는 프리스코 철도의 교대 교환원으로 취직할 수 있었다. 나는 아프거나, 휴가를 떠났거나 근무량이 너무 많은 철도원들을 대신하기 위해 온갖 도시를 떠돌았다. 월급으로는 150달러를 받았다. 나는 출세한 후에도 그 일을 경제적 안전장치로 여기고, 원하면 언제나 철도회사로 돌아갈 수 있도록 문을 열어두었다. 그 일은 내게 병참로나 다름없었다. 그리고 나는 새로운, 더 나은 자리를 확실히 확보할 때까지는, 그 병참로를 절대 닫지 않았다.

1928년, 내가 오클라호마주 첼시의 프리스코 철도에서 교대 교환으로 일하던 어느 저녁, 한 낯선 남자가 전보를 치기 위해 찾아왔다. 그는 내가 기타를 치며 카우보이 노래를 부르는 걸 들었다며, 나를 칭찬하며 뉴욕으로 가서 무대나 라디오에 나가볼 것을 권하였다. 당연히 나는 우쭐해졌다. 그리고 그가 전보에 '윌 로저스'라고 서명한 걸 보았을 때는, 숨을 쉴 수 없었다.

당장 뉴욕으로 떠나는 대신, 나는 9개월 동안 그 문제를 두고 진지하게 고민했다. 그리고 뉴욕에 간다고 해서 잃을 건 아무것도 없다는 결론을 내렸다. 내게는 기차 패스가 있었기에, 나는 공짜로 여행할 수 있었다. 기차 좌석에서 잠을 자고, 샌드위치와 과일을 챙겨가 끼니를 때울 수 있었다.

그렇게 나는 뉴욕으로 떠났다. 나는 일주일 방세가 5달러밖에 하지 않는 가구가 갖춰진 방을 한 칸 빌린 뒤 10주 동안 자동판매기에서 음식을 사 먹고 길을 떠돌았다. 그러나 어느 곳에서도 일자리를 구하지 못했다. 만일 돌아갈 곳이 없었다면 나는 걱정으로 병을 앓았을 것이다. 하지만 내게는 지난 5년 동안 철도회사에서 근무한 경력이 있었다. 그 말은 곧 내게 선임권이 있다는 걸 의미했다. 그렇다 해도 선임권을 유지하기 위해서는 90일 이상 회사를 쉬어서는 안 되었다. 이미 뉴욕에서 머문 지 70일이 되던 시점이었기에, 나는 서둘러 오클라호마로 돌아가 선임권을 유지하기 위해 다시 일하기 시작했다. 그리고 몇 달 동안 번 돈을 모아 다시 뉴욕으로 돌아왔다.

이번에는 행운이 따랐다. 어느 날 한 녹음실 사무실에서 면담을 기다리던 중, 나는 안내원을 위해 기타를 치며 노래를 불렀다.

"자넌, 나는 라일락이 피는 시기를 꿈꾸네……."

그 노래를 부르는 동안, 노래의 작곡가인 냇 쉴드크라우드가 사무실에 들렀다. 그는 누군가 자신의 노래를 부른다는 것에 기뻐하며, 내게 소개장을 써주며 빅터 레코딩 컴퍼니로 가보라고 권했다. 그렇게 나는 음반을 녹음하게 되었다. 하지만 나는 경직되어 있었고, 남을 지나치게 의식했다. 그때 나는 빅터 리코딩 직원의 충고를 들었다. 나는 털사로 돌아가 다시 철도회사에서 근무하기 시작했고, 밤에는 라디오 프로그램에 출연해 카우보이 노래를 불렀다. 나는 그런 생활이 마음에 들었다. 병참로를 계속해서 열어두었기에, 아무런 걱정이 없었던 것이다.

나는 9개월 동안 털사의 KVOO 라디오 방송국에서 노래를 불렀다. 그 시간 동안 지미 롱과 나는 '백발의 내 아버지'라는 제목의 노래를 썼고, 노래는 유행을 탔다. 이번에는 아메리칸 리코딩 컴퍼니의 사장 아서 새터리가 음반을 만들 것을 제안해왔다. 그리고 그 음반은 인기를 끌었다. 나는 음반 한 장당 50달러를 받았고 다른 수십 개의 음반도 만들었다. 그리고 나는 드디어 시카고의 WLS 라디오 방송국에서 카우보이 노래를 부르게 되었다. 주급은 40달러나 되었다. 그 외에 나는 매일 밤 극장에 출연하며 300달러를 더 벌었다.

1934년, 나는 무수한 가능성을 열어준 또 다른 행운을 맞이하게 된다. 영화 정화 사업이라는 명목하에 품의 연맹이 만들어졌고 할리우드 제작자들은 카우보이 영화를 만들게 되었다. 그들은 새로운 카우보이, 즉 노래하는 카우보이를 원했다. 아메리칸 리코딩 컴퍼니의 사장은 리퍼브릭 영화사의 공동소유자이기도 했다. 그는 주주들에게 이렇게 말했다.

"노래하는 카우보이라면 저희와 음반을 제작하는 사람이 있습니다."

그렇게 나는 데뷔했다. 나는 주급 100달러를 받고 노래하는 카우보이 영화를 찍기 시작했다. 나는 영화 업계에서 성공할 수 있을지 확신할 수 없었지만, 걱정하지는 않았다. 실패하게 되더라도 언제든 철도회사로 돌아갈 수 있기 때문이다.

영화계에서의 성공은 예상을 훨씬 뛰어넘었다. 나는 연산 민 달러를 벌어들이는 것 외에도 출연 영화 수익금의 절반을 받고 있다. 물론 이런 상황이 영원히 계속될 거라고 생각하지 않는다. 하지만 결코 걱정할 필요가 없다. 무슨 일이 있어도, 가진 돈을 몽땅 잃게 된다고 해도, 오클라호마로 돌아가 프리스코 철도에 다시 취직하면 그만이기 때문이다. 나는 병참로를 언제나 열어두었으니 말이다.

14
인도에서 들은 목소리

▶ E. 스탠리 존스 – 미국에서 가장 재능 있는 연설가이자 당대의 가장 유명한 선교사

나는 인도에서 40년 넘게 선교활동을 하고 있다. 처음에는 무더운 날씨와 쌓여있는 일들로 인한 정신적 압박감에 시달렸다. 그렇게 8년을 보냈더니, 나는 정신적 피로와 신경과민에 시달린 나머지 정신을 잃고 쓰러졌다. 그것도 한 번이 아닌 여러 번이나 반복해서 쓰러졌다. 그리하여 나는 일 년 동안 병가를 내고 미국으로 돌아갔다. 귀향길에 오른 나는, 일요일 아침 예배를 드리다 말고 배 위에서 다시 쓰러졌다. 의사는 내게 미국에 도착할 때까지 침대 밖을 벗어나지 말라는 처방을 내렸다.

미국에서 일 년간 휴식한 뒤, 나는 다시 인도로 향했다. 도중에 마닐라의 대학생들을 상대로 전도회를 열었는데, 행사 중에도 나는 여러 번이나 다시 쓰러지고 말았다. 의사들은 내가 그 상태로 인도에 돌아가면 죽게 될 것이라고 경고했다. 하지만 그들의 경고를 무시하고 나는 다시 인도로 돌아갔다. 마음에는 어두운 먹구름이 드리워져 있었다. 봄베이에 도착했을 때, 나는 너무도 지친 나머지 곧장 산으로 올라가 몇 달을 쉬어야 했다. 산에서 내려와 다시 일을 시작했지만, 소용없는 일이었다. 나는 또다시 쓰러졌고 요양을 위해 산으로 돌아가야 했다. 또 한 번 그런 일이 반복되었을 때, 나는 한계에 닿았음을 절감했다. 나는 정신적으로, 그리고 육체적으로 완전히 지쳐버렸다. 나는 체력이 완벽히 고갈되었음을 느꼈고, 영원한 육체적 파멸은 아닐지 두려워하게 되었다.

누군가 도움의 손길을 뻗어주지 않는다면, 선교활동을 그만두고 미국으로 돌아가야 한다는 사실을 깨달았다. 아마 건강을 되찾기 위해 농장에 취직해야 할 것이었다. 인생의 가장 어두운 시기였다. 당시 나는 러크나우에서 전도회

를 진행하고 있었는데 저녁 기도를 드리던 중, 인생을 완벽히 바꾸어놓은 사건이 벌어졌다.

나는 자신을 크게 의식하지 않은 채 기도를 올리는 중이었는데, 갑자기 이런 목소리가 들려온 것이다.

"네가 맡은 일을 감내할 준비가 되지 않았더냐?"

나는 이렇게 답했다.

"주님, 저는 끝났습니다. 모든 기력을 소진해버렸습니다."

목소리가 답했다.

"내게 모든 짐을 맡기고 걱정하지 마라. 모든 걱정은 내가 맡으리라."

나는 재빨리 대답했다.

"주님, 당장 짐을 내려놓겠습니다."

마음에 거대한 평화가 찾아왔고, 온몸에 스며들었다. 나는 그걸로 모두 해결되었음을 깨달았다! 윤택한 삶이 나를 찾아온 것이다. 나는 너무도 들뜬 나머지 그날 밤 집으로 돌아오는 길에 발이 땅에 닿지 않는 기분이었다. 모든 걸음이 신성하게 느껴졌다. 그로부터 며칠간은 육신의 존재가 느껴지지 않았다. 나는 밤낮으로 일하면서도 피곤을 느끼지 않았다. 잠자리에 들 필요도 느낄 수 없을 정도였다. 주님의 평화와 휴식이 삶에 깃든 것만 같았다.

이 이야기를 세상에 꺼낼지 말지에 대한 고민이 있었지만, 결국 그렇게 하였다. 믿거나 믿지 않는 것은 각자가 알아서 할 일이다. 나는 그 후로 어려운 시간를 보냈지만, 과거의 문제를 다시 겪는 일은 없었다. 나는 그 어느 때보다도 건강했다. 하지만 그게 전부는 아니었다. 나는 신체, 마음, 정신적으로 새로운 삶을 맞이하게 된 것 같았다. 그 경험 이후, 삶은 완전히 다른 수준을 이루었다. 내게 해야 할 일은 그 선물을 받아들이는 것이 전부였!

그 후로도 나는 수년간 온 세계를 여행하였고, 하루에 세 번씩 강연을 하였다. 그리고도 '인도 길 위의 예수'를 비롯한 11권의 책을 쓸 시간과 체력이 남았다. 그 가운데 단 한 번의 전도회도 놓치지 않았다. 한때 나를 괴롭히던 걱정들은 모두 사라졌고, 어느덧 63세가 된 나는 여전히 활력이 넘치며 타인을 섬기는 기쁨을 만끽하며 지내고 있다.

나는 내가 경험한 신체적, 정신적 변화를 심리학적 관점에서 세분화하여 설명하는 것이 가능한 일이라고 본다. 그건 아무래도 상관없다. 넘쳐흐르도록 거대한 삶 앞에서 과정은 사소한 일이기 때문이다.

한 가지는 분명하다. 러크나우에서 보낸 그날 밤 이후, 내 삶은 완전히 바뀌었고 희망으로 채워졌다. 31년 전, 나약함과 우울함에 차 있던 당시 내게 이렇게 속삭인 목소리가 있었기 때문이다.

"내게 모든 짐을 맡기고 걱정하지 마라. 모든 걱정은 내가 맡으리라."

나는 그 목소리에 이렇게 답했었다.

"주님, 당장 짐을 내려놓겠습니다."

15
보안관이 찾아왔던 날

▶ **호머 크로이** – 소설가, 뉴욕주 뉴욕 파인허스트가 150번지

　1933년의 어느 날, 보안관이 찾아와 뒷문으로 달아나야 했던 날은 인생의 가장 쓰라린 순간으로 남았다. 그렇게 나는 롱아일랜드 포리스트 힐스 스탠디쉬가 10번지에 있던 집을 잃게 되었다. 그곳은 아이들이 태어난 곳이자 우리 가족이 18년이나 산 집이었다. 나는 내게 그런 일이 생길 줄은 꿈에도 알지 못했다. 그로부터 12년 전, 나는 세상 꼭대기에 앉아있다고 생각했다. 나는 직접 쓴 소설 '워터 타워의 서쪽'의 판권을 할리우드 내에서 최고 금액에 팔았고, 가족들과 2년 동안 외국에서 살았다. 우리는 스위스에서 여름을 보내고 코트다쥐르에서 겨울을 보냈다. 놀고먹는 부자들처럼 말이다.

　나는 파리에서 6개월을 보내며 '그들은 파리를 보아야 했다'라는 제목의 소설을 썼다. 작품은 영화화됐고 윌 로저스가 출현했다. 그의 첫 스크린 데뷔였다. 나는 할리우드에 남아 윌 로저스를 주인공으로 한 다른 시나리오를 써달라는 제안을 받기도 했지만 거절했다. 나는 뉴욕으로 돌아갔고, 모든 비극이 시작되었다!

　나는 차츰 내게 숨겨진 능력이 있다고 믿게 되었다. 나는 총명한 사업가가 된 모습을 꿈꾸었다. 누군가 존 제이콥 애스터가 뉴욕의 공지를 사들였다가 수백만 달러를 벌었다고 이야기해주었다. 애스터가 누구란 말인가? 바다 건너온 억양이 심한 행상인이 아니던가? 그가 해냈다면 나라고 해내지 못할 이유가 있을까? 나는 부자가 될 생각이었다! 나는 요트 잡지를 뒤적거리기 시작했다.

　무식하면 용감하다고 했던가. 나는 부동산을 사거나 파는 일에 완전히 문외한이었다. 에스키모가 기름 난로에 대해 모르는 것처럼 말이다. 그렇다면 나의 화려한 금융 커리어를 위해 필요한 돈은 어떻게 마련했을까? 답은 쉬웠다.

나는 집을 담보로 대출을 받았다. 그 돈으로 포리스트 힐스의 택지를 매입했다. 나는 그 땅을 쥐고 있다가 값이 최대한 올랐을 때 팔 작정이었다. 그리고 호화로운 삶을 살 생각이었다. 부동산이라고는 인형 손수건 크기의 땅도 팔아본 적이 없는 내가 말이다.

나는 사무실에서 노예처럼 일하며 쥐꼬리만 한 월급을 받는 사람들을 동정했다. 아마 신께서 모든 사람에게 천재 금융인이라는 행운을 주지는 않으리라 생각하면서 말이다.

하지만 갑자기 대공황이 캔자스 폭풍처럼 몰아쳤고, 모든 것은 토네이도가 닭장을 날려버리듯 폭풍우에 휩쓸려 날아가 버렸다.

나는 매달 자그마치 220달러나 되는 금액을 밑 빠진 독에 쏟아부어야 했다. 이자를 내는 날은 왜 그리 자주 돌아오는지! 게다가 저당 잡힌 집의 대출금을 계속해서 내야 했고, 먹고 살 궁리도 해야 했다.

나는 걱정했다. 잡지에 기고해보기도 했지만, 재미있으라고 쓴 글은 마치 예레미야의 곡소리처럼 보일 뿐이었다. 나는 아무것도 팔지 못했다. 내가 쓴 소설에 실패했고, 돈은 모두 떨어졌다. 타자기와 금니를 제외하고는 더는 저당 잡힐 것도 없었다.

우유업체는 우유 배달을 중단했다. 가스회사는 가스를 끊어버렸다. 우리는 선전에 나오는 자그만 캠핑용 난로를 사야 했다. 가솔린 실린더를 손으로 조작하면 성난 가위처럼 불을 내뿜는 그런 난로 말이다.

석탄마저 떨어졌다. 석탄회사는 우리를 고소했다. 우리는 벽난로에 의존해야만 했다. 나는 밤이 되면 근처의 부자 가족이 새로 집을 짓고 있는 공사장에 가서 나무판자와 쓰고 남은 자재를 주워왔다. 나도 한때는 그 사람들만큼이나 부자였는데 말이다.

나는 너무도 걱정스러웠던 나머지 잠도 자지 못했다. 한밤중에 벌떡 일어나 밖을 헤매며 몸을 지치게 한 뒤에야 잠이 들 수 있었다.

나는 매입한 공터를 잃어버렸을 뿐 아니라 심장마저 통째로 빼앗긴 것 같았다.

은행은 담보물을 회수하고자 했고, 우리 가족은 결국 길에 나앉았다.

우리는 남은 돈으로 작은 아파트를 빌렸다. 그리고 1933년의 마지막 날, 그곳으로 이사했다. 이삿짐 박스 위에 앉아 나는 주변을 돌아보는데, 어머니가 한때 들려준 오래된 격언이 머리를 스쳤다.

"이미 엎질러진 물로 슬퍼하지 마라."

하지만 엎질러진 건 물이 아니었다. 내 심장이었다!

한참 동안 그대로 앉아있던 나는 이렇게 생각했다.

'자, 완전 바닥을 쳤으니 이제는 올라갈 일만 남았군.'

나는 은행에 빼앗기지 않은 소중한 것들을 떠올려 보았다. 나는 여전히 건강했고, 친구들이 남아있었다. 나는 다시 시작할 수 있었다. 나는 지난 과거에 매달리지 않을 것이다. 나는 매일같이 어머니의 말씀을 마음에 새겼다.

"이미 엎질러진 물로 슬퍼하지 마라."

나는 걱정을 하는 대신 일에 에너지를 쏟았다. 그렇게 조금씩 상황이 나아지기 시작했다. 이제는 그 불행을 겪은 것에 감사할 지경이다. 나는 힘과 불굴의 용기, 그리고 자신감을 얻었다. 나는 이제 바닥을 친다는 것이 무엇인지 알게 되었다. 바닥을 쳤다고 모든 것이 끝나는 건 아니다. 우리는 우리가 생각하는 것보다 더 잘 버틸 수 있다. 사소한 걱정과 불안, 불확실성이 괴롭히려 들 때면, 나는 그날 이삿짐 박스 위에 앉아서 했던 말을 떠올린다.

"완전 바닥을 쳤으니 이제는 올라갈 일만 남았군."

이 이야기의 논점은 무엇일까? 톱밥을 톱질하지 말라는 것이다. 피할 수 없으면 받아들여라! 더 내려갈 곳이 없다면, 올라갈 일만 있을 것이다.

16
가장 어려웠던 상대는 걱정이라는 선수

▶ 잭 뎀프시

링 위에서 겨룬 상대 가운데 가장 어려웠던 상대는 헤비급 선수들이 아닌 '걱정'이라는 선수였다. 나는 걱정을 그만두지 않으면 걱정이 내 활력과 성공을 빼앗을 것이라는 걸 깨달았다. 그렇게 조금씩, 나는 다음과 같은 규칙을 만들었다.

첫째, 링 위에서 용기를 잃지 않기 위해, 나는 싸우는 도중에 자신을 격려한다. 예를 들어, 피르포와 경기를 치를 당시, 나는 계속해서 이렇게 되뇌었다.

"그 무엇도 나를 막을 수 없어. 그는 나를 다치게 할 수 없어. 나는 그의 주먹을 느끼지도 못해. 나는 다치지 않아. 나는 무슨 일이 있어도 계속 나아갈 거야."

그렇게 긍정의 주문을 되뇌고 긍정적인 생각을 하다 보면, 결국 도움이 되었다. 나는 그리고 실제로 주먹을 느끼지 못했다. 선수 생활을 하는 동안, 나는 입술이 터지고, 눈이 찢어지고, 갈비뼈가 부서져 보았다. 하지만 피르포가 나를 로프 밖으로 날려버리는 바람에 기자의 타자기 위에 떨어져 그것을 박살 냈을 때도 그의 주먹을 느끼지 못했다. 단 한 번도 말이다. 내가 유일하게 느낄 수 있었던 주먹은, 레스터 존슨이 내 갈비뼈 세 개를 부러뜨린 날이었다. 나는 고통을 느끼지는 않았지만 숨을 쉴 수 없었다. 그날을 제외하고는 주먹을 느껴본 적이 없다.

둘째, 헛된 걱정으로부터 벗어나기 위해 내가 하는 일은 이렇다. 나는 주로 큰 경기를 앞둔 훈련을 하며 걱정에 빠진다. 걱정하느라 밤에 몇 시간씩 깬 채로 뒤척이는 것이다. 나는 손이 부러지거나 발목을 삐진 않을까, 첫 라운드에 눈이 찢어져 주먹을 제대로 조절하지 못하진 않을까 걱정하고는 했다. 긴장될 때면 나는 침대에서 나와 거울 앞에 선다. 그리고 이렇게 말한다.

"아직 일어나지도 않은, 일어나지 않을지도 모르는 일로 걱정하다니. 바보가 아닌가. 인생은 짧아. 그러니 매 순간을 즐겨야 해."

그리고 이렇게 말한다.

"건강보다 중요한 것은 없어. 건강보다 중요한 것은 없어."

나는 수면 부족과 걱정이 건강을 해친다는 사실을 계속해서 상기한다. 나는 그렇게 스스로를 매일같이 수년 동안 다독인 결과, 결국 그 말을 마음에 새기고 모든 걱정을 씻어낼 수 있게 되었다.

세 번째 방법이자 마지막 방법은 기도하는 것이다! 시합을 위한 훈련에 들어갈 때마다 나는 하루에 몇 번이고 기도한다. 링 위에 오를 때면 종이 울리기 직전마다 기도한다. 그렇게 나는 용기와 자신감을 가지고 싸울 수 있었다. 나는 기도하지 않고는 잠자리에 들지 않는다. 그리고 감사기도 없이는 단 한 끼의 밥도 먹어본 적이 없다. 그래서 신이 기도를 들어준 적이 있었을까? 글쎄, 한 천 번쯤 되었던 것 같다!

• 17 •
보육원에 가지 않게 해달라고 기도했다

▶ **캐슬린 홀터** — 가정주부, 미주리주 유니버시티 시티 14, 로스가 1074번지

나는 공포에 사로잡힌 어린 시절을 보냈다. 어머니는 심장병을 앓으셨다. 나는 매일 그녀가 정신을 잃고 바닥에 쓰러지는 모습을 보았다. 우리 모두 그녀가 죽게 될까 걱정했다. 그리고 어머니를 여읜 여자아이들이 미주리주 워런턴에 위치한 샌트럴 웨슬리언 보육원으로 보내진다는 걸 알고 있었다. 고작 6살이던 나는 그곳에 보내지게 될까 두려움에 떨었다. 나는 신께 매일 이렇게 기도했다. "주님, 제발 엄마를 살려주세요. 제가 보육원에 가지 못할 나이가 될 때까지만이라도요."

그로부터 20년 뒤, 마이너 오빠가 크게 다치는 일이 생겼다. 그는 그로부터 2년 뒤 세상을 떠났는데, 그때까지 끔찍한 고통에 시달려야 했다. 그는 스스로 밥을 먹거나 돌아눕지도 못했다. 그의 고통을 줄여주기 위해 나는 밤낮으로 3시간마다 피하 주사기로 모르핀을 투여해야 했다. 나는 그 일을 2년 동안 했다. 당시 나는 워런턴의 웨슬리언 대학교에서 음악 교사로 일하고 있었다. 이웃들이 오빠가 고통 때문에 비명을 지르는 소리를 들으면 학교로 전화를 걸었고, 나는 수업을 뒤로하고 집으로 돌아가 또다시 모르핀 주사를 놓아야 했다. 매일 밤잠에 들 때면, 나는 3시간 뒤에 일어날 수 있도록 알람을 맞추었다. 겨울이면 창밖에 우유병을 내놓고 아이스크림이 될 때까지 걸어두었다. 그러면 알람을 끈 뒤에 아이스크림을 먹을 수 있다는 생각에 일어날 힘이 생기는 것이었다.

이런 문제들 가운데 나는 자기연민과 걱정에 빠져 억울함으로 삶을 낭비하지 않도록 두 가지 원칙을 세웠다.

첫째는 매일 12시간에서 14시간 동안 음악을 가르치며 계속 바쁘게 생활하

는 것이다. 그러면 문제를 잊을 수 있었다. 그리고 스스로가 가엾다는 생각이 드는 날이면, 나는 이렇게 되뇌었다.

"잘 들어. 걸을 수 있고 직접 음식을 먹을 수 있다면, 너는 세상에서 가장 행복한 사람이 되어야 해. 무슨 일이 있어도 절대 이걸 잊어서는 안 돼! 절대! 절대!"

나는 내가 누리는 축복을 무의식적으로, 또 의식적으로 감사하게 여기려는 태도를 기르려고 최선을 다했다. 매일 아침 눈을 뜰 때마다 나는 신께 상황이 더 나빠지지 않음에 감사드렸다. 그리고 내가 겪은 모든 문제에도 불구하고 워런턴에서 가장 행복한 사람이 되겠다고 다짐했다. 어쩌면 나는 그 목표를 이루지 못했을지도 모른다. 하지만 나는 적어도 내가 사는 도시에서 가장 감사하는 마음을 지닌 여성이 되는 것에는 성공했다. 나보다 걱정이 적은 사람은 그리 많지 않을 것이다.

이 미주리의 음악 교사는 이 책에 다루는 두 가지 원칙을 적용했다. 그녀는 바쁘게 생활하였고, 자신이 가진 축복을 감사하게 여겼다. 그녀의 방법을 따라 하면 도움이 될지도 모른다.

· 18 ·
진정한 치유의 힘

▶ 카메론 쉽, 잡지 기자

나는 캘리포니아에 있는 워너브라더스 스튜디오 홍보부에서 수년째 아주 행복하게 근무하고 있었다. 나는 유닛 매니저이자 작가로, 신문과 잡지를 대상으로 워너브라더스 스타들에 관한 글을 기고했다.

그리고 갑작스러운 승진이 있었다. 나는 홍보부의 부장이 되었다가, 행정 정책이 바뀌며 갑작스럽게 이사 보좌관이라는 화려한 직함을 달게 되었다.

그 결과 엄청나게 큰 사무실과 개인 냉장고, 두 명의 비서를 얻었음은 물론 작가, 개발자와 라디오 방송국 관계자로 이루어진 75명의 직원을 지휘하게 되었다. 깊게 감명받은 나는 곧장 밖으로 나가 새 양복을 맞추었다. 나는 기품 있게 말하려 애썼고, 체계를 바로잡고, 권위 있는 결정을 내렸으며, 점심도 간단히 먹었다.

나는 워너브라더스의 모든 홍보 정책이 내 어깨에 달려있다고 믿었다. 나는 베티 데이비스, 올리비아 드 하빌랜드, 제임스 캐그니, 에드워드 G. 로빈슨, 에롤 플린, 험프리 보가트, 앤 셰리던, 알렉시스 스미스, 그리고 알란 헤일과 같은 사람들의 사생활과 대외적인 활동 모두가 내 손에 달려있다고 느꼈다.

그 사실을 너무 의식한 나머지 한 달도 채 되지 않아 위궤양이 도지고 말았다. 어쩌면 암에 걸렸을지도 모를 일이었다.

당시는 전쟁 중이라 영화홍보인연합 전쟁위원회 회장을 맡고 있었다. 나는 그 일은 물론 조합 모임에서 친구들을 만나는 것을 즐겼다. 하지만 어느 순간 그 모임이 두려워졌다. 몇 번의 모임 후, 나는 크게 아팠다. 가끔은 운전하던 차에서 내려 정신을 차린 뒤에야 다시 운전석에 오를 수 있었다. 할 일은 너무 많았는데 시간이 너무 부족했다. 그러나 반드시 해야만 하는 일이었고, 그에 비해 나는 한심할 정도로 부족하게 느껴졌다.

오직 진실만을 이야기하건대, 이건 내 인생에서 가장 크게 몸이 아팠던 순간이었다. 몸의 장기들이 뒤틀리는 것 같았다. 체중이 줄었고, 잠을 잘 수 없었다. 통증은 계속 이어졌다.

나는 유명한 내과 전문의를 찾아갔다. 광고업계 종사자가 추천해준 의사로, 업계 사람들이 자주 찾는 것 같았다.

의사는 길게 말하지 않았다. 어디가 아프고, 무슨 일을 하는지만 물었을 뿐이었다. 그는 내 질병보다 직업에 더 많은 관심이 있는 듯했다. 하지만 나는 안심했다. 2주 동안 매일같이 그는 세상에 존재하는 모든 검사를 받게 했다. 그는 나를 안팎으로 꼼꼼히 살피고, 엑스레이를 찍어보고 형광 투시법으로도 검사해보았다. 그리고 나서야 나는 진실을 접할 수 있었다.

의사는 담배를 문 채 몸을 뒤로 젖히며 이렇게 말했다.

"그 피곤한 검사는 다 끝났습니다. 하지만 꼭 해야 하는 일이었죠. 물론 잠깐의 진단만으로도 당신에게 위궤양이 없다는 사실을 알 수 있었지만요. 하지만 당신 같은 사람들은 직업적 특성 때문인지 증거를 보기 전에는 사람 말을 믿지를 않더군요. 자, 이걸 보시죠."

그는 나에게 검사 기록과 엑스레이를 보여주며 설명을 이어갔다. 그는 내게 위궤양이 없음을 보여주었다.

"이미 검사에 많은 돈을 썼겠지만 가치 있는 일이었을 겁니다. 이제 처방을 내려드리지요. 걱정을 그만두세요."

내가 덤벼들려 하는 것을 본 그는 말을 막았다.

"당신이 당장 내 처방을 따를 수 없다는 것을 압니다. 그러니 도움이 될 만한 걸 좀 드리지요. 여기 알약이 있습니다. 부작용이 없으니 원하는 만큼 드세요. 다 드시고 다시 찾아오면, 또 처방해 드릴 테니까요. 몸을 해치는 건 아닙니다. 당신을 안정시켜 줄 겁니다. 단 잊으면 안 되는 사실이 있습니다. 당신은 사실 이 약이 필요 없어요. 당신이 해야 할 일은 걱정을 그만두는 것입니다. 다시 걱정이 시작되면 나를 찾아오세요. 어디 또 비싼 검사를 하나씩 받아봅시다. 어때요?"

그 의사의 말을 바로 실천하고 당장 걱정을 멈출 수 있으면 좋았겠지만, 그러지 못했다. 나는 그 알약을 몇 주나 먹었다. 불안할 때마다 약을 먹으면 곧바로 안정되었다.

그러나 약을 먹는다는 것이 바보같이 느껴졌다. 나는 덩치가 큰 사람이었다. 나는 에이브러햄 링컨만큼이나 키가 컸고, 몸무게는 90kg 가까이 나갔다. 그런데 안정을 위해 이 작은 알약을 먹고 있다니. 히스테리 상태에 빠진 내가 부끄러워졌다.

친구들이 무슨 약을 먹느냐고 물을 때마다, 나는 진실을 말하기 부끄러워했다. 나는 조금씩 스스로를 비웃기 시작했다. 나는 이렇게 말했다.

"여기 봐. 카메론 쉽. 완전 바보처럼 굴고 있잖아. 너는 자신이 대단하다고 착각하는 걸로도 모자라 네가 하는 일을 너무 심각하게 받아들이고 있어. 베티 데이비스, 제임스 캐그니, 에드워드 로빈슨은 네가 홍보를 맡기 전에도 이미 세계적인 스타들이었어. 네가 오늘 밤 죽는다고 해도 워너브라더스와 스타들은 알아서 잘살아갈 거야. 아이젠하워, 마셜 장군, 맥아더 장군, 지미 두리틀, 킹 제독은 그딴 약 없이도 전쟁을 치렀어. 근데 고작 영화홍보인연합의 전쟁활동위원회 회장을 맡았다고 해서 약 없이는 위가 캔자스의 회오리처럼 뒤틀린다니."

나는 그렇게 약을 줄여나갔다. 그리고 얼마 되지 않아 하수구에 약들을 쏟아버릴 수 있었다. 나는 정해진 시간에 퇴근하여 저녁 식사 전 낮잠을 잤고, 조금씩 정상적인 삶을 회복해 나갔다. 나는 다시는 그 의사를 찾아갈 일이 없었다.

그 의사의 진료는 정말 비쌌지만, 나는 큰 빚을 졌다고 생각한다. 그는 스스로를 비웃는 법을 가르쳐주었다. 그의 상담 기술 중 가장 놀라웠던 점은, 그가 나를 비웃거나 내 걱정을 하찮게 여기지 않았다는 것이다. 그는 나를 진지하게 대했고, 체면을 구기지 않도록 해주었다. 그는 나를 좁은 상자에서 꺼내주었다. 나는 지금에야 깨달았지만 그는 처음부터 알고 있었다. 진정한 치유의 힘은 그 바보 같은 알약이 아닌 마음가짐의 변화에 달려있다는 것을 말이다.

혹시 이 이야기의 주인공처럼 약을 먹고 있는 사람이라면, 제7장을 읽고 이완하는 법을 배울 것을 권한다.

• 19 •
내일 더러워질 그릇을 걱정하지 않는다

▶ **윌리엄 우드** — 목사, 미시간주 샬러보이, 헐버트가 204번지

　지금으로부터 몇 년 전, 나는 심각한 위통으로 고생하고 있었다. 밤이면 두세 번씩 깨기 일쑤였고, 고통이 너무도 극심해 잠이 들 수 없었다. 아버지가 위암으로 돌아가시는 모습을 보았기 때문에, 나 역시 암에 걸린 것은 아닌가 두려움이 앞섰다. 암이 아니면 적어도 위궤양일 것으로 생각했다. 나는 그렇게 미시간주 피토스키에 있는 번스 클리닉에서 검사를 받았다. 위병 전문의인 릴가 박사는 형광 투시경과 엑스레이 검사를 해본 뒤, 수면제를 주며 내게 위궤양도 위암도 없다고 말했다. 그는 내 위통이 감정적 압박감에서 온 것이라고 설명했다. 내가 목사라는 이야기를 들은 그의 첫 질문은 이러했다.

　"혹시 교회의 당회원 중에서 속 썩이는 사람이라도 있습니까?"

　그는 내가 이미 알고 있는 사실을 말했다. 내가 너무 많은 일을 하고 있다는 것이었다. 주일마다 하는 설교 외에도, 나는 교회의 다양한 활동을 떠맡고 있었다. 나는 적십자와 봉사단체인 키와니스 클럽의 회장이기도 했고, 매주 두세 개의 장례지도를 했고, 다른 잡다한 활동에도 참여했다.

　나는 꾸준한 압박감 속에서 일했다. 절대 긴장을 늦출 수가 없었다. 나는 항상 신경이 곤두서있었고, 조급했고, 예민하게 굴었다. 결국 모든 것을 걱정하는 수준에 이르렀고 항상 안절부절못했다. 그 상황이 너무 고통스러웠던 나머지 나는 릴가 박사의 조언을 기쁘게 받아들였다. 나는 매주 월요일은 반드시 쉬었고, 여러 직책을 내려놓고 활동을 정리하기 시작했다.

　책상 정리를 하던 어느 날, 아주 유용한 아이디어가 머리를 스쳤다. 나는 오래된 설교 노트와 이미 지나간 일을 기록한 메모를 보고 있었다. 나는 종이들을 구긴 뒤 쓰레기통에 던져 넣었다. 그 순간, 갑자기 나는 손을 멈추고 이렇

게 생각했다.

'빌, 네 걱정도 이 종이들처럼 버리면 어때? 어제의 문제 따위 구겨서 쓰레기통에 던져버리는 거야.' 그 아이디어는 내게 즉시 큰 영감이 되었고, 어깨를 짓누르던 짐으로부터 자유로워지는 기분이 들었다. 그 뒤로 나는 해결할 수 없는 문제는 쓰레기통에 던져버리자는 규칙을 세우게 되었다.

하루는 아내가 씻은 그릇을 행주로 닦고 있는데, 다른 아이디어가 떠올랐다. 설거지하던 아내가 노래를 흥얼거리고 있는 것이었다.

'빌, 네 행복한 아내를 봐. 이미 결혼한 지 18년이 되었고, 아내는 18년째 설거지를 하고 있어. 우리가 결혼했을 때 그녀가 18년 동안 씻어야 하는 그릇의 수를 보았다면 어땠을까? 더러운 그릇들은 아마 곳간만큼 높이 쌓여있었을 텐데. 그걸 상상하는 것만으로도 아내는 간담이 서늘해졌을 테지.'

그리고 나는 이어서 이렇게 생각했다.

'내 아내가 설거지로 스트레스를 받지 않는 것은 그녀가 한 번에 하나의 설거지만을 생각하기 때문이다.'

그렇게 나는 내가 가진 문제의 원인을 파악했다. 나는 오늘의 설거지는 물론, 어제의 설거지와 아직 더럽히지도 않은 그릇들까지 걱정하고 있었던 것이다.

나는 내가 얼마나 바보 같았는지 깨달았다. 주일 아침마다 설교단에 서서 사람들에게 이렇게 저렇게 살라고 충고했지만. 정작 나 자신은 긴장, 걱정, 초조한 삶을 살고 있었던 것이다. 나는 창피함을 느꼈다.

나는 더는 걱정으로 힘들어하지 않는다. 위통은 사라졌다. 불면증도 없다. 나는 어제의 불안은 종이처럼 구긴 뒤 쓰레기통에 던져버린다. 그리고 내일 더러워질 그릇을 걱정하는 일도 관두었다.

이 책의 앞부분에 인용한 구절이 기억나는가?

"내일의 짐과 오늘의 짐, 어제의 짐을 모두 짊어진다면 아무리 튼튼한 사람이라도 자빠질 것이다."

왜 그런 짓을 하려고 하는가?

20
해답은 바쁘게 지내는 것이다

▶ **델 휴스** – 공인회계사, 미시간주 베이 시티 사우스 유클리드가 607번지

1943년 나는 갈비뼈가 세 개가 부러지고 폐에 구멍이 뚫린 채로 뉴멕시코 알부케르케 퇴역군인 병원에 입원했다. 하와이에서 상륙 훈련을 하던 중 일어난 사고였다. 나는 바지선에서 해변을 향해 뛰어내렸는데, 거대한 파도가 몰아쳐 바지선을 들추었고, 나는 날아가 모래에 처박혔다. 그 힘이 너무 셌던 나머지 나는 갈비뼈가 부러지고 부러진 뼈에 찔려 오른쪽 폐가 구멍이 나 버렸다.

병원에서 석 달을 보낸 뒤, 나는 일생일대의 충격에 빠졌다. 의사들이 내가 전혀 나아지지 않았다고 말한 것이었다. 깊은 고민 끝에, 나는 걱정이 회복을 방해한다는 결론에 이르렀다. 나는 아주 활동적인 편이었는데, 지난 석 달간은 온종일 침대에 누운 채로 생각만 하고 살았기 때문이었다. 더 많이 생각할수록 걱정은 깊어졌다. 나는 다시 세상에 설 자리가 있을지, 불구로 살아가야 하는 건 아닌지, 결혼하고 정상적인 삶을 꾸릴 수 있을지 고민했다.

나는 서둘러 주치의에게 옆 병동인 '컨트리클럽'으로 병실을 옮겨달라고 요청했다. 그곳에서는 환자들이 자유롭게 하고 싶은 활동을 할 수 있었기 때문이다.

'컨트리클럽' 병동에서 나는 콘트랙트 브리지라는 카드 게임을 즐겼다. 6주간 규칙을 배웠고 다른 동료들과 게임을 했으며, 컬버트슨이 게임에 관해 쓴 책도 읽었다. 6주가 지난 뒤부터는 퇴원하는 날까지 매일 밤 카드 게임을 했다.

나는 유화에도 관심을 가지게 되었다. 매일 3시부터 5시까지 강사의 지도에 따라 유화를 배웠다. 어떤 그림들은 제법 잘 그려 무엇을 그렸는지 알아보는 사람이 있을 정도였다.

비누 조각과 목각도 시도했다. 관련한 책도 찾아 읽었는데 정말 흥미로웠

다. 나는 너무도 바쁘게 지낸 나머지 내 몸에 대해 신경 쓸 여유가 없었다. 나는 적십자가 선물한 심리학에 관한 책들마저 정독했다. 3개월이 지난 뒤, 모든 의료진이 찾아와 '놀라울 정도로 회복된' 것을 축하해주었다. 그것은 내가 태어난 이후로 들어본 말 중 가장 다정한 말이었다. 나는 기쁨에 겨워 소리라도 지르고 싶은 심정이었다.

미래를 걱정하며 누워서 아무것도 하지 않을 때는 몸이 전혀 회복되지 않았다. 나는 걱정으로 몸을 해치고 있었다. 부러진 갈비뼈도 붙지 않았다. 하지만 카드 게임, 유화 그림, 목각으로 마음을 비우자 나는 놀라울 정도로 회복된 것이었다.

지금 나는 아주 정상적이고 건강한 삶을 살고 있다. 그리고 내 폐는 건강하다.

조지 버나드 쇼의 말을 기억하는가? 불행의 비법은 행복한지 아닌지에 관한 문제로 자신을 괴롭힐 여유로부터 나온다. 몸을 움직여라. 바쁘게 지내라!

21
시간이 해결해준 많은 것들

▶ **루이스 몬탄트 주니어** – 판매 및 시장 분석가, 뉴욕주 뉴욕 웨스트 64번가 114번지

걱정은 내 인생에서 10년이라는 세월을 앗아갔다. 28살이 된 젊은 청년에게 지난 10년이라는 세월은 가장 많은 결실을 보고 풍요로워야 했을 시간이었다.

이제는 그 잃어버린 시간이 그 누구의 잘못도 아닌 나의 잘못에서 비롯되었다는 걸 안다.

나는 일자리와 건강, 가족과 열등감을 비롯한 모든 것을 걱정했다. 나는 아는 사람을 마주치는 걸 두려워했던 나머지 일부러 길을 돌아가기도 했다. 길 위에서 친구를 만나면, 혹시라도 무시를 당할까 봐 그를 알아보지 못한 척했다.

낯선 사람들과의 만남은 정말 두려웠다. 나는 2주 동안 3개의 일자리를 잃은 적이 있다. 3명의 고용주에게 내가 일할 수 있을지 말할 용기가 없었기 때문이었다.

지금으로부터 8년 전 어느 날, 나는 어느 오후에 걱정이라는 병을 정복했다. 그 뒤로는 제대로 된 걱정을 해본 적이 거의 없다. 그날 오후, 나는 한 남자의 사무실에 앉아있었다. 그는 내가 평생 겪어보지도 못한 여러 문제를 겪은 사람으로, 내가 만난 그 누구보다 용감했다.

그는 1929년 큰돈을 벌었지만 동전 한 푼 남김없이 전 재산을 모두 잃었다. 1933년에도, 1937년에도 같은 일이 반복됐다. 그는 파산했고 그를 적대시하는 사람들과 채권자들에게 쫓겼다. 보통 사람이라면 완전히 무너져 자살을 생각했다고 해도 놀랍지 않은 일들이었으나, 그에게는 아무런 타격이 없는 듯했다.

나는 8년 전 그의 사무실에 앉아 그를 부러워하며 신께서 나도 그와 같은 사람으로 만들어주었으면 하고 바랐다.

우리가 이야기를 나누는 동안 그는 내게 그날 아침 받았다는 편지 한 통을

보여주었다. 그는 이렇게 말했다.

"읽어보게."

편지를 쓴 사람은 잔뜩 화가 나 있었고, 여러 가지 난처한 질문을 던지고 있었다. 내가 만일 그런 편지를 받았다면, 나는 잔뜩 기가 죽었을 것이다. 나는 질문했다.

"빌, 뭐라고 답장하실 건가요?"

빌은 말했다.

"비밀을 하나 알려주겠네. 또 걱정거리가 생기면, 연필을 들고 종이 위에 걱정하고 있는 일을 모두 적게. 그리고 그 종이를 서랍에 넣어둔 뒤, 몇 주 뒤에 다시 열어보는 거네. 그때 아직도 그 일에 대해 걱정이 된다면, 다시 서랍에 넣은 뒤 이 주를 기다리게. 종이는 그곳에 얌전히 있겠지만, 그 시간 동안 문제에는 많은 변화가 일어났을 수 있네. 참을성을 가지고 기다린다면 걱정거리는 구멍이 난 풍선처럼 어딘가로 날아버리고 말걸세."

그 작은 조언은 내게 큰 충격을 남겼다. 나는 빌의 조언을 벌써 몇 년째 사용하고 있고, 그 결과, 나는 이제 거의 걱정이 없는 사람이 되었다.

시간은 많은 것을 해결한다. 지금 당신이 걱정하는 그 일조차도 말이다.

22
일어날 수 있는 최악의 상황을 마주하라

▶ **조셉 L. 라이언** – 로열 타이프라이터 컴퍼니 해외사업부 감독관, 뉴욕주 롱아일랜드 로크빌 센터 저드슨

지금으로부터 몇 년 전, 나는 한 소송의 증인이었는데 그 일은 내게 엄청난 정신적 부담감과 걱정을 안겨주었다. 사건이 정리된 후, 기차를 타고 집에 돌아가는 길에 나는 갑작스럽게 실신을 하게 되었다. 심장에 문제가 생긴 것이었다. 숨을 쉬기조차 어려웠다.

집에 돌아왔을 때 의사는 내게 주사를 놓아주었다. 나는 침대까지도 가지 못하고 거실 안락의자에 겨우 누웠을 뿐이었다. 정신이 들었을 때, 교구 목사가 이미 기도를 해주기 위해 눈앞에 서 있었다!

나는 가족들이 넋이 나간 채 비통함에 젖어있는 것을 보았다. 내 차례가 왔다고 생각했다. 나중에 들은 이야기인데, 의사가 아내에게 말하기를 내가 30분도 버티지 못할 것 같으니 마음의 준비를 하라고 일러주었다고 한다. 심장의 상태가 너무도 안 좋았던 나머지, 나는 입을 떼거나 손가락 하나도 까딱이지 말라는 경고를 들었다.

나는 결코 성인은 되지 못했지만, 신과 싸우려 들어서는 안 된다는 것 정도는 알고 있었다. 나는 눈을 감고 이렇게 말했다.

"지금이어야만 한다면, 주님의 뜻대로 하소서. 부디 주님의 뜻대로 하소서."

그렇게 생각하기 무섭게, 나는 금세 안정을 되찾았다. 공포감이 사라지자 나는 당장 일어날 수 있는 가장 끔찍한 일이 무엇인지 생각해볼 수 있게 되었다. 최악의 상황은 다시 발작을 일으키고, 극심한 통증에 시달리는 것이지만 결국 다 끝이 나게 되어있었다. 나는 주님을 만나 평화를 얻을 것이다.

나는 안락의자에 누운 채 한 시간을 기다렸다. 하지만 고통은 돌아오지 않

았다. 나는 그렇게 당장 죽지 않는다면, 남은 삶 동안 무엇을 하고 싶을지 생각해보았다. 나는 건강을 회복하기 위해 최선을 다할 것이었다. 더는 자신을 긴장과 걱정으로 혹사하지 않고, 힘을 기를 것이었다.

이건 지금으로부터 4년 전에 있었던 일이다. 나는 건강을 되찾았다. 의사가 심전도 검사에 놀랄 정도이다. 나는 더는 걱정하지 않는다. 나는 새로운 삶의 열정을 찾았다. 하지만 솔직히 말하건대, 당장 죽을 것이라는 최악의 상황을 받아들이고 상황을 낫게 만들려고 시도하지 않았다면, 현재까지 살아있을지 모르겠다. 최악의 상황을 받아들이지 않았다면, 나는 아마 공포와 공황으로 인해 죽었을지도 모를 일이다.

라이언이 오늘 살아있는 것은 그가 '일어날 수 있는 최악의 상황을 마주하라.'라는 마법의 공식을 적용했기 때문이다.

23
걱정을 멈출 줄 알아야 한다

▶ **오드웨이 티드** — 고등교육 위원회 위원장, 뉴욕주 뉴욕

걱정은 습관이다. 그리고 나는 그 습관을 오래전에 깨트렸다. 나만의 걱정으로부터 탈피하는 방법은 크게 세 가지로 볼 수 있다.

첫째, 불안으로 자기 파괴에 빠져들기에는 너무도 바쁘게 지냈다. 나는 직업만 세 가지인데, 세 가지 직업 모두 충분한 시간을 투자해야 한다. 우선 나는 컬럼비아 대학에서 규모가 큰 강의를 한다. 나는 뉴욕시의 고등교육 위원회 위원장이기도 하다. 그리고 하퍼 앤 브라더스라는 출판 기업의 경제·사회부를 책임지고 있기도 하다. 이 세 가지 일의 계속되는 요구에 응하다 보면, 나는 마음 편하게 앉아있을 수 없는 것이다.

둘째, 나는 걱정을 멈출 줄 안다. 한 가지 일에서 다른 일로 옮겨갈 때면, 나는 이전에 가지고 있던 모든 문제를 잊어버린다. 그러므로 이 일에서 저 일로 옮겨 갈 때면, 활기와 생기를 얻는다. 그건 휴식이 되기도 하고, 마음을 비워주기도 한다.

셋째, 사무실 문을 닫는 순간 나는 마음속의 모든 문제를 정리한다. 문제는 쉬는 일이 없기 때문이다. 그리고 언제나 나의 관심을 요구하는, 해결되지 않는 문제가 한가득 준비돼 있다. 매일 밤 그것들을 집으로 끌어들인다면, 나는 대처 능력까지 잃어버리고 말 것이다.

• 24 •
걱정을 멈추지 않았다면 진작 무덤에 들어갔을 것이다

▶ 코니 맥(미국의 전 프로 야구 선수이자 감독)

나는 63년 동안 프로 야구에 종사했다.

1880년대에 첫발을 내디뎠을 때, 나는 임금도 받지 못하고 일했다. 깡통이나 버려진 장비 따위에 발이 걸려가며 공터에서 연습해야 했다. 게임이 끝난 뒤에는 모자를 벗어 관중으로부터 모금을 받았다. 남편을 잃은 어머니와 어린 동생들을 먹여 살리기에 그 소득은 내게 부족했다. 팀을 유지하기 위해 가끔은 딸기나 해산물 파티 광고를 받아야 할 때도 있었다.

걱정할 일은 수도 없이 많았다. 나는 유일하게 7년 연속으로 패했으며 8년 동안 800경기를 진 야구코치였다. 패배가 계속되자, 나는 먹거나 자지도 못할 정도로 근심에 빠졌다. 하지만 그런 걱정도 25년 전에 그만두었다. 그때 걱정을 멈추지 않았다면, 나는 진작 무덤에 들어갔을 것이다.

길었던 지난 삶을 돌아보면, (나는 링컨이 대통령으로 있을 때 태어났다) 나는 다음의 방법을 통해 걱정을 이겨냈던 것 같다.

1. 나는 걱정이 얼마나 쓸모없는 일인지 깨달았다. 걱정한다고 나아지는 것은 없으며 오히려 쌓은 경력을 무너트릴 뻔했다.
2. 걱정은 건강을 해칠 수 있다.
3. 앞으로의 경기에서 이기기 위한 계획과 연습을 하느라 너무 바쁜 나머지 이미 패배한 게임을 두고 걱정할 시간이 없었다.
4. 경기가 끝난 뒤 24시간 동안은 선수의 실수를 지적하지 않는다는 규칙을 세웠다. 더 젊었을 때는 선수들과 탈의실을 공유하고는 했다. 경기에서 진 날은 선수들을 비난하고 경기 결과를 두고 싸우는 일이 허다했다.

하지만 그 결과 걱정만 늘어갔다. 다른 선수들 앞에서 한 선수를 비난하면 협조는커녕 억울함만 커질 뿐이었다. 하지만 경기에서 패배한 직후만큼은 자제할 수 없겠다 싶었던 나는 선수들을 보지 않기로 했다. 나는 다음 날 날이 밝기 전까지는 선수들과 말을 섞지 않았다. 그리고 하루가 지나면 화가 가라앉아 전날만큼 실수에 대해 신경쓰지 않았으며, 나는 침착하게 의사를 전달할 수 있었고 선수들 역시 화를 내거나 자신을 변호하려 들지 않았다.

5. 나는 실수를 꼬집으며 사기를 꺾는 대신, 칭찬으로 선수들의 사기를 북돋웠다. 나는 모두에게 친절한 말을 하려고 노력했다.
6. 나는 피곤할수록 더 많이 걱정한다는 사실을 깨달았다, 그리하여 나는 매일 10시간을 자고 오후에는 낮잠도 잤다. 단 5분의 낮잠이라도 큰 도움이 되었다.
7. 나는 활동적으로 생활하며 걱정을 떨치고 긴 수명을 얻었다. 나는 85세이지만, 같은 소리를 계속해서 반복하는 날이 오기 전까지는 은퇴할 생각이 없다. 그런 날이 온다면 나이가 들었음을 인정하게 될 것이다.

코닉 맥은 '걱정을 그만두는 법'에 관한 책을 읽은 적이 없다. 그는 자신의 규칙을 직접 만들어냈다. 당신도 과거를 돌아보며 도움이 됐던 규칙을 한번 적어보면 어떨까?

걱정을 극복하는 데 도움을 받은 방법들

1.

2.

3.

4.

• 25 •
한 번에 하나씩

▶ 존 호머 밀러, '자신을 보라' 저자

　나는 몇 년 전에 걱정에서 벗어나려 노력한다고 해서 그럴 수 있는 게 아니라는 걸 깨달았다. 걱정을 떨치는 유일한 방법은 마음가짐을 바꾸는 것이다. 내 걱정은 외부 요인이 아닌 내부의 요인으로 인한 것이었다.
　나이를 먹으며 나는 시간이 대부분의 걱정을 지워준다는 것을 알게 되었다. 사실 나는 불과 일주일 전에 하던 걱정조차 기억하기가 힘들다. 그리하여 나는 이런 규칙을 세웠다.
　'최소한 일주일이 되기 전까지는 문제를 두고 조바심을 내지 말자.'
　물론 어떤 문제를 일주일 동안 마음에서 완전히 지우는 것이 항상 가능한 것은 아니다. 하지만 최소한 7일 동안은 그 문제가 정신을 지배하는 것을 거부할 수는 있다. 7일이 지나면 문제는 저절로 해결되었거나 내가 마음가짐을 바꿈으로써 더는 나를 괴롭히지 않게 되는 것이다.
　나는 윌리엄 오슬러 경의 인생관으로부터 큰 도움을 얻었다. 그는 훌륭한 의사였을 뿐 아니라 처세술의 대가이기도 했다. 어느 저녁, 그가 내게 해준 말은 나를 걱정으로부터 완전히 해방시켜주었다. 그는 이렇게 말했다.
　"나는 능력이 닿는 한 최선을 다해 오늘의 일을 해내고 나머지는 미래에 맡겼습니다. 나는 다른 것이 아닌 그 능력으로 인해 성공할 수 있었습니다."
　문제를 다루어야 할 일이 있을 때마다, 나는 아버지가 알고 있던 한 앵무새가 사람들에게 해주던 말을 교훈 삼아 실천했다. 그 앵무새는 펜실베이니아의 어느 한 사냥 클럽 입구 새장에 살고 있었다. 클럽 회원들이 문을 지나갈 때마다 앵무새는 자신이 알고 있던 유일한 단어를 내뱉었다.

"여러분, 한 번에 하나씩."

아버지는 내게 문제를 해결할 때는 '한 번에 하나씩' 해결하라고 일러주었다. 나는 한 번에 한 가지 문제에 집중하는 것이 곧 시간이 촉박하고 끝나지 않는 업무 속에서 침착함과 평정을 유지하는 방법이라는 걸 알게 되었다.

"한 번에 하나씩."

여기서도 걱정을 극복하는 가장 기본적인 규칙이 등장한다.
'매일 충실하게 살라!'
다시 1부 1장을 읽어보는 것은 어떤가?

• 26 •
파란불을 찾아서

▶ **조셉 M. 코터** — 일리노이주, 시카고, 파르고가 1534번지

내가 어린아이였을 때부터, 청년을 거쳐 어른이 되기까지, 나는 걱정하는 일에는 프로였다. 내 걱정은 양도 많았고 종류도 다양했다. 그 가운데 일부는 진짜였지만, 대부분은 상상 속의 것이었다. 아주 드물게 걱정할 일이 없을 때도 있었지만, 그럴 때도 내가 뭔가를 놓쳤을까 봐 다시 걱정하기 시작했다.

그러던 중 불과 2년 전부터 나는 새 삶을 살자고 마음먹게 되었다. 나는 내가 저지른 실수와 내가 가진 얼마 되지 않는 장점을 분석해보았다. 겁없이 나를 탐색한 끝에 양심적인 목록을 작성한 것이다. 그렇게 나는 모든 걱정의 원인을 확실하게 알게 되었다.

분석 결과, 나는 오늘을 충실하게 살지 못하고 있었다. 나는 지난날의 실수와 미래에 대한 두려움에 조바심을 내고 있었던 것이다.

'오늘은 내가 걱정한 어제의 내일'이라는 말은 수도 없이 들어왔다. 하지만 그 말은 내게 먹히지 않는 소리였다. 24시간을 계획해서 사는 방법을 제안한 사람도 있었다. 오늘은 내가 유일하게 통제할 수 있는 날이기 때문에 나는 오늘 하루를 사는 데 최선을 다해야 한다는 말도 들어봤다. 그렇게 바쁘게 산다면 어제와 내일을 걱정할 시간조차 없을 것이라는 조언이었다. 논리적인 이야기였지만 나는 실천하는 데 여전히 어려움을 겪었다.

그러던 중, 갑자기 빛이 번쩍이며 나는 답을 찾게 되었다. 1945년 5월 31일 저녁 7시, 노스웨스턴 기차역에서 있었던 일이다. 그 사건이 내게 너무도 중요하게 다가온 나머지, 아직도 그 순간을 선명하게 기억하고 있다.

우리는 친구들을 배웅하던 중이었다. 휴가가 끝나 집으로 돌아가던 친구들은 '더 시티 오브 로스앤젤레스'라는 이름의 유선형 열차를 타고 도시를 떠나

려던 참이었다. 아직 전쟁이 끝나지 않아 기차역은 사람들로 붐볐다.

나는 아내와 함께 기차에 오르다 말고, 기차 앞머리의 길을 쳐다보게 되었다. 거대하고 반짝이는 엔진을 한참 쳐다보던 나는, 다시 아래로 눈을 향했다 거대한 신호등을 발견했다. 신호등에는 황색 빛이 들어와 있었는데, 순식간에 빛이 녹색으로 바뀌는 것이었다. 그 순간, 기관사는 종을 울리기 시작했다. 익숙한 "탑승하십시오!"라는 소리가 들리기 무섭게 거대한 열차는 역을 떠나 3,700km나 되는 여행길에 올랐다.

머릿속이 빠르게 돌아갔다. 뭔가 떠오르려는 찰나였다. 기적을 경험하는 순간이었다. 그리고 갑자기 모든 것이 분명해졌다. 기관사는 내가 찾고 있던 답을 준 것이었다. 기관사는 파란 불빛 하나에 의지해 긴 여행길에 올랐다. 내가 그였다면, 나는 아마 여행길 내내 파란불이 켜져 있기를 바랄 것이다. 하지만 그건 가능하지 않다. 그런데도 정작 나는 여태 파란불만을 기다리며, 아무 데도 가지 않은 채 제자리에 앉아 있었던 것이다. 앞으로 무엇이 나를 기다리고 있는지 보기 위해 애를 쓰면서 말이다.

생각은 계속해서 이어졌다. 기관사는 한참 뒤에 무슨 일이 일어날지 전혀 걱정하지 않는 듯했다. 기차가 연착될 수도 있고, 속도를 줄여야 할 일이 있을 수도 있다. 하지만 그런 일을 대비해 신호 시스템이 있는 것이 아닌가?

'주황 불에는 속도를 줄인다. 빨간불에는 위험하니 열차를 세운다.'

이 시스템을 통해 열차는 안전하게 운행할 수 있다. 완벽한 신호 체계다.

나는 왜 내 인생에는 이 같은 신호 시스템이 없는지 궁금해졌다. 대답은 '내게도 그런 시스템이 있다.'라는 것이었다. 신은 이미 내게 신호등을 주었다. 그 신호등을 통제하는 것도 신이기에 잘못될 일은 결코 없을 것이다. 그렇다면 어디서 파란불을 찾아야 할까? 잠깐, 만일 신이 파란불을 만들었다면, 그에게 물어봐야 하지 않을까? 나는 곧장 실행에 옮겼다.

나는 매일 아침 기도를 올리며 그날의 파란불을 확인한다. 속도를 낮추기 위한 주황 불을 받을 때도 있고, 사고가 나기 전에 멈춰 서는 데 필요한 빨간불을 받는 날도 있다. 주님의 신호등을 발견한 뒤로는 걱정해본 적이 없다. 지난 2년 동안 나는 700번이 넘는 파란불을 받았다. 그리고 다음에 어떤 색의 불이 들어올지 걱정하지 않는다면, 삶은 더욱 쉬워진다. 신호등의 색과 상관없이, 나는 무엇을 해야 할지 알고 있을 것이다.

27
록펠러가 덤으로 45년을 더 산 비결

존 D. 록펠러가 처음 백만 달러라는 재산을 손에 쥔 건 고작 23세 때의 일이었다. 그가 43세였을 때, 그는 세상에서 가장 거대한 독점권을 쥐고 있는 기업인 스탠다드 오일 컴퍼니를 설립했다. 그런 그가 53세 때는 무엇을 손에 넣었을까? 다름 아닌 걱정이었다. 걱정과 극도의 긴장으로 이미 건강을 해친 뒤였다. 그의 전기 작가 중 한 명인 존 K. 윙클러는 그는 53세의 나이에 '이미 미라처럼 보였다.'고 회상하였다.

당시 록펠러는 종잡을 수 없는 소화기 장애를 앓게 되어 탈모에 시달렸고 속눈썹까지 모두 빠지는 바람에 눈썹이 있던 희미한 자리가 보이는 게 전부였다. 윙커는 이렇게 말했다.

"상황이 너무 심각했던 나머지 모유만 먹고 살아야 하는 때도 있었습니다."

의사들은 그가 순전히 신경 문제로 인한 탈모를 앓는 것이라고 말했다. 그는 놀라울 정도로 벗겨진 머리를 감추기 위해 모자를 써야 했다. 그리고 평생 하나에 500달러나 하는 은색 가발을 맞추어 사용했다.

그는 원래 강철처럼 강한 신체를 가지고 태어났고, 농장에서 자라며 튼튼한 어깨, 바른 자세와 힘차고 빠른 걸음걸이를 가졌었다.

하지만 보통 사람이면 한창이라고 할 수 있을 53세의 나이가 되었을 때, 정작 그의 어깨는 축 처졌고 그는 어기적거리며 걸었다. 그의 또 다른 전기 작가인 존 T. 플린은 이렇게 말했다.

"그가 거울 속에서 마주한 것은 웬 늙은 사람이었다. 혹사하듯 끝없이 이어진 일과 걱정, 잠 못 드는 밤, 운동과 휴식 부족은 그를 주저앉혔다."

그는 세계 최고의 부자가 되었지만 극빈자도 경멸할 식단이었다. 당시 그는 일주일에 백만 달러를 벌면서 식비로는 고작 2달러를 지출했을 뿐이었다. 그에게는 우유와 비스킷 몇 조각 외에는 아무것도 허락되지 않았다. 그 결과 피부가 상해 양피지처럼 되었고, 뼈만 앙상히 남아버렸다. 그가 목숨을 부지한 것은 값비싼 의료 서비스 덕분이었다.

어떻게 그런 일이 일어날 수 있었을까? 걱정과 충격, 고혈압과 긴장으로 채워진 삶 때문이었다. 그는 거의 무덤에 한쪽 발을 넣은 상태였다. 23세에 이미 엄청난 투지로 목표를 향해 나아가던 그였다. 그의 지인들은 "좋은 물건을 발견했을 때만큼 그의 얼굴을 환하게 만드는 것도 없었다."라고 말했다. 큰 이익을 거둘 때면, 그는 승리의 춤을 추며 바닥에 모자를 집어 던졌다. 하지만 돈을 잃는 날이면 앓아누웠다. 한번은 4만 달러어치 곡물을 싣고 오대호를 건너는 중이었다. 보험비가 150달러나 됐기 때문에 보험을 들지 않았는데, 이리 호수를 지나는 동안 사나운 폭풍을 마주쳐버렸다. 록펠러는 화물을 잃게 될까 걱정했다. 록펠러의 파트너 조지 가드너가 다음 날 아침 그의 사무실을 찾았을 때, 록펠러는 잠도 자지 않고 사무실을 서성이고 있었다.

그가 떨리는 목소리로 말했다.

"지금이라도 보험을 들 수 있는지 알아보게. 아직 너무 늦지 않았다면!"

가드너는 서둘러 보험에 가입했다. 하지만 그가 사무실로 돌아왔을 때, 록펠러의 상태는 더 나빠져 있었다. 그 사이 화물이 무사히 폭풍을 지나 목적지에 도착했다는 전보를 받았던 것이다. 록펠러는 150달러를 날렸다는 이유로 병이 들 지경이었다. 실제로도 그는 몸이 아파 집으로 돌아가야 했다. 생각해보라! 연간 50만 달러를 벌어들이는 기업의 수장이 고작 150달러로 몸져눕는 게 말이 되는가!

그는 휴식을 취하거나 취미생활을 할 시간이 없었다. 돈을 벌고 주일학교에서 사람들을 가르치는 것을 제외하고는 말이다. 그의 파트너 조지 가드너가 여러 사람과 함께 2천 달러를 주고 중고 요트 한 대를 구매했을 때, 록펠러는 경악을 금치 못하고 요트에 타지 않겠다고 선언했다.

어느 토요일 오후, 가드너가 그의 사무실을 찾아 "요트나 한번 타고 오자고. 기분이 나아질 거야. 잠시 일은 잊고 즐기자고."라고 했을 때, 록펠러는 그를 노려보며 이렇게 경고했다.

"조지 가드너. 당신은 내가 아는 사람 중 가장 사치스러운 인간이네. 당신은 지금 당신과 내 신용 모두를 위협하고 있어. 당신은 우리 사업을 망치고 말 거야. 나는 그 요트를 타지 않을 거고, 절대 보고 싶지도 않네!"

그렇게 그는 그날 내내 사무실에서 꼼짝도 하지 않았다.

록펠러는 사업을 하는 내내 이처럼 유머가 없고 장기적인 안목이 낮은 사람이었다. 많은 시간이 흐른 뒤에 그는 이렇게 말했다.

"매일 밤, 내 성공이 영원하지 않을 것이라는 사실을 떠올리며 잠이 들었다."

수백만 달러를 마음대로 쓸 수 있는 상황에서도, 그는 재산을 날리는 걱정을 하며 잠이 들었다. 그가 건강을 망친 것도 놀랍지 않은 일이었다.

그는 휴식을 취하거나, 취미생활을 하거나, 극장에 가거나 카드 게임을 하는 일이 없었다. 파티에도 절대 참석하지 않았다. 마크 한나는 이렇게 말했다.

"다른 일들에는 멀쩡했는데, 돈에 관해서는 미쳐있었어요."

그는 정말이지 돈에 미친 사람이었다. 그런 록펠러도 클리블랜드의 한 이웃에게 '사랑받고 싶다고' 고백한 적이 있다고 한다. 하지만 그는 너무도 차가웠고 의심이 많았다. 그를 좋아하는 사람은 거의 없었다. 모건은 그와 거래를 하는 것을 꺼렸다. 모건은 "그가 마음에 들지 않는다. 그와 어떤 거래도 하고 싶지 않다."라며 코웃음을 쳤다고 한다.

록펠러의 동생은 그를 너무도 싫어했던 나머지 자기 아이들의 시신을 가족 묘지로부터 이장했다고 한다. 그는 이렇게 말했다.

"록펠러의 땅에서는 그 누구도 평안을 찾지 못할 것이다."

록펠러의 직원들과 동료들도 그를 두려워했다. 재미있는 것은, 록펠러 역시 그들을 두려워했다는 것이다. 정확히는 그들이 사무실 밖에서 '회사의 비밀을 떠벌릴까 봐' 두려워했다.

록펠러는 사람을 절대 믿지 않았다. 하루는 정유 회사와 10년짜리 장기 계약을 맺으며 그에게 아내를 포함한 그 누구에게도 계약 사실을 누설하지 말 것을 경고하였다고 한다. "입을 닫고 일하라!"라는 그의 좌우명이었다. 그러다가 사업이 가장 크게 번창했을 당시, 그의 금고에서 돈이 베수비오 화산의 용암처럼 넘쳐흐르던 때, 그의 개인적인 삶이 무너지게 된다. 언론계와 출판계는 스탠다드 오일 컴퍼니의 악덕 자본가가 철도회사들과 비밀리에 맺은 리베이트 계약을 비롯하여 그가 경쟁업체들을 무자비하게 짓밟은 일들을 규탄하기 시작했다. 특히 펜실베이니아의 유전에서 록펠러만큼 미움을 산 사람도 없었다. 경쟁자들은 그의 인형에 밧줄을 감아 교수대에 걸었다. 분노에 가득 찬 편지들이 사무실에 날아들었다. 그의 신변을 위협하는 편지들이었다.

그는 목숨을 지키기 위해 경호원들을 고용해야 했다. 그는 쏟아지는 증오를 무시하려고도 해보았다. 한번은 냉소적으로 이렇게 말한 적도 있다고 한다.

"나를 걷어차거나 욕해도 상관없다. 내가 하고 싶은 대로 놔두기만 한다면 말이다."

하지만 그 역시 사람이었다. 그는 미움과 걱정을 모두 무시할 수는 없었다. 그의 건강이 상하기 시작했다. 그는 '병'이라는 새로운 적의 출현에 당황해했다. 그 적은 그를 내부로부터 공격하기 시작했다. 처음에만 해도 그는 '가벼운 병들을 무시하고자 했다.' 그저 잊어버리려고 해보았던 것이다. 하지만 불면증, 소화불량 그리고 탈모를 비롯한 온갖 걱정의 신체적 증상까지 잊을 수는 없었다. 의사들은 결국 그에게 끔찍한 진실을 전해야 했다. 그에게는 더는 선택의 여지가 없었다. 돈과 목숨 중에 하나를 택해야 하는 순간이 온 것이었다. 의사들은 그에게 은퇴하거나 죽음을 택하라고 말했다. 그는 그렇게 은퇴했다. 하지만 그가 은퇴하기도 전에, 걱정과 탐욕, 두려움은 이미 그의 건강을 망쳐 버리고 말았다.

미국의 가장 유명한 여성 전기 작가인 아이다 타벨이 그를 보았을 때, 그녀는 깜짝 놀라지 않을 수 없었다 그는 이렇게 적었다.

"그는 끔찍하게 늙어있었다. 나는 그렇게 늙어버린 사람을 본 적이 없었다."

늙었다고? 록펠러는 맥아더 장군이 필리핀을 탈환했을 때보다 몇 살은 더 적었다. 그 모습에 아이다 타벨은 록펠러를 동정하고 말았다. 당시 그녀는 스탠다드 오일 컴퍼니를 고발하는 책을 쓰고 있었음에도 말이다. 그녀에게는 이 '문어발 기업'을 설립한 사람을 좋아할 이유가 하나도 없었다. 그러나 주일학교에서 록펠러가 학생들을 열정으로 가르치는 모습을 보았을 때, 그녀는 이렇게 생각했다.

'그건 기대하지 못한 일이었다. 나는 그를 불쌍하게 여겼다. 세상에 두려움만큼 끔찍한 동반자는 없기 때문이었다.'

의사들은 록펠러를 살리기 위해 세 가지 규칙을 정했다. 그는 그 규칙을 평생 철저히 지켰다. 규칙은 다음과 같았다.

1. 걱정을 피하라. 어떤 상황에서도, 그 무엇도 걱정하지 마라.
2. 긴장을 풀고 야외에서 가벼운 활동을 마음껏 즐겨라.
3. 식단을 조절하라. 배가 부르기 전에 먹기를 멈춰라.

존 D. 록펠러는 이 규칙을 지킨 덕에 목숨을 건졌을지도 모른다. 그는 결국 은퇴했고 골프를 배웠다. 정원을 가꾸고 이웃들과 수다를 떨었다. 게임을 하고 노래를 부르기도 했다.

그 외에 다른 일도 했다. 윙클리는 이렇게 말했다.

"고문에 가까운 날들과 불면의 밤들을 보내며 록펠러는 삶을 돌아보았다."

그는 다른 사람들을 생각하기 시작했다. 그는 마침내 어떻게 더 많은 돈을 벌 것인가가 아닌, 어떻게 사람들의 행복을 위해 돈을 쓸 수 있을지를 고민하기 시작했다.

간략히 이야기하자면, 록펠러는 수백만 달러의 재산을 기부하기 시작했다. 처음부터 쉬운 일은 아니었다. 그가 교회에 기부했을 당시 전국의 설교단들이 '검은돈'을 받지 않겠다고 소리쳤기 때문이다. 하지만 그는 기부를 이어갔다. 미시간호 인근의 작은 대학이 은행에 넘어가려고 했을 때 학교를 도왔다. 그리고도 수백만 달러를 증여하며 작은 학교가 훗날 세계적인 대학인 시카고 대학교로 성장할 수 있도록 이바지했다.

그는 흑인들을 돕기 위해 터스키기 대학과 같은 흑인 학교에도 도움을 보탰다. 그 대학은 조지 워싱턴 커버의 연구가 이루어진 곳이기도 했다. 그는 십이지장충의 싸움에도 참여했다. 학계 권위자인 찰스 W. 스털스 박사가 "약값 50센트만 있으면 남부를 황폐화시키는 이 질병을 물리칠 수 있는데, 대체 누가 그 50센트의 약값을 낸다는 말인가?"라고 했을 때, 록펠러가 그 돈을 주었다. 그는 수백만 달러를 쏟아부어 남부를 십이지장충의 폐해로부터 구원했다. 그는 여기서 멈추지 않았다. 그는 세계 최고의 록펠러 재단을 설립하며 세계의 질병과 무지와 싸웠다.

어쩌면 나 역시 록펠러 재단에 목숨을 빚졌는지도 모른다. 1932년, 내가 중국에 있던 당시, 콜레라가 전국에 창궐했다. 사람들이 매일같이 죽어 나가는 상황에서 우리는 베이징의 록펠러 의대에서 백신을 맞을 수 있었다. 중국인들은 물론 외국인도 그 혜택을 누렸다. 그렇게 나는 록펠러의 재단이 세계에 미치는 영향을 몸소 체험하게 된 것이다.

인류 역사상 록펠러 재단 같은 조직은 전무후무했다. 록펠러 재단에는 뭔가 특별한 것이 있었다. 록펠러는 세상에 이상을 가진 사람들이 많이 있다는 것을 알고 있었다. 연구가 시작되고 학교가 세워졌지만, 질병을 연구하는 사람들은 다른 무엇보다 재정난에 시달리고 있었다. 그는 이 개척자들을 돈벌이를 위해서가 아닌 순수한 사명감으로 도왔다.

우리는 페니실린의 기적을 비롯한 그가 이룬 많은 발견에 감사해야 할 것이다. 그 덕분에 우리 아이들은 더는 다섯 명의 환자 중 네 명의 목숨을 앗아간다는 척수막염에 걸릴 위험이 사라졌다. 그 외에도 그는 말라리아, 결핵, 인플루엔자와 디프테리아를 비롯한 여러 전염병으로부터 세상을 구했다.

록펠러는 기부를 통해 평화를 얻었을까? 그는 삶에 만족했다. 앨런 케빈스는 이렇게 말했다.

"1900년 이후 그가 여전히 스탠다드 오일 컴퍼니를 향한 공격을 걱정하는 사람이라고 생각한다면 오산이다."

록펠러는 행복한 삶을 살게 되었다. 그는 완전히 다른 사람이 되어 더는 그 어떤 걱정에도 시달리지 않았다. 그는 인생의 가장 큰 패배를 겪은 밤에도 편안히 잠이 들었다.

그가 설립한 거대한 기업 스탠다드 오일이 '역사상 가장 높은 벌금'을 물게 된 날이었다. 연방 정부는 스탠다드 오일이 독점금지법을 어기며 독점권을 쥐었다고 판단했다. 소송은 5년이나 이어졌다. 법조계 최고의 인사들이 싸움에 뛰어들어 역사상 가장 긴 소송을 펼쳤지만, 스탠다드 오일은 결국 패소하게 되었다.

케네스 마운틴 랜디스 판사가 판결문을 읽어내리자, 회사의 변론을 맡았던 변호인단은 록펠러의 반응을 두려워했다. 하지만 그건 록펠러가 얼마나 바뀌었는지 몰랐기 때문이었다.

변호사 한 명이 그날 밤 록펠러에게 전화를 걸어 소송 결과를 전했다. 그는 아주 신중하게 말을 골라야 했다.

"결과에 너무 실망하지 않으셨으면 좋겠습니다, 록펠러 씨. 오늘 잠을 설치지 않으셨으면 좋겠는데요."

노인이 된 록펠러는 뭐라고 답했을까? 그는 수화기에 대고 곧바로 씩씩하게 이렇게 답했다.

"걱정하지 마세요, 존슨 씨. 나는 잘 잘 겁니다. 당신도 그랬으면 좋겠군요. 좋은 밤 보내시길!"

한때 150달러를 잃었다고 앓아누운 사람의 입에서 나온 말이라니! 록펠러가 걱정을 물리치는 데는 많은 시간이 걸렸다. 하지만 53세에 죽어가던 그는 98세까지 살았다!

28
책 한 권으로 지켜낸 결혼 생활

▶ B.R.W.

　이 이야기를 익명으로 쓸 수밖에 없는 것이 안타깝지만, 데일 카네기가 이 글의 진실성을 보장해줄 것이다. 내가 그에게 이 이야기를 들려준 건 벌써 12년 전의 일이다.

　대학을 졸업한 나는 대기업에 들어갔다. 그로부터 5년 후, 나는 극동지역의 책임자로 보내졌다. 미국을 떠나기 일주일 전, 나는 세상에서 가장 다정하고 사랑스러운 여자와 결혼식을 올렸다. 그러나 우리의 신혼여행은 두 사람 모두 비극적이게도 실망뿐이었다. 특히 그녀는 너무 실망하고 상심한 나머지 집으로 돌아갈 수 있다면 그렇게 했을 것이었다. 하지만 오래된 친구들을 마주하고 인생의 가장 신나는 모험에서 실패했다는 것을 인정하는 것은 쉬운 일이 아니었다.

　우리는 그렇게 아시아에서 불행한 2년을 보냈다. 나는 너무도 불행했던 나머지 이따금 자살을 생각할 정도였다. 그러던 어느 날, 나는 모든 것을 바꾸어놓은 책을 한 권 만나게 된다. 언제나 책을 좋아했던 나는 같은 지역에 살던 미국인 친구들의 집에 방문했을 때, 그들의 근사한 서재를 훑어보게 되었다. 그러던 중 반 데 벨레 박사가 쓴 '이상적인 결혼'이라는 제목의 책을 발견했다. 책의 제목만 봐서는 설교 또는 도덕적 허세가 담긴 내용을 다룰 것만 같았다. 하지만 호기심을 떨치지 못하고 책을 펼쳤다. 책은 결혼 후 성생활에 관한 이야기를 아주 솔직하되 저속하지 않게 다루고 있었다.

　만일 누군가가 성생활에 관한 책을 읽어보라고 권했다면, 나는 아마 나에 대한 모욕으로 받아들였을 것이다. 그런 책을 읽으라니! 차라리 쓰라고 하면 모를까! 하지만 내 결혼 생활은 거의 파경에 이르렀던 때여서, 나는 체면 불고

하고 그 책을 살펴보기로 하였다. 그리고 용기를 내어 친구에게 그 책을 빌려 줄 수 있느냐고 물었다.

솔직히 말하건대, 그 책을 읽게 된 것은 인생의 가장 중요한 사건이 되었다. 내 아내도 그 책을 읽었다. 우리는 그렇게 비극적인 결혼을 행복하고 축복받은 관계로 바꿀 수 있게 되었다. 내게 수백만 달러가 있다면, 나는 책의 판권을 사서 신혼부부에게 무료로 배포하고 싶을 지경이다.

한번은 유명한 심리학자인 존 B. 왓슨 박사가 "인정하건대, 성관계는 인생에서 가장 중요한 문제로, 남성과 여성의 행복에 가장 많은 문제를 일으킨다."라고 말한 것을 본 적이 있다.

그의 말이 완전히 옳다고 할 수는 없지만, 어느 정도 일리는 있다. 그렇다면 왜 우리는 성에 대한 무지로 인해 행복한 결혼 관계를 망치도록 내버려 두는 것일까?

만일 결혼 생활의 문제를 찾고 싶다면, G. V. 해밀턴 박사와 케네스 맥고완이 쓴 '결혼이 뭐가 잘못돼서?'라는 책을 읽어라. 해밀턴 박사는 그 책을 쓰기에 앞서 4년 동안이나 결혼 문제에 관해 연구했다. 그리고 그는 이렇게 말했다.

"결혼 생활에서 생긴 마찰의 원인을 성적 불균형에서 찾지 못한다면, 그는 신중한 정신과 의사라고 할 수 없습니다. 어떤 경우에든 만족스러운 성관계를 가질 수 있다면 아주 많은 문제가 저절로 잊힐 수 있습니다."

나는 끔찍한 경험을 통해 그의 말이 사실이라는 것을 안다.

그 책은 우리의 결혼 생활을 구원했다. 반 데 벨데 박사의 '이상적인 결혼'은 큰 공공도서관이나 아무 서점에서나 쉽게 찾을 수 있다. 혹시 신혼부부를 위한 선물을 찾고 있다면, 수저 세트를 사지 말고 이 책을 선물하라. 그 어떤 수저 세트보다 큰 행복을 선물할 것이다.

만일 '이상적인 결혼'이 너무 비싸다고 생각한다면, 한나 스톤과 아브라함 스톤 박사 부부가 쓴 '결혼 설명서'를 추천한다.

29
천천히 나를 죽이고 있었다

▶ 폴 샘슨 – 우송광고 종사자, 미시간주 와이언도트 시카모어 12815번지

6개월 동안, 나는 매사에 아주 급한 일상을 살고 있었다. 나는 잔뜩 긴장해 있었고, 절대 긴장을 푸는 법이 없었다. 그리고 신경성 피로로 인한 걱정과 피곤을 몸에 단 채 밤마다 집으로 돌아왔다. 왜였을까? 왜냐하면 그 누구도 내게 이런 말을 해주지 않았기 때문이다.

"폴, 너는 지금 너를 죽이고 있어. 좀 천천히 하면 어때? 왜 긴장을 풀지 않는 거야?"

나는 아침이면 잽싸게 자리에서 일어나 순식간에 식사를 마치고, 재빠르게 면도하고, 바로 옷을 주워 입은 뒤, 마치 자동차 핸들이 바람에 날아가기라도 할 듯 꼭 붙든 채로 운전했다. 나는 급하게 일한 뒤 집으로 빠르게 귀가했고, 서둘러 잠을 청하기까지 했다.

나는 그렇게 디트로이트의 신경병 전문가를 찾는 지경에 이르렀다. 그는 내게 긴장을 풀라고 말했다. (그는 놀랍게도 이 책의 7부 2장에서 제시하는 이완의 규칙과 똑같은 처방을 내렸다) 일하고, 운전하고, 밥을 먹고, 잠을 청하는 동안 항상 이완을 생각하라는 것이었다. 그의 말에 따르면 나는 긴장을 푸는 법을 몰라 스스로를 천천히 죽이고 있었다.

그날 이후로 나는 이완하는 법을 연습했다. 밤에 잠자리에 들기 전에 몸과 호흡이 충분히 풀어지지 않는다면 나는 절대 잠자리에 들지 않았다. 이제는 밤새 휴식을 취한 몸과 함께 아침에 눈을 뜬다. 그동안은 아침에 피로와 긴장을 느끼며 일어났으니, 큰 발전이라고 할 수 있다. 지금은 식사하거나 운전을 할 때도 몸을 편안히 한다. 나는 운전할 때 사방을 의식하는 편이지만, 신경이 아닌 마음으로 운전하려고 하고 있다. 그리고 무엇보다, 나는 직장에서도 긴

장을 푼다. 나는 하루에 몇 번씩이라도 하던 일을 모두 멈추고 내가 완벽히 이완된 상태인지를 살핀다. 전화가 울려도 급하게 받으러 가는 일이 없다. 그리고 누군가 내게 말을 걸 때면, 나는 마치 잠든 아이처럼 긴장을 푼 상태로 그 사람을 마주한다.

결과는 어땠을까? 인생이 더 쾌적하고 즐거워졌다. 그리고 나는 신경성 피로와 걱정으로부터 완벽하게 자유로워졌다.

30
나에게 기적이 일어났다

▶ **존 버거 부인** – 미네소타주 미내애폴리스 콜로라도가 3940번지

　걱정은 나를 완전히 무너뜨렸다. 나는 삶의 기쁨을 모두 상실할 만큼 혼란스러웠고 또 불안해했다. 극심한 긴장 때문에 밤에는 잠드는 것도, 낮에 휴식을 취하는 것도 가능하지 않았다. 어린 세 명의 자식들은 뿔뿔이 흩어져 친척들과 지내게 되었다. 최근에 군 복무를 마치고 집으로 돌아온 남편은 법률사무소를 차리기 위해 다른 도시로 떠났다. 나는 전쟁 후에 찾아오는 모든 불안과 불확실성을 온몸으로 체감하고 있었다.

　나는 남편의 경력, 아이들이 행복하게 자랄 기회, 평범한 가정은 물론 나 자신의 인생에도 위협이 되었다. 남편은 살만한 주택을 찾지 못했고, 직접 집을 지어야 한다는 결론에 이르렀다. 하지만 모두 내가 건강을 되찾아야 가능한 일이었다. 그 사실을 받아들이고 애를 쓸수록 실패에 대한 두려움만 커질 뿐이었다. 책임감이 따르는 계획일수록 두려움은 더 커졌다. 나는 더는 자신을 믿지 못했다. 나는 실패했다고 생각했다.

　어둠이 사방을 뒤덮고 더는 도움을 얻지 못한다고 생각했을 때, 어머니는 내가 평생 잊지 못할 말을 해주었다. 나는 그녀에게 평생 감사하며 살아가게 될 것이다. 그녀는 나에게 충격을 주어 다시 일어나 싸울 힘을 주었다. 그녀는 정신과 마음을 통제하지 못하고 포기해버린 나를 호되게 나무랐다. 그녀는 나에게 침대에서 일어나 전력을 다해 싸우라고 독려했다. 그리고 내가 상황에 맞서지 않고 두려워하며 이미 패배한 상태로 경기장에 들어서는 것과 다름없다고 말했다. 문제를 외면하고 도망치려 했으니 말이다.

　나는 그날부터 다시 싸우기 시작했다. 주말에는 스스로 돌볼 수 있으니 부모님께 집에 돌아가시라고 말했다. 그리고 나는 당시에 불가능하다고 생각했

던 일을 해냈다. 아이 중 두 명을 혼자서 돌본 것이다. 나는 잘 잤고, 식욕을 되찾았으며, 정신을 차리기 시작했다. 그로부터 1주일 후, 부모님이 나를 다시 방문했을 때 나는 다림질을 하며 노래를 부르고 있었다. 그때의 행복은 다시 싸움을 시작했고 싸움에서 이기고 있었기 때문에 생긴 것이었다. 나는 그날의 교훈을 절대 잊지 않을 것이다. 이길 수 없을 것 같은 상황이라도 마주해야 한다! 싸움을 시작해라! 포기해서는 안 된다!

그 시간 이후 나는 억지로라도 일을 하면서 그 일에 몰두하고자 노력했다. 그리고 나는 아이들과 남편을 다시 우리의 새로운 집에 들일 수 있게 되었다. 나는 사랑하는 가족에게 강인하고, 행복한 어머니가 되기로 다짐했다. 나는 우리의 집과 아이들, 그리고 남편을 위한 계획에 몰두했다. 나를 위한 계획은 세우지 못했다. 나는 나에 대해 생각할 시간이 없었기 때문이다. 그리고 그것이 바로 기적이었다.

나는 점점 더 강해졌고 아침마다 건강함이 주는 기쁨, 새로운 날을 계획하는 기쁨, 그리고 삶의 기쁨을 느끼며 눈을 뜰 수 있게 되었다. 그리고 어쩌다 피로와 함께 우울감이 찾아오는 날에도, 나는 그런 날을 떠올리거나 원인을 찾지 않기로 했다. 결국 우울한 날들은 점점 줄어들다가, 결국 완전히 사라져 버렸다.

그로부터 일 년이 지난 지금, 나는 행복하고 성공한 남편, 매일 16시간을 일할 수 있는 아름다운 집, 세 명의 건강하고 행복한 아이들 그리고 마음의 평화를 찾게 되었다!

31
노동은 최고의 약이다

▶ **페렌츠 몰나르** — 헝가리의 극작가

지금으로부터 정확히 50년 전, 생전에 의사였던 아버지는 내가 평생 의지하게 될 말을 해주었다. 나는 부다페스트 대학에서 갓 법학 공부를 시작했던 참이었다. 나는 시험 하나에서 낙제를 했다. 나는 너무도 창피했던 나머지 실패의 가장 가까운 친구인 술을 찾았다. 나는 그렇게 살구 브랜디를 달고 살았다.

하루는 아버지가 방문했다. 뛰어난 의사였던 아버지는 나와 술병을 보자마자 문제를 파악했고, 나는 그렇게 왜 현실에서 도피하고 있었는지 털어놓아야 했다.

아버지는 그 자리에서 처방을 내렸다. 그는 술, 수면제나 그 어떤 약도 진정한 도피가 될 수 없다고 설명해 주었다. 모든 슬픔에는 단 한 가지 약이 있는데, 그건 바로 노동이라는 약이며, 세상 그 어떤 약보다 효과가 좋고 믿을 수 있다는 것이었다!

아버지는 옳았다! 노동이라는 습관을 들이는 것은 어려운 일이다. 하지만 금방 성공할 수 있다. 그리고 노동은 마약과 같다. 노동은 습관이다. 그리고 한 번 들인 습관을 없애는 건 정말 어려운 일이다. 나는 지난 50년간 그 습관을 깨지 못했다.

32
인생의 전환점이 된 책 한 권

▶ **캐스린 홀콤 파머** – 앨라배마주 모바일 보안관 사무실

지금으로부터 3개월 전, 나는 너무도 깊은 걱정에 빠져있던 나머지 나흘 동안 잠을 자지 못했다. 심지어 18일 동안 그 어떤 음식도 삼키지 못했다. 음식 냄새만 맡아도 모든 걸 토해냈다. 당시 내가 겪어야 했던 정신적 고통을 설명할 방법이 없을 정도였다. 지옥의 고문도 그 정도는 아닐 것으로 생각했다. 나는 내가 미쳐버리거나 죽게 될 것이라고 느꼈다. 그렇게는 살아갈 수 없을 것이라는 걸 알았기 때문이었다.

그러던 어느 날, 이 책을(데일 카네기의 자기 관리론) 선물받았고 그날은 내 인생의 전환점이 되었다. 그 후 3개월 동안 나는 말 그대로 이 책과 함께 생활했다. 나는 모든 페이지를 뜯어보며 새로운 삶의 방식을 찾기 위해 필사적으로 노력했다. 내가 얻게 된 새로운 정신적 관점과 정서적 안정은 놀라운 수준이었다.

지금의 나는 일상의 모든 싸움을 견딜 수 있는 사람이 되었다. 나는 과거의 내가 오늘의 문제가 아닌 어제 일어났거나 내일 일어날지도 모르는 일들에 대한 괴로움과 두려움으로 미쳐가고 있었다는 것을 깨달았다.

하지만 지금의 나는 걱정을 시작하기 무섭게 멈추고 이 책에서 공부한 규칙들을 적용해보려 한다. 오늘 당장 끝내야 하는 일 때문에 긴장하기 시작했다면, 나는 서둘러 일에 착수한 뒤 걱정을 마음에서 지워버린다.

그리고 내가 나를 반쯤 미치게 했던 문제들에 직면해야 한다면, 제2부 1장에서 알려준 3가지 단계를 적용하려 노력한다.

첫째, 일어날 수 있는 최악의 상황이 뭔지 질문한다.

둘째, 그 상황을 머릿속으로 받아들인다.

셋째, 문제에 집중하고 필요한 경우 최악의 상황을 개선할 방법이 있는지 찾아본다.

그리고 만일 내가 바꿀 수 없는 어떤 일을 걱정하고 있다면, 그리고 그 일을 도저히 받아들이고 싶지 않다면, 나는 다음의 기도문을 읽는다.

주여, 제게 바꿀 수 없는 것을 받아들일 평정심을 주시고,
바꿀 수 있는 것을 바꿀 용기를 주시고,
그 둘을 구분할 수 있는 지혜를 주시옵소서.

이 책을 읽은 뒤로 나는 진정으로 새롭고 아름다운 삶의 방식을 경험하고 있다. 나는 더는 불안해하며 내 건강과 행복을 해치지 않는다. 나는 매일 9시간을 숙면하며, 맛있게 음식을 먹는다. 나를 덮고 있던 그늘이 걷히고, 닫혀 있던 문이 열린 느낌이다. 나는 내 주변을 둘러싼 세상의 아름다움을 눈으로 보고 즐길 수 있게 되었다. 신에게 이렇게 아름다운 세상을 살아갈 특권을 주신 것에 감사드린다.

이 책을 여러 번에 걸쳐 읽을 것을 제안하고 싶다. 침대맡에 책을 두어라. 당신이 가진 문제에 적용할 수 있는 내용에 밑줄을 그어라. 공부하고, 적용해라. 이 책은 단순한 '독서 거리'가 아니다.
이 책은 새로운 삶의 방식을 위한 '안내서'이다.

왜 부자가 되어야 하는가
이 책을 펼친 순간 이미 당신은
부자의 대열에 서 있다.

아마존
최장기
베스트셀러

전 세계
1억 2천만 부
판매된 초대형
베스트셀러

세계 최초
편역 코치의
질문 수록

어떻게 부자가 될 수 있을까
생각하라 그러면 부자가 되리라

나폴레온 힐 지음 | 유광선 · 최강석 번역 | 312쪽 | 신국판 | 값 18,000원

부자가 되려면 부자와 같은 생각을 하고
그들의 생각을 따라 행동하면 된다.
더 나은 것은 부자의 생각을 훔치는 것이다.

부자를 위해서 살 것인지 아니면
부자로 살 것인지 선택은 오로지 당신의 몫이다
부와 성공에 이르는 길은 그리 멀지 않다.
이 책을 읽은 후 생각하고 행동하는 데 달려 있다.

행복한 성공, 100권의 책을 읽고, 100명의 전문가를 만나고, 100곳을 방문하라!

국제코치연합
한국상담협회
한국아들러협회
추천도서

사람과 사업이 지속가능하게 하는 힘
와일드 이펙트

유광선 지음 | 304쪽 | 신국판 | 값 18,000원

간절히 원하고, 생생하게 상상하라!
뜨겁게 공부하고, 당당하게 선언하라!

이 책의 저자는 자신이 찾은 행복한 인생의 비밀을 WILD라는 단어에 담아냈다. WILD는 Want, Imagine, Learn, Declare의 앞 글자를 조합한 것으로 WANT: 내가 하고 싶은 일을 원하고 좇는 삶, 가슴이 뛰는 삶, IMAGINE: 목표가 이루어졌을 때를 상상하는 즐거움, LEARN: 배움의 자세, DECLARE: 꿈을 이루기 위해 빠른 시일 내에 실현 가능한 단계적 목표를 세워 실천의 족쇄로서의 선언이다. 저자가 제시하는 실제 사례들과 제안들처럼 WILD하게 살다 보면 인생을 주도적으로 개척해 나가는 방법을 터득하게 될 것이며 일상을 소중하게 생각하고 내가 가진 것에 감사해하고 있는 자신을 발견하게 될 것이다.